Religion, Ethik, Schule

Eine Veröffentlichung des Comenius-Institutes

Religion, Ethik, Schule

Bildungspolitische Perspektiven in der pluralen Gesellschaft

herausgegeben von
Christoph Th. Scheilke und
Friedrich Schweitzer

Waxmann Münster / New York
München / Berlin

Die Deutsche Bibliothek – CIP-Einheitsaufnahme

Religion, Ethik, Schule : bildungspolitische Perspektiven
in der pluralen Gesellschaft / hrsg. von Christoph Th.
Scheilke und Friedrich Schweitzer. – Münster ;
New York ; München ; Berlin : Waxmann, 1999
    ISBN 3-89325-697-0

ISBN 3-89325-697-0

© Waxmann Verlag GmbH, 1999
Postfach 8603, D-48046 Münster
http://www.waxmann.com
E-mail: info@waxmann.com

Titelbild: Pik Dame 1986 von Isamu Noguchi, USA (1904–1988)
Foto: Scheilke
Umschlaggestaltung: Pleßmann Kommunikationsdesign, Ascheberg
Druck: Zeitdruck GmbH, Münster
Gedruckt auf alterungsbeständigem Papier, DIN 6738

Alle Rechte vorbehalten
Printed in Germany

Vorwort

Plurale Gesellschaften sind in wesentlicher Weise dadurch gekennzeichnet, daß sie eine Vielfalt unterschiedlicher und zum Teil konkurrierender religiöser und ethischer Orientierungen in sich schließen. Was bereits allgemein die gesellschaftliche Integration vor erhebliche Herausforderungen stellt, spitzt sich im Blick auf Schule und ethische Erziehung noch weiter zu: Welche Normen und Werte können und sollen das gemeinsame Leben in der Pluralität und eine darauf bezogene Erziehung leiten? In exemplarischer Weise werden die Spannungen von Erziehung und Bildung in der Pluralität beim Religionsunterricht und beim Ethikunterricht greifbar, zuletzt etwa im Zusammenhang des Brandenburger Schulversuchs und späteren Schulfachs "Lebensgestaltung-Ethik-Religionskunde". Religionsunterricht und Ethikunterricht verweisen heute mehr denn je auf offene Fragen von Politik und Recht, von Pädagogik und Theologie. Kirche, Staat und Öffentlichkeit sind gleichermaßen gefragt, wie religiöse und ethische Bildung in der Schule auch angesichts der gesellschaftlichen Pluralität noch möglich sein sollen.

Mit der Trennung von Staat und Kirche, wie sie in Deutschland im Übergang zur Weimarer Republik rechtlich vollzogen wurde, sind Schulen vorrangig zur Angelegenheit des Staates geworden. Kirchen und Religionsgemeinschaften haben - mit Ausnahme des Religionsunterrichts und der Schulen in kirchlicher Trägerschaft - weithin ihren direkten Einfluß auf die Schule verloren. Kirchliche Schulaufsicht war beendet; seitdem gilt die staatliche. Umgekehrt kann die vom weltanschaulich neutralen - aber keineswegs wertneutralen - Staat getragene Schule nur sehr bedingt auf das christliche oder sonst ein religiöses Ethos als Grundlage für die ethische und staatsbürgerliche Erziehung zurückgreifen. Manchmal wird überhaupt für eine "Ethik ohne Religion" und für einen entsprechenden Ethikunterricht plädiert. Aber wie können und sollen der Staat und die staatliche Schule dann einer multikulturellen Gesellschaft gerecht werden, in der religiöse Motive gerade bei der Erziehung eine wesentliche Rolle spielen?

Weder das französische Modell einer laizistischen Schule noch die rigorose Trennung von Schule und Religion in den USA können heute noch überzeugen. Auch die niederländische Schule mit ihrer "Versäulung" ist keine Lösung. In allen diesen Fällen bleibt die Frage offen, wie eine Verständigung zwischen den kulturellen und religiösen Traditionen auch in der Schule ermöglicht und wirksam unterstützt werden kann. Wo Religion in der Schule nicht vorkommen darf, kann auch die Verständigung zwischen den Religionen nicht geübt werden. Und wo das Schulwesen bloß entlang konfessioneller und religiöser Grenzen in verschiedene Bereiche oder "Säulen" aufgeteilt wird, ist für eine solche Verständigung ebenfalls noch nichts erreicht.

Wie Religion, Ethik und Schule einander zuzuordnen sind, hängt nicht zuletzt vom Demokratieverständnis ab. In vielen Ländern der westlichen Welt wird heute neu über die Rolle des Staates in der Demokratie nachgedacht. Gesucht werden Möglichkeiten, wie eine dem Staat kritisch gegenüberstehende Zivilgesellschaft oder Öffentlichkeit gestärkt werden kann. In Deutschland wird "öffentlich" häufig aber noch mit "staatlich" gleichgesetzt ("öffentliche Hand") - besonders im Blick auf die Schule. Was aber würde es bedeuten, wenn ein verändertes, kritisch-zivilgesellschaftliches Verständnis von "Öffentlichkeit" auch auf die Schule angewendet würde? Kann es eine im zivilgesellschaftlichen Sinne "öffentliche Schule" geben, und was würde dies für eine Bildungsmitverantwortung der Kirchen und Religionsgemeinschaften bedeuten?

Der vorliegende Band will Perspektiven aus den Bereichen von Politik und Recht, Pädagogik und Theologie zusammenführen, um so zur weiteren Klärung dieser Fragen beizutragen. Sein Ausgangspunkt ist keine positionelle Sicht und auch kein Partialinteresse, weder einer Kirche noch einer Partei. Das Interesse richtet sich vielmehr auf eine Erziehung in Humanität - so allerdings, daß auch Ethik und Religion nicht bloß als Privatsache verkannt, sondern als tragende Dimensionen einer menschlichen Zukunft anerkannt werden. Es geht um ein Leben und Lernen in der Schule, das vor den Zukunftsherausforderungen einer demokratischen und gerechten Gesellschaft nicht die Augen verschließt.

Zugleich will dieser Band das bildungspolitische Engagement Karl Ernst Nipkows - anläßlich seines 70. Geburtstages - dadurch würdigen, daß Möglichkeiten einer ethischen und religiösen Bildung in der pluralen Gesellschaft aufgezeigt und gefördert werden. Eine Festschrift will dieses Buch jedoch ausdrücklich nicht sein, sondern ein Beitrag zur Diskussion über die Zukunft des Bildungswesens.

Wenn die angesprochenen Grundfragen von Bildung und Schule im Schnittfeld verschiedener Sach- und Fachbezüge liegen, bietet sich eine entsprechende Anordnung der Beiträge dieses Bandes an.

Zu den bildungspolitischen Perspektiven liegen vier Beiträge vor von Gabriele Behler (SPD), Marianne Birthler (Bündnis 90/Die Grünen), Hinrich Enderlein (FDP) und Hans Zehetmair (CSU), damit nicht nur von prominenten Vertretern aus vier Parteien, sondern auch von profilierten Bildungspolitikerinnen mit langjähriger politischer Erfahrung in der Bildungspolitik, die aus verschiedenen Regionen der Republik kommen und die in den zurückliegenden Debatten ein eigenständiges Profil gezeigt haben. Aus juristischer Sicht nimmt Ingo Richter, Verfassungsrechtler und Direktor des Deutschen Jugendinstituts, Stellung, der schon seit Zeiten des Deutschen Bildungsrates zentrale Bildungsfragen immer wieder auch juristisch aufgreift. Einig sind sie in Grundüberzeugung: Werteerziehung, Ethik- und Religionsunterricht gehören g pluralen Gesellschaften zum Bildungsauftrag der Schule, wie schwer ode .werlich ein solcher Auftrag heute auch zu realisieren sein mag. Entscheide .ferenzen ergeben sich allerdings im Blick auf die Einschätzung der mögl .elsetzungen und die konkreten schulischen Gestaltungsmöglichkeiten.

Grundsatzüberlegungen zu einer humanen Bildung dok .eren die anschließenden Beiträge aus dem Bereich der Kirchen, je zwei aus r .sch-katholischer (Walter

Aus bildungspolitischer und juristischer Sicht

Schule muß im Takt bleiben ...
Der Bildungsauftrag der Schule und Chancen für eine Schulreform

Gabriele Behler

"Wissen ohne Gewissen ist der Tod der Seele"
(François Rabelais, 1494-1553)

Der Bildungsauftrag der Schule

Die Bildung des Menschen um seiner selbst willen ist die zentrale Aufgabe von Schule, die immer auch ein Spiegelbild ihrer Zeit ist. Perspektiven und Visionen der Gesellschaft, ihre jeweiligen Probleme und Herausforderungen bestimmen ganz wesentlich das Aufgabenspektrum von Erziehung und Unterricht. An der Schnittstelle zwischen Tradition, Gegenwart und Zukunft ist Schule gleichzeitig Leben und bereitet auf das Leben vor.

Eine Reduzierung schulischer Bildung auf einen Lernbegriff, bei dem einzig das abfragbare Wissen und die Verwertbarkeit im Beruf im Vordergrund stehen, wird den anthropologischen Voraussetzungen und Möglichkeiten des Menschen nicht gerecht. Diese sind bestimmt durch sehr verschiedene Grundphänomene. Der Erziehungswissenschaftler Dietrich Benner nennt sechs: "Der Mensch muß durch Arbeit ... seine Lebensgrundlage schaffen und erhalten (Ökonomie), er muß die Normen und Regeln menschlicher Verständigung problematisieren, weiterentwickeln und anerkennen (Ethik), er muß seine gesellschaftliche Zukunft entwerfen und gestalten (Politik), er transzendiert seine Gegenwart in ästhetischen Darstellungen (Kunst) und ist konfrontiert mit dem Problem der Endlichkeit seiner Mitmenschen und seines eigenen Todes (Religion). Zu Arbeit, Ethik, Politik, Kunst und Religion gehört als sechstes Grundphänomen das der Erziehung; der Mensch steht in einem Generationsverhältnis, er wird von den ihm vorausgehenden Generationen erzogen und erzieht die ihm nachfolgenden Generationen." (Benner 1991, 20) Wer von diesem anthropologischen Verständnis ausgeht, muß den Bildungsauftrag der Schule entsprechend umfassend definieren.

Eine gute Schule zeichnet sich also dadurch aus, daß sie die Schülerinnen und Schüler sowohl beim Erwerb von Wissen und Fertigkeiten als auch bei der Entwicklung von Einstellungen, Haltungen und Verhalten unterstützt. Wissen und Gewissen müssen sich zusammen entwickeln. Alle Grundphänomene menschlichen Lebens müssen vorkommen, wenn Bildung gelingen soll.

Schule muß darüber hinaus von den Lernenden als *sinn*voll und *wert*voll erfahren werden. Darum gilt für jeden Unterricht, was Ingo Baldermann als Voraussetzung für das Gelingen von Religionsunterricht nennt, daß "er vor allem wachsam sein [muß] gegen Unverbindlichkeiten; [denn] seine schlimmste Gefährdung ist die Gleichgültigkeit" (1995, 14).

Anders als viele Gesellschaften in den Jahrhunderten zuvor kennt unsere keine einheitliche Weltdeutung. Die Schülerinnen und Schüler sind christlichen, islamischen oder jüdischen Glaubens - oder sie fühlen sich keiner Religion zugehörig. Sie kommen aus unterschiedlichen Kulturen und sprechen in ihren Familien unterschiedliche Sprachen. Für Schule verändert sich mit dem Pluralismus der Weltdeutungen und Kulturen eine wesentliche Grundlage: Denn wir erklären die Gegenwart aus der Kenntnis der Vergangenheit. Lernen geschieht auf der Basis von Tradition. Dies wird zunehmend schwieriger, wenn es keine gemeinsame Tradition für alle Kinder gibt.

Hinzu kommt, daß die technologische Entwicklung unsere Welt so schnell verändert, daß Schule sehen muß, wie sie "im Takt" bleibt. Sie muß sich den Herausforderungen stellen, ohne jedem gesellschaftlichen Trend nachzugeben. Sie muß ihrem umfassenden Bildungsauftrag nachkommen, ohne die gesellschaftliche Realität, in die sie hineingestellt ist, zu ignorieren.

Dabei haben wir es mit Phänomenen zu tun, die sehr weit in die Zukunft weisen und Fragen aufwerfen, die sich nach heutigen Kenntnissen noch nicht beantworten lassen. Wird es in Zukunft Erwerbsarbeit nur noch für wenige geben? Was geschieht in den Familien, in denen die Eltern arbeitslos sind und die Kinder kaum eine Chance auf eine berufliche Perspektive haben? Wie wird der Gebrauch von neuen Medien unsere Gesellschaft langfristig verändern?

Damit sind wir unmittelbar bei der Diskussion darüber, was schulische Bildung heute leisten soll und kann. Welche kognitiven, sozialen und emotionalen Fähigkeiten werden von Menschen in Zukunft erwartet? Was müssen sie lernen, um erfolgreiche und zufriedene Arbeitnehmerinnen und Arbeitnehmer, mündige Staatsbürgerinnen und -bürger, solidarische und ökologisch verantwortliche Menschen und liebevolle Familienmitglieder zu werden?

Vieles von dem, was Schülerinnen und Schüler als Erwachsene einmal wissen müssen, ist heute noch nicht bekannt. Wir wissen noch nicht, was in zehn oder zwanzig Jahren zum allgemeinen oder fachlichen Wissensrepertoire gehören wird. Auch wenn Schule sich an der kulturellen Tradition unserer Gesellschaft orientiert, so wird die Unbestimmtheit zu einem wesentlichen Orientierungspunkt beim Lernen.

Die Halbwertzeit des Wissens verkürzt sich. Einmal Gelerntes reicht nicht aus. Umlernen, Dazulernen wird zu einer Grundkompetenz, die Bereitschaft und Fähigkeit voraussetzt,
- die Fülle an Informationen und Eindrücken, Erfahrungen und Wissen zu ordnen,
- Wesentliches von Unwesentlichem zu unterscheiden und
- sich in einer komplexen Welt zu orientieren.

Dies wird jungen Menschen am ehesten gelingen, wenn sie die Schule als stabile Persönlichkeiten verlassen, die sich Neugier und Zutrauen in die eigenen Fähigkeiten erhalten haben. Voraussetzung dafür ist eine Schule, in der guter Unterricht im Zentrum steht und das Kollegium sich gemeinsam um eine wertorientierte Erziehungskultur bemüht.

Schulreform in Nordrhein-Westfalen
Das Haus des Lernens als Leitbild für die Schule der Zukunft

Einen wichtigen Anstoß für die Schulreform nicht nur in Nordrhein-Westfalen hat die Denkschrift "Zukunft der Bildung - Schule der Zukunft" gegeben, die 1995 veröffentlicht wurde. Ministerpräsident Johannes Rau hatte 1992 eine unabhängige Kommission berufen, die unter Berücksichtigung der gesellschaftlichen Situation, in der junge Menschen heute aufwachsen, ein umfassendes Bildungs-Konzept entwickelt hat. Das Bild von der Schule als "Haus des Lernens" ist zum Leitbild für die Weiterentwicklung von Schule geworden.

Nicht alle Vorschläge der Denkschrift werden im Detail umgesetzt. Doch hat sie eine wesentliche Akzentsetzung vorgenommen: Anders als bei der Bildungsreform der 70er Jahre steht heute die einzelne Schule im Mittelpunkt schulpolitischen Handelns. Sie ist die pädagogische Handlungseinheit, die sich im Rahmen der staatlichen Gesamtverantwortung profiliert und kontrolliert.

In zahlreichen Diskussionsveranstaltungen ist in den letzten Jahren über die Vorstellungen der Denkschrift diskutiert worden. Der Dialog mit Lehrerinnen und Lehrern, Schülerinnen und Schülern sowie Eltern schafft für die schulpolitischen Entscheidungen eine wichtige Grundlage. Viele Anregungen und Ideen aus der Praxis werden aufgegriffen und fließen in konkretes politisches Handeln ein.

Wer heute Veränderungen bewirken und Reformen initiieren will, muß dabei zweierlei bedenken:
1. Die Akzeptanz von politischem Handeln und damit auch von Verwaltungshandeln ist deutlich gesunken.
2. Die finanziellen Ressourcen der öffentlichen Hand erlauben keine wesentliche Ausweitung des Etats.

Damit ist aus meiner Sicht der Handlungsspielraum für Politik nicht kleiner geworden, er hat sich nur verändert. Es wird in Zukunft stärker darauf ankommen, im Dialog mit den Betroffenen nach Lösungswegen und Entwicklungschancen zu suchen. Entscheidungen sollten, wo möglich und sinnvoll, auf der Ebene getroffen werden, wo ihre Konsequenzen auch sichtbar werden. Und: Es wird darauf ankommen, die zur Verfügung stehenden Haushaltsmittel möglichst effizient und unter Nutzung aller freiwilligen Leistungen einzusetzen.

Aus den oben genannten gesellschaftlichen Bedingungen und den entsprechenden Anforderungen an Schule ergeben sich folgende Leitgedanken, die grundlegend für unsere schulpolitischen Entscheidungen sind:

Chancengleichheit

Es kommt darauf an, das Ziel der Chancengleichheit nicht aus den Augen zu verlieren, aber immer wieder nach wirkungsvollen Wegen dorthin zu suchen. Angesichts der Situation auf dem Arbeitsmarkt wird es für junge Menschen ohne Schulabschluß immer schwerer, überhaupt einen Arbeitsplatz zu bekommen. Um dem Ziel einer gerechteren Gesellschaft näherzukommen, ist es darum ein ganz zentrales Ziel der Schule, daß jede Schülerin und jeder Schüler einen Schulabschluß erhält. Dabei muß jede und jeder entsprechend seiner Fähigkeiten gefördert und gefordert werden. Dies gilt selbstverständlich auch für die jungen Menschen mit besonderen Begabungen und besonders guten schulischen Leistungen.

Ein Beispiel für das Bemühen um Chancengleichheit ist das Berufskolleggesetz, das die Modernisierung der Berufsbildung bei Entwicklung einer Gleichwertigkeit von allgemeiner und beruflicher Bildung zum Ziel hat. Es soll für die leistungsstarken Schülerinnen und Schüler noch mehr Wege eröffnen. Sie sollen neben der Berufsausbildung zusätzliche Qualifikationen erwerben und den für sie höchstmöglichen Bildungsabschluß erreichen können. Im Berufskolleg wird aber auch die gezielte Förderung Leistungsschwacher und weniger belastbarer Jugendlicher besser möglich sein. Die Chance, auch über eine berufliche Grundbildung einen Schulabschluß zu erreichen, soll ihnen den Einstieg in das Berufsleben erleichtern.

Die Stärkung der einzelnen Schule

Notwendig ist eine größere Selbständigkeit für die Schulen und in den Schulen. Diese Zielsetzung habe ich 1997 aufgegriffen und ein Konzept "Stärkung der Schule" mit dem Titel "... und sie bewegt sich doch!" vorgelegt, das den Schulen konkrete Freiräume und Entwicklungsmöglichkeiten aufzeigt. Viele Impulse kamen dabei direkt aus den Schulen, in denen in den letzten Jahren aufgrund der veränderten gesellschaftlichen Bedingungen und Anforderungen engagierte Lehrerinnen und Lehrer Entwicklungsprozesse in Gang gesetzt haben.

Das Konzept greift diese Anregungen auf und will selbst Impulse setzen für die eine Schulreform, die
- die Chancen für die einzelnen Schülerinnen und Schüler verbessert, indem sie noch stärker gefördert und herausgefordert werden, und
- die Berufszufriedenheit der Lehrerinnen und Lehrer erhöht, indem sie ihnen Teamarbeit und eine bessere Kontrolle über den Erfolg ihrer Arbeit ermöglicht.

Sechs Leitgedanken prägen das Entwicklungskonzept. Dabei handelt es sich im einzelnen um

a) eine deutliche Kompetenzerweiterung der Schulleiterinnen und Schulleiter
b) erweiterte Möglichkeiten für eine flexible Unterrichtsorganisation
c) eine neue Balance zwischen der pädagogischen Freiheit der Lehrerinnen und Lehrer und ihrer pädagogischen Gesamtverantwortung
d) die stärkere Einbeziehung und Mitwirkung der Schülerinnen und Schüler sowie der Eltern
e) die Verpflichtung zur Erarbeitung eines Schulprogramms sowie
f) zu einer Evaluation, also zur kritischen Selbstprüfung.

Die Reaktion auf das Konzept "Stärkung der Schule" zeigt, daß es vielen Schulen Anstoß und Orientierung gegeben hat, um einen Entwicklungsprozeß zu beginnen. Impulse aus den Schulen, die allgemeine bildungspolitische Diskussion und vor allem die Empfehlungen der Denkschrift "Zukunft der Bildung - Schule der Zukunft" führen in wechselseitiger Bestärkung zu einem fruchtbaren Ergebnis. Erfahrungen aus der Arbeit mit dem Entwicklungskonzept machen deutlich: Bildungsreform gelingt da am ehesten, wo die Beteiligten mit ihren Interessen und Zielvorstellungen von Beginn an in den Diskussionsprozeß mit einbezogen werden.

Dies wird besonders deutlich in den 52 Schulen, die in der Stadt Leverkusen und im Kreis Herford beteiligt sind am Schulversuch "Schule & Co. - Stärkung von Schulen im kommunalen und regionalen Umfeld". In diesem gemeinsamen Projekt des Landes Nordrhein-Westfalen und der Bertelsmann-Stiftung, das von 1997-2002 läuft, geht es um die Verbesserung der pädagogischen Arbeit, der internen Kooperation und Führung, der Kooperation im Umfeld der Schulen und des Ressourceneinsatzes. Das Schulprojekt arbeitet unter den gleichen Bedingungen wie andere Schulen. Die wesentliche Unterstützung geschieht lediglich durch Fortbildungsangebote.

Schulen sind Stätten der Erziehung und des Unterrichts

Jede Schule hat ihren Beitrag zur Werteerziehung zu leisten, denn "Schulen sind Stätten der Erziehung und des Unterrichts", wie es in § 1 des nordrhein-westfälischen Schulordnungsgesetzes von 1952 heißt. Bei der Arbeit am Schulprogramm sollte darum die gesamte Bildungs- und Erziehungsarbeit einer Schule in den Blick geraten.

Jede Schule ist dabei an den staatlichen Rahmen gebunden, der durch Richtlinien und Lehrpläne, aber zunächst durch unsere Landesverfassung abgesteckt ist: "Ehrfurcht vor Gott, Achtung vor der Würde des Menschen und Bereitschaft zum sozialen Handeln zu wecken, ist vornehmstes Ziel der Erziehung. Die Jugend soll erzogen werden im Geiste der Menschlichkeit, der Demokratie und der Freiheit, zur Duldsamkeit und zur Achtung vor der Überzeugung des anderen, zur Verantwortung für die Erhaltung der natürlichen Lebensgrundlagen, in Liebe zu Volk und Heimat, Völkergemeinschaft und Friedensgesinnung." (Art. 7, LVerf. NW)

Diese Erziehungsziele sind keinesfalls unmodern oder überholt. Sie bilden eine Einheit, die in einem unmittelbaren historischen Zusammenhang steht. Dabei ist "Ehrfurcht vor Gott" nicht gleichzusetzen mit "Glaube an Gott". Es soll und darf niemand zum Glauben an Gott angehalten werden. Das wäre ein Verstoß gegen den Artikel 4 des Grundgesetzes, der die Glaubens-, Gewissens- und Bekenntnisfreiheit sichert. Nach dem schrecklichen Geschehen im Nationalsozialismus sollte unsere Verfassung eine solide und tragfähige Basis für staatliches Handeln sein. Sie sollte aber nicht die Gleichschaltung des Denkens und Glaubens befördern, die zu den Untaten der Jahre zuvor beigetragen hatte. Der Staat ist zu weltanschaulich-religiöser Neutralität verpflichtet. Er ist in seiner Verfassung zum Schutz von Werten (z.B. Menschenrechten) verpflichtet, die er aber nicht selbst begründen kann.

Es ist darüber hinaus erforderlich, daß jede Zeit die Werte der Verfassung mit Inhalt füllt und ihr Leben verleiht. Wir brauchen also immer wieder neu eine Konkretisierung des Wertekonsenses, die von allen getragen wird. Darauf haben wir 1993 hinweisen wollen, als wir in der "Werteinitiative 1993" feststellten: "Es geht im Kern um das 'geistige Band', das unsere Gesellschaft als demokratische und soziale zusammenhält. Selbstbestimmung und Selbstbeschränkung gehören zusammen. Verantwortung für sich und andere ist nicht teilbar, und Individualität ... bedarf des Gemeinsinns und der gesellschaftlichen Verständigung. Erziehung und Bildung sind immer wertgebunden."

In den Schulen sollte mit der Entwicklung eines Schulprogramms auch eine Schulordnung, ein "Schulethos" erarbeitet werden. Hierin sind Regeln für das Zusammenleben und -lernen und auch Konsequenzen bei Regelverstoß festzuhalten. Wie gehen wir in gegenseitigem Respekt miteinander um? Was ist in unserer Schule erlaubt, was nicht? - Diese Fragen sollten geklärt werden, damit Schule einen Beitrag dazu leisten kann, daß junge Menschen die Bedeutung von gemeinsam getragenen Werten erkennen und bereit sind, ihr Handeln danach auszurichten.

Religionsunterricht zielt auf Bildung

Die Frage nach dem Sinn des Lebens, nach dem Woher, Wohin und Wozu des Menschen aber kann und darf die Schule nicht allgemein für ihre Schülerinnen und Schüler beantworten. Sie hat ihren berechtigten Ort im konfessionellen Religionsunterricht, wie er in der Verfassung festgeschrieben ist.

Dabei legitimiert sich der Religionsunterricht in erster Linie von den Notwendigkeiten der Schule und dem Bildungsauftrag des Staates her und nicht mehr vorrangig vom Verkündigungsauftrag der Kirche. "Religionsunterricht zielt nicht auf Glauben, sondern auf Bildung". (Schröder 1995, 94) Dies wird ganz deutlich in den Richtlinien, die seine Aufgabe so beschreiben: "Im evangelischen Religionsunterricht wird nach dem gefragt, was Sinn, Maßstab und Erfüllung menschlichen Lebens sein kann; in ihm werden Auseinandersetzung und Dialog mit maßgebenden Angeboten und Anforderungen von Religionen und Weltanschauungen ermöglicht. Dabei steht der christliche Glaube im Mittelpunkt. Der Religionsunterricht soll dem Schüler kritisches Verständnis des christlichen Glaubens in seinen geschichtlichen Erscheinungen sowie anderer Religionen und Weltanschauungen eröffnen." (Richtlinien Evangelische Religionslehre, Gymn. Oberstufe, 1981, 28)

Der Religionsunterricht wird in seinen Inhalten in einer echten Kooperation zwischen Kirchen und Staat entwickelt. Er steht wie jeder andere Unterricht unter der Aufsicht der staatlichen Schulaufsicht.

Auch der konfessionelle Religionsunterricht wird sich weiterentwickeln und für eine Kooperation mit anderen Fächern öffnen müssen. Das erwarten wir heute von jedem Unterrichtsfach. Die Denkschrift der Evangelischen Kirche in Deutschland (EKD) "Identität und Verständigung" zeigt hier mit dem Vorschlag für eine Fächergruppe, innerhalb derer eng kooperiert wird, eine Entwicklungsmöglichkeit auf. Ob und wie ihre Vorstellungen umgesetzt werden, ist allerdings zunächst zwischen den Kirchen zu klären. Dazu ist ein erster Schritt mit der Vereinbarung zwischen der EKD und der Deutschen Bischofskonferenz im Frühjahr 1998 getan. Sie ermöglicht es, den Religionsunterricht unter prinzipieller Beibehaltung der Konfessionalität für mehr ökumenische Kooperation zu öffnen.

Die Aussagen der Denkschrift "Zukunft der Bildung - Schule der Zukunft" sind in diesem Zusammenhang weniger hilfreich. Zwar wird die Verankerung des Religionsunterrichts in Grundgesetz und Landesverfassung anerkannt, andererseits wird aber die Möglichkeit vorgeschlagen, den Religionsunterricht "zusätzlich zu einem obligatorischen Unterricht im Lernbereich 'Ethik, Religionen und Weltanschauungen'" anzubieten (Bildungskommission NRW 1995, 105). Dies erinnert stark an das Modell in Brandenburg. Evangelische und katholische Kirche in Nordrhein-Westfalen haben zu Recht Kritik an diesem Teil der Denkschrift geübt.

Nicht nur angesichts der Verfassungslage steht der konfessionelle Religionsunterricht in Nordrhein-Westfalen nicht zur Disposition. Er ist auch aus bildungspolitischen Gründen unverzichtbar. Es ergibt durchaus Sinn, daß Kinder und Jugendliche sich zunächst intensiv mit ihrer Konfession auseinandersetzen. Richard Schröder ist zuzustimmen, der gegenüber dem Fach LER vorgebracht hat: "Absurd wäre das Verfahren, Kindern alle Sprachen vorzuführen, damit sie sich eine [als Muttersprache; G.B.] aussuchen. Ebenso müssen Kinder zunächst in einen weltanschaulich-kulturellen Zusammenhang hineinwachsen, erst danach können sie diesen auch kritisch beurteilen und andere weltanschaulich-kulturelle Zusammenhänge kennenlernen. Nur wer eine Überzeugung hat, kann andere tolerieren und - kann sie auch ändern." (Schröder 1995, 94)

Der konfessionelle Religionsunterricht hat eine identitätsstiftende Funktion, die kein anderes Unterrichtsfach übernehmen könnte. In seiner ökumenischen Dimension kann er außerdem einen wertvollen Beitrag zum Zusammenleben der verschiedenen Kulturen in unserem Land, aber auch zum Zusammenleben in Europa leisten.

Praktische Philosophie

Auch in Nordrhein-Westfalen steigt die Zahl der Schülerinnen und Schüler, die nicht am Religionsunterricht teilnehmen,
- weil sie nicht getauft sind und die Eltern keine christliche Erziehung wünschen;
- weil sie aus einem Elternhaus mit einer nicht-christlichen Religion stammen;
- weil sie sich vom Religionsunterricht abgemeldet haben.

Dabei sind die Zahlen der evangelischen oder katholischen Kinder, die sich vom Religionsunterricht abmelden, in den letzten Jahren kaum gestiegen. Die Gesamtzahl derjenigen, die nicht am Religionsunterricht teilnehmen, ist jedoch nach oben geschnellt: Sie lag im letzten Schuljahr in Nordrhein-Westfalen zwischen 11,6% für die Grundschule und 67,2% in der Kollegschule. Im Durchschnitt erreichen wir rund 30% der Kinder und Jugendlichen mit dem konfessionellen Religionsunterricht nicht mehr.

Auch wenn Werteerziehung Aufgabe jedes Unterrichts ist, brauchen diese Kinder und Jugendlichen ein Fach, in dem sie sich zielgerichtet mit Sinn- und Orientierungsfragen auseinandersetzen können. Seit 1989 gibt es in der gymnasialen Oberstufe für sie eine Belegungspflicht des Faches Philosophie.

Vom Schuljahr 1997/98 wird in einer Erprobungsphase das Fach "Praktische Philosophie" angeboten. Derzeit nehmen an dem Versuch 139 Schulen mit ihren neunten und zehnten Jahrgangsstufen teil. Im kommenden Schuljahr werden wahrscheinlich ca. 100 Schulen dazu kommen. Die Beteiligung am Schulversuch ist für die Schulen freiwillig und bedarf eines Beschlusses der Schulkonferenz. Für die Schülerinnen und Schüler, die nicht am konfessionellen Religionsunterricht teilnehmen, ist dann die Teilnahme an Praktischer Philosophie verpflichtend. Nur für Jugendliche, die an der islamischen religiösen Unterweisung im Rahmen des muttersprachlichen Unterrichts teilnehmen, ist das Fach Praktische Philosophie freiwillig.

Die Qualität an Schulen kritisch überprüfen

Wir müssen über die Maßstäbe für die Qualität an den Schulen nachdenken und Instrumente zu ihrer Überprüfung entwickeln, denn Schülerinnen und Schüler, Eltern, Ausbildungsbetriebe, Hochschulen und die gesamte Gesellschaft haben ein grundlegendes Interesse an einer hohen Qualität der schulischen Arbeit.

In Anknüpfung an das oben beschriebene umfassende Verständnis des Bildungsauftrags der Schule haben wir es auch mit einem komplexen Verständnis von Schulqualität zu tun. Dabei sind personale, soziale und fachliche Bildung aufeinander bezogene Aufgaben. Es geht sowohl um die Vermittlung grundlegender fachlicher und überfachlicher Kenntnisse, Fertigkeiten und die Förderung lebenslangen Lernens als auch um die Entwicklung einer mündigen und sozial verantwortlichen Persönlichkeit.

Die Denkschrift der Bildungskommission hat wertvolle Anregungen für die Anstrengungen des Landes im Bereich der Entwicklung und Sicherung der Qualität schulischer Arbeit gegeben. Sie stellt die größere Selbständigkeit der einzelnen Schulen und ihre Verpflichtung zur kritischen Selbstüberprüfung (Evaluation) und zur Rechenschaftslegung über den Erfolg der eigenen Arbeit in einen unmittelbaren Zusammenhang.

Die staatliche Verantwortung für die Sicherung der Gleichwertigkeit von Ausbildung, Abschlüssen und Berechtigungen bleibt selbstverständlich erhalten und wird durch Rahmenvorgaben, wie Richtlinien und Lehrpläne, und durch externe Evaluationsverfahren wahrgenommen.

Im Mittelpunkt steht dabei der Unterricht und seine Wirksamkeit. Er ist das Zentrum allen schulischen Handelns. Von seiner Qualität hängt letztendlich ab, ob Schülerinnen und Schüler eine zukunftsgerechte Bildung und Erziehung erhalten.

Im Interesse einer dauerhaften Verbesserung der Wirksamkeit des Unterrichts und einer erhöhten Vergleichbarkeit der Anforderungen und der Bewertungen ist es darum notwendig, Inhalte und Methoden des Unterrichts sowie die in ihm erzielten Leistungen und Ergebnisse stärker als bisher zum Gegenstand fachlicher Diskussionen zu machen und Absprachen über eine gezielte Qualitätsentwicklung an der einzelnen Schule zu treffen. Dies kann zum Beispiel dadurch geschehen, daß Lehrerinnen und Lehrer auf der Grundlage entsprechender inhaltlicher Absprachen in bestimmten Abständen gemeinsame Arbeiten für mehrere Parallelklassen schreiben. Sie sollen sich außerdem nach wechselseitigen Korrekturen und dem Austausch von Klassenarbeitssätzen über ihre Beurteilungsmaßstäbe und Leistungsanforderungen sowie über die Vorbereitung und Durchführung von Unterricht verständigen.

Eine große Aufgabe sehe ich außerdem darin, Instrumente und Verfahren zu entwickeln, mit denen wir auch den Fortschritt bei der Entwicklung der sozialen und der personalen Kompetenzen ermitteln können. Läßt sich die Wirksamkeit von Werterziehung in der Schule feststellen? Wie können wir die Aneignung von Qualifikationen wie Teamfähigkeit und Verantwortungsbereitschaft feststellen und dokumentieren?

Gerade bei der Diskussion um die Qualität schulischer Arbeit wird deutlich, daß eine Verkürzung des Bildungsauftrags der Schule auf ein meßbares und abfragbares Wissen weder den Rechten der Kinder und Jugendlichen auf eine umfassende Bildung noch den Anforderungen der Gesellschaft gerecht wird. Bei der Persönlichkeitsentwicklung, der Herausbildung einer Identität und eines Gewissens kann Schule zwar einen wichtigen Beitrag leisten. Inwieweit dies gelingt, wird aber immer auch von vielen anderen Bedingungen abhängen und entzieht sich - Gott sei Dank - der meßbaren Kontrolle durch andere.

Literatur

I. BALDERMANN: Wozu braucht eine moderne Schule Religionsunterricht?, in: ru intern Nr. 2/95, 14.
D. BENNER: Allgemeine Pädagogik. Weinheim/München ²1991.
BILDUNGSKOMMISSION NRW: Zukunft der Bildung - Schule der Zukunft. Neuwied 1995.
KIRCHENAMT DER EVANGELISCHEN KIRCHE IN DEUTSCHLAND (Hrsg.): Identität und Verständigung: Standort und Perspektiven des Religionsunterrichts in der Pluralität. Gütersloh 1994.
R. SCHRÖDER: Votum bei der Anhörung zum Thema LER im Brandenburger Landtag, Ausschuß für Bildung, Jugend und Sport am 21.9.1995 (Script).

Religionsunterricht und Werteerziehung im Bildungsauftrag der Schule

Hans Zehetmair

Erziehungsauftrag und christliche Orientierung

Im Jahr 1946 errichtete die Bayerische Verfassung vor dem Hintergrund der Erfahrungen mit einer Staats- und Gesellschaftsordnung ohne Gott und ohne Gewissen eine wertgebundene Ordnung, die alle staatliche Macht einem ethischen Gebot unterwirft: Der Achtung vor der Würde des Menschen.

Menschenwürde kann nicht von Menschen oder aus der Hand der Volksgemeinschaft empfangen werden. Sie verweist auf das christliche Fundament der Verfassung, die sich in der Präambel ausdrücklich von einer "Staats- und Gesellschaftsordnung ohne Gott" abgrenzt. Menschenwürde wird in den Werten Freiheit und Gerechtigkeit, Gleichheit und Solidarität konkretisiert, die der Staat im Rahmen der freiheitlich-pluralistischen Ordnung verwirklicht. Die freiheitlich-pluralistisch verfaßte Gesellschaft ist allerdings wie keine andere für ihren Fortbestand auf den Konsens über die sie begründenden Werte angewiesen. Sie muß dafür Sorge tragen, daß diese Werte auch in ihrer weltanschaulichen und moralischen Fundierung im Bewußtsein der Bevölkerung lebendig bleiben und an die kommende Generation weitergegeben werden. Dabei kommt der öffentlichen Schule besondere Bedeutung zu: Sie wird für den inneren Zusammenhang des Staates, für Rechtsgefühl und Rechtsverständnis um so bedeutsamer, je schwächer die soziale Integrationsfähigkeit der Familie oder gesellschaftlicher Institutionen ist. Zu Recht stellen daher die Bayerische Verfassung und das Grundgesetz das gesamte Schulwesen unter die Aufsicht des Staates und richten den in Übereinstimmung mit den Grundsätzen der Religionsgemeinschaften erteilten Religionsunterricht als ordentliches Lehrfach ein. Die Bayerische Verfassung bestimmt in Artikel 137 darüber hinaus, daß für Schüler, die nicht am Religionsunterricht teilnehmen, ein Unterricht über die allgemein anerkannten Grundsätze der Sittlichkeit eingerichtet werden muß.

Damit wird zum Ausdruck gebracht, daß Schule keineswegs nur Bildungsinhalte vermitteln darf, sondern auch Sinnfindung und Wertorientierung bewirken soll.

Die Aufzählung der obersten Bildungsziele in Artikel 131 der Bayerischen Verfassung wird angeführt von der "Ehrfurcht von Gott"; verbunden damit ist die "Achtung vor religiöser Überzeugung und der Würde des Menschen". Damit wird zum Ausdruck gebracht, daß schulische Erziehung gerade auch sinnstiftende Bedeutung hat und an den Grundlagen christlichen Glaubens nicht vorbeigehen kann. Der Bildungs- und Erziehungsauftrag der Schule verlangt von Lehrkräften und Erziehern, aber auch von uns Bildungspolitikern mehr als bloße Wissensvermittlung:

Über das Wissen und Denken hinaus geht es um die Haltung und das richtige Verhalten. Erziehung und Unterricht müssen sich um den ganzen Menschen und seine ganze Wirklichkeit bemühen. Hier sind die Beiträge einer christlich orientierten Erziehung und des Religionsunterrichts für mich unverzichtbar: Sie stellen für Kinder und Jugendliche die Frage nach der Wahrheit neu und suchen gemeinsam mit ihnen Antworten, sie verhindern, daß vieles als relativ, als in gleicher Weise gültig und damit als gleichgültig betrachtet werden kann. Sie nehmen die Grundfragen des Menschen nach Bestimmung und Sinn seines Lebens und der Welt auf und bieten Antwort. So "christlich", wie es die Verfassung von uns fordert, müssen unsere Schulen sein! Im übrigen - und das füge ich im Hinblick auf die Unterstützung durch die christlichen Kirchen in Bayern gerne an - haben uns die Auseinandersetzungen um das Anbringen von Kreuzen in Schulräumen bestätigt und vorangebracht.

Der Bayerische Verfassungsgerichtshof hat in seinem Beschluß vom 1. August 1997 ausgeführt, daß das Neutralitätsgebot für den Staat das Verbot enthalte, sich mit einem Glauben zu identifizieren: Es sei nicht Sache der öffentlichen Schule, missionarisch zu wirken und christliche Glaubensinhalte für alle als verbindlich festzulegen. Aber: "Das Neutralitätsgebot ist nicht als Gebot zur Eliminierung des Religiösen aus dem öffentlichen Bereich zu verstehen; es bedeutet keine völlige Indifferenz in religiös-weltanschaulichen Fragen und keine laizistische Trennung von Staat und Kirche." Angesichts der geschichtlichen und kulturellen Prägung Bayerns durch das Christentum sei es ein berechtigtes Anliegen, die religiöse Lebensform und Tradition des Volkes in die Schulerziehung einzufügen.

Die Reaktionen auf das sogenannte Kruzifix-Urteil des Bundesverfassungsgerichts haben gezeigt, daß die Ehrfurcht vor Gott und eine weltanschaulich-religiöse Orientierung, wie sie beispielhaft in der christlichen Gemeinschaftsschule zum Tragen kommt, dem Bekenntnis der großen Mehrheit unserer Bevölkerung entsprechen; das Kreuz im Klassenzimmer wird gerade nicht als Zwangsmittel aufgefaßt, sondern als Ausdruck einer positiv verstandenen Religionsfreiheit.

Die obersten Bildungsziele der Bayerischen Verfassung verpflichten auch dazu, die Schüler im Geist der Demokratie zu erziehen. Ich bin der Überzeugung, daß eine humane Demokratie nur da möglich ist, wo man weiß, daß nicht alles gilt, was mehrheitlich abgemacht werden kann, sondern daß es bestimmte Grenzen des Abmachbaren gibt. Diese Grenzen markiert der Begriff der Menschenwürde. Es ist nicht einfach eine Sache des Geschmacks, sie jemandem zuzuerkennen oder abzuerkennen. Wer sie bloß für ein Produkt menschlicher Übereinkunft hält, hat nicht verstanden, was Menschenwürde meint: Etwas, das im Menschen selbst liegt, was sein Wesen bestimmt, worüber legitimerweise niemand verfügen kann. Die Anrufung Gottes zu Beginn der Bayerischen Verfassung und des Grundgesetzes zeigt, daß sich beide Verfassungstexte einer solchen Sichtweise der Menschenwürde verpflichtet sehen.

Bildung und Erziehung müssen im Einzelnen erlebbar und einsehbar machen, daß demokratisches, humanes Leben nur möglich ist unter der Voraussetzung einer Sittlichkeit, die ihrerseits nicht erst durch demokratische oder andere politische Verfahren zustande kommt. Solche Selbstverständlichkeiten sind leicht auszusprechen, aber schwer zu konkretisieren, denn sie bedürfen der konsequenten Umsetzung im Alltag. Daß Hilfsbereitschaft besser ist als Rücksichtslosigkeit, daß der Verräter nicht geschätzt wird, daß einen Lehrer ein offenes Schülerwort zwar ärgern kann, ihm aber mehr Achtung abnötigt als geheuchelte Freundlichkeit - all das ist menschlich selbstverständlich, nicht bloß in unserer Kultur, sondern überall unter Menschen. Wie sich solche grundlegenden Einsichten in konkreten Lebenslagen verwirklichen, kann freilich zu höchst komplexen Sachverhalten führen. Das muß ein zentrales Thema der Schule sein, weil hier das eigentliche Humanum auf dem Spiel steht: die selbständige und freie, sittliche Führung des Lebens.

Religionskunde und Lebensgestaltung: Orientierung am Gleich-Gültigen

Seit der Einführung des Faches "Lebensgestaltung - Ethik - Religionskunde" (LER) als bekenntnisfreies Pflichtfach durch das seit dem Schuljahr 1996/97 gültige Schulgesetz des Landes Brandenburg kann man verfolgen, wohin ein staatliches Monopol auf Werterziehung und Sinnorientierung führt. Titelte die "Süddeutsche Zeitung" am 27.2.1996 noch, daß der "Staat als Religionslehrer" fungiere, und bezeichnete die FAZ am 24./25.2.1996 LER schon als "aufgeklärte Staatsreligion", die man in Brandenburg eingeführt habe, so weisen die zur gleichen Zeit erschienenen ersten Berichte (Leschinsky/Schnabel 1996, Leschinsky/Tiedtke 1996, Leschinsky 1996) bereits klar auf Mängel hin: Der Bereich der Lebensgestaltung beherrscht den Unterricht; demgegenüber steht die Ethik, für die auch Vorgaben und Fachverständnis fehlen, im Hintergrund. "Ein antikognitiver Zug im Verständnis von LER ist nicht zu übersehen. ... der Ethikbereich (trat) faktisch hinter den Bereich Lebensgestaltung weitgehend zurück", heißt es schon in einer ersten Bewertung des Modellversuchs im Rahmen seiner wissenschaftlichen Begleitung (Leschinsky/Schnabel 1996, 53). Schließlich gibt die Bekenntnisneutralität von LER der Religion einen völlig unzureichenden Raum: Es muß der kritische Eindruck festgehalten werden, daß "die Bekenntnisneutralität von LER dem Phänomen Religion samt seinen Erscheinungsformen und seinem Sinndeutungspotential einen unzureichenden Platz einräumte. Auch der R-Bereich ist in Konzeption und Praxis nur unzureichend angelegt" (53f.). Vor dem Hintergrund einer entchristlichten Bevölkerung und einer atheistischen Lehrerschaft halte ich es für mehr als nur berechtigt, daß die Konzeption von LER daraufhin befragt werden muß, "ob sie nicht bewußt oder unbewußt die Vorstellung nährt, das Problem der Religion - langfristig zumindest - erledigen zu können" (54).

Es darf nicht übersehen werden, daß es hier nicht nur um ein Unterrichtsfach oder die Gültigkeit von Art. 141 GG im Land Brandenburg geht, sondern daß es sich um eine verfassungsrechtliche Grundsatzfrage für die Bundesrepublik Deutschland im Hinblick auf das Verhältnis von Kirche und Staat handelt.

Auch wenn die Mehrheit der Schülerinnen und Schüler bisher mit Religion und Glauben keine Berührung hatte, verliert Religionsunterricht nicht seinen Sinn. Religionsunterricht ist auch für konfessionslose Schüler offen. Er will niemanden vereinnahmen, sondern die selbständige Urteilsfähigkeit fördern. Religionsunterricht ermöglicht die Auseinandersetzung mit der christlichen Tradition und ihrer Bedeutung für gegenwärtige Lebensführung; auch im Religionsunterricht lernen Schüler andere Religionen und Lebensweisen kennen. Suchenden und dem christlichen Glauben fernstehenden oder ungläubigen Schülern wird im Religionsunterricht die Möglichkeit geboten, Antworten der Kirchen auf ihre Fragen kennen zu lernen und sich mit ihnen auseinanderzusetzen und dadurch den eigenen Standort abzuklären.

Eine neutrale Religionskunde bringt jungen Menschen keinen Freiheitsgewinn, es sei denn, man versteht Freiheit immer nur als Freiheit *von* etwas. Freiheit sollte aber immer auch Freiheit *für* etwas sein, besonders in Fragen der ethischen Lebensführung, der Suche nach einem glückenden, sinnerfüllten Leben und den letzten Dingen. Eine Religionskunde versucht, das Göttliche zu wissen, und übersieht, daß es nur geglaubt werden kann.

Ethik als verbindliches Fach für alle auf Kosten eines Religionsunterrichts fördert keine *aktive,* sondern allenfalls *passive* Toleranz: Alle Standpunkte werden geduldet, weil man selbst keinen hat. Daß ein lebendiges demokratisches Gemeinwesen dagegen engagierte Bürger braucht, die von etwas überzeugt sind und die aus einer gefestigten Haltung heraus mit anderen umgehen können, muß nicht eigens betont werden. Deshalb braucht der Staat den Religionsunterricht, so wie ihn Grundgesetz und beispielsweise Bayerische Verfassung vorgesehen haben; dieser Religionsunterricht muß dialogbereit und offen für diejenigen Kinder und Jugendlichen sein, die keine persönliche Bindung zu einer Religionsgemeinschaft haben, wenn er ein Religionsunterricht für alle sein will.

Ich möchte dafür noch ein Beispiel aus der Schule anführen. In einem Statement für eine Tagung von evangelischen Religionslehrkräften hat eine Studienrätin des Theresiengymnasiums Ansbach bemerkenswerte Stellungnahmen ihrer Schüler zum Religionsunterricht festgehalten. Die weitaus überwiegende Anzahl der Schüler fand den Religionsunterricht interessant und wichtig; Religion sei "fast das einzige Fach, in dem man richtig lernt, ein Gespräch mit anderen zu führen". Weiterhin gab es die Meinung: "Wenn das Fach Religion durch Ethik ersetzt würde, könnte ich auf diesen Unterricht ganz verzichten". Eine Schülerin stellte fest, daß sie im Religionsunterricht mit Fragen konfrontiert wird, die sie sich sonst nie stellen würde. Zusammenfassend hob die Lehrerin hervor, daß die Jugendlichen angesichts der Notwendigkeit, für sich selber Identität zu stiften und sich mit Sinngebung und der Frage nach Gott zu beschäftigen, vom Religionsunterricht erwarten, daß er ihnen ein Forum für die großen Fragen ihres Lebens bietet und daß er mit ihnen um eine Antwort auf diese Fragen ringt. Gerade das kann und will LER nicht leisten, denn dieses Fach lädt ausdrücklich nicht zur persönlichen Stellungnahme auf der Grundlage eines Bekenntnisses ein. Das Fach LER nimmt strukturell eine Position außerhalb der Religionen ein, die dann nicht nur verglichen, sondern auch "vergleichgültigt" werden. Diese Behandlung von einem distanzierten Standpunkt aus halte ich für schädlicher als das Eingestehen wirklicher Fremdheit und Differenz.

Was erwartet der Staat vom Religionsunterricht - Was bringt der Religionsunterricht dem Staat?

Wenn man die Prämisse ernst nimmt, daß der Staat nicht aus sich heraus letzte Wertmaßstäbe setzen kann, und daraus den Schluß zieht, daß Religionsunterricht als ordentliches Lehrfach, in Übereinstimmung mit den Grundsätzen des Bekenntnisses eingerichtet, einen unverzichtbaren Beitrag zum Erziehungsauftrag der Schule leistet, dann ist auch die Frage gerechtfertigt, was die staatliche Seite vom Religionsunterricht konkret erwartet und was ihr dieser Unterricht einbringt. Die fünf Thesen, die ich nachfolgend skizziere, korrelieren in vielfältiger Weise mit den maßgeblichen Aussagen der beiden großen christlichen Kirchen zum Religionsunterricht in den vergangenen Jahren (EKD 1994, Deutsche Bischofskonferenz 1996), ohne daß ich dies im Detail nachweisen würde.
1. Als ordentliches Lehrfach hat der Religionsunterricht einen gleichberechtigten Platz im Kreis der anderen Fächer und bringt Bildungswert und Kulturbedeutung von Religion zum Ausdruck. Evangelischer und katholischer Religionsunterricht sollen den Schülern wesentliche Inhalte der christlich-abendländischen Tradition und ihrer jüdischen Herkunft sowie ihre Bedeutung für die geistesgeschichtliche, historische, literarische und künstlerische Entwicklung Europas vermitteln.
2. Bildung, die den Heranwachsenden befähigt, die Welt, in der er lebt, zu verstehen, an ihrer Gestaltung mitzuwirken und sein Leben im privaten, beruflichen und öffentlichen Bereich verantwortlich zu führen, kann an Religion nicht vorbeigehen. Der weltanschaulich neutrale Staat wird daher im Bereich der Wertorientierung und Sinnstiftung auf den Beitrag eines Religionsunterrichts nicht verzichten, der den Schülern hilft, ethische Positionen zu beurteilen und für das eigene verantwortliche Handeln anwenden zu können. Der Religionsunterricht soll darüber hinaus zu einer existenziellen Deutung der Person führen, da der Staat sich nicht anmaßen darf, diese für den Menschen unerläßliche Frage verbindlich zu beantworten.
3. Der Religionsunterricht muß inhaltliche Bezüge zu anderen Fächern herstellen, sich auch der Auseinandersetzung etwa im fächerübergreifenden Unterricht oder bei Projekten stellen. Der Religionsunterricht sollte außerdem zur Gestaltung des Schullebens beitragen und so über Wissensvermittlung und Unterrichtsgeschehen hinaus wirken. Eine Distanzierung von den anderen Unterrichtsfächern oder gar Abschottung des Religionsunterrichts würden seiner Stellung in der Schule Schaden zufügen.

4. Religionsunterricht muß sich auf die Lebenswirklichkeit der Schüler, auf ihre Fragen und Probleme, mit denen sie in die Schule kommen, einlassen. Der Religionsunterricht ist - und das wissen auch die Religionsgemeinschaften - ein Instrument, das nicht in erster Linie der Weckung von tätiger Religiosität und Kirchlichkeit dient. Er veranlaßt im Normalfall keine kirchlichen, außerschulischen Aktivitäten, kann aber trotzdem eine beachtliche Wirkung auf die Einstellung der jungen Menschen zur Kirche ausüben. So soll sich heutiger Religionsunterricht - auch aus staatlicher Sicht - als eine Erfahrung für den Schüler darstellen, auf die er zugehen kann, die ihn begleitet, seine Fragen ernst nimmt und ihm ein verbindliches Angebot für seine Lebensorientierung unterbreitet - ihn damit auch zur Entscheidung auffordert. Religionsunterricht sollte den Schülern auch Mut machen. Angesichts einer schwierigen und undurchschaubar gewordenen Welt sollte er ihnen Mut machen zu kritischen Anfragen und konstruktiven Möglichkeiten, Mut zu persönlicher Stellungnahme und klarer Aussage, Mut zum Leben.

5. Der Religionsunterricht muß seine eigene "Sache" ernst nehmen und zur Konfessionalität als Prinzip stehen. Ein Religionsunterricht, der sich selbst nicht ernst nähme und seine Inhalte der Unverbindlichkeit preisgäbe, wäre keine Bereicherung des öffentlichen Schulwesens.

Die Frage der Konfessionalität rückt zunehmend in den Mittelpunkt der Diskussion über den Religionsunterricht. Die Verpflichtung des freiheitlich-demokratischen Staates aufgrund seiner weltanschaulichen Neutralität, religiöse Bezüge, Wertorientierung und die Frage nach der existentiellen Deutung der Person fachlich in den Schulunterricht einzubeziehen, läßt sich - wie am Beispiel LER gezeigt - mit einem "Religionsunterricht für alle" oder einer Form interreligiösen Unterrichts nicht erfüllen.

Art. 7 Abs. 3 GG und Art. 136 Abs. 2 BV bleiben Grundlage für den Religionsunterricht; über die Öffnung eines konfessionell verankerten Religionsunterrichts für Schüler einer anderen Konfession bzw. ohne Konfession können die Religionsgemeinschaften selbst entscheiden.

Einem religionskundlichen oder interreligiösen Unterricht fehlte auch nach Auffassung des Staates das Element der Verbindlichkeit, das erst zu echter Auseinandersetzung und Bildung einer eigenen Haltung führt. Religionsunterricht muß sich wie jedes Fach auf eine außerschulische Wirklichkeit beziehen. Ein von jeder konfessionellen Bindung gelöster Religionsunterricht wird diesem Prinzip nicht entsprechen können, da er nicht auf die Religionsgemeinschaften, ihr Auftreten in der Öffentlichkeit und ihre traditionellen und regionalen Ausprägungen verweisen kann.

Ob der Religionsunterricht dem Staat denn etwas bringen kann, ist sicherlich eine ungewöhnliche Fragestellung. Die Antwort eines nicht unumstrittenen Kirchenvaters mag überraschen: "Die Christen erweisen ihrem Vaterland mehr Wohltaten als die übrigen Menschen. Denn sie sind erzieherische Vorbilder für die anderen Bürger" (Origenes, Gegen Celsus VIII, 74), läßt sich aber auch in der Gegenwart erhärten, etwa durch Ergebnisse der empirischen Sozialforschung (vgl. Püttmann 1998).

Ihnen zufolge bejahen junge Christen z.B. häufiger (um ca. 16%) konfliktmindernde Handlungsmaximen, wie die Wahrheit zu sagen, höflich zu sein, auch verzichten zu können und vergebungsbereit zu sein (vgl. Püttmann 1998, 6). Ganz allgemein läßt sich auch eine signifikante Diskrepanz in bezug auf Aspekte eines staatsbürgerlichen Ethos (z.B. bei Alltagskriminalität, Rechtsbewußtsein, Bereitschaft zur Verteidigung unserer Gesellschaftsordnung, nationalem und europäischem Gemeinwohl; vgl. Püttmann 1998, 10f.) feststellen.

Im Hinblick auf soziales Engagement und Leistungsbereitschaft möchte ich auf die Einschätzung hinweisen, daß "eine am christlichen Menschenbild orientierte Erziehung weniger den larmoyanten Typ hervorbringt, der lediglich über die Verhältnisse klagt, statt sein Leben selbst in die Hand zu nehmen und auch die eigenen Fehler und Versäumnisse einzugestehen" (ebd. 8). Hier wirkt vor dem Hintergrund der christlichen Soziallehre die Vorstellung einer subsidiären Gesellschaft, die zunächst die eigenen Kräfte aktiviert, bevor nach dem Staat gerufen wird.

Um Mißverständnissen vorzubeugen: Natürlich kann auch ein Mensch ohne Gottesglauben und ohne religiöse Erziehung ein rechtschaffener Bürger und vorbildlicher Mitmensch sein. Die Ergebnisse der empirischen Sozialforschung weisen jedoch darauf hin, daß mit zunehmender Entfernung zur Kirche "eine Reihe von wünschenswerten Einstellungen, ja Voraussetzungen gelingenden individuellen und sozialen Lebens - zuvörderst die Achtung vor dem menschlichen Leben überhaupt - brüchiger zu werden" scheinen (ebd. 12).

Der ehemalige Bundesverfassungsrichter Ernst Wolfgang Böckenförde hat sich vor kurzem nochmals ausdrücklich zu seinem immer wieder zitierten Satz bekannt: "Meine vor nahezu dreißig Jahren formulierte These: 'Der freiheitliche säkulare Staat lebt von Voraussetzungen, die er selbst nicht garantieren kann, ohne seine Freiheitlichkeit in Frage zu stellen' halte ich nach wie vor für richtig." Zu ihrem Bestand braucht eine freiheitliche staatliche Ordnung "eine Übereinstimmung in bestimmten Grundauffassungen in der Gesellschaft; und ebenso ist eine Ordnung, die weite rechtliche Freiräume und Freiheiten gewährleistet, auf innere Regulierungskräfte der Freiheit angewiesen" (Böckenförde 1995, 720).

Zusammengefaßt lautet die Antwort auf die in diesem Abschnitt gestellten Fragen: Der Staat kann vom Religionsunterricht erwarten, daß er dem jungen Menschen als Bürger eines demokratischen, freiheitlichen Rechtsstaates ein Maß an ganzheitlicher Ethik und Moral vermittelt, das größer ist als das, was der Staat aus sich heraus z.B. den allgemeinen Bildungszielen zugrunde legt. Auch im Blick auf zukünftige Herausforderungen hat der Staat allen Grund, institutionelle Wirkungsmöglichkeiten der Kirchen zu bewahren.

Wertewandel als Herausforderung für Religionsunterricht und Werteerziehung

Im Blick auf die Zukunft wird es entscheidend sein, daß wir unser Bildungswesen insgesamt an Entwicklungen in Wissenschaft und Gesellschaft anpassen. Im April 1998 veranstaltete das Bayerische Staatsministerium für Unterricht, Kultus, Wissenschaft und Kunst einen Bildungskongress unter dem Motto: "Wissen und Werte für die Welt von morgen". Welche Qualifikation, welche ethischen Orientierungen muß die Schule den jungen Menschen von heute für die Welt von morgen mitgeben? Diese grundlegende Fragestellung beschäftigt jeden, der an verantwortlicher Stelle im Schul- und Bildungswesen tätig ist. Der Wandel in der Wirtschafts- und Arbeitswelt bedingt neue und höhere Anforderungen an Kenntnissen und Fähigkeiten sowie veränderte Einstellungen und Haltungen. In der wachsenden Pluralität der Lebensmuster und der fortschreitenden Relativierung von haltgebenden Institutionen wie Ehe oder Familie werden Selbständigkeit und Eigenverantwortung wie auch Gemeinschafts- und Verständigungsfähigkeit zu Prüfsteinen schulischer Bildungs- und Erziehungsarbeit. Dabei hat die Schule ihren Erziehungsauftrag gegen eine Vielzahl oft widersprechender Sozialisierungseinflüsse durchzusetzen.

Fast möchte man glauben, es sei egal, vor welchem Hintergrund das Denken und die Handlungsweisen unserer Zeit analysiert werden, so sehr gleichen sich die Ergebnisse. Eckhard Nordhofen beispielsweise hat beim Symposion zum Religionsunterricht im Bonner Wasserwerk am 7. Oktober 1997 auf den prägenden Individualismus hingewiesen und dessen Wurzeln im christlichen Menschenbild aufgezeigt. Wenn sich allerdings in der Moderne die vom christlichen Denken ausgehende Dynamik beschleunigt und zu einem zivilisatorischen und technischen Fortschritt führt, der sich vom Christentum unabhängig macht, wird vom einzelnen die Anpassung an die beschleunigte Existenzform verlangt, im Gegensatz zur bisher gültigen Anpassung an eine geformte Lebenswelt (vgl. Nordhofen 1998, 10ff.)

Der Münchner Soziologe Michael Brater stellt bei seinen Untersuchungen über die Individualisierungsprozesse Jugendlicher fest, daß "keine vorgegebenen Muster mehr tragfähig und eindeutig der Entwicklung als einem 'in sie hineinwachsen' Richtung geben, sondern lediglich unverbindliche Möglichkeiten von Lebens- und Handlungskonzepten zur Wahl stehen" (Brater 1997, 149).

Wenn allerdings die Entwicklungsphase zwischen den fest umrissenen Welten der Kindheit und des Erwachsenenalters kein "Durchgang" mehr ist, dann müssen junge Menschen in die Lage versetzt werden, die "Fähigkeiten zu eigener sozialer Gestaltung und Vereinbarung, zur Verwirklichung des eigenen Weges" (ebd. 150) zu entwickeln. Dann müssen freilich auch Schule und Ausbildungsbetrieb, Familienangehörige und Erwachsene den Jugendlichen vorbildhafte Beispiele für die eigene Lebensgestaltung vorleben. Das heißt nicht nur fertige Lösungen und fest umrissene Ziele vorgeben, sondern eigene Vorgehensweisen, Methoden, persönlichen Beispiele zum Umgang mit Orientierungsfragen anbieten.

Bezogen auf die Schule sehe ich die Aufgabe, Fähigkeiten auszubilden, die junge Menschen in die Lage versetzen, sich mit ihren existenziellen Fragen und der Suche nach Lebensorientierung und Sinn in gehaltvoller, tragfähiger Weise auseinanderzusetzen.

Eine Ausrichtung am abendländisch-christlichen Ethos und an den Grundwerten unserer freiheitlich-demokratischen Rechtsordnung halte ich dabei für unverzichtbar; an anderer Stelle habe ich bereits versucht, daraus eine Grundlage für einen wertorientierten, weltanschaulich neutralen Ethikunterricht zu gewinnen (vgl. Zehetmair 1993).

Zum Abschluß: Was kann der Religionsunterricht in der Schule leisten, was kann vielleicht nur er bewirken angesichts der Rede von einer nicht nur postmodernen, sondern auch "nach-christlichen" Gesellschaft, die nicht vertraute Formen, sondern experimentelle Offenheit bevorzugt, die den freien Lebensentwurf einer Rahmung des Lebens durch überlieferte Sinnentwürfe vorzieht, die nicht nach institutioneller Verläßlichkeit fragt, sondern nur die Beschleunigung und das glückliche, dem Spaß verpflichtete Hier und Jetzt kennen will?

Drei Bereiche möchte ich herausgreifen: Die Traditionsbildung und die Bedeutung religiösen Wissens, die Vermittlung von Zukunftsperspektiven und die Antwort auf die sprituellen Bedürfnisse, auf die Sehnsucht nach Transzendenz.

Bischof Klaus Engelhardt hat in einem Interview als scheidender Ratsvorsitzender der EKD geäußert, die Kirche müsse geistig und intellektuell anspruchsvoll sein, weil es darum gehe, die Probleme und Perspektiven der Welt vom Glauben her zu bedenken (Süddeutsche Zeitung v. 31.10./1./2.11.1997). Von den Schülern und Schülerinnen kennen wir die zum Teil diffuse Suche nach Antworten auf Glaubens- und Religionsfragen. Oft fehlt es an Grundkenntnissen über biblische Texte, Kirchengeschichte oder Modelle der Normenbegründung. Daß mit der entsprechenden unterrichtlichen Reflexion vielfältige Verknüpfungen und Überschneidungen mit anderen Fächern einhergehen und Religionslehre oft auch fächerübergreifenden Unterricht geradezu herausfordert, brauche ich nicht eigens zu betonen. Religionsunterricht sollte deutlich machen, daß eine ernsthafte Auseinandersetzung mit Glaubensfragen und ethischen Problemfeldern mehr als nur angelernte Kenntnisse erfordert, nämlich echte intellektuelle Anstrengung und beständiges Engagement.

Auch werden Gesellschaft und Kirchen auf diese Grundlage religiösen Wissens bei den Bemühungen um die Weitergabe der mit dem christlichen Glauben verbundenen Werte und Traditionen nicht verzichten können. Wertentwicklung wie auch Traditionsbewußtsein sind an Institutionen gebunden. Denn ihre Fortentwicklung findet vermutlich genau an der Schnittstelle von persönlichen Freiheitsbestrebungen einerseits und institutionellen Bindungserwartungen andererseits statt. Auch in diesem Bereich darf der Religionsunterricht seine Rolle nicht gering schätzen, denn für die meisten Jugendlichen bildet er allein diese Schnittstelle! Unter diesem Aspekt sollten auch die Inhalte und Methoden im Religionsunterricht sowie die pastoralen Bemühungen in den Schulen wieder stärker betrachtet werden.

Der Glaube an einen ungehemmten Fortschritt in Wissenschaft, Technik und Gesellschaft ist heute in vielfacher Weise gebrochen. Gleichzeitig beobachten wir, daß die Gefahr größer wird, daß Menschen ängstlich an die Zukunft denken. Auch eher formale Faktoren wie beispielsweise das bevorstehende Millennium tragen in Verbindung mit esoterischen oder apokalyptischen Vorstellungen dazu bei.

Ich erhoffe mir einen Religionsunterricht, der den Schülerinnen und Schülern Mut macht, der sie in der Entfaltung ihrer Talente und Gestaltungsmöglichkeiten begleitet und ihnen dadurch Zukunftsperspektiven vermittelt, daß er ihnen eine klare Antwort auf ihre existenziellen Fragen bietet. Mut machen können Religionsunterricht und christliche Erziehung auch, wenn es ihnen gelingt, den Christen und seine Glaubensüberzeugung aus der Ecke der vermeintlichen Privatreligion herauszuholen und die wesentliche Dimension der Glaubensgemeinschaft erfahrbar und mitlebbar zu machen. Ich gebe dabei zu bedenken, daß der Religionsunterricht das einzige Unterrichtsfach ist, hinter dem jeweils eine konkrete Gemeinschaft steht!

Menschen entsprechen nicht immer den Analysen, die über sie geschrieben werden. Ich sehe die Menschen auch heute auf der Suche nach Perspektiven eines lebendigen Glaubens. Die Sehnsucht nach Gott ist nach wie vor tief verwurzelt, wenn auch die Ausdrucksformen dafür verschieden, ja verschleiert sein mögen. Wer genau hinschaut, erkennt auch in den künstlerischen Werken unserer Tage immer wieder Spuren oder Hinweise auf die transzendente Dimension unseres Daseins, wenn nicht sogar auf die nie verstummte Frage nach Gott. Eine zentrale Aufgabe des Religionsunterrichts an der Schwelle zum neuen Jahrtausend wird darin bestehen, dieser Sehnsucht nach Gott Raum zu geben und ihren unlösbaren Zusammenhang mit den Vorstellungen von Freiheit, Selbstbestimmung und Würde des Menschen herzustellen.

Auf diesen Beitrag von Religionsunterricht und christlicher Erziehung kann die Schule, kann unser demokratischer Staat nicht verzichten.

Literatur

E.-W. BÖCKENFÖRDE, Erfolge und Grenzen der Aufklärung. Acht Thesen, in: Universitas. Zeitschrift für interdisziplinäre Wissenschaft, 50. Jg. 1995, 720.

M. BRATER, Schule und Ausbildung im Zeichen der Individualisierung, in: U. BECK (Hg.), Kinder der Freiheit, Frankfurt a.M. 1997, 149-174.

Die deutschen Bischöfe, Die bildende Kraft des Religionsunterrichts. Zur Konfessionalität des katholischen Religionsunterrichts, Bonn 1996.

Identität und Verständigung. Standort und Perspektiven des Religionsunterrichts in der Pluralität. Eine Denkschrift der Evangelischen Kirche in Deutschland, Gütersloh 1994.

A. LESCHINSKY, Vorleben oder Nachdenken, Frankfurt a. M. 1996.

A. LESCHINSKY/K. SCHNABEL, Ein Modellversuch am Kreuzweg. Möglichkeiten und Risiken eines moralisch-evaluativen Unterrichts, in: Zeitschrift für Pädagogik, 42. Jg. 1996, 31-55.

A. LESCHINSKY/M. TIEDTKE, Ethikunterricht zwischen divergierenden Ansprüchen. Der Modellversuch "Lebensgestaltung - Ethik - Religion" in Brandenburg, in: Die Deutsche Schule, 88. Jg. 1996, 177-191.

E. NORDHOFEN, Religionsunterricht versus Lebensgestaltung, Ethik, Religionskunde. Der ideenpolitische Hintergrund, in: K. LEHMANN, Religionsunterricht in der offenen Gesellschaft. Ein Symposion im Bonner Wasserwerk, Stuttgart 1998, 9-22.

A. PÜTTMANN, Leben Christen anders? Befunde der empirischen Sozialforschung (Kirche und Gesellschaft Nr. 248), Köln 1998.

H. ZEHETMAIR, Ethos und plurale Gesellschaft. Das abendländische Ethos als Rahmen des Ethikunterrichts, in: H. HUBER/H. ZEHETMAIR/H. ZÖPFL, Ethik in der Schule. Grundlagen ethischer Bildung und Erziehung, München 1993, 34-43.

Verfassungsfragen einer Werteerziehung -
Die doppelte Ohnmacht

Ingo Richter

"Sie sind doch Jurist und beschäftigen sich mit Familien- und Jugendrecht", sagte kürzlich ein Taxifahrer, der meine Bücher und Koffer bis in mein Arbeitszimmer trug. "Ich habe da ein Problem." So beginnen viele Hilferufe. In der Tat, er hatte ein Problem. "Ich bin seit achtzehn Jahren verheiratet und lebe mit meiner Frau in Scheidung." Obwohl er vorzüglich Deutsch spricht, merke ich einen leichten Akzent. "Wir sind beide Türken." Er ist athletisch gebaut, Jeans und weißes Hemd, Gürtel mit Silberbeschlägen, Goldkettchen am Arm und Hals. "Meine Frau arbeitet als Prostituierte. Ich habe ein Pornovideo, auf dem sie zu sehen ist, ich habe es kürzlich meinem fünfzehnjährigen Neffen gezeigt, nur den Kopf, nur den Kopf, und er hat sie zweimal eindeutig erkannt." "Haben Sie es heimlich aufgenommen?" Keine Antwort. "Ich habe ihr Angebot für Telefonsex auch im Internet gesehen." - "Haben Sie es sich ausdrucken lassen?" - "Nein, ich konnte es nicht wiederfinden. Ich habe aber die Nummer angerufen. Da wurde ich von jemandem zu meiner zwölfjährigen Tochter, die bei meiner Frau lebt, durchgestellt. Ich habe sie am nächsten Tag nach der Schule abgepaßt und zusammengeschlagen. Meine Frau hat mich wegen körperlicher Mißhandlung bei der Staatsanwaltschaft angezeigt. Ich habe sie wegen Kinderpornographie bei der Staatsanwaltschaft angezeigt." Ich denke darüber nach, ob wohl deutsches oder türkisches Recht auf die sich abzeichnenden familien-, jugend- und strafrechtlichen Fälle Anwendung findet. "Das Jugendamt hat mir meinen zehnjährigen Jungen weggenommen und ihn auch meiner Frau gegeben, weil er jetzt zum zweiten Mal sitzengeblieben ist. Die Schulpsychologin hat ein Gutachten gemacht, wonach ich wegen meines Berufes zur Erziehung ungeeignet bin." Er fährt übrigens vorzüglich Auto und läßt die klassische Musik, die er hörte, als ich einstieg, weiterlaufen. "Widerspricht Ihre Frau der Scheidung?" - "Ja, sie will die Kinder und Geld." - "Lebt Ihre Frau bei einem Zuhälter?" "Ja, ich glaube. Er hat das Video gemacht." Ich habe den Eindruck, daß mich der Fall überfordert, jedenfalls im Taxi. "Ich will, daß meine Tochter muslimisch erzogen wird, ich will sie da rausholen. Ich selber bin kein gläubiger Moslem, ich meine nur ethnisch erzogen. Wissen Sie? Nicht deutsch - ethnisch-türkisch, und ich will meinen Sohn haben, er ist mein Sohn." Zu einer Rechtsberatung kam es nicht mehr, ich stieg aus.

Zur Abiturfeier 1993/94 hielt in einem oberbayerischen Gymnasium ein Abiturient eine Rede, die ich in den folgenden Auszügen nachdrucke:

"Unser Jahrgang hat ein Generationsproblem zu bewältigen, das sich von dem anderer Jahrgänge deutlich unterscheidet. Es ist kein wirkliches Problem, da wir keinen neuen Lebensstil propagieren. Es ist nur, daß wir unsere Elterngeneration in gewisser Hinsicht enttäuschen müssen. Diese Enttäuschung ist nicht allzu groß, da sie darin besteht, daß wir nichts anderes wollen, als angepaßt zu sein. Der Lebensstil unserer Eltern behagt vielen von uns derart, daß wir ihn kaum ändern wollen.

Liebe Eltern, liebe Lehrer, die Zeit der Jugendrevolte ist endgültig vorbei, denn die Revoluzzer sind Sie gewesen. Ihre Generation hat neue Werte gegen den Materialismus Ihrer Elterngeneration gesetzt. Sie haben die sexuelle Befreiung propagiert. Die Omas und Opas im Saal werden ein Lied davon singen können. Der Geist von 68 und die antiautoritäre

Erziehung sind schon in die Kinder- und Klassenzimmer eingezogen, bevor wir geboren wurden.

Aus dieser Tatsache folgen nun zwei Konsequenzen für unseren Jahrgang. Die eine habe ich schon angedeutet. Da die Beziehung Lehrer-Schüler und Eltern-Kind nicht mehr auf Autorität, sondern auf Verständigung gebaut ist, sind wir durchaus in der Lage, die Erwachsenen als vernünftige Menschen und nicht als Feind zu sehen, und können uns mit deren Lebensstil durchaus anfreunden. Es geht sogar so weit, daß wir genauso weitermachen wollen wie sie. Ein angenehmes Leben steht im Vordergrund, und aus einer Art Tradition, und weil es der Erziehung entspricht, ist man kritisch eingestellt und hinterfragt die Dinge. (...)

Sie müssen wissen, nach dreizehn Jahren Schule hat man die Schule zu hassen. Alle finden Schule blöd. Wir also auch. (...) Und sehen Sie vor allem die Zukunftsperspektiven unseres Jahrgangs. Kaum einer will aussteigen, sehr viele haben schon sehr lange ihren Lehrvertrag bei Banken, Werbeagenturen usw., andere schon eigene Firmen, und die meisten wollen so schnell wie möglich anfangen zu studieren. Es besteht heute in unserer Generation kein gravierender Unterschied zwischen den Grün- und Schwarzwählern mehr. Beide wählen ihre Partei, weil sie sich lediglich dadurch ein bequemes Leben erhoffen. Der eine fürchtet die wirtschaftliche Not, der andere die ökologische. Die Zeit der Revoluzzer ist vorbei, aber auch die Nullbock-Generation ist ausgestorben. (...)

Selbstverständlich haben wir auch eine Trotzphase. Wenn man nun trotzig ist und einem nur Verständnis entgegenschlägt, fährt man so lange fort, bis man endlich die gewünschte Reaktion erhält: Unverständnis und Ärgerlichkeit. Was kann unsere aufgeklärte Elterngeneration verärgern? Schuleschwänzen, Durchfallen, uneheliche Kinder? Nein! (...) Kein Mensch sucht bei uns die Wahrheit und eine Philosophie in Alkohol und Drogen, wie das vielleicht bei Ihnen der Fall war, wir dröhnen uns zu. Die neue Musikrichtung der 90er Jahre behandelt keine Themen mehr, sondern sie soll in Trance versetzen. Wir schotten uns jedoch nicht von der Welt ab, wir sind durchaus über Ozonloch, Überbevölkerung und Verhütung informiert. Es war jedoch in unserem Jahrgang nie Mode, alternativ zu sein. Wir sind aber auch keine Zyniker, wir reden drohendes Unheil nicht schön, sondern legen es in unseren Aufsätzen klar dar. Aber wir lassen uns dadurch nicht die Laune verderben. Wir sind, zusammengefaßt, also eine Generation, die brav das Geforderte bringt und in ihrer Freizeit auf das Nachdenken verzichtet. Wir haben das Abitur gemacht, und jetzt dröhnen wir uns zu."

Ich will mich den Verfassungsfragen der Werteerziehung in den Dimensionen nähern: Ich werde die verfassungsrechtlichen Grundprobleme relativ knapp und ziemlich abstrakt darlegen. Ich werde dazu einige herausragende Gerichtsentscheidungen benennen. Abschließend will ich versuchen, einige Einschätzungen abzugeben. Aus Raumgründen verzichte ich hier auf weitere Nachweise und beschränke mich auf ausgewählte Gerichtsentscheidungen.

Für die verfassungsrechtliche Einordnung erscheint mir vorweg ein Wort über Werte angebracht. Das Grundgesetz sagt ausdrücklich über Werte nichts, sondern regelt Rechte (und Pflichten) der Bürgerinnen und Bürger sowie die Organisation des (staatlichen) Zusammenlebens. Diese Regelungen ergingen aufgrund von Optionen der Verfassungsväter und -mütter für bestimmte individuelle und kollektive Güter (Werte), z.B. für das Leben (Artikel 2, Absatz 2, Satz 1: "Jeder hat das Recht auf Leben und körperliche Unversehrtheit" und Artikel 102: "Die Todesstrafe ist abgeschafft.") und z.B. für die gewaltfreie Konfliktlösung durch unabhängige Gerichte (Artikel 101, Absatz 2, Satz 1: "Niemand darf seinem gesetzlichen Richter entzogen werden" und Artikel 97, Absatz 1: "Die Richter sind unabhängig und nur dem Gesetz unterworfen."). Aus diesen Regelungen spricht, daß sie um des Wertes des individuellen Lebens und der Unabhängigkeit der Rechtssprechung wegen ergangen sind, aber der Text trifft keine ausdrückliche Wertentscheidung. Darf ein Arzt ohne ausdrückliche Einwilligung eines Patienten im Koma lebensverlängernde Maßnahmen unterlassen? Dürfen, ja müssen "Femegerichte" rechtsradikaler Jugendbanden, darf das Auditing von Scientologen verboten und unterbunden werden, auch wenn die Mitglieder sich dem freiwillig unterwerfen? Die dogmatische Frage nach der Stellung von Wertentscheidungen im Verfassungsrecht erhält unmittelbare Bedeutung für sehr konkrete, aber gleichzeitig grundsätzliche Fragen des Zusammenlebens. Sie wird auch wichtig für die Frage nach der Bedeutung des Verfassungsrechts für die Werteerziehung. Das Grundgesetz gewährleistet

1. Im Prinzip das Modell einer offenen freiheitlichen Gesellschaftsordnung, läßt aber
2. die Bildung geschlossener Gemeinschaften aus Gründen der Freiheitlichkeit zu und beantwortet
3. auch die Frage nach der Sicherung dieser Gesellschaftsordnung durch Erziehung.

Werteerziehung in der offenen Gesellschaft des Grundgesetzes

Das Grundgesetz gewährleistet durch seine Grundrechte eine offene Gesellschaftsordnung, die es den Bürgerinnen und Bürgern freistellt, sich für oder gegen bestimmte Werte zu entscheiden, z.B. für ein eheliches Zusammenleben oder für nichteheliche Lebensgemeinschaft, ja sogar für das eigene Leben oder auch gegen das eigene Leben, denn Selbstmord ist nicht verboten. Das Grundgesetz geht von einer Gesellschaftsordnung aus, in deren Mittelpunkt Würde und Freiheit des Individuums stehen. Für eine Werteerziehung in einer solchen freiheitlichen Gesellschaftsordnung stellen sich die folgenden verfassungsrechtlichen Fragen: Ist eine Werteerziehung verfassungsrechtlich überhaupt möglich? Wem kommt eine solche Werteerziehung zu? Gibt es Grenzen einer solchen Werteerziehung? Ich werde diese drei Fragen im Zusammenhang der Sexualkundeentscheidungen des Bundesverfassungsgerichts und des Bundesverwaltungsgerichts beantworten (BVerfGE 47, 46; BVerwGE 47, 174; 57, 360).

Die Frage, ob eine Werteerziehung verfassungsrechtlich überhaupt möglich ist, mag angesichts Artikel 6, Absatz 2 ("Pflege und Erziehung der Kinder sind das natürliche Recht der Eltern und die zuvörderst ihnen obliegende Pflicht.") abwegig erscheinen, da doch der Verfassungstext die Erziehung ausdrücklich erwähnt; und daß der Begriff "Erziehung" auch eine Werteerziehung umfaßt, darf man doch wohl annehmen. Es kommt hinzu, daß nicht nur die Eltern, sondern auch der Staat im Rahmen seiner

Schulhoheit das Recht und die Pflicht zur Erziehung der Schülerinnen und Schüler hat und daß auch die schulische Erziehung eine Werteerziehung umfaßt (BVerfGE 47, 46, 72). Aber so ganz selbstverständlich ist das nicht, denn es kommt auf den Inhalt und die Trägerschaft dieses Erziehungsauftrages an.

Nach Artikel 2, Absatz 1 ("Jeder hat das Recht auf die freie Entfaltung seiner Persönlichkeit, soweit er nicht die Rechte anderer verletzt und nicht gegen die verfassungsmäßige Ordnung oder das Sittengesetz verstößt.") hat jeder Mensch, und zwar unabhängig von seinem Alter, das Recht, selbständig Wertentscheidungen für sich selber zu treffen. Soweit es sich dabei um innere Wertentscheidungen handelt, z.B. für oder gegen Tierversuche, können sie weder die Eltern noch der Staat gebieten oder verbieten. Soweit es sich dagegen um äußere, in Verhalten umgesetzte Wertentscheidungen handelt, z.B. um die Durchführung von Tierversuchen zu Hause oder in der Schule, können sowohl die Eltern wie die Schule sie im Rahmen ihrer Erziehungsrechte regeln, gegebenenfalls untersagen. Die Frage nach der verfassungsrechtlichen Legitimation der Werteerziehung in der offenen Gesellschaft des Grundgesetzes stellt sich nun so: Dürfen Eltern und/oder Staat die innere Wertentscheidung des Individuums durch Erziehung inhaltlich bestimmen in der Absicht, das aktuelle oder spätere Verhalten, die äußere Wertentscheidung, entsprechend zu beeinflussen, oder sind Eltern und/oder Staat darauf beschränkt, die Freiheit des Individuums zu einer - inhaltlich nicht bestimmten - Wertentscheidung durch Erziehung zu fördern? Bei den Tierversuchen ist die Frage einfach zu beantworten: Die Eltern dürfen ihre Wertentscheidung für oder gegen Tierversuche den Kindern nahebringen und versuchen, sie davon in der Hoffnung zu überzeugen, daß sie ihre Auffassung annehmen. Dies gilt auch für Lehrerinnen und Lehrer, von denen allerdings aus Gründen der Wissenschaftlichkeit und der Offenheit der Werteerziehung für unterschiedliche Einstellungen eine gehörige Abwägung des Für und Wider sowie eine entsprechende Information verlangt werden wird. Eltern und Schule sind nicht auf eine negative Neutralität in dem Sinne beschränkt, daß sie nur inhaltlich neutral Erziehung fördern: "Es gibt diese und jene Meinung, wir sind für die Meinung A, Du kannst denken, was Du willst, Du kannst Dich für B entscheiden." Eltern und Lehrer können "Farbe bekennen", weil es sich um eine allgemeine gesellschaftliche Frage handelt, die das individuelle Leben nicht notwendigerweise berührt. Das Elternrecht beschränkt sich nicht darauf, die Kinder in ihrer eigenen Wertbildung zu fördern; Eltern können ihre Kinder vielmehr auch nach ihren eigenen Wertüberzeugungen erziehen - also auch zu Anhängern oder Gegnern von Tierversuchen -, und die öffentliche Schule kann dies ebenfalls im Rahmen ihres pädagogischen Auftrages und unter Wahrung der Regeln der Pluralität der Meinungen, der Toleranz des jeweils Anderen und der Wissenschaftlichkeit des Verfahrens.

Geht es aber nicht um die Einstellungen zu Werten in der Gesellschaft im allgemeinen, sondern geht es um Werte im eigenen Leben, dann drängt sich eine andere Betrachtungsweise auf, die letztlich zu einer unterschiedlichen Beurteilung der Werteerziehung bei Eltern und Staat führt. Zunächst zum Elternrecht: Es gehört nicht nur zu den Rechten und Aufgaben von Eltern, bestimmte Werte im gesellschaftlichen Leben im allgemeinen positiv oder negativ einzuschätzen und sie dadurch ihren Kindern zu vermitteln, wie z.B. Leben oder Tod von Tieren, sondern es gehört gleichfalls zu ihren Rechten und Aufgaben, Einstellungen zu bestimmten Werten, die für ihr eigenes Leben wichtig sind, den eigenen Kindern zu vermitteln, sie ihnen nahe zu bringen, sie zu veranlassen, solche Einstellungen auch für sich gelten zu lassen - mit anderen Worten: sie im Sinne dieser Werte zu erziehen.

Die Sexualität eignet sich in besonderer Weise dazu, die ganze Fülle möglichen Elternverhaltens zu erklären, erstens weil Sexualität ein stark wertbesetztes Thema ist, zweitens weil die Unterschiedlichkeit der Einstellungen bei diesem Thema besonders groß ist und drittens, weil sich die Rechtsprechung ausführlich mit Rechtsfragen der Sexualität zu beschäftigen hatte.

Folgende Verhaltensweisen sind möglich:

a) Es liegt im Rahmen der elterlichen Werteerziehung, wenn die Eltern ihre eigene Sexualität unterdrücken oder verbergen und zu diesem Thema schweigen (Zurückhaltung).

b) Das Elternrecht deckt auch Werthaltungen, die zwischen elterlicher und kindlicher Sexualität grundsätzlich unterscheiden und die deshalb von manchen als widersprüchlich angesehen werden, d.h. die Eltern können ihr eigenes Sexualverhalten nach ihren eigenen Vorstellungen gestalten und gleichzeitig jede Form oder bestimmte Formen kindlicher Sexualität unterdrücken (Repressivität).

c) Eltern können sich darauf beschränken, ihre eigene Sexualität zu leben, die in der Gesellschaft vorhandenen Auffassungen und Verhaltensweisen zu erklären und die eigene Entscheidungsfähigkeit ihrer Kinder zu fördern (passive Liberalität).

d) Eltern können ihren eigenen sexuellen Neigungen nachgehen, sie ihren Kindern vorleben und erklären, sie ihnen nahelegen, ohne sie allerdings darauf festzulegen (aktive Liberalität).

e) Grundsätzlich liegt auch ein elterliches Erziehungsverhalten noch im Rahmen des Elternrechts, bei dem Eltern ihren eigenen sexuellen Neigungen folgen, sie ihren Kindern vorleben oder auch nicht, sie ihren Kindern gegenüber vertreten oder auch nicht, jedenfalls aber das sexuelle Verhalten ihrer Kindern dulden oder fördern (Permissivität). Hier können jedoch Grenzen des Elternrechts erreicht und überschritten werden (s.u.).

Das Bundesverfassungsgericht und das Bundesverwaltungsgericht haben in ihren Entscheidungen die Autonomie der Eltern immer wieder betont und die staatlichen Eingriffe in das Elternrecht stark beschränkt. Gerade im Bereich der Sexualität soll die Werteerziehung in erster Linie Sache der Eltern sein, weil - so jedenfalls die Gerichte vor rund 20 Jahren - die Sexualität selber grundsätzlich eine private Angelegenheit ist und sein soll, die im Bereich des Persönlichen, des Intimen und des Privaten verbleibt, das Licht der Öffentlichkeit scheut und deren Bewertung nach Regeln deshalb grundsätzlich dem Staat verschlossen bleiben sollte (BVerfGE 47, 46, 70). Nun haben sich die Verhältnisse inzwischen sehr verändert; doch bevor ich darauf eingehe, wende ich mich der Staatsseite selber zu, der Werteerziehung im staatlichen Schulwesen, und zwar auch im Bereich der sexuellen Einstellungen und Verhaltensweisen.

Die Verwaltungsgerichtsbarkeit und das Bundesverfassungsgericht haben sich in den siebziger Jahren sehr ausführlich und grundsätzlich mit der damals neu eingeführten schulischen Sexualerziehung beschäftigt. In beiden Leitfällen, über die das Bundesverfassungsgericht zu entscheiden hatte, ging es um folgendes:

1. Die Hamburger Schulbehörde hatte nach Maßgabe entsprechender Empfehlungen der Kultusministerkonferenz 1970 "Richtlinien für die Sexualerziehung" erlassen, durch die in den öffentlichen Schulen eine Sexualerziehung eingeführt wurde, die einerseits der Wissensvermittlung und andererseits der Entwicklung von Einstellungen von Kindern und Jugendlichen zur Sexualität dienen sollte. Die Eltern von drei Hamburger Schulkindern verlangten, daß eine solche Regelung nur auf gesetzlicher Grundlage ergehen dürfe - ein Gesichtspunkt, den ich in diesem Beitrag vernachlässigen werde - und daß Sexualkunde in der Schule auf Wissensvermittlung zu beschränken sei.

2. In einem Gymnasium in Baden-Württemberg fand im Jahre 1974 in der fünften Klasse ein Biologiebuch Verwendung, in dem eine sachliche Erklärung des Zeugungsvorgangs sowie ein Foto von einem Hengst und einer Stute enthalten waren. Die Eltern einer zehnjährigen Schülerin verlangten auch hier eine gesetzliche Regelung, insbesondere aber, die Verwendung dieses Buches in der Schule zu unterlassen oder ihre Tochter vom Biologieunterricht zu befreien.

In beiden Verfahren haben sich die Eltern letztlich nicht durchsetzen können.

Das Bundesverwaltungsgericht und das Bundesverfassungsgericht haben entschieden, daß eine Sexualerziehung in der Schule zulässig ist und daß sie nicht nur der Wissensvermittlung, sondern auch der Werteerziehung dient. Der staatliche Erziehungsauftrag umfaßt nicht allein die Wissensvermittlung, sondern genauso die Wertbildung, auch im Bereich der Sexualität.

"Entgegen einer mitunter im Schrifttum vertretenen Auffassung ist der Lehr- und Erziehungsauftrag der Schule auch nicht darauf beschränkt, nur Wissensstoff zu vermitteln. Dieser Auftrag des Staates, den Art. 7 Abs. 1 GG voraussetzt, hat vielmehr auch zum Inhalt, das einzelne Kind zu einem selbstverantwortlichen Mitglied der Gesellschaft herauszubilden. Die Aufgaben der Schule liegen daher auch auf erzieherischem Gebiet. Zwar spricht - wie oben dargelegt wurde - vieles dafür, daß der geeignete Platz für die individuelle Sexualerziehung das Elternhaus ist. Auf der anderen Seite muß aber auch berücksichtigt werden, daß die Sexualität vielfache gesellschaftliche Bezüge aufweist. Sexualverhalten ist ein Teil des Allgemeinverhaltens. Daher kann dem Staat nicht verwehrt sein, Sexualerziehung als wichtigen Bestandteil der Gesamterziehung des jungen Menschen zu betrachten. Dazu gehört es auch, die Kinder vor sexuellen Gefahren zu warnen und zu bewahren.

Aus all diesen Gründen sind keine grundsätzlichen verfassungsrechtlichen Bedenken dagegen zu erheben, wenn der Staat Themen der Sexualität des Menschen zum Unterrichtsgegenstand in der Schule macht. Das gilt zunächst, soweit es sich lediglich um die Vermittlung von Tatsachen und Vorgängen handelt, die wertneutral - d.h. losgelöst von jedem sexualethischen Bezug - dargeboten werden. Aber auch die eigentliche Sexualerziehung, wie sie die KMK-Empfehlungen für die höheren Klassen vorsehen, fällt grundsätzlich mit unter die Schulhoheit des Staates; denn auch ihm kann ein pädagogisch legitimierter Auftrag zur geschlechtlichen Erziehung der Kinder nicht bestritten werden. Dieser ergibt sich - wie dargelegt - aus seinem allgemeinen Bildungs- und Erziehungsauftrag. Die Sexualerziehung ist insofern ein Teil der Gesamterziehung, die in den schulischen Bereich fällt." (BVerfGE 47,46,72f.)

Die schulische Sexualerziehung unterscheidet sich jedoch von der elterlichen Sexualerziehung, wie das Bundesverfassungsgericht und das Bundesverwaltungsgericht in den genannten Entscheidungen ausführlich begründet haben:
1. In der Schule geht es in erster Linie, wenn auch nicht nur, um eine altersangemessene Wissensvermittlung.
2. In der Schule beziehen sich Wissensvermittlung und Wertbildung stärker als im Elternhaus auf die gesellschaftliche Bedeutung des Sexualverhaltens als auf die individuelle Entwicklung der Sexualität.
3. Die Schule muß insbesondere bei der Wertbildung die Unterschiedlichkeit der in der Gesellschaft wie in der Lerngruppe bestehenden Einstellungen berücksichtigen, und zwar durch Offenheit und Toleranz, während die Eltern die Erziehungsrichtung aufgrund ihrer eigenen Wertvorstellungen in den Vordergrund stellen können.
4. Die Schule lehrt nicht sexuelles Verhalten, sondern wirkt an der Bildung von Einstellungen mit, während eine Verhaltenssteuerung vom elterlichen Erziehungsrecht umfaßt wird.
5. Insgesamt wird die schulische Sexualerziehung eher durch Pluralität, Objektivität, Wissenschaftlichkeit und Zurückhaltung geprägt sein, die vom Elternhaus nicht verlangt werden.

Das Bundesverfassungsgericht hat sich seinerzeit zu den Zielen der Sexualerziehung in der Schule bekannt, so wie sie in der Empfehlung der Kultusministerkonferenz von 1970 niedergelegt waren (BVerfGE 47, 46, 51f.):
1. freie, mündige und selbstverantwortliche Menschen heranzubilden,
2. eine Grundlage für ein glückliches und erfülltes Leben durch Bejahung der Sexualität zu vermitteln,
3. Sexualität unabhängig von der Fortpflanzung als Quelle der Lust und Lebensfreude ausdrücklich auch in der Erziehung junger Menschen anzuerkennen,
4. durch Informationen und Diskussionen auch Grenzen aufzuzeigen, die sich aus dem Zusammenleben der Menschen ergeben.

Das Bundesverwaltungsgericht hat seinerzeit eine eher restriktive Auslegung dieser Richtlinien versucht und die Richtlinien nur unter dieser Voraussetzung gebilligt (BVerwGE 57, 360, 366ff.):

1. Eine einseitige sexuelle Erziehung in emanzipatorischer, repressionsfreier Richtung überschreitet die Grenzen der Verfassung.
2. Eine Erziehung zur Triebsublimierung ist das positive Leitbild der schulischen Sexualerziehung.
3. Eine Erziehung zur vorehelichen Enthaltsamkeit darf in der schulischen Sexualerziehung nicht als unzeitgemäß dargestellt werden.
4. Praktiken des Geschlechtsverkehrs dürfen nicht zum Gegenstand des Unterrichts gemacht werden.
5. Zeitpunkt und Intensität der schulischen Sexualerziehung dürfen sich nicht nach dem Reifegrad der fortgeschrittenen Schülerinnen und Schüler, sondern müssen sich nach dem Durchschnitt richten.
6. Ausdrücke der sexuellen Vulgärsprache und die Verwendung pornographischen Materials sind untersagt.

Ich habe den Eindruck, daß - zumindestens tendenziell - zwischen den vom Bundesverfassungsgericht gebilligten Richtlinien und der Auslegung durch das Bundesverwaltungsgericht ein gewisser Widerspruch besteht.

Die Gegenüberstellung der Grundsätze eines auf das Elternrecht gestützten elterlichen und der aus der Schulhoheit abgeleiteten schulischen Wertbildung wirft die Frage nach dem grundsätzlichen Verhältnis der elterlichen und der staatlichen Werteerziehung auf. Hierbei ist zu unterschieden zwischen den Eingriffen des Staates in das elterliche Erziehungsrecht und der Beteiligung der Eltern an der staatlichen Werteerziehung.

Vor dieser Erörterung des Verhältnisses von Elternrecht und Staat in der Werteerziehung muß ich noch darauf hinweisen, daß die staatliche Werteerziehung nicht nur in der Schule, sondern auch in der Jugendhilfe eine rechtliche Quelle besitzt. "Jeder junge Mensch hat ein Recht auf Förderung seiner Entwicklung und auf Erziehung zu einer eigenverantwortlichen und gemeinschaftsfähigen Persönlichkeit" - "Jugendhilfe soll zur Verwirklichung des Rechts nach Absatz 1 insbesondere junge Menschen in ihrer individuellen und sozialen Entwicklung fördern und dazu beitragen, Benachteiligung zu vermeiden oder abzubauen" (§ 1, Absatz 1 und 3 Nr.1 KJHG). Das Gesetz verpflichtet den Staat einerseits zur Förderung der individuellen Erziehung von Kindern und Jugendlichen (§ 1 Abs. 2 und 3 Nr. 2 KJHG). Auch hier geht es um Werteerziehung, denn die Jugendhilfe soll Kinder und Jugendliche vor Gefahren für ihr Wohl schützen und positive Lebensbedingungen für sie schaffen (§ 1 Abs. 3 Nr. 3 und 4 KJHG).

Die staatliche Gemeinschaft wacht nach Art. 6 Abs. 2 Satz 2 GG über die Ausübung des elterlichen Erziehungsrechts. Hierfür ist jedoch nicht die Schule zuständig, sondern nach Maßgabe des BGB und des KJHG das Jugendamt und das Vormundschaftsgericht. § 1666 BGB begrenzt die Eingriffe in das elterliche Erziehungsrecht jedoch auf Fälle des Mißbrauchs, der Vernachlässigung und des Versagens der Eltern. So können die Eltern sich für bestimmte Formen der Sexualerziehung in der Familie entscheiden, ohne daß es sich um einen Mißbrauch des Elternrechts handelt. Ich möchte diese scheinbare Selbstverständlichkeit an zwei Fällen erörtern, die die Schwierigkeiten der Begrenzung staatlicher Eingriffe verdeutlichen.

1. Im Jahre 1958 hatte sich das Bundesverfassungsgericht mit der Frage zu beschäftigen, ob eine Erziehung zur Freikörperkultur ein Mißbrauch des elterlichen Erziehungsrechts sein könne, und das Bundesverfassungsgericht hat dies grundsätzlich verneint, und zwar mit der schönen Begründung, "daß die Darstellung eines nackten menschlichen Körpers an sich weder unanständig noch obszön ist, wenn auch die überwiegende Mehrheit des deutschen Volkes die Verneinung eines natürlichen Schamgefühls durch ungeniertes Zurschaustellen des nackten Körpers im täglichen Leben ablehnt" (BVerfGE 7, 320, 324 - FKK). Angesichts der Mediatisierung und Kommerzialisierung der Sexualität heute wirkt dieser vierzig Jahre alte Fall naiv und fast rührend. Trotz eines repressiven öffentlichen Klimas war aktive Liberalität damals offensichtlich möglich. Da die Mehrheit des deutschen Volkes heute "die Verneinung eines natürlichen Schamgefühls durch ungeniertes Zurschaustellen des nackten Körpers im täglichen Leben" nicht mehr ablehnt, sondern im wahrsten Sinnen des Wortes offensichtlich akzeptiert und vielfach rezipiert, wie jeder Blick in die Medien aller Art lehrt, stellt sich die Frage, ob die Grenze zwischen Elternrecht und Staatseingriff neu gezogen werden muß.

2. Das Elternrecht gilt selbstverständlich nicht nur für die deutschen Staatsbürger, sondern auch für ausländische Staatsbürger, die mit zum Teil ganz anderen Wertvorstellungen in dieses Land gekommen sind. Auch sie können ihre Kinder im Sinne ihrer Wertvorstellungen erziehen und häufig werden sie im Bereich der Sexualität nicht so sehr liberalen oder gar permissiven, sondern eher zurückhaltenden oder repressiven Einstellungen und Verhaltensweisen zuneigen. Dies gilt insbesondere für eine traditionale Erziehung muslimischer Mädchen, der gänzlich andere Wertvorstellungen zugrundegelegt werden als der Erziehung der deutschen Mädchen und als der Erziehung der Jungen. Dies ist jedoch grundsätzlich durch das elterliche Erziehungsrecht gedeckt. Es ist nicht Aufgabe des Staates, durch Eingriffe in das elterliche Erziehungsrecht Eltern zu Einstellungen und Erziehungsvorstellungen zu zwingen, die neueren deutschen Vorstellungen entsprechen (zum Problem schulischer Sexualerziehung in diesem Fall s.u.). Die Grenzen des elterlichen Erziehungsrechts können jedoch überschritten werden, wenn die Eltern im Rahmen der Erziehung aufgrund ihrer eigenen Wertvorstellungen die Entwicklungsmöglichkeiten ihrer Kinder in einer Weise behindern, die ihr Persönlichkeitsrecht schwerwiegend

verletzt. Dies könnte z.B. der Fall sein, wenn muslimische Eltern die in vielen muslimischen Ländern verbreitete Beschneidung von Mädchen in Deutschland vornehmen oder vornehmen lassen. Sie mag zwar den elterlichen Wertvorstellungen im Bereich der Sexualität entsprechen, überschreitet wegen des Eingriffs in die Persönlichkeitsrechte der Kinder jedoch deutlich die Grenzen des elterlichen Erziehungsrechts.

Geht es nicht um eine staatliche Beschränkung des elterlichen Erziehungsrechts, sondern um die Berücksichtigung des elterlichen Erziehungsrechts im staatlichen Bereich, so muß zwischen der Jugendhilfe und der Schule unterschieden werden. In der Jugendhilfe hat der Gesetzgeber die Jugendhilfe dem Elternrecht im KJHG deutlich untergeordnet. Die Jugendhilfe muß nach § 9 "die von Personensorgeberechtigten bestimmte Grundrichtung der Erziehung" beachten und die Leistungsberechtigten haben ein Wunsch- und Wahlrecht (§ 5), unter den Leistungen von Trägern unterschiedlicher Wertorientierung zu wählen (§ 3). Nicht so im Bereich des öffentlichen Schulwesens, denn hier sind das elterliche und das schulische Erziehungsrecht einander grundsätzlich gleichgeordnet (BVerfGE in ständiger Rechtssprechung, auch in 47, 46, 72). Aufgrund dieser Gleichordnung sollen alle Beteiligten zusammenwirken, sich wechselseitig informieren und beraten und zum Wohle des Kindes zusammenwirken. Die Schule soll allerdings im Rahmen der schulischen Erziehung den "Gesamterziehungsplan" der Eltern berücksichtigen, d.h. grundsätzlich gibt es einen gewissen Vorrang des Elternrechts auch in der Schule.

Dies klingt verfassungsrechtlich plausibel und theoretisch überzeugend, denn es geht um die Gesamterziehung eines Kindes, die sich nicht in eine elterliche und eine schulische Seite auseinandernehmen läßt, und insbesondere im Bereich der Werteerziehung kann der Staat den Eltern den Vorrang nicht grundsätzlich streitig machen. Dies käme einer "Verstaatlichung" der Werteerziehung gleich. Wie aber soll dieses schöne und überzeugende verfassungsrechtliche Modell praktisch werden? Es gibt mindestens zwei unüberwindbare Schwierigkeiten:

1. Wie sollen die Lehrerinnen und Lehrer in diesem Sinne die Pluralität und Offenheit von Wertentscheidungen gewährleisten, wenn diese sich gegenseitig ausschließen? Die Schule soll z.B. nach der zweiten Abtreibungsentscheidung des Bundesverfassungsgerichts die jungen Frauen dazu erziehen, ein Kind auszutragen und zu gebären (BVerfGE 88, 203, 261); doch diese Erziehung schränkt die Pluralität und Offenheit der Erziehung ein, wenn Eltern und junge Frauen für die Handlungsfreiheit der Frau eintreten.
2. Wie sollen die Lehrerinnen und Lehrer den Gesamterziehungsplan der Eltern für ihr Kind beachten, wenn dieser die Erziehung nach einem Common Sense oder Ordre-Public ausschließt? Es kann nur entweder eine pädagogisch begründete Koedukation oder einen religiös begründeten getrennten Sportunterricht für Mädchen und

Jungen geben. Beides ist nicht möglich, und die vom Bundesverwaltungsgericht getroffene, aus der Glaubensfreiheit begründete Entscheidung für die Befreiung vom Sportunterricht, kann für die öffentliche Schule nicht allgemein gelten (BVerfG in RdJB 1994, 285).

Die Werteerziehung in offenen Gesellschaften wirft verfassungsrechtliche Fragen auf, die trotz ihrer grundsätzlichen Klärung einstweilen konkret und praktisch nicht eindeutig beantwortet sind.

Werteerziehung in geschlossenen Gemeinschaften

"Geschlossene Gemeinschaften" sollen Gemeinschaften von Menschen heißen, die durch die Einheit ihrer Wertüberzeugung (Weltanschauung) eine hohe Identifikationsmöglichkeit ihrer Mitglieder mit diesen Wertüberzeugungen, eine gewisse Meinungsführerschaft auf der Leitungsebene sowie Zugangsbeschränkungen und Ausschließungsmöglichkeiten für Dissidenten kennen. Solche Gemeinschaften können politisch, religiös bzw. weltanschaulich oder "lebensweltlich" bestimmt sein.

Politische Gemeinschaften dieser Art sind vor allem die politischen Parteien, zu deren Auftrag auch die politische Bildung gehört, d.h. politische Parteien können ihr politisches Weltbild sowohl im Rahmen der Parteiarbeit wie der Öffentlichkeitsarbeit vertreten. Sie vertreten bestimmte Werte, und sie versuchen, für bestimmte Werte zu werben. Ihre innere Ordnung muß jedoch demokratischen Grundsätzen entsprechen, und wenn sie die freiheitlich demokratische Grundordnung beeinträchtigen oder beseitigen wollen, können sie durch das Bundesverfassungsgericht verboten werden (Art. 21 GG). Parteilichkeit ist den politischen Parteien erlaubt, somit auch Werteerziehung. Doch gerade wegen der Parteilichkeit ist die Wirksamkeit ihrer Werteerziehung gering. Alle politischen Parteien versuchen deshalb, sich das Image der Offenheit zu geben und den Eindruck der Geschlossenheit zu vermeiden. Bekenntnisse zu geschlossenen Weltbildern und eine entsprechende Werteerziehung finden sich deshalb unter den demokratischen Parteien kaum noch. Zulässig wären sie freilich unter verfassungsrechtlichen Gesichtspunkten.

Religiöse Gemeinschaften dieser Art sind vor allem Kirchen, zu deren Auftrag auch die religiöse Erziehung gehört, d.h. Religionsgemeinschaften können ihr Weltbild im Rahmen der Religionsausübung wie auch im Rahmen des ihnen eingeräumten sogenannten Öffentlichkeitsauftrages vertreten. Sie stehen für bestimmte Werte ein, und sie versuchen, Menschen für diese Werte durch Erziehung zu gewinnen (Art. 4 Abs. 2, 140 GG i.V. mit Art. 137 Weimarer Verfassung). Das Bekenntnis zu bestimmten Werten ist mit dem Bekenntnis zu einer Religionsgemeinschaft unmittelbar verbunden. Dennoch versuchen die großen Religionsgemeinschaften, sich gegenüber den von anderen Religionsgemeinschaften vertretenen Werten zu öffnen und auch den religiös neutralen Staat zu akzeptieren. Dies wirkt sich auch in der Werteerziehung durch die

Religionsgemeinschaften aus. Zulässig nach der Verfassung wäre freilich auch die Aufrechterhaltung einer geschlossenen Werteerziehung durch die Religionsgemeinschaften.

Öffentliche Einrichtungen dürfen in der Bundesrepublik nicht den in diesem Sinne "geschlossenen Gemeinschaften" vorbehalten bleiben, sondern müssen grundsätzlich allen Bürgerinnen und Bürgern offenstehen. Dies gilt auch für öffentliche Schulen konfessioneller Prägung, die es nach Maßgabe des Verfassungsrechts einzelner Länder (Nordrhein-Westfalen und Niedersachsen) gibt. Das Bundesverfassungsgericht hat Konfessionsschulen zwar grundsätzlich zugelassen, sie jedoch zur Offenheit und Toleranz gegenüber anderen Konfessionen und Weltanschauungen verpflichtet (BVerfGE 41, 29, 65, 88 - Gemeinschaftsschule - Konfessionsschule). Die bestehenden Konfessionsschulen können zwar durch die Wertüberzeugung der jeweiligen Konfession geprägt sein und eine Werteerziehung in ihrem Sinne ist ihnen eigen, aber eine Geschlossenheit des vermittelten Weltbildes verstößt gegen den Charakter einer öffentlichen Schule in der freiheitlichen Demokratie des Grundgesetzes.

Durch die Entscheidungen des Bundesverfassungsgerichts Mitte der siebziger Jahre zur grundsätzlichen Zulässigkeit von Gemeinschaftsschulen sowie von Konfessionsschulen - bei gleichzeitiger Bindung und Offenheit - sind die Auseinandersetzungen über die Schulpolitik insoweit auch überwunden, und zwar nicht, weil die Zulässigkeit von Konfessionsschulen die Vielfalt des öffentlichen Schulwesens bereichert hätte, sondern weil die allgemeine Säkularisierung des öffentlichen Lebens die Bedeutung der religiösen Prägung bestimmter Schultypen zurückgedrängt hat. Gerade diese weitgehende Säkularisierung des öffentlichen Lebens schafft nun aber offensichtlich ein Bedürfnis nach neuen geschlossenen Gemeinschaften, die für Klarheit und Einheitlichkeit, Führung und Gefolgschaft, für die Unterscheidung von Freund und Feind eintreten und in denen eindeutige Werte vermittelt und durchgesetzt werden. Beispiele dafür findet man in den rechts- und linksradikalen Jugendgruppen, in religiösen Sekten und in Psychogruppen, die sich insbesondere der Wertevermittlung ihrer Anhänger widmen. Das Grundgesetz verweist solche Bestrebungen in den Bereich privater Gestaltungsform und läßt sie dort grundsätzlich zu.

"Alle Deutschen haben das Recht, Vereine und Gesellschaften zu bilden" (Art. 9 Abs. 1 GG) gewährt Vereinsfreiheit für politische Vereinigungen, soweit sie nicht als politische Parteien zu betrachten sind, und für religiöse Vereinigungen, soweit sie nicht Religionsgemeinschaften sind, sowie für sonstige Vereinigungen mit beliebigen Zwecksetzungen. Das Grundrecht garantiert nicht nur, wie der Wortlaut nahelegt, die Gründungs- und Beitrittsfreiheit, sondern auch die Betätigungsfreiheit, denn was wäre die Gründungsfreiheit, wenn sich die Vereine nicht im Sinne ihrer Zielsetzung betätigen könnten. Zur Betätigungsfreiheit gehört auch, daß sie ihre Mitglieder im Sinne ihrer Ziele beeinflussen, wenn man so will "erziehen". Werteerziehung gehört vermutlich sogar zu den Haupttätigkeiten von wertbestimmten Vereinigungen, denn die Einheit und Festigkeit in den gemeinsamen Werten ist eine Voraussetzung des Bestandes und der Durchsetzungskraft. Es ist deshalb kein Wunder, daß angesichts der Offenheit einer pluralistischen Gesellschaft Vereinigungen mit partikularistischen Zielen für viele Menschen, insbesondere für Jugendliche, besonders attraktiv sind. Man kann deshalb davon ausgehen, daß heute Wertevermittlung vor allem in formellen und informellen Vereinigungen stattfindet.

Aufgrund der Vereinsfreiheit, die ein Grundpfeiler jeder freiheitlichen Gesellschaft ist, darf der Staat weder die Gründung noch den Beitritt oder gar die Betätigung einer inhaltlichen Kontrolle unterwerfen. Es gibt keine "Vereinsaufsicht" im Sinne einer regelmäßigen Überwachung der Arbeit von Vereinen. Eine Kontrolle, z.B. durch den Verfassungsschutz, ist nur im Hinblick auf die Verfolgung strafbarer oder verfassungswidriger Handlungen zulässig. Art. 9 Abs. 2 GG verbietet nämlich Vereinigungen, "deren Zwecke oder deren Tätigkeiten den Strafgesetzen zuwiderlaufen oder die sich gegen die verfassungsmäßige Ordnung oder gegen den Gedanken der Völkerverständigung richten". Eine Werteerziehung in Vereinen in diesen drei Beziehungen wäre also unzulässig, und Vereinigungen, die sie beitreiben, können durch die zuständigen Innenminister verboten und aufgelöst werden. In diesem Zusammenhang ist es wichtig zu wissen, daß die Rechtssprechung diese Verbotsnormen einschränkend ausgelegt hat. Vereinigungen, die sich darauf beschränken, Ideen zu vertreten, die im Widerspruch zur Verfassung der Bundesrepublik stehen, und ihre Mitglieder in diesem Sinne zu beeinflussen, können so lange nicht verboten werden, wie sie zur Verwirklichung ihrer Idee nicht aktiv ansetzen. Es ist nicht verboten, verfassungswidrig zu denken, sondern nur, verfassungswidrig zu handeln oder zumindestens damit anzufangen (BVerwGE 37, 344, 358 - Bund für Gotteserkenntnis).

Die Innenminister des Bundes und der Länder haben im Laufe der Zeit viele Vereinigungen wegen verfassungswidriger Betätigungen verboten, auch und weil sie unter anderem verfassungswidrige Werte vermittelten und zur Schaffung einer auf diese Werte gestützten Gesellschaftsordnung ansetzten. Überwiegend handelte es sich um kleine Vereinigungen, während die Innenminister es bei den größeren Vereinigungen vorzogen, sie lieber in der Legalität zu beobachten als in die Illegalität zu verdrängen. Zu den bekannteren verbotenen Vereinigungen gehörte in den sechziger Jahren die Ludendorff-Bewegung mit ihrem Verlag "Hohe Warte" und ihrem "Bund für Gotteserkenntnis" und in den siebziger Jahren die "Wehrsportgruppe Hoffmann", die nationalsozialistisches Gedankengut vertrat und ihre Mitglieder für den Kampf gegen die verfassungsmäßige Ordnung vorbereitete. Die Ludendorff-Bewegung war eine religiös-politische Bewegung, die insbesondere verfassungswidrige antisemitische Ziele verfolgte. Die Zulässigkeit des Verbotes machte das Bundesverwaltungsgericht interessanterweise von der Intensivität der Wertevermittlung abhängig. War der Antisemitismus so tief in den Köpfen der Mitglieder verankert, daß keine anderen Mittel als ein Verbot Abhilfe versprachen, dann und nur dann war das Verbot zulässig (BVerwGE 37, 344, 368).

Geschlossene Gemeinschaften werden zur Schulung ihrer Mitglieder und insbesondere zur Gewinnung neuer Mitglieder Schulen gründen wollen, die - sieht man von den öffentlichen Konfessionsschulen einmal ab - nur private Schulen sein können. Bei diesen muß wiederum unterschieden werden, ob es Ersatzschulen im Sinne von Art. 7 Abs. 4 GG sind, also Schulen deren Lehrangebot dem der öffentlichen Schulen entspricht, oder ob es sich um sogenannte Ergänzungsschulen handelt, deren Lehrangebot im öffentlichen Schulwesen nicht vorkommt. Für die letzteren gibt es keine besonderen verfassungsrechtlichen Regelungen, d.h. sie können aufgrund der Privatschulfreiheit ihre Form der Werteerziehung im Rahmen der allgemeinen Gesetze betreiben, und für ihre Träger gilt das Vereinsrecht. Die Gründung und Unterhaltung von Ersatzschulen fällt aber nur dann in die Privatschulfreiheit, wenn die Schulen "in ihren Lernzielen nicht hinter den öffentlichen Schulen zurückstehen". Die Auslegung dieser Begrenzung der Privatschulfreiheit bereitet beträchtliche Schwierigkeiten. Die Angehörigen geschlossener Gemeinschaften behaupten alle, wenn sie Ersatzschulen gründen wollen, daß ihre Schulen selbstverständlich in der Wissensvermittlung nicht hinter den öffentlichen Schulen zurückstehen werden, und sie haben in aller Regel auch Recht damit, daß ihnen die Privatschulfreiheit aber in der Werteerziehung die Verfolgung ihrer eigenen wertgebundenen Erziehungsziele gestattet. Die Schulverwaltungen haben dann häufig darauf hingewiesen, daß die Pluralität, Offenheit und Toleranz auch zu den Lehrzielen der öffentlichen Schulen gehöre und daß Schulen "geschlossener Gemeinschaften" diese Ziele nicht vertreten und auch gar nicht vertreten wollen.

Fälle dieser Art beschäftigten die Gerichte, als die Vertreter der pietistischen August-Hermann-Francke-Bewegung in den 80er Jahren private Bekenntnisschulen gründen wollten und in mehreren Bundesländern dabei auf den Widerstand der staatlichen Schulverwaltung stießen. Grundlage dieser Schulen sollten allein die Bibel und die staatlichen Lehrpläne sein, soweit diese nicht im Widerspruch zur Bibel stünden. Mitglieder der Trägervereine und Lehrkräfte an diesen Schulen konnten nur "bekennende und wiedergeborene Christen" nach dem Verständnis der Bewegung sein, während von Eltern und Schülern nur die Unterstützung der Erziehungsziele der Schule verlangt wurde. Die Bewegung lehnt die Entwicklung der modernen Welt in den letzten 200 Jahren und insbesondere den modernen Individualismus und Pluralismus offener Gesellschaften ab. Das Bundesverwaltungsgericht hat die von dieser Bewegung vertretenen Positionen im wesentlichen bestätigt. Die Verfassung gewähre die Privatschulfreiheit allen Bekenntnissen und Weltanschauungen um der Freiheit ihrer Erziehungsziele willen. Wenn sie die kognitiven Normen der Lehrpläne einhielten und "ein Mindestmaß an Toleranz im Sinne von Duldsamkeit gegenüber abweichenden Überzeugungen anderer", so seien Neutralität und Offenheit gegenüber anderen Bekenntnissen und Weltanschauungen von ihnen nicht zu verlangen. Ein "eindeutiges Bekenntnis zu bestimmten Glaubensinhalten und eine Bindung an bestimmte Werte" können ein wesentliches Erziehungsziel dieser Schulen sein (BVerwG in NVWZ 1992, 1187).

Die Werteerziehung in und durch geschlossene Gemeinschaften befindet sich in einer merkwürdigen verfassungsrechtlichen, zwiespältigen Lage. Das Grundgesetz gewährt den Weltbildern politischer und religiöser geschlossener Gemeinschaften Raum und gibt ihnen durch die Verfassung einen quasi öffentlichen Status. Die Dynamik moderner pluralistischer säkularisierter Gesellschaften veranlaßt die politischen Parteien und Religionsgemeinschaften jedoch zu einer Öffnung gegenüber dem neutralen Staat und gegenüber der pluralistischen Gesellschaft. Diese Öffnung führt nun aber gerade den wirklich geschlossenen Gemeinschaften Mitglieder zu, die die eindeutige Wertordnung dieser Gemeinschaften suchten. Die Werteerziehung durch diese Gemeinschaften findet aber wiederum in der verfassungsmäßigen Ordnung der Bundesrepublik ihre Grenze. Die Auslegung des Grundgesetzes begünstigt zur Zeit die Werteerziehung durch geschlossene Gemeinschaften im Ergebnis nicht.

Die Sicherung der Gesellschaftsordnung durch Werteerziehung

Immer wenn Zweifel an der Stabilität gesellschaftlicher Verhältnisse bestehen, ertönt der Ruf nach Stabilisierung durch Werteerziehung; immer wenn abweichendes Verhalten, insbesondere von Jugendlichen, die Menschen beunruhigt, richten sich Vorwürfe gegen *die* Familie oder *die* Schule; sie hätte ihre Aufgabe der gesellschaftlichen Integration durch Werteerziehung nicht erfüllt. So auch heute, in einer Zeit, in der Daten über eine angeblich steigende Jugendkriminalität, über gewalttätige Auseinandersetzung zwischen Jugendlichen, über Fremdenfeindlichkeit, Vandalismus usw. die Medien beherrschen. Ich werde zunächst weder zur Analyse noch zur Therapie etwas sagen.

Unter verfassungsrechtlichen Gesichtspunkten ist eine Werteerziehung im Sinne der bestehenden Gesellschaftsordnung im Rahmen des Grundgesetzes heute kein Problem mehr. Die öffentlichen Schulen dienen nicht nur der Wissensvermittlung, sondern - wie wir gesehen haben - auch der Wertbildung. Die verfassungsrechtliche Grundlage hierfür ist Artikel 7 Absatz 1 GG, der zwar nur von "Aufsicht" spricht, aber "Schulhoheit" meint, und die "Schulhoheit" umfaßt nach einer Meinung, die jedenfalls die Rechtsprechung bestimmt, die Herrschaft über die Ziele und Inhalte des öffentlichen Schulwesens. An sich bedarf es einer solchen speziellen Grundlage für die Staatsaufgaben nach dem Verfassungsrecht des liberalen Staates überhaupt nicht, denn es gilt das sogenannte Universalitätsprinzip der Staatsaufgaben, d.h. der Staat kann potentiell alle Aufgaben übernehmen, die jedoch durch die Verfassung organisiert und begrenzt werden, z.B. durch die Religionsfreiheit oder durch die Privatschulfreiheit. Daß unter dieser Voraussetzung der Staat im öffentlichen Schulwesen zu Werten erziehen darf, die der Erhaltung der Gesellschaftsordnung dienen können, ist eine bare Selbstverständlichkeit.

Verfassungsrechtliche Probleme, die in diesem Zusammenhang diskutiert wurden, können als gelöst gelten:

1. *"Staatsreligion"*: Ist dem Staat die staatsbürgerliche Erziehung untersagt, weil sie der Befestigung staatlicher Herrschaft durch die Erziehung zu einer "Staatsreligion" dient? - Eine Erziehung im Sinne einer offenen freiheitlichen Verfassung ist keine Erziehung im Sinne einer "Staatsreligion"; die durch das Grundgesetz geschaffene Zivilgesellschaft besitzt keine "Staatsreligion". Das trifft auch für den im Land Brandenburg eingeführten Unterricht "Lebensgestaltung - Ethik - Religion" zu, der demnächst das Bundesverfassungsgericht beschäftigen wird.

2. *Verfassungspatriotismus*: Ist die staatsbürgerliche Erziehung auf die Wertordnung beschränkt, die dem Grundgesetz zugrunde liegt, oder läßt sie auch Alternativen zu? - Das Bundesverfassungsgericht hat schon sehr früh - im KPD-Urteil von 1956 (5,85, 195) - die freiheitlich demokratische Grundordnung des Grundgesetzes als eine "verbesserungsfähige und -bedürftige Ordnung" bezeichnet. Eine Erziehung zum Verfassungspatriotismus ist deshalb stets gleichzeitig eine Erziehung zum Nachdenken über Alternativen zur bestehenden Gesellschaftsordnung, solange die freiheitliche Grundlage dieses Nachdenkens selber nicht in Frage gestellt wird.

3. *Kommunitarismus*: Scheitert eine Erziehung zu Gemeinschaftswerten am egoistischen Individualismus der Bürgerinnen und Bürger? - In der Tat vertreten die Bürgerinnen und Bürger in offenen Gesellschaften in erster Linie ihre eigenen Interessen und Werte und können diese - wie wir gesehen haben - als Eltern durch Werteerziehung an ihre Kinder weitergeben. Doch die Grundrechte des Grundgesetzes werden durch einen Gemeinwohlvorbehalt begrenzt, der dem Staat die Begrenzung egoistischer Interessen und partikularer Werte sowie eine entsprechende Werteerziehung erlaubt. Die kommunitaristische Forderung nach einer Stärkung des Gemeinwesens besitzt deshalb im Grundgesetz heute ihre Grundlage, die die Existenz einer Schulpflicht und einer Werteerziehung rechtfertigen (BVerfG, BVerwG sowie weitere Rechtsprechung in RdJB 1993, 113ff.).

4. *Neutralität*: Zwingt der notwendige Pluralismus der Werteerziehung in öffentlichen Schulen zu einer Nicht-Identifikation mit Werten überhaupt, zu einer gesichtslosen Neutralität? - Die öffentliche Schule darf sich nicht mit partikularen Werten identifizieren, sondern muß sich ihnen gegenüber neutral im Sinne der Offenheit und allseitigen Berücksichtigung verhalten. Diese Verpflichtung zur positiven pluralistischen Neutralität des Schulwesens und der Schule im ganzen verpflichtet den einzelnen Leh-

rer und das einzelne Schulbuch jedoch nicht zur Farblosigkeit und zum standpunktlosen Einerseits und Andererseits (BVerwG in RdJB 1988, 464; BVerfG in RdJB 1990, 464 - Lesebuch).

5. *Indoktrinationsverbot*: Gefährdet die Angst vor der Verletzung des Indoktrinationsverbotes die Werteerziehung insgesamt? - Aus der Neutralität des Staates in der pluralistischen Demokratie folgt in der Tat, daß die Schule die Schülerinnen und Schüler nicht durch ihre institutionelle Übermacht einseitig im Sinne einer bestimmten partikularen Wertordnung überwältigen darf. Das Bekenntnis zu eigenen Werten ist Lehrerinnen und Lehrern damit nicht untersagt, ganz im Gegenteil, es ist in der Werteerziehung gefordert.

Die verfassungsrechtliche Zulässigkeit einer Werteerziehung im öffentlichen Schulwesen und die Lösung einiger heiß diskutierter Probleme in diesem Zusammenhang sagt nun allerdings nichts über die Wirklichkeit dieser Werteerziehung aus und darüber, ob die mit der Werteerziehung verbundenen Hoffnungen in Erfüllung gehen können. Die jungen Menschen in der Bundesrepublik sind nämlich von der Demokratie als Staatsform durchaus überzeugt, kritisieren die Praxis der Demokratie allerdings häufig und oftmals sicherlich auch zu Recht:

Schaubild 1:
Bewertung von Demokratie, Sozialismus und Nationalsozialismus nach Region (% starke Zustimmung bzw. hohe Zufriedenheit)[1]

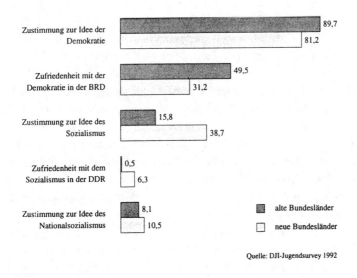

---

[1] Werte 5 und 6 auf einer 6-stufigen Skala

Eine Werteerziehung für die Demokratie als Staatsform scheint deshalb nicht so sehr vonnöten, sondern vielmehr eine Verbesserung der politischen Praxis in der Demokratie, oder soll die Werteerziehung etwa der Rechtfertigung problematischer Erscheinungsformen der Demokratie dienen?

Werteerziehung - die doppelte Ohnmacht

Ich kehre zu meinen beiden Einleitungsgeschichten zurück, der Erzählung des Taxifahrers und der Abiturrede. Ich bin der Auffassung, daß dieses Land eine vorzügliche Verfassung hat und daß das Verfassungsrecht den Bürgerinnen und Bürgern als Einzelnen und in der Gemeinschaft es ermöglicht, ihr Leben nach ihren eigenen Wertvorstellungen zu gestalten und ihre Kinder im Sinne dieser Wertvorstellungen zu erziehen, daß sich dieses Leben und diese Erziehung aber in den Grenzen, die die staatliche Gemeinschaft durch ihre Verfassung setzt, vollziehen muß und daß die Werte dieser Gemeinschaft ebenfalls durch eine Werteerziehung vermittelt werden können. Dennoch erscheint dieses Bekenntnis zur Güte des Verfassungsrechts merkwürdig blaß und angesichts der Wirklichkeit der Werteerziehung wenig überzeugend.

Die Werteerziehung durch die Schule befindet sich in einer doppelten Ohnmacht: Sie kann entweder die schwierigen Probleme nicht lösen, oder es gibt überhaupt keine Probleme.

Wie könnte ein Beitrag einer schulischen Werteerziehung zur Lösung der Verhaltensprobleme in der Familie des Taxifahrers aussehen? Wenn die zwölfjährige Tochter von ihrer Mutter im Telefonsex eingesetzt wird, wenn der fünfzehnjährige Neffe seine Tante auf einem Pornovideo identifizieren soll, wenn das Jugendamt angesichts schulischen Versagens den zehnjährigen Sohn der Mutter gibt, obwohl sie als Prostituierte arbeitet, was kann dann Sexualerziehung in der Schule noch bewirken? Wenn der Vater in der Familie eine türkisch-ethnische Erziehung für seine Tochter verlangt, die er einer deutschen libertären Erziehung gegenüberstellt, und sich für das Männlichkeitsideal in der Vater-Sohn-Beziehung ausspricht, die der Gleichberechtigung widerspricht, dann fragt man sich, wie die Schule das Gebot der politischen Neutralität durch allseitige Berücksichtigung in der Werteerziehung verwirklichen kann. Dieser Fall wird durch das Jugendamt und die Gerichte entschieden, wenn auch nicht gelöst werden. Wenn es nicht so abwegig wäre, müßte man eine Werteerziehung in erster Linie für die Eltern vorsehen. Nur mag man einwenden, daß hier "das Kind bereits in den Brunnen gefallen ist" und daß ein solcher Fall die Kräfte der Schule sowieso übersteigt. Doch viele Schülerinnen und Schüler erleben wirklich oder virtuell viele Probleme, mit denen sie allein gelassen werden, und es gibt schließlich eine Werteerziehung in der Schule, deren Wirklichkeitsbezug in Frage steht.

Die Abiturrede, die nicht etwa ein Einzelfall ist, sondern für die Reden der letzten fünf Jahre an diesem Gymnasium symptomatisch ist, bezeichnet im Ergebnis ein ganz ähnliches Phänomen wie der erste Fall: Die Schule ist offensichtlich "nicht zuständig" für die Probleme der Jugendlichen, die ihre Probleme "wegdefinieren", keine Probleme erkennen lassen, bei denen eine Werteerziehung der Schule relevant werden könnte. Sie befinden sich in Übereinstimmung mit der älteren Generation, wollen werden wie sie - alles voller Harmonie, aber die Schule hassen sie trotzdem. Warum eigentlich? - Weil sie die Zeit stiehlt? Wo ist denn da das Problem? Das ist ja gerade das Problem: Für eine Schule, die die gesellschaftlichen und persönlichen Konflikte im Medium eines Curriculums analysiert, bewertet, gar löst, gibt es offensichtlich keinen Bedarf.

Was nützt die schönste Verfassung, wenn sie die Menschen nicht mehr erreicht?

Wir brauchen keinen neuen Grundwertekonsens!
Plädoyer für eine wertorientierte politische Streitkultur

Hinrich Enderlein

Vielleicht ist es falsch, 50 Jahre nach der Gründung dieser Republik von Traditionen zu sprechen, von spezifischen Traditionen der Bundesrepublik Deutschland, die man vertiefen, an die man anknüpfen kann. Vielleicht sollte man eher Entwicklungen benennen, zumal diese 50 Jahre vor knapp 10 Jahren jäh unterbrochen wurden, als uns die Deutsche Einheit mehr als "windfall profit" in den Schoß fiel denn als spezifisches Verdienst oder Leistung einer bestimmten Seite oder Politik. Freilich hat die Deutsche Einheit im Hinblick auf solche Entwicklungen wenig bewirkt, weder als Katalysator noch als retardierendes Moment.

Neues, geschweige denn Bahnbrechendes, Umstürzendes oder auch nur behutsam Veränderndes, andere Akzente Setzendes ist im Zuge der deutschen Einheit nicht ins Freie gekommen. Die Form der Einheit, der "Beitritt", hat sich wie ein Mehltau auf alle Überlegungen zu Veränderungen und Reformen des politischen und gesellschaftlichen Systems und Lebens gelegt und alle Ansätze verhindert, negiert und abgelehnt, die geeignet waren, aus dieser grundlegenden Veränderung politischer Gegebenheiten nach 40 Jahren die Chance zu ergreifen, Konsequenzen für die Neugestaltung dieser deutschen Republik einzuleiten.

Entwicklungen also, nicht Traditionen, diese Begrifflichkeit ist mehr der Kürze der Zeitspanne als der Qualität der Unterbrechung nach 40 Jahren zugestanden. Eine solche neudeutsche Entwicklung ist die Krise unserer Bildungspolitik. Diese Feststellung ist um so bedauerlicher, als es eigentlich guten Grund gäbe, an einen hohen Standard guter deutscher Bildungstradition anzuknüpfen. Aber vielleicht ist der Bruch, der hier festzustellen ist, auch mehr ein Tribut an unsere Geschichte. Denn wer deutsche Nachkriegspolitik analysiert, wird schnell zu dem Schluß kommen, daß es kaum das Ziel bundesrepublikanischer Politik war, an kulturelle und geistige Leistungen anzuknüpfen.

Inzwischen scheint es freilich so, als ob Bildungspolitik wieder eine Chance hat, ein beachtetes und diskutiertes Politikfeld zu werden, auf dem sich etwas bewegt und vielleicht sogar Reformen eingeleitet werden, am Ende dieses Jahrhunderts, in dieser deutschen Republik. Das ist bewußt vorsichtig formuliert, aber immerhin gibt es Indizien dafür, daß die Politik insgesamt begonnen hat, sich dieses Themas zumindest verbal anzunehmen. Immer wieder taucht das Wort von der "Bildungsoffensive" auf und zu den großen Reformdefiziten und -vorhaben gehört die Bildung, wenn auch auf einem hinteren Platz, weit abgeschlagen nach Steuern, Renten und Gesundheit.

Bildungspolitische Anknüpfungspunkte

Wenn man feststellen kann, daß sich eine Bildungsreformdiskussion abzuzeichnen beginnen könnte, dann erscheint der Wechsel vom Irrealis zum Potentialis schon als gewaltiger Fortschritt. Die Indizien selbst freilich werden zunächst noch von sehr spröden Struktur- und Haushaltsfragen bestimmt. Studiengebühr, BAFöG und Sparhaushalte setzen republikweit Akzente in dieser Diskussion. Ähnlich beliebt sind Strukturfragen, wie die Dauer der Schul- und Studienzeit. Die Abschaffung des 13. Schuljahres scheint sich zu einem Renner zu entwickeln, mit dem kürzere Studienzeiten an den Hochschulen noch nicht so recht Schritt halten können.

Mit der Forderung nach einer Veränderung der Rahmenbedingungen für Schulen und Hochschulen bleibt die Diskussion zwar im strukturellen Ansatz verhaftet, aber schon mit der Forderung nach Autonomie - meist mit dem Zusatz "mehr" - kann man sich auch um inhaltliche Fragen nicht mehr drücken. Denn wer begründen will und muß, daß "mehr Autonomie" eigentlich weniger ist als "Autonomie", der öffnet den Einstieg in die inhaltliche Diskussion.

Eine Delphi-Studie des Bundesministeriums für Bildung und Wissenschaft, Forschung und Technologie (BMBF) zu "Potentialen und Dimensionen der Wissensgesellschaft - Auswirkungen auf Bildungsprozesse und Bildungsstrukturen" (1998) benennt in ihrem Fragebogen zu dem Komplex "Kompetenzen" neben fach-, sprach-, medien- und lerntechnischen Kompetenzen immerhin interkulturelle und psychosoziale (Human-)Kompetenz. Und bei den Thesen zu den "Chancen und Risiken der Wissenschaftsgesellschaft" tauchen "soziale Randgruppen", "kulturelle Identität", "globale Verantwortungsethik" und "soziale Selektion und Diskriminierung (z.B. aufgrund von Herkunft, Religionszugehörigkeit oder Hautfarbe beim Zugang zu Wissen)" auf.

Trotzdem mag Zurückhaltung gegenüber der Aussagefähigkeit solcher Indizien angebracht sein, wenn man davon ausgeht, daß die Lufthoheit über den Akademiker-Stammtischen dieser Republik derzeit noch am ehesten mit der Rechtschreibreform zu erringen ist. Und wenn man verfolgt, mit welcher Wollust sich Politiker, Juristen und Eltern diesem derzeitigen Bildungsthema aller Themen zuwenden, kommen einem gewisse Zweifel, ob die Bildung als Gegenstand solchen Politikgetümmels wohl gut bedient ist. Übernimmt man freilich aus der Wirtschaft, nicht aus der Naturwissenschaft, den Grundsatz, daß Stillstand gleichbedeutend mit Rückschritt ist, muß uns jede noch so chaotische Vorwärtsbewegung willkommen sein. Aus der Chaosforschung wissen wir, daß es auch bei der nichtlinearen Dynamik Chancen gibt, Entwicklungen zielgerichtet ablaufen zu lassen oder zu beeinflussen. Sofern wir also Politik als Gegenstand der Chaosforschung definieren, brauchen wir noch nicht alle Hoffnungen aufzugeben.

Wichtige Anstöße zu dem Thema und tief in eine inhaltliche bildungspolitische Diskussion hinein kommen aus einem ganz anderen Politikfeld. Die Ausländerpolitik, seit eh und je ein Thema, bei dem die doktrinären Kampflinien unverändert fortbestehen, steuert neue Akzente zur inhaltlichen Diskussion bildungspolitischer Perspektiven bei. Kulturelle Identität in einer multikulturellen Gesellschaft, das ist ein Thema und ein Problem, bei dem die Schlagworte, mit denen die Innenpolitiker Entwicklungen der Migration diskutieren, wenn nicht gar lösen wollen, allesamt zu kurz greifen: Ausländergesetz, Einwanderungsgesetz, Asylgesetz, doppelte Staatsbürgerschaft. Denn gleich, wo die Völker aufeinander schlagen, ob in der fernen Türkei oder anderswo, die Auswirkungen spüren wir hier. Auch das ist ein Aspekt der Globalisierung.

Und noch ein anderer Bereich zwingt die Bildungspolitiker, die liebgewordenen und ausgetretenen Pfade struktureller Bildungsdiskussionen, wenn nicht zu verlassen, so doch um inhaltliche Komponenten zu bereichern. Es ist die Wirtschaft, die eine Änderung von Bildungsinhalten einfordert. Bei ihr gibt es die doppelte Motivation der weltweiten Verflechtung und Märkte einerseits und der veränderten Anforderungen an die Ausbildungsprofile und Bildungsprofile von Mitarbeitern in einer sich stark wandelnden Wirtschafts- und Arbeitswelt andererseits. Die altbekannten "Schlüsselqualifikationen" feiern fröhliche Urständ. Und es mutet schon merkwürdig an, wenn beispielsweise die kulturelle Bildung als Schlüsselqualifikation von Vertretern der Wirtschaft und nicht von Lehrern oder Hochschullehrern, geschweige denn von Bildungspolitikern eingefordert wird.

Noch eine letzte einleitende Bemerkung, die belegt, daß das Umfeld einer inhaltlich-wertorientierten bildungspolitischen Diskussion gar nicht feindlich ist. Es war seinerzeit das Verdienst von Erhard Eppler, mit seiner Unterscheidung in Strukturkonservative und Wertkonservative, die Progressiven und Reformer von dem Odium der Wertneutralität befreit zu haben. Seitdem ist es eigentlich auch jenseits konservativer Werteapostel, wie Günther Rohrmoser, angezeigt bis "in", sich wertemäßig zu bekennen und diese Werte von Bildung und Erziehung einzufordern. Und dabei stellt sich dann heraus, daß es einen überraschend großen Konsens über Werte in unserer pluralen Gesellschaft gibt, und daß dieser Konsens der Wertkonservativen von mehr als zwei Dritteln der Gesellschaft auch ausgesprochen konservative Werte beinhaltet. Das mag im übrigen auch erklären, warum der Diskussionsbedarf über bildungspolitische Inhalte und Werte nicht so ausgeprägt ist. Einem liberalen Klima für eine Diskussion der anstehenden Fragen ist das freilich nicht dienlich.

Politische Anstöße

Statt als Begründung bundesrepublikanischer Politik an kulturelle und geistige Traditionen anzuknüpfen, muß man den Eindruck haben, daß der zweimalige Verlust der Weltgeltung ausschließlich auf wirtschaftlichem Gebiet - teilweise noch außenpolitisch - kompensiert werden sollte und - so wird man feststellen dürfen - mit Erfolg kompensiert worden ist. Gleiches gilt für die Zeit nach der Einheit. Das deutsch-deutsche Verhältnis wird nahezu ausschließlich als Wirtschaftsproblem gesehen.

Nach dem II. Weltkrieg war es deshalb symptomatisch, daß Kultur, Bildung und Wissenschaft am Rande blieben bei dem allgemeinen Bestreben, frühere Positionen wiederzugewinnen. Genauso blieben Kultur, Bildung und Wissenschaft am Rande, als es darum ging, die neue Einheit nicht nur verwaltungstechnisch-politisch zu vollziehen, sondern sie auch geistig zu bewältigen. Die wieder erreichte Weltgeltung dieser Republik hat eben keine qualitativ neue, wertorientierte Fundierung, sondern sie geht mit einer immer stärkeren Orientierungslosigkeit einher, nach außen, wie im Innern.

Nun mag es freilich sein, daß kulturelle und geistige Traditionen durch die doppelte Katastrophe in einem Ausmaß kompromittiert waren, daß sie wenig geeignet schienen für die Fortsetzung gleich welcher Entwicklungen. Aber - und diese Frage kann nur rhetorischer Art sein - gilt das nicht in gleichem oder noch größerem Umfang für Wirtschaft und Außenpolitik? In diesen Bereichen hat man sehr viel unbefangener angeknüpft, fortgesetzt und auch verdrängt.

Wirtschaft und Außenpolitik - die Weltgeltung, die internationale Bedeutung dieser deutschen Qualitäten schien unbestritten. Trotzdem hat die Bundesrepublik keinen Weg einschlagen können, der politisch eine deutliche Alternative zu den verschiedenen Vorkriegspositionen ausweist. Auch die erneute Chance einer Kurskorrektur nach der Deutschen Einheit ist nicht genutzt worden. Konsequente Positionen einer deutschen Friedenspolitik, einer glaubwürdigen Mittlerfunktion im Nord-Süd-Dialog, eines Maklers für die Dritte Welt, ja eines Vorreiters im interkulturellen Dialog, sind gar nicht erst beschritten worden oder steckengeblieben.

Wenn jetzt wieder einmal Reformansätze angemahnt und -defizite sichtbar werden, dann wird es vielfach bei dem Versuch bleiben, überkommene und ausgelutschte europäische und amerikanische Verhaltensweisen und Entwicklungen zu imitieren. Die Gründe dafür liegen auf der Hand: Fehlendes Anknüpfen an kulturelle und geistige Traditionen und Leistungen sowie Pragmatismus in der Wirtschaft.

Die Politik leistet diesem allem durch eine beispiellose Verwilderung politischer Sitten und politischer Kultur Vorschub. Was in einer beschönigenden Verniedlichung "Wahlkampf" genannt wird, zeichnet sich meist dadurch aus, daß unbedingte Totalitätsansprüche erhoben werden, daß keinerlei Kompromißfähigkeit mehr signalisiert wird, daß Alternativen als geradezu unzulässig dargestellt werden, daß dem Gegner schlimmste bis hin zu kriminellen Absichten unterstellt werden und daß Untergang, Chaos und Bankrott vorausgesagt werden, wenn der Gegner politischen Erfolg habe. Wundert sich da noch jemand, daß diese Beispiele der Politik und von Politikern Nachahmer finden?

Eine neue Grundwertedefinition?

Ausgehend von diesem extrem kritikwürdigen Verhalten von Politikern wird nicht nur die inzwischen berühmt-berüchtigte Politikverdrossenheit konstatiert, sondern auch eine Grundwertediskussion herbeigeredet, pikanterweise unter lebhaftem Beifall und Beteiligung dieser Politiker selbst. Dabei wird behauptet, daß es früher gemeinsame Grundwerte gegeben habe, die heute nicht mehr im Bewußtsein seien und deshalb auch keine Grundlage für gemeinsames Handeln bilden könnten. Deshalb müsse man diese gemeinsamen - für alle verbindlichen - Grundwerte neu definieren, ja, katalogisieren, um damit den berühmten Grundkonsens aller Demokraten endlich und ein für alle Mal fixieren zu können.

Ich halte diesen Ansatz für unbegründet, unschlüssig und gefährlich. Wir haben in der Politik seit eh und je eine gemeinsame und verbindliche Grundlage politischen Handelns, die Verfassung. Sie mag in einzelnen Punkten umstritten sein, sie ist auch veränderbar, aber sie hat sich im wesentlichen bewährt. Was freilich in der Verfassung nicht geregelt wird - und zwar zu Recht -, sind Grundlagen für gemeinsame Anschauungen und Grundhaltungen im ethischen, moralischen, religiösen, vielleicht auch im kulturellen Bereich. Dabei wird freilich vergessen, daß das Grundgesetz auf einem Grundkonsens ethischer Übereinstimmung aufbaut. Dieser Grundkonsens manifestiert sich in den Grundrechtsbestimmungen und dem Sozialstaatsprinzip und ergibt so eine Werteordnung, die als ethischer Standard des Grundgesetzes bezeichnet werden kann. Wir verfügen also über eine gemeinsame Basis von Werten, auch wenn dies nicht ausdrücklich formuliert oder gar katalogisiert worden ist.

Präzisierungen sind möglich

Wenn wir übrigens sehen, wie mit einigen dieser Grundrechte umgegangen wird, kommen erhebliche Bedenken auf. Die "Präzisierungen" des Asylrechtes, des Rechtes auf freie Meinungsäußerung, des Versammlungsrechtes, des Rechtes auf informationelle Selbstbestimmung durch Gesetze und Rechtsprechung sind Einschränkungen, die an den Gehalt der Grundrechte gehen. Die verfassungsändernde Mehrheit steht da allemal bereit.

Es besteht ganz offensichtlich und zwar in unterschiedlichen politischen Lagern und Gruppierungen der Wunsch zur Konsensfindung auf der Basis von bestimmten Grundwerten, über die man sich einigen zu müssen meint. So sehr dieser Wunsch nach mehr Gemeinsamkeiten und der Besinnung auf gemeinsam akzeptierte Werte verständlich, ja sogar begrüßenswert sein mag, so skeptisch muß die Umsetzung dieses Unternehmens in die Praxis stimmen. Ich bin überzeugt davon, daß es diese gemeinsame Basis gibt - das Grundgesetz ist akzeptiert -, und ich halte sie sogar für relativ breit. Ich glaube aber, daß sie nur deshalb trägt, weil noch nicht der Versuch ihrer Kodifizierung gemacht worden ist. Und der einfache Grund dafür ist, daß sie sich einer solchen Kodifizierung entzieht.

Ein ausformulierter Grundwertekatalog wäre schädlich

Denn in der Vergangenheit hat es sich gezeigt, daß es geradezu ein Vorteil war, daß keine ausformulierte Fassung dieses vermuteten Konsenses besteht. So ist er nämlich ständig interpretationsfähig, ja, interpretationsbedürftig, und natürlich auch gewissen Wandlungen unterworfen. Und das ist gut so, weil er dadurch ständig zur Diskussion anhält und anregt. Gerade die fehlende Schärfe dieses nicht formulierten und trotzdem vorhandenen Konsenses ist auch seine Stärke. Denn er erweist sich - Gott sei dank - als ungeheuer integrationsfähig, insbesondere an den politischen Rändern.

Ein formulierter Grundwertekatalog würde dagegen zu einem Instrument erstarren, mit Hilfe dessen festgelegt wird, wann und wo der Konsens verlassen und verletzt worden ist - er wäre im Gegensatz zu dem unscharfen, vermuteten Konsens ein Ausschlußinstrument, das den Kreis der Dazugehörigen immer enger zieht: Ein neuer Radikalenerlaß, dann allerdings umfassender. Dies wäre und ist für mich freilich eine Horrorvision einer geschlossenen Gesellschaft.

Schon die Formulierung so einer Grundlage kann nur Streit und Mißverständnisse produzieren. Ich habe selbst erlebt, wie bei der Formulierung von Erziehungszielen in Schulgesetzen mehr als nur der übliche parlamentarische Streit entbrannt ist. Über Formulierungen, wie "in Ehrfurcht vor Gott" oder "in Verantwortung vor Gott", wurde so heftig gestritten, daß der in Wirklichkeit vorhandene Konsens über Grundlagen der Erziehung völlig aus dem Blick verschwand. Und wenn man jemals zu einer Fixierung käme - was ich ausdrücklich bezweifle - dann wäre das Ergebnis ein Minimalkonsens, der vor allem zu Lasten der Ränder und Minderheiten ginge. Hier würde sich eine unheilige Allianz von Wertkonservativen und Strukturkonservativen bilden, für Liberale nicht nur unattraktiv, sondern gefährlich. Denn beides gemeinsam ebnet den Weg zur konformen Mehrheitsgesellschaft.

Die Formulierung eines solchen Wertekonsenses führt direkt in diese konforme Mehrheitsgesellschaft der Mitte. Richtig ist, daß mit und in ihr Christ-, Sozial- und Freidemokraten gleichermaßen leben können, ja, inzwischen auch viele grüne Realos. Schwierigkeiten hätten Sozialisten, Linksliberale und dogmatische Christdemokraten, Fundis. Das hieße dann wohl, daß sich politisch eine erdrückende Mehrheit formiert hätte, eine Mehrheit, die - in politischen Kategorien gemessen - die Macht einer verfassungsändernden Mehrheit hätte. Und dieses wäre dann nicht die taktische Variante einer Machtausübung, sondern der Wählerauftrag zur verfassungsrechtlichen Festschreibung dieses Zustandes.

Was ich hier geschildert habe, ist eine Utopie unserer demokratischen Realität, eine denkbare Utopie, gefährlicher noch: eine mehrheitsfähige, eine demokratische Utopie - und trotzdem eine Horrorvision von Demokratie. Pluralität - das ist ein Essential in unserer Demokratie - ist um vieles wichtiger als die Instrumentalisierung der Meinungsmehrheit in der Mitte.

Erziehung zur Toleranz

Eine der wichtigsten ethischen Normen, die für einen Grundkonsens inhaltlich und instrumentell bestimmend sind, ist die Toleranz. Da Toleranz auch als eine herausragende politische Tugend gilt, gibt es natürlich niemanden, der sie zumindest in seinem Selbstverständnis nicht bis an die Grenze des gerade noch Vertretbaren praktiziert. Wie aber sieht diese Toleranz aus, die wir üben? Es ist zumeist eine rein passive Toleranz des Reden-lassens, des Gewähren-lassens, des Laissez-faire. Und dabei wird noch haarklein registriert, ob der andere sich in einem Rahmen bewegt, den zu überschreiten den Verlust des Toleranzanspruches mit sich bringt. Herbert Marcuse hat dafür den Begriff der "repressiven Toleranz" geprägt.

Diese Form der Toleranz ist für unsere Gesellschaft schlimmer als manche Formen einer unerfreulichen Auseinandersetzung, von denen schon die Rede war. Toleranz in der politischen Auseinandersetzung muß vielmehr in eine aktive Richtung gewendet werden. Toleranz darf nicht auf dem Vorurteil aufbauen und die Ablehnung kaschieren. Toleranz besteht in einem ständigen Diskussionsprozeß. Toleranz heißt nämlich auch, bereit zu sein, die eigene Meinung in Zweifel zu ziehen. Es heißt zu diskutieren mit dem Ziel zu integrieren, und nicht mit dem Ziel, auszugrenzen oder gar auszuschließen.

Feindbilder abbauen

Zu dieser Form der Toleranz, die wir wieder entwickeln müssen, gehört, daß ich den Anderen mit seiner anderen Meinung akzeptiere, daß ich ihn nicht wegen dieser anderen Meinung diskriminiere oder diffamiere oder zulasse, daß das mit ihm geschieht. Damit bin ich bei einem meiner Lieblingsthemen: Wir sind eine Gesellschaft geworden, die Feindbilder produziert, um mit ihnen zu leben. Feindbilder sind wie Pappkameraden, auf die wir schießen können. Viele von uns können wahrscheinlich ohne diese Feindbilder gar nicht mehr auskommen. Und da ist mein Gegenkonzept eben eine Gesellschaft ohne Feindbilder. Das muß heißen: Feindbilder abbauen. Das wiederum darf nicht heißen: Die Gesellschaft formieren. Denn die konforme oder formierte Gesellschaft baut auch Feindbilder ab, indem sie die große Mehrheit der Meinungen integriert. Dafür werden aber andere für nicht konsensfähig erklärt mit der Gemeinsamkeit der Demokraten und damit über den Rand hinaus gedrängt. Dort haben Feindbilder dann wieder einen Sinn, denn sie festigen den inneren Konsens. Nein, so nicht!

An dieser Stelle muß auch die Erziehung einsetzen. Dabei kann es nicht darum gehen, dafür ein eigenes Unterrichtsfach einzurichten, um die Werteerziehung gewissermaßen dort zu bunkern. Natürlich sind wir aufgrund des Artikel 7 Absatz 3 des Grundgesetzes in einer vergleichsweise komfortablen Situation. Trotzdem oder gerade deshalb führt die Ausgestaltung zu einem heißen Streit, der - wie in Deutschland nicht anders üblich - beim Bundesverfassungsgericht endet.

Art. 7 (3) GG ist überholt

Als jemand, der diesen Artikel des Grundgesetzes von seiner Entstehung her zwar versteht, ihn aber trotzdem nicht für zeitgemäß hält - es sei denn in einer nicht verfassungskonformen Auslegung -, plädiere ich für eine Kompromißlinie, die freilich nur von den Beteiligten, nicht aber vom Bundesverfassungsgericht gegangen werden kann. Wer es also zum Verfassungsstreit treibt, dient der Sache nicht, wobei der Klagende nicht unbedingt auch der Verursacher ist.

In der Verfassungswirklichkeit, so zeichnet sich damit ab, ist also das Leben mit dem Artikel 7 Absatz 3 gar nicht so komfortabel. Denn solange damit bestimmte Formen und Inhalte dieses Unterrichts eingeklagt werden können, kann er sogar zum Instrument eines eingeschränkten und begrenzten Verständnisses für Religions- und Ethikunterricht werden. Die komfortable Situation der Kirchen wird so zum Dilemma. Es ist fraglich, ob es bei diesen Voraussetzungen überhaupt gelingen kann, einen gangbaren Kompromiß zu erzielen.

Außerdem drohen da noch andere Gefahren, wenn es etwa darum geht, nichtchristlichen Religionsgemeinschaften entsprechende Rechte einzuräumen. Gut möglich, daß der Artikel 7 sich überhaupt als kontraproduktiv erweist, wenn es darum geht, bildungspolitische Perspektiven für die schulische Erziehung über Normen und Werteorientierungen und Grundüberzeugungen in der pluralen Gesellschaft zu eröffnen.

Sicher ist, daß wir auf eine multikulturelle Gesellschaft zugehen. Und ich sehe darin - so paradox das für manchen in der jetzigen Situation klingen mag - die einzige Möglichkeit, dauerhaft der wachsenden Ausländerfeindlichkeit zu begegnen. Dieses Land Bundesrepublik Deutschland wird zwar immer ein Land bleiben, das Werte und Normen schwerpunktmäßig aus dem Christentum schöpft und von einem christlichen Grundverständnis geprägt ist. Das findet auch in der Verfassung und den Menschenrechten seinen Niederschlag. Aber es wird die Konflikte, die aus der Vielzahl hier lebender Menschen aus allen Kulturen der Welt herrühren, nur bewältigen können, wenn aktive Toleranz ein oberstes Gebot wird, im Sinne eines Lebens, in dem der Wertekonsens praktiziert wird.

Ein interdisziplinärer Ansatz tut not: Weltethos

Und all das kann man nicht in einem Schulfach abstellen. Hier geht es um einen interdisziplinären Ansatz, der in den verschiedensten Fächern und Bereichen zum Ausdruck kommen muß: Geschichte, die Sprachen, Gemeinschaftskunde. Hier muß die Basis für das Zusammenleben von Menschen unterschiedlicher Religion, Weltanschauung, Herkunft und Tradition gelegt werden. Hier müssen vor allen Dingen Informationen gegeben werden über die verschiedenen Entwicklungen (etwa bezogen auf die Religion), aber auch auf die Gemeinsamkeiten, die sich in allen Weltreligionen als tragende Grundlagen wiederfinden. Küngs Ansatz vom Weltethos trägt dem bereits sehr weitgehend Rechnung.

Der Küngsche Ansatz vom Weltethos muß freilich heruntergebrochen werden auf die Ebene der Schule und damit der Bildungspolitik. Erziehungsziele und Bildungsinhalte nicht nur für die Schule müssen definiert werden. Dabei muß es klares Ziel des Unterrichts werden, Verhaltensnormen und Verhaltensweisen zu ändern. Denn es liegt auf der Hand, daß hier Verhaltensnormen zugrunde gelegt werden müssen, die im Gegensatz stehen zu vielem, was gerade junge Menschen in ihren Elternhäusern und in ihrem sozialen Umfeld erleben. Eine Untersuchung bei Jugendlichen in Brandenburg hat jüngst erst ergeben, daß der hohe Prozentsatz ausländerfeindlicher Einstellungen (zwischen 20 und 25%) in klarer Korrelation zu entsprechenden Einstellungen der Eltern steht.

Sicher ist, daß der Bereich der Religion und Religionsausübung in seiner konfessionellen Dimension Privatsache ist und bleiben muß und insoweit die Schule und die Bildungspolitik nicht tangiert. Anders ist es mit der Ethik, mit den Normen und Werten, die Voraussetzung sind für das Leben in einer pluralen Gesellschaft, in einer demokratischen, in einer gerechten Gesellschaft. Hier hat die Gesellschaft selbst, aber auch jeder Einzelne ein elementares Interesse daran, daß eine gemeinsame Orientierung und Grundüberzeugung die Basis für das Handeln jedes Einzelnen in dieser Gesellschaft ist.

Globalisierung fordert heraus

Die Zukunftsherausforderung, der wir uns dabei stellen, liegt auf der Hand. Die Globalisierung - und ich benutze bewußt dieses Schlagwort aus der Dimension der Wirtschaft - ist kein politisches Programm, ist eine Tatsache, der wir uns stellen müssen. Möglicherweise gibt es Abstufungen im Hinblick auf die Intensität und die Unmittelbarkeit der Betroffenheit. Aber sie ist eine klare Voraussetzung oder auch Folge der internationalen Verflochtenheit unserer Wirtschaft und anderer Lebensbeziehungen auf dieser Erde.

Es ist unerheblich, ob wir die multikulturelle Gesellschaft als Folge oder als Voraussetzung der Globalisierung festmachen. Richtig ist, daß wir längst eine multinationale Gesellschaft sind und daß wir damit nur fertig werden, wenn wir diese Pluralität in einer multikulturellen Gesellschaft akzeptieren. Es ist *eine* Sache, die Gesetze zu machen, die die Voraussetzung für ein Zusammenleben in so einer Gesellschaft bilden. Da werden neben Gesetzen auch Verfassungsnormen überprüft werden müssen. Entscheidender scheint mir aber zu sein, in der Erziehung die Voraussetzung dafür zu schaffen, daß gerade die jungen Menschen auf das Leben in so einer Gesellschaft vorbereitet werden, daß sie sich positiv dazu stellen, daß sie es nicht nur akzeptieren, sondern aktiv dazu beitragen, daß solch eine Gesellschaft auch gelebt und gestaltet wird.

Wichtig ist, daß den jungen Menschen die Notwendigkeit einer Wertorientierung für ihr eigenes Leben deutlich gemacht wird. Aber sie müssen auch damit konfrontiert werden, daß es unterschiedliche Werte gibt, die für den Einzelnen auch einen ganz unterschiedlichen Stellenwert besitzen können. Dabei ist die Wertorientierung keine statische Größe. Sie ist vielmehr ein Prozeß, der einer ständigen Diskussion und einem ständigen Wandel unterliegt. Gerade die Jugendlichen müssen erfahren, daß es in anderen Gesellschaften andere Wertvorstellungen und Wertorientierungen gibt, die durchaus nicht miteinander kompatibel sein müssen.

Das Zusammenleben im Pluralismus braucht autonome Schulen

Sie müssen auch lernen, daß in Gesellschaften, die auf unterschiedlichen religiösen Traditionen beruhen, andere Akzente gesetzt werden. Letztlich wird es aber darum gehen, die Botschaft zu vermitteln, daß ein Zusammenleben bei unterschiedlichen Wertorientierungen nicht nur möglich ist, wenn dabei der jeweils andere nicht an den Rand gedrängt wird. Die Chance, Neues kennenzulernen und sich damit auseinanderzusetzen, ist zugleich auch eine unglaubliche Bereicherung einer Gesellschaft.

Schulen, in denen solche Begegnungen stattfinden, müssen offen und autonom sein. Sie leben maßgeblich vom Engagement der an ihnen beteiligten Lehrer, Eltern, Schüler, aber auch des ganzen kommunalen Umfeldes, der Gemeinde, die so eine Schule trägt. Selbstverwirklichung wird es nur unter dem Vorbehalt der Rechte anderer geben können. Die Arbeitsteiligkeit unserer Gesellschaft setzt eine bestimmte Wertorientierung voraus.

Mag sein, daß sich das alles sehr harmonistisch anhört. Aber was hier beschrieben wird, kann nur das Ergebnis eines ständigen Dialogs, ständiger - auch harter - Auseinandersetzungen sein. Wichtig ist nur, daß dabei das Zusammenleben von Menschen unterschiedlicher Wertorientierungen als eigenständiger Wert begriffen wird. Natürlich wird der Einwand kommen, daß hier von einer Gesellschaft die Rede ist, die es erstens noch nicht gibt und von der zweitens bezweifelt wird, ob sie überhaupt jemals existieren wird. Daß es sich hier um die ständige Annäherung an einen Grenzwert handelt, wird nicht bestritten. Wichtig ist aber, daß das Ziel der Annäherung dabei nicht aus den Augen gerät.

Im Rahmen eines Erstarkens von Regionalismen und Nationalismen wird dagegen versucht, monokulturelle Gesellschaften auf der Basis eines weitestgehenden Konsenses zu entwickeln. Es wird behauptet, daß auch hier integriert werde. Aber der einzig gangbare Weg ist dabei Integration durch Assimilierung - eine völlig akulturelle und menschenverachtende Vorstellung. Ich halte solche Strukturen für möglich, aber langfristig nicht für überlebensfähig, weil nicht lebenswert.

Richtig ist, daß auch in dem berühmtesten "melting pot of nations" (nicht "cultures"), in den USA, keine multikulturelle Gesellschaft verwirklicht ist. Die Amerikaner benutzen deshalb inzwischen auch den anschaulichen Begriff der "salad bowl". "Multikulturell" ist dort kein positiv besetzter Begriff. Es gibt viel Ausgrenzung, es gibt viel Ghettoisierung, viel konsensualen 'Mief' ("keep up with the Johnsons"), und dazu gehört natürlich auch der Versuch, die Berufung oder die "Sendung", die eigenen Maßstäbe und Werte "nation-wide" durchzusetzen.

Letztlich müssen wir wohl von beiden Seiten an die Lösung des Problems herangehen. Der internationale Ansatz religionen- und nationenübergreifend des Weltethos wird ständig auf der Tagesordnung bleiben. Mindestens genauso wichtig - wenn nicht wichtiger - ist aber der Ansatz, von der Erziehung in den einzelnen Bildungseinrichtungen ausgehend den einzelnen Menschen zum toleranten Partner in einer multikulturellen Gesellschaft zu erziehen.

Die wichtigste Aufgabe der Politik dabei ist, den Weg für ein solches Erziehungssystem freizugeben, ohne ihn zu stark mit inhaltlichen Vorgaben zu belasten. Zwar wird hier der Versuch gemacht, von der Politik etwas zu verlangen, was sie bei sich selbst nicht durchgesetzt hat. Vielleicht ist das Scheitern im eigenen Metier aber eine gute Voraussetzung dafür, auf einer anderen Ebene andere Erfahrungshorizonte zu öffnen oder zumindest für Modelle freizugeben. Mein Prinzip Hoffnung, daß das gelingen möge, speist sich nicht so sehr aus der Vernunft, die für einen solchen Ansatz spricht. Als Pragmatiker bin ich davon überzeugt, daß nur in einer sich in diese Richtung entwickelnden Gesellschaft eine größt- und bestmögliche menschenwürdige Überlebenschance besteht.

Literatur

BMBF (Auftraggeber), Prognos/Infratest: Delphi-Befragung 1996/1998 "Potentiale und Dimensionen der Wissensgesellschaft". München/Basel 1998.

H. MARCUSE, Repressive Toleranz, in: R.P. Wolff/B. Moore/H. Marcuse, Kritik der reinen Toleranz. (es 181) Frankfurt a.M. 1973, 91-128.

Gott und die Welt

Marianne Birthler

"Gott und die Welt" wäre ein schöner Name für das Unterrichtsfach gewesen. Diese Idee gab es wirklich einmal, aber zu spät: Längst hatte sich der spröde Arbeitstitel Lebensgestaltung - Ethik - Religionskunde mit der noch spröderen Abkürzung LER festgesetzt: Provisorien sind zäh. Schade ist es dennoch. Es hätte einigen Reiz, wenn in Karlsruhe nicht über "LER", sondern über "Gott und die Welt" gestritten würde. Vielleicht wäre es aber auch gar nicht dazu gekommen, denn wer würde es gewagt haben, gegen "Gott und die Welt" vor das Bundesverfassungsgericht zu ziehen?

Über den Streit um den Religionsunterricht im Land Brandenburg wird noch viel zu reden und zu hören sein, wenn - voraussichtlich im nächsten Jahr - die Verhandlung der inzwischen fünf Klagen in Karlsruhe verhandelt wird. Leider geraten bei diesem Rechtsstreit die Ausgangsfragen aus dem Blick, die zur Einführung des Fachs LER in Brandenburger Schulen führten.

Deshalb soll es in diesem Beitrag zunächst um die Vorgeschichte und um die Konzeption des Unterrichtsfachs LER gehen und erst danach um aktuelle Streitfragen. Dazu gehört auch die inzwischen bundesweit geführte Debatte um den Religionsunterricht, die durch den Brandenburger Streit zwar nicht verursacht, aber doch wesentlich befördert wurde.

Die Vorgeschichte

Die Idee von LER gründete in der Frage, wie auf die in den vorausgegangenen Jahrzehnten entstandenen Defizite zu reagieren sei und welche Lernangebote den Schülerinnen und Schülern in Brandenburg angesichts bestehender und zukünftiger gesellschaftlicher Entwicklungen gemacht werden müssen.

Jahrzehntelang waren die Kirchen und religiösen Fragen aus den Schulen der DDR verdrängt worden. Wichtige Lebensfragen kamen im Unterricht nicht vor. Es herrschte ein Mangel an offenem Gespräch. Die Anerkennung von Pluralität, die Verschiedenheit von Kulturen und Meinungen als Reichtum und nicht als Bedrohung - das sind Werte, die in den DDR-Schulen nicht nur nicht vorkamen, sondern äußerst verdächtig waren.

Nach dem Sturz der SED bestand endlich die Chance, das zentralistische, doktrinäre und synchron organisierte Schulsystem zu reformieren. Die Wiedererrichtung der ostdeutschen Bundesländer verwies diese Aufgabe in die Verantwortung der Bundesländer und ermöglichte so Entwicklungen in föderaler Vielfalt.

Schon lange vor dem Herbst 1989 gehörten die inhaltlichen und pädagogischen Mißstände in Schulen zu den Themen, mit denen sich oppositionelle Gruppen, insbesondere auch innerhalb der Kirchen, befaßten. So war es naheliegend, daß auch die Erneuerung der Schulen der DDR zu den zentralen Forderungen der friedlichen Revolution gehörte.

In diesen Gruppen, die sich mit pädagogischen und bildungspolitischen Fragen befaßten, entstand die Idee, ein Unterrichtsfach Lebenskunde zu entwickeln: ein Unterrichtsfach, das nicht nur eine Antwort der Schule auf die in der DDR-Vergangenheit entstandenen Defizite sein würde, sondern angesichts einer zunehmend pluralen und unübersichtlichen Gesellschaft in der Schule einen Ort bilden kann, an dem die Begegnung von unterschiedlichen Kulturen, Weltanschauungen und Lebenshaltungen zum Thema wird, an dem zu Toleranz ermutigt und Orientierung ermöglicht wird.

In dieser Umbruchsituation, die von vielen Menschen in den ostdeutschen Ländern durchaus ambivalent erlebt wurde, kam den Kirchen eine besondere Bedeutung zu. Sie waren in den Zeiten der DDR der einzige legale öffentliche Raum, der nicht staatlich kontrolliert war. In vielen Gemeinden hatte sich eine Kultur von Vielfalt, Meinungsstreit und Akzeptanz entwickelt. In einem bemerkenswerten Gegensatz zur weit verbreiteten Kirchenferne der Bevölkerung waren die Kirchen dennoch für viele Nichtchristen zu einer Vertrauensinstanz geworden. In vielen thematisch arbeitenden Gruppen der Gemeinden arbeiteten Christen und Nichtchristen selbstverständlich zusammen.

Die in den Kirchen gewachsenen guten Erfahrungen sollten in den Schulen für alle zur Verfügung stehen. Ein konfessioneller Unterricht in den Schulen erschien noch im Sommer 1990 absurd. So entschied beispielsweise die Konferenz der Evangelischen Kirchenleitungen der DDR im Mai 1990: "Bei der Erörterung der zukünftigen Gestaltung kirchlichen Lebens und im Gespräch mit den Kirchen der EKD ist die Frage nach einem Religionsunterricht als ordentliches Lehrfach in den Schulen entstanden (Art. 7, GG). Beim Bedenken der Frage ist deutlich geworden, daß der Religionsunterricht in der Bundesrepublik von einem volkskirchlichen Hintergrund ausgeht. Durch die über vierzigjährige DDR-Geschichte ist es bei uns zu einer mehrheitlich säkularen gesellschaftlichen Situation gekommen. Damit ist keine Vergleichbarkeit zur schulischen Situation in der Bundesrepublik gegeben, in die der Religionsunterricht eingebunden ist".

Im gleichen Text wird ein Fach Ethik als ordentliches Lehrfach für alle Jahrgangsstufen gewünscht, und dann heißt es: "Unter den derzeitigen Voraussetzungen sehen wir für die Einführung des Religionsunterrichts keinen Handlungsbedarf."

Die Zahl der Christen in Brandenburg ist - jedenfalls im Vergleich zu den westdeutschen Bundesländern - nicht groß. Etwa 25% der Bevölkerung gehören einer Kirche an, in der jüngeren Generation noch weniger. Das Interesse an konfessionellem Religionsunterricht war gering und ist es bis heute. Aber es gab und gibt ein weit verbreitetes und auch artikuliertes Bedürfnis, Lebens- und Sinnfragen sowie Religionen zum Gegenstand von Unterricht zu machen, auch bei jenen Eltern, die ihr Kind nie und nimmer zum Religionsunterricht schicken würden.

Der Kerngedanke: gemeinsamer Unterricht

Während die CDU-geführten ostdeutschen Bundesländer sehr schnell - dem Beispiel der westdeutschen Bundesländer folgend - den konfessionellen Religionsunterricht in ihren Schulen einführten, folgte das Land Brandenburg den in Kirche und Opposition entstandenen Impulsen. Die Koalitionsvereinbarung der "Ampelkoalition" aus SPD, FDP und Bündnis 90 sah vor, "an den Schulen einen breit angelegten Unterricht in Religions- und Lebenskunde durchzuführen, die konfessionelle Unterweisung aber in der Verantwortung der Kirchen zu belassen".[1]

Auf dieser Grundlage wurde vom Ministerium für Bildung, Jugend und Sport das Konzept für einen dreijährigen Modellversuch "Lebensgestaltung - Ethik - Religion" an 44 Schulen entwickelt. Im Februar 1991 wurden dazu erste konzeptionelle Überlegungen vorgelegt. Darin hieß es: LER soll "einen Beitrag zur Befähigung der Heranwachsenden leisten, ein selbstverantwortetes Leben zu führen und ihre soziale Einsicht und Handlungsfähigkeit zu stärken. Dafür ist es notwendig, die jahrzehntelange Ausgrenzung von Fragen der individuellen Lebensbewältigung, von Angeboten pluralistischer Ethik und der Religion aus der Schule zu überwinden." Darüber hinaus müsse auf die Herausforderungen reagiert werden, die durch ein Nebeneinander verschiedener Kulturen, Weltanschauungen und Religionen in einem sich vereinigenden Europa entstünden.

Kernpunkt des Konzepts war der Grundgedanke, daß alle Schülerinnen und Schüler gemeinsam unterrichtet werden sollten. Es ging um einen bekenntnisfreien Pflichtunterricht, in dem die im Grundgesetz verbriefte Wahrung der Persönlichkeitsrechte und der Religionsfreiheit gewährleistet werden. Für dieses Prinzip des gemeinsamen Unterrichts sprachen vor allem zwei Argumente:

Zum einen: In einem Unterricht, der darauf angelegt ist, Begegnungen zu ermöglichen, Fremdes kennenzulernen und Toleranz einzuüben, ist es absurd, die Kinder in weltanschaulich oder konfessionell verschiedene Gruppen aufzuteilen.

Die Trennung in Religions- und Ethikschüler und -schülerinnen oder noch weitere Gruppen, also eine Wahlpflicht, zwingt häufig in Entscheidungen hinein, die nicht in den Kindern gereift sind, sondern von Eltern, Gruppennormen und Beliebtheit bestimmt werden. Sie erzeugen Mehrheiten und Minderheiten, manchmal auch Isolationen.

Zum anderen würde bei einer Trennung des Unterrichts in Religion einerseits und Ethik andererseits für die Mehrheit der Schülerinnen und Schüler dieser Unterricht in

---

[1] Gemeint war die seit Jahrzehnten bewährte Christenlehre in den Gemeinden.

Abwesenheit ihrer christlichen oder andersgläubigen Klassenkameraden stattfinden: Ein eigens zu entwickelndes Fach Ethik als Alternative zum Religionsunterricht, also praktisch ein Unterrichtsfach für Nichtchristen, würde einen Verlust an Erfahrung, Begegnung und Gespräch bedeuten. Kirche ist Gesprächspartner aller Menschen, nicht nur der Menschen, die zu Gemeinden gehören. Was aber für die Gesellschaft gilt, gilt erst recht für die Schule: Kirche hat Verantwortung gegenüber allen Kindern und Jugendlichen, nicht nur gegenüber denen, die den konfessionellen Religionsunterricht besuchen. Insbesondere in den ostdeutschen Ländern, in denen die Mehrheit der Bevölkerung nun schon in zweiter oder dritter Generation vom Glauben, von der Kirche und der durch sie tradierten Kultur entfremdet lebt, darf sich die Kirche dieser im besten Sinne kulturellen Aufgabe nicht entziehen.

Im Konzept für LER war eine Beteiligung der Kirchen an diesem gemeinsamen Unterricht von Anfang an vorgesehen. Ich zitiere aus dem ersten veröffentlichten Diskussionspapier vom Oktober 1991, in dem Eckpunkte des neuen Fachs erläutert wurden:

> "Die Gestaltung eines solchen Faches ohne die Mitwirkung der Kirchen und ohne die Chance des Gesprächs mit christlich sozialisierten Mitschülern würde aus der Sicht des Ministeriums eine Verarmung bedeuten... Der Modellversuch soll deshalb auch ein Diskussionsbeitrag zu der Frage sein, wie Kirche in einer weitgehend säkularisierten Gesellschaft Mitwirkung für die schulische Bildung übernehmen kann."

Dies gilt bis heute. Das Fach LER ist zwar auch nach der Entscheidung der Kirchen, sich nicht zu beteiligen, eine Bereicherung Brandenburger Schulen - ich komme darauf noch zurück. Aber es könnte reicher und vielseitiger sein, wenn die Kirchen die Einladung zur Zusammenarbeit angenommen hätten und so zu Gesprächspartnern für die Gesamtheit der Schülerinnen und Schüler geworden wären.

Der gemeinsame Unterricht, angereichert durch freiwillige Angebote, stellt ein völlig anderes Konzept als der von der Kirche favorisierte "Wahlpflichtbereich" dar: Die Regel ist das gemeinsame Gespräch, das gemeinsame Kennenlernen und Erörtern verschiedener Lebensdeutungen, religiöser und nichtreligiöser Begründungen für menschliches Handeln.

> "LER will die Fragen und Probleme der Schülerinnen und Schüler aufnehmen und wichtige Themen unserer Kultur, des Menschen als Individuum und in der Gesellschaft behandeln;
>
> LER will dabei der Lebenswelt und den alltäglichen Erfahrungen der Heranwachsenden einen wichtigen Platz einräumen;

LER will unterschiedliche Werte und Normen, Lebensvorstellungen und ethische Positionen aus Vergangenheit und Gegenwart im Unterricht bedenken, diskutieren und auf diesem Hintergrund zu eigenen Überzeugungen und verantwortlichen Entscheidungen befähigen und

LER will auch Religionen und Weltanschauungen zum Gegenstand von Unterricht und Lernen machen, ohne bestimmte Sicht oder Überzeugung, eine Religion oder Weltanschauung als richtig, gültig und verbindlich hinzustellen oder zu vermitteln."[2]

Hilfe zur Orientierung für Schülerinnen und Schüler in diesem Sinne heißt nicht, um es im Bilde auszudrücken, eine Wegbeschreibung in die Hand zu geben, aus der hervorgeht, wie ich am besten von Punkt A zu Punkt B gelange. Vielmehr heißt Orientierung, eine Landkarte oder einen Stadtplan anzubieten, der zeigt, welche Wege es gibt, wie Straßen heißen, wo ich mich befinde und welche Wege mich wohin führen.

Das ist weder religiöse noch areligiöse Erziehung, und deshalb auch weder Ersatz von Religionsunterricht noch eine Alternative dazu. Es gibt also keinen Grund, einzelne Schülerinnen oder Schüler von diesem Unterricht auszunehmen.

Unterschiedliche Lebens- und Glaubenshaltungen werden nicht nur in der Person des Lehrers oder der Lehrerin deutlich, sondern auch durch unterschiedliche religiöse, weltanschauliche oder kulturelle Beheimatung der Schülerinnen und Schüler selbst. Gäste als "authentische Vermittler" sind in diesem Unterricht willkommen, aber manchmal sind es auch die Schülerinnen und Schüler, die erzählen, warum sie ein Kopftuch tragen, wie der Sabbat begangen wird, was Ostern für Christen bedeutet oder warum sie nicht religiös sind.

Neben dem gemeinsamen Unterricht gehörte zum Konzept von LER auch die freiwillige Teilnahme an einzelnen Projekten oder Kursen, deren Sinn nicht nur darin liegt, daß eine vertiefende Begegnung und Beschäftigung mit religiösen Inhalten aus Gründen der Glaubensfreiheit freiwillig sein muß. Der pädagogische Grund liegt vor allem darin, daß Schülerinnen und Schüler ihren unterschiedlichen und wechselnden Interessen folgen dürfen und etwas, worauf sie vielleicht im gemeinsamen Unterricht neugierig geworden sind, näher kennenlernen können. Das Recht der Eltern noch nicht religionsmündiger Kinder, über die Teilnahme oder Nichtteilnahme zu entscheiden, bleibt für solche Kursangebote, soweit positive oder negative Religionsfreiheit berührt werden, gewahrt, und es besteht die Möglichkeit, sich von Mal zu Mal anders zu entscheiden.

---

[2] Aus einer 1996 erschienenen Publikation des Ministeriums für Bildung, Jugend und Sport.

Der Modellversuch

Der Modellversuch fand über die Dauer von drei Jahren an 44 Brandenburger Schulen in der Sekundarstufe I, also beginnend mit den Jahrgansstufen 6 und 7, statt. Sowohl für die Bewerbung der Schulen um die Teilnahme am Modellversuch als auch für die Bewerbung der Lehrkräfte, die für LER ausgebildet wurden, waren Voten der Schulkonferenz nötig. Die berufsbegleitende Ausbildung der Lehrkräfte umfaßte 900 Stunden und wurde mit einem Vorlauf von 6 Monaten vor dem Start des Modellversuchs begonnen.

Das Ausbildungskonzept berücksichtigte in besonderer Weise die Stärkung didaktisch-methodischer, sozial-kommunikativer Kompetenz und Selbstkompetenz, nicht zuletzt, weil diese Fähigkeitsbereiche in der Ausbildung der Lehrkräfte der DDR keine Rolle gespielt hatten. Als Handreichung für Lehrerinnen und Lehrer wurden "Hinweise zum Unterricht" erarbeitet. Der Modellversuch wurde wissenschaftlich begleitet.

Die Einzelheiten hier zu erörtern würde zu viel Zeit in Anspruch nehmen. Sie stehen in einer Reihe von Veröffentlichungen zur Verfügung: in dem vom Ministerium veröffentlichten "Abschlußbericht zum Modellversuch Lebensgestaltung - Ethik - Religion", dem Bericht der wissenschaftlichen Begleitung, dem Bericht der Projektgruppe des Pädagogischen Landesinstituts Brandenburg, von der der Modellversuch geleitet wurde, dem Abschlußbericht der evangelischen Kirche und einer "Untersuchung der psychologischen Begleitung in der Fort- und Weiterbildung für LER-Lehrkräfte".

Das Bemühen, die Kirchen am Modellversuch zu beteiligen, führte zu Kompromissen: Zum einen erhielten die Kirchen die Möglichkeit, an den Schulen Religionsunterricht als freiwilliges Angebot in eigener Verantwortung anzubieten. Zum anderen wurde in einem Teil der Modellversuchsschulen das sogenannte "Differenzierungsmodell" ausprobiert, bei dem die Hälfte des Unterrichts gemeinsam stattfand, die andere Hälfte getrennt in "Lebensgestaltung - Ethik" einerseits und "Religion" in Verantwortung der Kirchen andererseits. An diesem Differenzierungsmodell hat sich die evangelische Kirche beteiligt, die katholische Kirche hatte sich bereits vor Beginn des Modellversuchs zurückgezogen. Das Differenzierungsmodell jedoch wurde sowohl aus der Sicht des Ministeriums wie aus der Sicht der evangelischen Kirche eher kritisch bewertet, wenn es auch in einer Reihe von Schulen gute Erfahrungen der Kooperation zwischen kirchlichen und staatlichen Lehrkräften gegeben hat.

Gesetzgebung

Der dreijährige Modellversuch ist erfolgreich und mit so ermutigenden Ergebnissen abgeschlossen worden, daß das Unterrichtsfach mir der Verabschiedung des neuen Schulgesetzes im April 1996 als ordentliches Unterrichtsfach in Brandenburg bestätigt wurde und seitdem schrittweise in immer mehr Schulen eingeführt wird.

Die SPD-Fraktion des Brandenburger Landtags hatte kurz vor der Beschlußfassung auf Druck des Kabinetts noch einer Abmeldemöglichkeit von LER für jene Schülerinnen und Schüler zugestimmt, die einen Religionsunterricht besuchen. Kurz zuvor allerdings hatten auf einer vom Landtag veranstalteten Anhörung verschiedene Verfassungsrechtler unabhängig davon, ob sie dem Fach LER eher positiv oder kritisch gegenüberstehen, geäußert, daß eine solche Abmelderegelung rechtlich als eher problematisch anzusehen sei. Offenbar versuchte die Brandenburger SPD jedoch, mit diesem Entgegenkommen eine Konfrontation mit den Kirchen und einen Rechtsstreit zu vermeiden. Diese Regelung wurde auf fünf Jahre befristet.

Inzwischen hat sich gezeigt, daß dieser Rechtsstreit dennoch stattfindet und daß die Abmeldemöglichkeit die Konkurrenz zwischen LER und Religionsunterricht festgeschrieben hat. Die Praxis zeigt, daß die Kirche diese Entscheidung als einen ersten Schritt hin zu einem Wahlpflichtbereich ansieht und ermutigt offensiv Eltern, Kinder von LER abzumelden[3], während von staatlicher Seite aus Abmeldungen als das gesehen werden, was sie sind: eine Entscheidung, die der Idee eines gemeinsamen Unterrichts zuwiderläuft. Allerdings zeigt sich auf der anderen Seite, daß die Zahl der Kinder, die von LER abgemeldet werden, wesentlich kleiner ist als die Zahl derer, die am kirchlichen Religionsunterricht teilnehmen: ein Hinweis darauf, daß auch viele Eltern, die ihre Kinder am kirchlichen Religionsunterricht teilnehmen lassen, auf LER nicht verzichten möchten.

Verhängnisvoller noch als der dadurch produzierte Kleinkrieg um die Abmeldungen ist, daß durch diese Konkurrenz Schritte hin zu einer Kooperation für das Fach LER nahezu unmöglich werden und es auch künftig schwerfallen wird, die Kirchen für die Mitarbeit an LER zu gewinnen. Da diese Konkurrenz von den Kirchen offensichtlich gewünscht wird, gibt es wohl auch in absehbarer Zeit keine Chance, daß diese sich konzeptionell und praktisch am Unterrichtsfach LER beteiligen. Eine solche Beteiligung wäre jedoch wünschenswert - aus inhaltlichen sowie pädagogischen Gründen und auch, weil so eine Möglichkeit bestünde, daß Kirche auch als Gesprächsangebot für jene große Mehrheit der Brandenburger Schülerinnen und Schüler sichtbar würde, die den Religionsunterricht nicht besuchen. Schulklassen, in denen sich nicht ein ein-

---

[3] In den Informationsblättern zum Religionsunterricht, die in Brandenburger Schulen von den Kirchen verteilt werden, wird das Formular für die Abmeldung von LER gleich mitgeliefert.

ziges Kind zum angebotenen Religionsunterricht anmeldet, sind in Brandenburg keine Ausnahme.

Schließlich zeigt sich inzwischen, daß die Entscheidung des Brandenburger Landtags zu einem Recht auf Abmeldung, mit dem die Kirchen "besänftigt" werden sollten, gezielt mißinterpretiert wird: Mit Berufung auf das Abmelderecht unterstellt die katholische Kirche in ihrer Verfassungsklage, daß der Landtag selber nicht an eine weltanschauliche Neutralität von LER glaube.

Rotes Brandenburg contra Kirche?

Die bundesweiten Reaktionen auf das Brandenburger Schulgesetz waren so heftig, daß man meinen könne, das christliche Abendland sei durch das Unterrichtsfach LER in Gefahr. Die Bundestagsdebatte, die auf Veranlassung der CDU-Bundestagsfraktion unmittelbar vor der Verabschiedung des Brandenburger Schulgesetzes stattfand, enthält eindrückliche Belege politischer und parteipolitischer Instrumentalisierung dieses Themas und von Ignoranz gegenüber den Bemühungen, in einem ostdeutschen Land nach zeit- und situationsadäquaten Lösungen zu suchen.

In letzter Zeit findet sich in der öffentlichen Debatte immer häufiger die von kirchlicher Seite geäußerte Argumentation, was in Brandenburg entschieden worden sei, habe mit dem ursprünglichen Ansatz von LER trotz der redlichen Bemühungen der Kirchen nichts mehr zu tun. In einem unlängst erschienenen Aufsatz von Wilfried Steinert, Kirchenschulrat der Evangelischen Kirche Berlin-Brandenburg, heißt es dazu:

> "Nun ist es also geschehen. Der Landtag in Brandenburg hat mit der Mehrheit der allein regierenden SPD-Fraktion das neue Schulgesetz beschlossen und damit die guten Ansätze des Modellversuchs 'Lebensgestaltung - Ethik - Religion' beerdigt. Die großen Ziele des Modellversuchs, Dialogfähigkeit und Toleranz unter den Jugendlichen zu fördern, sind in der Politik unter die Räder gekommen. Dialogfähigkeit und wachsende Intoleranz prägten die Auseinandersetzung zunehmend... Im neuen Schulgesetz ist die angeblich gewünschte Mitwirkung der Kirchen nun völlig aufgekündigt und an den Rand des schulischen Lebens gedrängt... Die evangelische Kirche hat während des dreijährigen Modellversuchs immer wieder versucht, die ursprünglichen Ziele des Modellversuchs konstruktiv zu gestalten, konnte sich mit ihren Vorstellungen aber nicht durchsetzen... Offensichtlich ging es den Politikern zunehmend um die Durchsetzung eines Pflichtfaches in staatlicher Verantwortung."

Ich zitiere aus zwei Gründen so ausführlich: Erstens ist dies der Ton, in dem von seiten der Kirchen immer wieder argumentiert wird - häufig noch gespickt durch Varianten verschiedener Unterstellungen: LER sei die Fortführung der DDR mit anderen Mitteln, hier maße sich der Staat an, ethische Normen zu setzen, und werde die Kirche aus den

Schulen gedrängt. Die Unterstellungen reichen bis hin zu einem Vergleich mit der kirchenfeindlichen Politik der Kommunisten. - Zweitens berufen sich die Kirchen auf die Ursprünge des Modellversuchs, denen sie angeblich positiv gegenüberstanden und die nun von den Gesetzgebern verraten worden seien.

Beides läßt sich nur mit dem Wort Legendenbildung kommentieren und ist Teil des öffentlichen Streits, der von tiefen und teilweise gezielten Mißverständnissen geprägt ist sowie von der Weigerung, diese Mißverständnisse aufzulösen. Vielleicht sollte zutreffender von mißverstehender Unterstellung die Rede sein, wenn beispielsweise immer wieder der Vorwurf erhoben wird, die Kirchen würden im Land Brandenburg aus den Schulen ausgegrenzt und an der Wahrnehmung ihres Bildungsauftrags gehindert.

Wahr ist vielmehr, daß die Kirchen von Beginn an zur Mitverantwortung und Mitwirkung an diesem gemeinsamen Unterricht eingeladen waren. Ihr Interesse war jedoch bis heute niemals auf die Mitverantwortung für den gemeinsamen Unterricht gerichtet, sonder galt immer nur den Schülerinnen und Schülern, die konfessionellen Religionsunterricht besuchen würden. Die Kirchen bestanden auf einer Teilung der Schulklassen und auf einem von ihnen verantworteten evangelischen bzw. katholischen Unterricht für die jeweils daran interessierten Schülerinnen und Schüler - und zwar als ordentliches Unterrichtsfach.

LER nach den Wünschen der Kirchen zu organisieren hätte bedeutet, den Grundgedanken des gemeinsamen Unterrichts aufzugeben und damit das Fach LER selbst - zugunsten einer Wahlpflicht, wie sie in unterschiedlichen Varianten in den meisten Bundesländern de facto besteht. Der Rückzug der Kirchen aus dem Projekt LER erfolgte, als deutlich wurde, daß das Land Brandenburg vom Konzept eines gemeinsamen Unterrichts nicht abrücken würde.

Freilich gab es auch bei einigen Landtagsabgeordneten und in einzelnen Schulen Ressentiments gegenüber der Beteiligung der Kirchen am Unterrichtsfach LER. Dabei handelte es sich keineswegs um ein Massenphänomen, sondern um Einzelerfahrungen. Dennoch: die in einigen Schulen spürbare kirchenkritische und manchmal vulgärkirchenfeindliche Haltung darf angesichts der DDR-Geschichte nicht verwundern und bedarf des behutsamen Aufeinanderzugehens und des Abbaus von Vorurteilen. Nach wie vor bin ich der Überzeugung, daß eine Beteiligung der Kirchen am gemeinsamen Unterricht LER ein wichtiger Beitrag dazu gewesen wäre. Leider gibt es Anzeichen dafür, daß der Rechtsstreit zwischen dem Land Brandenburg und den Kirchen und deren massive Intervention gegen das in Brandenburg mit großer Zustimmung aufgenommene neue Unterrichtsfach die Ressentiments eher vergrößern.

Die Frage, wie eine Beteiligung der Kirchen an einem gemeinsamen Unterricht praktisch gestaltet werden könnte, ist aus diesen Gründen nie ernsthaft diskutiert worden, obwohl es eine Reihe von Vorschlägen dafür gab. Zu diesen Vorschlägen gehörten die Bildung von Kuratorien auf verschiedenen Ebenen, die die Unterrichtsgestaltung begleiten und ggf. Ansprechpartner in Konfliktfällen sind; die Beteiligung an der Erarbeitung von Rahmenplänen, Ausbildungsrichtlinien und Kriterien für die Personalauswahl; Projektangebote der Kirchen für den Unterricht sowohl ganzer Klassen[4] als auch für Schülergruppen im Rahmen parallel angebotener Projekte oder Kurse.

Anmerkungen zu einigen Kritikpunkten

Die öffentliche Debatte um LER ist geprägt von immer wieder geäußerten Vorbehalten. Einige davon will ich im folgenden nennen und kommentieren:

- LER bedeutet staatlichen Monopolanspruch für wertorientierten Unterricht (Bischof Huber: "prometheischer Größenwahn"):

Das Fach LER wird zwar einerseits heftig kritisiert bis hin zu dem Vorwurf, ehemalige DDR-Lehrer seien außerstande, den Ansprüchen eines pluralen und wertorientierenden Unterrichts zu genügen. Andererseits wird von den Kirchen - wenn der konfessionelle Unterricht (in der Praxis für höchstens 10% der Schülerinnen und Schüler) gewährleistet ist - dieses angeblich suspekte Fach für die überwiegende Mehrheit der Schülerinnen und Schüler im Rahmen eines Wahlpflichtbereichs durchaus gefordert.

- Ehemalige DDR-Lehrkräfte, insbesondere ehemalige Staatsbürgerkundelehrer, sind nicht geeignet für einen wertorientierten Unterricht und außerstande, religiöse Fragen angemessen zu behandeln (geäußert - nicht nur - von Richard Schröder):

Diese - noch dazu diskriminierende - Beschreibung von Lehrkräften bleibt die Antwort auf die Frage schuldig, welche Lehrer denn in einem Wahlpflichtbereich geeignet wären, das Fach Ethik zu unterrichten. Über Auswahl und Ausbildung von LER-Lehrkräften ist an anderer Stelle einiges gesagt. Ehemalige Staatsbürgerkundelehrer werden im übrigen nicht für das Fach LER ausgebildet.

- In Brandenburg wird der Religionsunterricht aus den Schulen verdrängt:

Inzwischen gibt es an fast 300 Schulen Brandenburgs evangelischen Religionsunterricht als freiwilliges Angebot, der weitgehend aus öffentlichen Mitteln finanziert wird. Die Stellung des Religionsunterrichts entspricht nahezu vollständig dem seit Jahrzehnten in Berlin, also im Bereich derselben Landeskirche, praktizierten Modell.

---

[4] Hierfür liegen als Modell gute Erfahrungen aus der evangelischen Berufsschularbeit der Berlin-Brandenburgischen Kirche vor.

Religion unterrichten in der staatlichen Schule in den USA: Aussichten und Möglichkeiten

Richard R. Osmer[1]

Zum Stand der Probleme

Anders als in manchen europäischen Ländern, wie beispielsweise Deutschland, wird Religion in den öffentlichen (vom Staat unterhaltenen) Schulen in den Vereinigten Staaten derzeit nicht unterrichtet. Dabei handelt es sich um eine ziemlich neue Entwicklung, die nicht Glaubensvermittlung zum Anfang hatte. Dies allerdings ist nicht Inhalt des Unterrichtsfachs LER. Falls dieses Argument jedoch Sachverhalte, die keine Christen sind, in ihrem Unterricht nicht über christliche Religion sprechen sollten, dürfte eine evangelische Religionslehrerin selbstverständlich auch nicht über das Judentum oder den Islam sprechen. Beispielsweise wurde der *New England Primer* überall in den amerikanischen Kolonien als Schulbuch benutzt, auch noch in der Frühzeit des amerikanischen Nationalstaats. Es floß in das Buch auch die kürzere Form des Westminster-Katechismus, und bei Rechtschreibübungen bezog es sich auf die Heilige Schrift. Darüber hinaus waren in vielen Fällen Sonntagsschulen, die von fahrenden Predigern oder evangelistischen Organisationen gegründet wurden, überhaupt die ersten Schulen, die in den Gemeinden entlang der amerikanischen Westgrenze eingerichtet wurden (Lynn/ Wright 1971).

Erst mit dem Aufstieg des Public-Education-Movement im 19. Jahrhundert und der Begründung eines ausgedehnten öffentlichen Schulwesens, das staatlich finanziert war, wurde der Religionsunterricht zu einer wichtigen politischen Frage. Parallel mit dem allmählichen Erfolg dieser Bewegung wurde das Verfassungsprinzip der Entstaatlichung von Religion so interpretiert, daß es "sektiererischen" Religionsunterricht aus den öffentlichen Schulen verbanne. Obwohl Religion daraufhin aus dem expliziten Curriculum entfernt wurde, blieben die Verhältnisse jedoch einigermaßen beweglich. Auch weiterhin boten viele Lehrer ihren Klassen Morgenandachten an, mit Gebet und Auslegung biblischer Geschichten.

Im Laufe des 20. Jahrhunderts hat dann eine Reihe von Gerichtsentscheidungen, die sich dabei auf den Artikel 7,3 des Grundgesetzes, nach dem konfessioneller Religionsunterricht ordentliches Unterrichtsfach ist, selbst diese beschnittenen Formen des religiösen Ausdrucks und Unterrichts als illegal erklärt. Der Höchste Gerichtshof legte die Entstaatlichungsbestimmung in der amerikanischen Verfassung so aus, daß jede Darstellung und jeder Ausdruck von Religion vor elementaren Verfassungsgrundsätzen keinen Bestand haben können,

---

[1] Übersetzt v. Friedrich Schweitzer.
[2] Anmerkung des Übersetzers: Im folgenden wird "public education" in der Regel mit "öffentliche Bildung" wiedergegeben.

bietet LER die Möglichkeit der Begegnung der Schülerinnen und Schüler mit Kirche auch dort, wo es keinen Religionsunterricht gibt.

Die Erfahrungen mit der Christenlehre, der in den Gemeinden der DDR gewachsenen und bewährten Form der Gemeindearbeit mit Kindern, haben die Glaubenserziehung der Heranwachsenden zu einem festen Bestandteil des Gemeindelebens gemacht. Von vielen Gemeindegliedern wird nicht zu Unrecht befürchtet, daß mit dem Argument des schulischen Religionsunterrichts die allgemeinen Sparzwänge dazu führen, daß die gemeindliche Unterweisung der Kinder und das von Katecheten und Katechetinnen begleitete Hineinwachsen in das Leben der Gemeinde dem Rotstift zum Opfer fällt. Der Bestand Christenlehre, deren gemeindebezogene Funktion durch den Religionsunterricht nicht zu ersetzen ist, gerät in Gefahr.

Im Osten was Neues

Die letzten acht Jahre haben gezeigt, daß es nahezu unmöglich ist, dem Althergebrachten und den Strukturen der alten Bundesrepublik etwas Neues entgegenzusetzen. Der Erfahrungsvorlauf des Westens und die Tatsache, daß es immer näher lag, in den alten Bundesländern erprobte Verfahren und Lösungen anzuwenden, anstatt nach eigenen Wegen zu suchen und Experimente zu wagen, hatte und hat unter dem Gesichtspunkt einer gesellschaftlich notwendigen Emanzipation der ostdeutschen Bevölkerung vielfach fatale Folgen.

Dieses Problem der deutsch-deutschen Vereinigung spiegelt sich auch innerhalb der Kirchen. Aber in Potsdam und Frankfurt an der Oder gehen die Uhren anders als in Stuttgart und Bonn. Und wer nicht verstehen und akzeptieren kann, daß andere Lebensverhältnisse andere Lösungen brauchen, hat eine der wichtigsten Lektionen für die innere Einheit Deutschlands noch nicht gelernt.

Religion in der Schule: Eine bundesweite Debatte

Es gibt keinen Streit in der Frage, ob Schule den zu Recht beschriebenen Orientierungsschwierigkeiten und Gefährdungen Jugendlicher, die sich u.a. in einem Zulauf zu Sekten und Jugendreligionen bemerkbar machen, etwas entgegensetzen soll. Die von Bischof Huber konstatierte Notwendigkeit, daß die Schule dazu beitragen muß, "daß Kinder und Jugendliche sich Kriterien für den Umgang mit vielfältigen Angeboten erwerben und eine eigene Urteilsfähigkeit entwickeln"[6], ist selbstverständlicher Ausgangspunkt moderner demokratischer Schulen im allgemeinen und aller für die Schulen entwickelten einschlägigen Konzepte - sei es für das Fach Ethik, für "Werte und

---

[6] W. Huber, Melanchthon und das staatliche Schulfach LER, in: Päd.Forum 10/1997, H.5, 465-472, Zitat 466.

Normen", für Fächer wie Philosophie oder auch LER. Deshalb läuft ein solches Argument, wenn es gegen das Unterrichtsfach LER ausgespielt wird, ins Leere. Streitig ist ferner nicht die Frage, *ob* Religionen in den Schulen beheimatet sind, sondern *wie*. Von einem, wie Bischof Huber mit Blick auf Brandenburg schreibt, "Bildungskonzept, das den Bereich von Glauben und Religion ausspart" (466), zu sprechen ist absichtsvoll irreführend und wird auch durch Wiederholung nicht richtiger: "Deshalb ist die evangelische Kirche im Nerv getroffen, wenn jemand Glaube und Bildung auseinanderreißen oder die Kirche aus der Welt der Bildung aussperren will" (467). Welche Einheit von Glaube und Bildung wird hier von Bischof Huber bemüht? Wenn gemeint ist, daß die Verbindung von Bildung und Religiosität Reichtum bedeuten kann, stimme ich zu. Wenn dagegen erklärt werden soll, daß Bildung ohne (christlichen) Glauben fragwürdig bleibt, wenn von "religiösem Analphabetentum" die Rede ist und davon, daß "Menschen die Frage nach Gott über Jahrzehnte gründlich ausgetrieben wurde", liegt hierin ein Mangel an Respekt gegenüber Menschen (durchaus nicht nur) in Ostdeutschland, deren Leben und deren theoretische und praktische Ethik nicht religiös begründet ist.

Der Notstand nach Jahrzehnten indoktrinären DDR-Bildungssystems bestand ja nicht in erster Linie in einer "Entkirchlichung", denn angesichts der Säkularisierung auch in vielen Regionen westdeutscher Bundesländer kann dies nur mit Einschränkung auf die kirchen- und religionsfeindliche Politik der SED zurückgeführt werden. Zerstörerisch am DDR-Bildungswesen war vielmehr der mangelnde Respekt vor individuellen Lebensentwürfen und vor der Integrität der Persönlichkeit der Schülerinnen und Schüler sowie die Mißachtung ihrer kulturellen, weltanschaulichen oder religiösen Beheimatungen.

Es geht also darum, dieser verhängnisvollen Tradition etwas entgegenzusetzen: Kinder und Jugendliche darin zu unterstützen, sich als Einzigartige zu begreifen, unterschiedliche Lebensdeutungen wahrzunehmen, Vielfalt zu ermöglichen und schätzen zu lernen.

Zu so verstandener Bildung gehört selbstverständlich die Begegnung mir Religionen. Dabei ist unbedingt zu unterschieden, in welcher Form und mit welcher pädagogischen Absicht sich diese Begegnung vollzieht. Diese Frage ist auch mit Blick auf die heutige Praxis konfessionellen Religionsunterrichts in den alten Bundesländern von großem Interesse. Längst ist er mehr als die ihm ursprünglich zugedachte Aufgabe, einen Beitrag zur konfessionellen Erziehung der Schülerinnen und Schüler zu leisten. In vielen Schulen berücksichtigt der Religionsunterricht längst die ethnische, kulturelle und religiöse Heterogenität der unterrichteten Schulklassen, nimmt die Schülerinnen und Schüler in dieser Heterogenität ernst und respektiert sie. Nach meinen Beobachtungen bei zahlreichen Gesprächen und Reisen auch durch die westlichen Bundesländern gibt es unter dem Titel Religionsunterricht ebenso wie unter dem Titel Ethik oder

Werte und Normen und jetzt auch in Brandenburg unter dem Titel LER guten Unterricht. Gleichzeitig ist festzustellen: Überall dort, wo dieser Unterricht wirklich gut ist, wo er schülerorientiert und offen gestaltet wird, haben alle diese Unterrichtsfächer eine verblüffende Ähnlichkeit miteinander. Diese Nähe ist leicht zu erklären: Wenn nämlich Ernst damit gemacht wird, die Kinder in den Mittelpunkt zu stellen, darauf zu hören, was sie brauchen, ihnen Gesprächspartner zu sein, im Gespräch neue Räume zu öffnen, dann wird der Unterricht weitgehend von der Lebenswelt der Kinder und Jugendlichen bestimmt, von ihren Fragen, Problemen und auch von ihrer kulturellen oder religiösen Vielfalt. Wäre es da nicht klüger, einen solchen Unterricht auch strukturell zu einem Angebot für alle Schülerinnen und Schüler, unabhängig von Weltanschauung und Konfession, weiterzuentwickeln?

Aus dem ursprünglichen konfessionellen Religionsunterricht ist vielfach längst etwas geworden, das sich eher mit "Ethikunterricht in konfessioneller Trägerschaft" beschreiben läßt. So wünschenswert diese Entwicklung aus pädagogischer Sicht auch sein mag, wirft sie doch die Frage auf, wieweit auch ein solcher Unterricht noch den Intentionen des Grundgesetzartikels 7,3 entspricht.

Das Recht der Kirchen auf einen konfessionellen Unterricht wird zunehmend auch von anderen weltanschaulichen Gruppen eingefordert und ihnen zugestanden. Ich stelle mir Schulen vor, in denen katholischer, evangelischer, islamischer, buddhistischer, jüdischer Unterricht parallel stattfindet, hinzu kommen ein Unterrichtsangebot des Humanistischen Verbandes und natürlich eins für die Kinder der Eltern, die auf einen weltanschaulich neutralen Unterricht Wert legen. Wer auf dem Recht des konfessionellen Unterrichts in Schulen besteht, muß sich die Frage stellen, ob eine solche Entwicklung in den Schulen einer zunehmend pluralen Gesellschaft wünschenswert ist.

In vielen Bundesländern haben sich im Lauf der Jahre unterschiedliche Wege und Vorschläge entwickelt, mit den auch dort veränderten Bedingungen umzugehen, von den Anstrengungen, aus dem pädagogischen Stiefkind und Ersatzfach Ethik ein gleichberechtigtes Fach werden zu lassen bis zum Vorschlag eines "Religionsunterrichts für alle" aus Hamburg.

Einer Übertragung der Brandenburger Lösungswege auf andere Bundesländer soll hier nicht das Wort geredet werden, wohl aber einer Föderalisierung des Themas, d.h. im Respekt vor den unterschiedlich gewachsenen Traditionen und angesichts sehr verschiedener Herausforderungen in den Ländern und Regionen der Bundesrepublik verschiedene Lösungen zuzulassen und vielfältige Erfahrungen und Entwicklungen zu ermöglichen.

Noch einmal Brandenburg

Die Situation in Brandenburg scheint festgefahren, die Diskussion ist verhärtet. Wie auch immer die Entscheidung aus Karlsruhe lautet, wird sich so bald nichts daran ändern. Die Entscheidung in einem Rechtsstreit ist noch lange keine Antwort auf die Frage, was Kinder und Jugendliche brauchen und was die angemessenen Formen kirchlicher Angebote in einer veränderten Gesellschaft und im öffentlichen Raum Schule sind. An sachkundigen und engagierten Menschen, die Interesse an neuen Lösungen, an neuen Modellen der Beteiligung der Kirchen und anderer Religionsgemeinschaften an Bildung und Erziehung haben, ist kein Mangel. Kirchen und Landesregierung wären gut beraten, nach Lösungen zu suchen, bevor es "Gewinner" und Verlierer" gibt. Es wäre den Versuch wert, dafür die nächsten Monate zu nutzen.

Aus kirchlicher Sicht

Kirche als Lerngemeinschaft

Klaus Engelhardt

Kirche als Lerngemeinschaft - so hat Bischof Schönherr 1974 in einem Synodalvortrag die Aufgabe der Kirche beschrieben. Wenn sie sich dieser Aufgabe stellt, wird sie die Erfahrungen machen, die einen "Prozeß des Erlernens, Umlernens, Verlernens, Neulernens" anstoßen. Kirche als Lerngemeinschaft - das ist ein kräftiger Impuls für alles ernsthafte Nachdenken über die Kirche. Für mich ist diese Aussage zu so etwas wie einer ekklesiologischen Basisformel geworden, an der grundsätzliches Reflektieren über die Kirche und praktische Gestaltung von kirchlichem Leben zu messen ist. Dabei geht es um mehr als um die Bereitschaft, offen und dialogfähig zu sein, sensibel für die Wandlungen in der Gesellschaft. Es geht darum, "wanderndes Gottesvolk" zu bleiben und immer aufs Neue den Standort zu suchen, den Gott der Kirche zuweist. Die evangelischen Landeskirchen in der DDR haben die Entschlossenheit aufgebracht, ihr Kirchesein auf das auszurichten, was sie noch nicht kannten und was sie noch zu lernen hatten. Gemeinde Jesu in der atheistischen Umgebung zu sein haben sie als Herausforderung angenommen.

Den von Gott angewiesenen Platz zu suchen bleibt die Herausforderung für die Kirche. Nur so wird Neugier auf das wach, was zwischen Himmel und Erde geschieht; nur so verlernen die Kirchen, mit sich selbst beschäftigte Kirche zu sein, immer nur sich selbst zelebrierend oder bejammernd. Nichts dazulernen zu wollen verbietet sich für diejenigen, die Jesus einmal "gelehrige Schüler des Himmelreichs" genannt hat (Mt 13,52).

Wenn schon Kirche als Lerngemeinschaft, dann ist der Religionsunterricht hierfür ein klassischer "Sitz im Leben". Durch Verantwortung für den Religionsunterricht wird die Kirche auf Wesentliches aufmerksam gemacht, was über das Pädagogische hinausreicht. Solche grundsätzliche ekklesiologische Bedeutung des Religionsunterrichts wird oft übersehen. Dabei wird vergessen, daß für die Reformation von Anfang an die Schule ein wichtiger Lern- und Lebensort gewesen ist. In unserem Jahrhundert sind es bei der Regelung des Staat-Kirche-Verhältnisses in der Weimarer Verfassung von 1919 und im Bonner Grundgesetz von 1949 die Bestimmungen über den Religionsunterricht, die nicht nur wichtige schulpolitische Entscheidungen gegeben haben, sondern darüber hinausreichende Orientierungen für das, was Kirche ist und wie sie sich in veränderter Situation definieren muß. In den siebziger Jahren hatte der von der Studentenbewegung gegebene Anstoß, der in Schule und Pädagogik hineinreichte, die Wirkung, daß die Landeskirchen in die Bildungs- und pädagogische Arbeit personell und finanziell erheblich investiert haben. Religionspädagogische Institute wurden gegründet, die Kirchen haben sich an der Schaffung neuer Curricula beteiligt, Unterrichtshilfen und Religionsbücher wurden entworfen. Der Religionsunterricht wurde ein

Kristallisationspunkt für das Staat-Kirche-Verhältnis. Mir ist dies damals in meiner Arbeit an der Pädagogischen Hochschule Heidelberg deutlich geworden. Von den aufbegehrenden Studierenden wurden, wie nicht anders zu erwarten war, einerseits Theologie und Kirche lebhaft unter Kritik genommen; andererseits war überraschend, wie damals gerade "linke" Studierende das Fach Theologie/Religionspädagogik gewählt haben. In ihrer heftigen Institutionenkritik haben sie die Institution Kirche als Freiheitsraum in der Schule entdeckt, weil das Unterrichtsfach Religion in der inhaltlichen Verantwortung der Kirche und nicht des Staates zu erteilen war. Für die Kirchen war freilich diese Option ambivalent. Sie war ja keineswegs ideologiefrei. Aber die Kirchen wurden auf ihre ureigene Aufgabe gestoßen. Sie hatten neu zu lernen, was der "freie Dienst an einer freien Schule" bedeutet, wie es die Evangelische Kirche in Deutschland 1958 formuliert hatte.

Im Religionsunterricht hat die Kirche also in herausgehobener Weise einen "Sitz im Leben", wenn sie Kirche als Lerngemeinschaft sein will. Daß diese Bedeutung kirchenintern aus vielerlei Gründen zu wenig beachtet wird, muß nüchtern und kritisch registriert werden.

Seit der Vereinigung der evangelischen Landeskirchen aus Ost und West in der EKD waren es vor allem zwei Anlässe, die in Kirche und Öffentlichkeit das Thema Religionsunterricht aktuell gemacht haben. Einmal wurde darüber gestritten, ob in den neuen Bundesländern Religionsunterricht ordentliches Lernfach werden solle. Der zweite Anlaß, mit Wucht eine eigene Dynamik entfaltend, war mit der Einführung des Unterrichtsfachs "Lebensgestaltung, Ethik, Religionskunde" (LER) in Brandenburg gegeben. Sollen und können die Kirchen sich damit abfinden?

Ich skizziere beide Anlässe, weil sie wichtige Aspekte liefern für das theologische Selbstverständnis der Kirchen und für das Staat-Kirche-Verhältnis:

1. In der Diskussion um die Einführung von Religionsunterricht als ordentliches Schulfach gerät immer wieder das Staat-Kirche-Verhältnis unter Verdacht. Bedeutet die im Grundgesetz getroffene Regelung nicht ein vom Staat an die Kirchen gewährtes Privileg? Erwartet der Staat insgeheim, daß er den Religionsunterricht für seine Ziele ausnutzen kann? Haben wir hier ein Überbleibsel des "Thron-Altar-Bündnisses"? Nicht ohne Grund mußten die Landeskirchen befürchten, daß der Religionsunterricht die Christenlehre verdrängen und somit eine wichtige Errungenschaft des Kircheseins in der DDR zur Disposition stellen werde. Für alle in Ost *und* West war in der neuen Situation zu lernen, daß Religionsunterricht nur dann theologisch zu verantworten ist, wenn er nicht als Privileg des Staates an die Kirchen verstanden und nicht für staatliche Interessen - gar noch im Sinne der jeweils fälligen Regierungspolitik! - nutzbar gemacht wird.

    Aber auch die Kirchen haben zu lernen, daß Religionsunterricht nicht in die Schule verlagerte Christenlehre ist. Die Kirchen werden in anderer Weise durch den

Religionsunterricht in Pflicht genommen. Sie haben der Verantwortung nachzukommen, die das Grundgesetz von den Religionsgemeinschaften erwartet. Religionsunterricht dient der Einübung in die Wahrnehmung der Grundrechte, die der Gesellschaft insgesamt zugutekommen. Das ist freilich ein hoher Anspruch. Wie er unverwechselbar im Religionsunterricht eingelöst werden kann, soll weiter unten aufgezeigt werden.

2. Der Streit um LER hat nicht nur die Kirchen im Land Brandenburg mobilisiert. Fragen werden gestellt: Spricht nicht die "real existierende" Situation für ein solches Fach? Auch im Westen ist die Gesellschaft keine geschlossene christliche Gesellschaft. Kinder und Jugendliche erleben auf ihre Weise den postmodernen Pluralismus. Im Elternhaus finden sie in der Mehrzahl keine religiöse Sozialisation. So kommen sie in die Schule und treffen dort auf Mitschüler und Mitschülerinnen aus anderen Ländern und mit anderer Religionszugehörigkeit. Muß es angesichts dieser Situation nicht ein neutrales Unterrichtsfach geben, in dem "objektiv" über Sinnorientierungen und Werte informiert wird? Der freiheitliche, demokratische, plurale Rechtsstaat Bundesrepublik Deutschland hat sich im Grundgesetz zur religiösen und weltanschaulichen Neutralität verpflichtet. Freiheit im Sinne des Grundgesetzes beruht auf ethischen Grundlagen und auf den sie prägenden Überzeugungen, die der Staat selbst nicht schaffen kann. Der Staat räumt den Religionsgemeinschaften die eigenverantwortliche Mitwirkung im Bildungsbereich ein. Er darf nicht sich selbst zum religiösen Sinnstifter hochstilisieren. Sofern der Staat ein Pflichtfach wie LER einführt, muß dies aufgrund der Verfassung weltanschaulich neutral angeboten werden. Die verschiedenen Religionen müssen religionswissenschaftlich beschrieben und im religionskundlichen Vergleich betrachtet werden. Reicht solche "verobjektivierende" Darstellung für einen persönlichen Bildungsprozeß aus? Es verkürzt Religion, wenn nur das von den Religionen ethisch abgeschöpft wird, was für die allgemeine staatliche Werteerziehung für sinnvoll gehalten wird. Eigene Überzeugungen können sich im Niemandsland der Gleichgültigkeit nur schwer bilden. Junge Menschen brauchen Begegnung mir profilierten Glaubensüberzeugungen. Das befähigt sie, anderen Überzeugungen nicht nur in apologetischer Selbstbehauptung zu begegnen. Wer mit einer religiösen Lebensperspektive authentisch vertraut gemacht wurde, kann Unterschiede und Gemeinsamkeiten souveräner erkennen. Religionsunterricht soll also jungen Menschen die Möglichkeit geben, in der Begegnung und Auseinandersetzung mit christlicher Theologie und Frömmigkeit zu Kirche und Theologie begründet ja oder nein zu sagen. Das ist wichtig in einer Zeit, in der vordergründige Stimmungen für die Urteilsbildung den Ausschlag geben. Zum Nein gegenüber dem christlichen Glauben genügt nicht modische Kirchenverdrossenheit, zum Ja genügt nicht diffuse Patch-Work-Religiosität. Gerade der Pluralismus braucht Positionen gegenüber weltanschaulicher Nivellierung. Urteilsfähigkeit und Entscheidungskraft dürfen nicht auf der Strecke bleiben.

Es ist gut, daß sich in den zurückliegenden Jahren Bildungspolitiker in den Synoden und Schulreferenten in den Landeskirchen solchen Einsichten geöffnet haben. Wie kann darüber hinaus in unseren Gemeinden ein breiteres Aufgabenbewußtsein gewonnen werden? 1994 veröffentlichte der Rat der EKD die Denkschrift "Identität und Verständigung. Standort und Perspektiven des Religionsunterichts in der Pluralität". Zum ersten Mal hat die EKD in solcher Grundsätzlichkeit zum Religionsunterricht Stellung genommen. Die Denkschrift argumentiert nicht wie so oft im Interesse von Besitzstandswahrung. Sie zeigt Perspektiven für den Religionsunterricht in der pluralen Gesellschaft auf. Der Kirche gibt sie Impulse für diese Aufgabe, den Fachleuten theologische, religionspädagogische und bildungspolitische Argumente. Aber sie findet zu wenig Resonanz, wenn Gemeinden und Kirchenbezirke in derzeitigen Spardiskussionen sich über neue Strukturen kirchlicher Arbeit zu verständigen haben. Die Option für die Parochie steht dabei oft zu stark im Vordergrund und setzt Maßstäbe. Darüber läßt das Interesse an der Bildungsverantwortung der Kirche nach. Ich denke dabei nicht nur an finanzielle Investitionen, sondern an das in den Gemeinden vorhandene bzw. nicht vorhandene Aufgabenbewußtsein. Pfarrerinnen und Pfarrer, die wie in den süddeutschen Landeskirchen ein Pflichtdeputat an Religionsunterricht zu erteilen haben, beurteilen dies oft als "uneigentliche" Aufgabe, die sie von "Wichtigerem" abhält. Sie erleben den Religionsunterricht mit entsprechendem demotivierendem (Miß-)Erfolg. In dieses Bild gehört, wenn Gemeinden und manchmal auch kirchenleitende Gremien eine Pfarrerin oder einen Pfarrer, die in ihrer bisherigen beruflichen Laufbahn "nur" im Religionsunterricht eingesetzt waren, für nicht ausreichend qualifiziert halten, um eine Gemeinde oder eine Leitungsaufgabe in ihrer Landeskirche zu übernehmen. Luther hat von der "babylonischen Gefangenschaft der Kirche" gesprochen. Heute ist es manchmal die "parochiale Gefangenschaft der Kirche", die den Blick verstellt und den Horizont verengt. Ich sage dies in der Überzeugung, daß die Ortsgemeinde ein Primärort kirchlicher Sozialisation und der "Einübung in das Christentum" ist. Aber sie kann dies nur in dem Maße sein, als sie über den eigenen Kirchturm hinausblickt und über der gewonnenen Weitsicht eine Tiefendimension für das Kirchesein entdeckt.

Dem muß die Entschlossenheit entsprechen, Religionsunterricht in seiner christlichen *und* konfessionellen Identität unverwechselbar zu gestalten. Ich plädiere um der Ökumene willen für konfessionellen Religionsunterricht mit der inneren Verpflichtung, soweit wie nur mögliche die ökumenische Frage offen zu halten. Dialogfähigkeit gewinnen junge Menschen um so mehr, je weniger dieser Dialog auf dem kleinsten gemeinsamen Nenner geführt wird. Dazu kann ökumenischer Unterricht verführen.

Was allerdings den Anfangsunterricht angeht, so gibt es hier wichtige pädagogische Gründe für einen ökumenischen Religionsunterricht. Im ersten Schuljahr muß alles getan werden, daß zusammenwächst, was zusammengehört.

Welches sind die besonderen Herausforderungen für einen Religionsunterricht, der theologisch verantwortlich geschieht und die Aufgabenstellung von Art. 7(3) GG ernst nimmt? Wie sind bei einer solchen Aufgabenbeschreibung die Erfahrungen der letzten Jahre zu berücksichtigen? Es sind vor allem zwei Themenbereiche:

1. Religionsunterricht soll Kindern und Jugendlichen helfen, begründete weltanschauliche und religiöse Positionen kennenzulernen und von ihnen begründbare Positionen einzunehmen, um toleranzfähig zu sein. Unsere Gesellschaft ist in hohem Maße durch den Mangel an Toleranz geprägt. Die Anfälligkeit für Intoleranz hat darin ihre Ursache, daß Überzeugungen oft zu beliebig, verschwommen und zu individualisiert bleiben. Toleranz zu üben ist aber nur denen möglich, die profilierte Überzeugungen haben, sie nicht für sich behalten und bei anderen profilierte Überzeugungen gelten lassen. "Geltenlassen" bedeutet nicht, in der Wahrheitsfrage auf Schmusekurs zu gehen oder die Wahrheitsfrage zu bagatellisieren. Toleranz ist nicht der Freibrief für persönliche Indifferenz in weltanschaulichen oder religiösen Fragen. Wo die innere Gewißheit des eigenen Standpunktes fehlt oder wo individuelle Entfaltung bedeutet, jeder/jede kann tun und lassen, was er/sie will, da wird im Namen angeblicher Toleranz der Intoleranz Tor und Tür geöffnet. Im einen Fall - beim Fehlen des eigenen Standpunktes - entsteht aus mangelndem Selbstbewußtsein unversehens Angst vor dem Anderen, dem Fremden, und dies wird mit Feindseligkeit abgewehrt. Im anderen Fall - bei der individualisierten Beliebigkeitshaltung - entsteht unter der Hand ein rücksichtsloser Konkurrenzkampf. Eigenes Profil haben bedeutet: Ich werde den eigenen Standpunkt nicht mit dem absoluten Wahrheitsanspruch verwechseln. Zum Wesen der Wahrheit und meiner "Wahrheitsbesessenheit" gehört die Einsicht, daß Wahrheit, die mich hält und an die ich mich halte und für die ich eintrete, nie die ganze Wahrheit ist. Sie reißt einen Horizont auf, der über den eigenen Standpunkt hinausreicht. "Niemand halte mehr von sich, als sich's gebührt zu halten, sondern daß er maßvoll von sich halte, ein jeder, wie Gott das Maß des Glaubens ausgeteilt hat" (Röm 12,3). Was Paulus hier anmahnt, ist eine unerläßliche Voraussetzung für Toleranz.

2. Toleranzfähigkeit und Verständnisbereitschaft haben größere Chancen bei Menschen, die religiöse Identität gewonnen haben. Die Denkschrift "Identität und Verständigung" zeigt, welchen Beitrag der christliche Glaube leisten kann. Sie hebt in diesem Zusammenhang auf die Gottesfrage ab. "Wie in keinem Fach sonst erhalten die Schüler und Schülerinnen im Religionsunterricht die Gelegenheit, über Gott nachzudenken und zu reden. Die angemessene Behandlung dieses einzigartigen 'Unterrichtsgegenstandes' ist für die Lernenden wie für die Lehrenden die verantwortungsvolle Mitte des Faches" (Identität und Verständigung. Gütersloher Verlagshaus, Gütersloh 1994, 30). Mit aller Entschiedenheit muß auf dieser inhaltlichen Mitte bestanden werden. Für den christlichen Religionsunterricht heißt dies, das Bekenntnis zum drei-

einigen Gott gegen alle triviale und/oder diffuse Religiosität denkbar zu machen und von daher kräftige Impulse für Lebensgestaltung zu gewinnen:

Der Glaube, daß "mich Gott geschaffen hat samt allen Kreaturen" (Luther) ist das Fundament für persönliche Lebensvergewisserung und bindet mich in die Mitgeschöpflichkeit einer bedrohten Lebenswelt ein. Der Glaube an Gott entlastet von der Vorstellung, selbst der Macher des eigenen Lebens sein zu müssen, und schützt vor Überforderungen und Allmachtsphantasien.

Der Glaube an Jesus Christus bewahrt mich, wenn ich scheitere, vor dem endgültigen Aus. Er bestärkt in der Erfahrung, neue Schritte ins Leben wagen zu können. Er gibt Gewißheit, daß unser Leben auch in seinem schuldhaften und fragmentarischen Charakter eine unantastbare Würde besitzt.

Der Glaube an den heiligen Geist gibt mir Kraft zur Hoffnung, daß Gott über alle Todeserfahrungen hinaus zu seiner Welt steht, indem er Menschen ganz unterschiedlicher Couleur zusammenführt, sie als Gemeinde aufatmen läßt und sie für Engagement mutig und beharrlich macht, auch wenn andere Mächte stärker zu sein scheinen.

Humanität als Bildungsziel

Präliminarien zu einem neuen Verständnis jenseits ökonomischer Reduktionismen und medialer Simulationen

Walter Kasper und Christian Hermes

I.

Versteht man Bildung als "jene Verfassung des Menschen, die ihn in den Stand setzt, sowohl sich selbst als auch seine Beziehungen zur Welt 'in Ordnung zu bringen'"[1] oder die "ständige Bemühung, sich selbst, die Gesellschaft und die Welt zu verstehen und diesem Verständnis gemäß zu handeln"[2], so erscheint sie offensichtlich und unausweichlich als "Megathema" moderner Industrie- und Informationsgesellschaften am Ende des 20. Jahrhunderts. Gerade in einer hochgradig komplexen und dynamischen Gesellschaft ist der Bedarf an "Orientierung", das heißt an Integration, Ordnung, an Zielen und Werten, an "Landkarten der Bedeutung" eminent. Ein solcher klassischer Begriff von Bildung hebt in Unterscheidung zur Erziehung gerade auf die "Erfahrungs- und Urteilsfähigkeit des Menschen, auf sein Selbst- und Weltverhältnis ab, das sich aufgrund von Wissen und Einsicht gebildet hat".[3] Ihr Ziel muß es sein, "die kulturell-gesellschaftlichen Entwürfe mit den individuell-lebensgeschichtlichen Gegebenheiten so in Einklang zu bringen, daß der einzelne zur umfassenden und humanen Entfaltung seiner Möglichkeiten gelangen kann".[4] Sie ist "selbstkritische Aufklärung der Gesellschaft über sich selbst", und realisiert sich als "von einer geistigen Mitte gestaltetes Leben, rückgebunden an eine Wertordnung, die dem Lebensvollzug in all seinen Äu-

---

[1] Th. Litt, Naturwissenschaft und Menschen-Bildung, Heidelberg ²1954, 11.
[2] Zur Situation und Aufgabe der deutschen Erwachsenenbildung (1960), in: Empfehlungen und Gutachten des Deutschen Ausschusses für das Erziehungs- und Bildungswesen 1953-1965, Stuttgart 1966, 875 ff.
[3] Bildung in Freiheit und Verantwortung. Erklärung zu Fragen der Bildungspolitik (21. September 1993), hg. v. Sekretariat der Deutschen Bischofskonferenz (Die Deutschen Bischöfe, Erklärungen der Kommission für Erziehung und Schule, 13), Bonn 1993, 7. Vgl. zu Bildung allgemein: C. Menze, Bildung, in: J. Speck u. G. Wehle (Hg.), Handbuch pädagogischer Grundbegriffe, Bd. 1, München 1970, 134-184; E. Lichtenstein, Bildung, in: J. Ritter (Hg.), Historisches Wörterbuch der Philosophie, Bd. 1, Darmstadt 1971, 921-937; J.-E. Pleines (Hg.), Bildungstheorien. Probleme und Positionen, Freiburg i. Br. 1978; R. Lennert; D. Michel; N. Oswald; P. Riché; I. Asheim; K. Dienst; R. Leuenberger, Bildung I-VII, in: Theologische Realenzyklopädie, Bd. 6, Berlin u. New York 1980, 569-635; C. Menze, Bildung, in: Staatslexikon. Recht - Wirtschaft - Gesellschaft, hg. v. d. Görres-Gesellschaft, Freiburg i. Br. 1985, 783-796.
[4] Bildung in Freiheit und Verantwortung, a. a. O., 17.

ßerungen Form und Stil verleiht".[5] Neil Postman stellt in "Keine Götter mehr. Das Ende der Erziehung" fest, "daß der Gedanke der öffentlichen Erziehung absolut von der Existenz miteinander geteilter Erzählungen" abhänge.[6] Denn "ohne Erzählung hat das Leben keine Bedeutung. Ohne Bedeutung hat das Lernen kein Ziel. Ohne Sinn sind Schulen Häuser der Leere, nicht der Lehre".[7]

Wie vielleicht noch in keiner Epoche zuvor stehen wir heute nun aber vor dem Problem, das unendlich viele und täglich Neue immer schneller zu verstehen, zu bewerten, auszuwählen, zu ordnen und in den eigenen Lebenszusammenhang zu integrieren - zugleich aber oft so ratlos zu sein, woran solches verstehende "In-Ordnung-Bringen" sich orientieren und woran es Maß nehmen sollte. Pluralisierung, Mobilisierung, Technisierung, Rationalisierung und Globalisierung, nicht zuletzt das opake Phänomen der sogenannten "postmodernen Beliebigkeit" erscheinen für den einzelnen und für ganze Gesellschaften nur auf der Grundlage einer in aller Offenheit doch auch stabilen Identität erträglich - genau diejenigen Instanzen aber, die solche Identität traditionell vermittelten, sind weithin selbst in ihrer einst selbstverständlichen Glaubwürdigkeit zweifelhaft geworden, in ihrer Wahrheit relativ, in ihrer Praxis machtlos. Jürgen Habermas hat in diesem Zusammenhang von einer "neuen Unübersichtlichkeit" gesprochen, Jean-François Lyotard konstatierte inzwischen schon vor fast zwanzig Jahren in seiner Studie über das "postmoderne Wissen" das Ende der großen, einheitsstiftenden "Sinnerzählungen" im Leben des Einzelnen und der Gesellschaft und bezeichnete das zu Ende gehende 20. Jahrhundert im Blick darauf als eine "Zeit der Erschöpfung".[8] Die tradierten Moral- und Normsysteme, die Deutungsmuster und Lebensformen haben in den "entwickelten" westlichen Gesellschaften ihre Selbstverständlichkeit größtenteils verloren und sind Gegenstand subjektiver Wahl geworden. Soziologisch gesprochen: An die Stelle von "Pflicht-" und "Akzeptanzwerten" sind "Selbstbestimmungs-" und "Selbstentfaltungswerte", an die Stelle institutionell repräsentierter und nur zu übernehmender ist die durch den einzelnen und je neu herzustellende Sinndeutung, an die Stelle sozial determinierter und überschaubarer Rollen und Lebensformen ist eine Vielzahl von verschiedenen, von jedem einzelnen je neu zu erarbeitenden getreten. Schon allein das Vorhandensein von Grundwertediskussionen zeigt, daß - ob man das gut findet oder nicht - moralische Grundwerte und Wertekonsense nicht mehr einfach als bestehend vorausgesetzt werden können, sondern relativ geworden sind und beständiger Auseinandersetzung und dauerndem Klärungsbedarf unterworfen sind.

---

[5] Ebd., 8.
[6] N. Postman, Keine Götter mehr. Das Ende der Erziehung, München 1997, 32.
[7] Ebd., 20.
[8] J. Habermas, Die neue Unübersichtlichkeit, Frankfurt a. M. 1985; J.-F. Lyotard, Das postmoderne Wissen. Ein Bericht, Graz u. Wien 1986; vgl. auch J.-P. Wils, Die große Erschöpfung. Kulturethische Probleme vor der Jahrtausendwende, Paderborn 1994.

Wie gerade die jüngsten Diskussionen in der amerikanischen Sozialphilosophie hervorgehoben haben, bergen diese Entwicklungen sozialen und politischen Zündstoff. Der Postmodernismus, wie er in seiner angelsächsischen Ausprägung während der wohlstandsgesättigten achtziger Jahre das Lob des Heteronomen gesungen hatte, ist inzwischen mit einem Kater globalen Ausmaßes aufgewacht. Aus der Perspektive der neunziger Jahre entspricht er dem, was Odo Marquard im Rückblick auf die linke bundesdeutsche Gesellschaftskritik der sechziger und siebziger Jahre süffisant eine "ideologischen Freßwelle" genannt hat, deren "frei flottierender Revoltierbedarf" sich auf alles und jedes richtete, was noch irgend eine Form von Verbindlichkeit beanspruchte.[9] Nach 1968 wie nach 1989 kam man freilich post festum zu der Einsicht, daß wir für unsere Verhältnisse keine "Nichtverschlechterungsgarantie", so Marquard, besaßen. Das Fehlen einer - politischen, sozialen, moralischen, wirtschaftlichen - Nichtverschlechterungsgarantie wurde nicht nur jenen schmerzhaft bewußt, die meinten, ohne politische Gefahr moralische Grundwerte wie etwa die Universalität der Menschenrechte dem destruktiven Spiel eines postmodernen Relativismus vorwerfen zu sollen; es mußten auch jene eingestehen, die, wie der frühere amerikanische Präsidentenberater Francis Fukuyama, in sattem Selbstbewußtsein das "Ende der Geschichte" aufgrund der universalen und unaufhaltbaren Ausbreitung der demokratisch-rechtsstaatlichen, liberalistisch-kapitalistischen "new world order" eingetroffen wähnten. "Diese Zeit dramatischer Veränderungen bietet atemberaubende Chancen für Freiheit, Sicherheit und Wohlstand, birgt aber auch brisante Risiken für das friedliche Zusammenleben der Völker. Erneut werden grundlegende Fragen des gesellschaftlichen und politischen Lebens aufgeworfen: Wie nehmen wir unsere Identität wahr - individuell und kollektiv? Wie entwickeln pluralistische Gesellschaften kulturelle und normative Orientierungen? Wie können normative Konflikte auf annehmbare und konstruktive Weise beigelegt werden? Was hält eine Gesellschaft zusammen?" so umreißt W. Weidenfeld in der für den "Club of Rome" kürzlich durchgeführten Studie "Die Grenzen der Gemeinschaft"[10] präzise die Fragen, deren Lösung - nimmt man, wenn nicht die Konklusion, so doch die Situationsanalyse ernst, die Samuel Huntington in seinem Buch über den "Clash of Civilizations" anstellt - von entscheidender Bedeutung für die Zukunft unserer Gesellschaften sein wird.

---

[9] O. Marquard, Abschied vom Prinzipiellen, in: ders., Abschied vom Prinzipiellen, Stuttgart 1981, 10.

[10] W. Weidenfeld, Vorwort, in: P. L. Berger (Hg.), Die Grenzen der Gemeinschaft. Konflikte und Vermittlung in pluralistischen Gesellschaften, Gütersloh 1997, 12.

II.

Diesen Hintergrund muß berücksichtigen, wer heute über Bildung spricht. Das Thema Bildung ist, weil es in ihm wie nirgends sonst zur Nagelprobe sittlicher Konzepte und Wertüberzeugungen kommt, deshalb nicht ein Randbereich, sondern betrifft den vitalen Kern individueller, gesellschaftlicher und politischer Existenz heute. Hartmut von Hentig betont: "Die Antwort auf unsere behauptete oder tatsächliche Orientierungslosigkeit ist Bildung - nicht Wissenschaft, nicht Information, nicht die Kommunikationsgesellschaft [...]".[11] Freilich ist mit dieser Feststellung - gerade wegen der oben angedeuteten geistigen Bedingungen der Gegenwart - noch nicht viel gewonnen, beginnt das Problem doch gerade erst damit zu klären, *was* denn Bildung heute überhaupt sein und an welchen Werten und an welchen Idealen und Menschenbildern sie sich orientieren solle. In einer Gesellschaft, die keine allgemein akzeptierte "Sinnerzählung" zu besitzen scheint, sondern eine Vielfalt heteronomer Erzählungen, pluralisieren sich logischerweise ja auch die Bildungskonzeptionen. Signifikant dafür ist schon in seinem Titel das kürzlich erschienene "Rezeptbuch der Pädagogik" mit dem vielsagenden Titel "Die Kunst, Kinder zu kneten".[12] Mit einer Mischung aus Schrecken und Amüsement führt dieses "Rezeptbuch" durch die Geschichte der Erziehungsmethoden und Bildungsziele vom antiken Sparta bis in die Kinderläden der späten 60er Jahre. Die Frage nach einer heute angemessenen Erziehung bleibt in dieser Sammlung unbeantwortet: "anything goes" - und alles ist irgendwie gleich richtig und falsch. Es scheint nichts anderes übrigzubleiben, als Lebensformen, Werte, soziale und moralische Normsysteme historisch erschöpfend aufzuarbeiten und zu archivieren - die normative Frage ist prinzipiell suspendiert. Man mag seine Kinder nach diesem oder nach jenem Rezept erziehen - Erziehung wird immer ein "Kneten der weichen Kinderseele" sein. 1995 fragte deshalb zu Recht der "Spiegel": "Wer soll die Schwerstarbeit Erziehung leisten? Gibt es gar ein Ende der Erziehung? Noch nie war es für Eltern so schwer, aus Kindern Erwachsene zu machen. Was tun?"[13] Soll Bildung Werte vermitteln? Und wenn ja: welche? Ist es so, daß, wie der Tübinger Pädagoge Klaus Prange meint, Präsenz Gottes und Lernen nicht zusammengehörten und Erziehung und Lernen nicht nur keine Muse kennen, sondern auch keinen Gott haben?[14] Oder ist, mit Neil Postman, gerade eine Erziehung, die keinen umfassenden Sinnhorizont, keine "Erzählung", die die einzelnen Wissensinhalte auf einer höheren Ebene zu verstehen und im Kontext des eigenen Lebens zu interpretieren erlaubt, ist eine solche Erziehung "ohne Götter" am Ende?[15]

---

[11] H. von Hentig, Bildung. Ein Essay, Darmstadt 1997, 15.
[12] R. Palla, Die Kunst, Kinder zu kneten. Ein Rezeptbuch der Pädagogik, Frankfurt a. M. 1997.
[13] Zit. ebd., 340.
[14] Vgl. K. Prange, Lernen ohne Gnade. Zum Verhältnis von Religion und Erziehung, in: Zeitschrift für Pädagogik 42 (1996), 313-322.
[15] N. Postman, a. a. O. (Anm. 6), v. a. 15-33.

Es ist nahezu überflüssig, darauf hinzuweisen, daß das Christentum und die christlichen Kirchen - und dies nicht erst, seitdem die Forderung formuliert wird, Gott aus dem Grundgesetz zu streichen und seitdem versucht wird, die gesellschaftliche Präsenz des Christentums unter dem Vorwand einer falsch verstandenen Religionsfreiheit aus dem öffentlichen Raum "herauszuklagen" - als "Sinnstiftungsinstanzen" auch im bildungstheoretischen Bereich nicht mehr gesellschaftlich selbstverständlich anerkannt sind. Schon im Jahr 1960 mochte der Deutsche Ausschuß für das Erziehungs- und Bildungswesen sich nicht mehr auf das christliche Menschenbild als allgemeingültige Grundlage von Erziehung zu beziehen.[16] Karl Ernst Nipkow beschrieb im Jahr 1975 die Situation folgendermaßen: "Zwar sind die christlichen Kirchen aus der früheren umfassenden Zuständigkeit für die normativen Grundorientierungen entlassen. Religion wird aber nach wie vor hoch eingeschätzt. Da es 'Religion an sich' nicht gibt, bleiben die christlichen Kirchen weiterhin äußerst positiv angesprochen und zur Mitwirkung eingeladen, wenn schon nicht mehr in monopolisierter Stellung, so doch in bevorzugter demonopolisierter Wettbewerbssituation."[17] In dieser Situation, in der "der Staat [...] die christlichen Kirchen bei der Neuordnung, Effektuierung und Rationalisierung des allgemeinbildenden und berufsbildenden Schulwesens nicht mehr nennenswert zu brauchen" scheint[18], benannte Nipkow als Aufgabe der Kirchen, "im Rahmen der ihnen verbliebenen Mitwirkungsmöglichkeiten die öffentliche Diskussion über die Zukunft unserer Gesellschaft und die hiermit verknüpfte Zieldiskussion über die pädagogischen Grundorientierungen unter dem Gesichtspunkt der gleichen Chancen der Teilnahme für jeden und unter der Perspektive menschenmöglicher und menschlich notwendiger Humanität in Fluß zu halten".[19]

Dieser Begriff der Humanität hat für die gegenwärtige bildungstheoretische Debatte deshalb höchste Relevanz. Seit der frühen Neuzeit, in der sich ein Diskurs über Bildung von neuem zu etablieren begann, diente der Begriff der "humanitas" im Rückgriff auf die klassische Antike als dessen normative Grundkategorie: Bildung wird als Ausbildung und Ausformung der dem Menschen wesentlichen Fähigkeiten und Bestimmungen verstanden. Sie findet ihren tiefsten Grund, ihr letztes Worumwillen, im gebildeten Menschen selbst, der im Besitz praktisch-ethischer Weisheit die beliebigen partikularen Zwecke und Ziele seines Leben unter einem höheren Gesichtspunkt zu beurteilen vermag.[20] "Humanität" als eines der großen und für die europäische Moderne grundlegenden Bildungsworte scheint nun in der "demonopolisierten Wettbewerbs-

---

[16] Vgl. Zur Situation und Aufgabe der deutschen Erwachsenenbildung (1960), a. a. O. (Anm. 2).
[17] K. E. Nipkow, Grundfragen der Religionspädagogik, Bd. 2: Das pädagogische Handeln der Kirche, Gütersloh 1975, 51 f.
[18] Ebd., 60.
[19] Ebd., 31.
[20] Vgl. E. Herms, Art. Humanität, Theologische Realenzyklopädie, Bd. 15, Berlin u. New York 1986, 661-682.

situation" das einzig noch konsensfähige Bildungsideal zu sein. So wenig die eminente Bedeutung von Bildung heute in Frage gestellt wird, so wenig wird daran gezweifelt, daß der Mensch in ihrem Mittelpunkt stehen und "Humanität" ihr Ideal zu sein hätte.

Ebenso aber wie der gemeinsame Gebrauch des Wortes "Bildung" oft genug nur die Differenzen und Unklarheiten, denen er inhaltlich unterliegt, kaschiert, ebenso überdeckt auch die einhellige Rede von "Humanität" eine Vielzahl von verschiedenen und nicht selten unvereinbaren anthropologischen Auffassungen. Was ist mit Humanität als Bildungsziel heute gemeint - was *kann* unter den oben beschriebenen Bedingungen der Gegenwart und unter Berücksichtigung der nicht unproblematischen Geschichte des modernen Humanismus und Humanitarismus[21] damit gemeint sein? Was davon ist gesellschaftlich konsensfähig? Was der Mensch wesentlich sei, diese Frage ist nicht nur nach Immanuel Kant die erste und letzte Frage der Philosophie, es ist auch die Grundfrage bildungstheoretischer Überlegungen.[22] Dies gilt um so mehr, als die klassische philosophische und theologische Anthropologie de facto längst nicht mehr das allgemeine Verständnis prägen, das wir vom Menschen haben, sondern die modernen Humanwissenschaften: die Psychologie, die Soziologie und neuerdings die Biologie, die Kognitions- und Neurowissenschaften. Zwar werden sozialethische Grundbegriffe wie Menschenwürde und Personalität, wie sie den Menschenrechtskatalogen und den modernen Verfassungen der westlichen Welt zugrunde liegen, von niemandem ernsthaft in Frage gestellt. Diese Grundkategorien werden aber von den modernen wissenschaftlichen Entwicklungen gleichsam unterlaufen. Die Diskussionen über den Schutz der Menschenrechte in der Biomedizin beispielsweise zeigen, daß niemand die Würde des Menschen in Zweifel zieht - aber welche Lebewesen überhaupt als Mensch zu betrachten seien, ab welchem und bis zu welchem Stadium ihrer Entwicklung, in welchem Zustand und unter welchen Voraussetzungen menschlichen Lebewesen Personenwürde zukommt, ist keineswegs mehr selbstverständlich, sondern - ob es einem paßt oder nicht - Gegenstand kontroverser Diskussionen. In der Tat liegt das Problem - dies zeigt die bioethische Diskussion am einleuchtendsten - darin, daß Humanität unter dem Zugriff der Humanwissenschaften nicht nur differenziert, sondern letztendlich nominalistisch relativiert wird, was deren bestimmende Kraft für den common sense freilich nicht wesentlich beeinträchtigt. Von einem selbstverständlich und einvernehm-

---

[21] An dieser Stelle seien neben M. Heideggers "Humanismusbrief" (Über den Humanismus, Frankfurt a. M. 1949) M. Merleau-Ponty (Humanisme et terreur. Essai sur le problème communiste, Paris 1947) und J.-P. Sartre (L'existentialisme est un humanisme, Paris 1965) erwähnt, sowie auf E. Levinas' Entwurf eines "Humanismus des anderen Menschen" hingewiesen (u. a. Der Humanismus des anderen Menschen, Hamburg 1989). Vgl. auch im Blick auf die deutsche Philosophie: K. Delikostantis, Der moderne Humanitarismus. Zur Bestimmung und Kritik einer zeitgenössischen Auslegung der Humanitätsidee (Tübinger Theologische Studien, 17), Mainz 1982.

[22] Vgl. M. Heidegger, a. a. O., 15: "Alle Arten des Humanismus, die seitdem [seit der Antike; W. K.] bis in die Gegenwart aufgekommen sind, setzen das allgemeinste 'Wesen' des Menschen als selbstverständlich voraus."

lich klar und deutlich erkannten "Wesen des Menschen" kann heute jedenfalls faktisch keine Rede sein.

III.

An Plädoyers über die zentrale Bedeutung der Bildung, in deren Vordergrund der Mensch und die Humanität stehen sollen, und an bildungspolitischen Programmen besteht gleichwohl rein quantitativ kein Mangel.[23] Dabei springt jedoch ein beachtlicher Bedeutungswandel zum einen im Bildungsbegriff und zum anderen im Menschenbild, das diesem Bildungsbegriff zugrundeliegt, ins Auge. Bildung erscheint - weniger in pädagogisch-wissenschaftlichen, jedoch in bildungspolitischen Überlegungen - vorrangig und oft ausschließlich im Horizont ökonomischer Zusammenhänge. Von nationalen und internationalen bildungspolitischen Verantwortungsträgern und Institutionen wird selten oder jedenfalls nur sehr klischeehaft betont, daß Bildung ihren Zweck in der Verwirklichung der Humanität des Menschen als eines vernünftigen, personalen, sozialen und womöglich religiösen Wesens finde. Bildung wird vielmehr vor allem im Blick auf die "Erneuerung und den Ausbau des 'Humankapitals'" als entscheidende Ressource für eine effektive Innovationspolitik verstanden.[24] "Lebenslanges Lernen", lebenslange Bildung seien notwendig, so wird hervorgehoben, weil "everyone's position in society will increasingly be determined by the knowledge her or she has built up" und weil "tomorrow's society will be a society which invests in knowledge, a society of teaching and learning, in which each individual will build up his or her own qualification".[25] "Bildung und Weiterbildung zählen zu den wichtigsten Grundlagen der wirtschaftlichen Entwicklung: Je höher das Bildungsniveau der Bevölkerung und je besser damit das Humankapital der Erwerbstätigen, desto günstiger sind die Voraussetzungen für Innovationen, Produktivitätssteigerungen und wirtschaftlichen Wohlstand", so heißt

---

[23] Vgl. Zukünftige Bildungspolitik - Bildung 2000. Schlußbericht der Enquête-Kommission des 11. Deutschen Bundestages und parlamentarische Beratung am 26. Oktober 1990, hg. v. Deutschen Bundestag, Bonn 1990; Europäische Kommission, Lehren und Lernen - Auf dem Weg zu einer kognitiven Gesellschaft. Weißbuch über allgemeine und berufliche Bildung, Luxemburg 1995; L'éducation - Un trésor est caché dedans (Bericht an die UNESCO vom Internationalen Bildungsausschuß im einundzwanzigsten Jahrhundert), Paris 1996; Europäische Kommission, Grünbuch Leben und Arbeiten in der Informationsgesellschaft - Im Vordergrund der Mensch, Luxemburg 1996; Das lebenslange Lernen. Leitlinien einer modernen Bildungspolitik, hg. v. Bundesministerium für Bildung, Wissenschaft, Forschung und Technologie, Bonn 1997; Für eine Bildungspolitik der Vernunft. Aufruf von Wirtschafts-, Professoren- und Lehrerverbänden, Auszug in: Frankfurter Allgemeine Zeitung, 10. September 1998, 2.

[24] Vgl. die "Petersberger Thesen" des Bundesministers für Bildung, Wissenschaft, Forschung und Technologie J. Rüttgers (Globalisierung von Forschung und Entwicklung und Technologiemärkten - Konsequenzen für die nationale Innovationspolitik, Bonn 1997).

[25] Presseinformation 95/162 der Europäischen Kommission zu "Lehren und Lernen", Luxemburg 1995.

es zum Thema Bildung im "Reichtumsbericht Deutschland", der im Anschluß an das "Gemeinsame Wort" der Kirchen zur wirtschaftlichen und sozialen Lage in Deutschland "Für eine Zukunft in Solidarität und Gerechtigkeit" entstanden ist.[26] Es stimmt ohne Zweifel, daß Information und berufliche Qualifikation in zunehmendem Maße über die gesellschaftliche Stellung, über Wohlstand und materielle Lebensqualität entscheiden. Doch ist es signifikant, wie die traditionelle Unterscheidung zwischen "Berufsbildung" und "Allgemeinbildung" in diesen immerhin die Optionen der Bildungspolitik anzeigenden Statements obsolet geworden zu scheint, indem *alle* Bildung nur mehr als Berufsbildung in den Blick kommt. Andersherum formuliert: Bildung erscheint vorrangig in dem Maße akzeptiert - begrifflich einsichtig wie gesellschaftlich als "sinnvoll" und investitionswürdig - wie sie grundsätzliche und spezifische Qualifikationen für das Berufsleben vermittelt und sich volkswirtschaftlich gesehen "rechnet". Auch wer die Beschreibung der Tendenz zur ökonomisch-liberalistischen Reduktion für überzogen hält, wird sie doch als Tendenz kaum bestreiten können.[27]

Aus der Sicht traditioneller Bildungskonzepte, zumal auch der christlich geprägten, greift diese Reduktion von Bildung natürlich zu kurz, wenn sie die Frage nach dem, was dem gesellschaftlichen Leben, dem Wohlstand und der Lebensqualität überhaupt einen Sinn gibt - die Frage nach dem bonum humane und dem bonum commune in einem über die ökonomische Selbsterhaltung des einzelnen und der Gesellschaft hinaus gehenden Sinn - nicht mehr stellt. Der ökonomische Reduktionismus steht sämtlichen historischen bildungstheoretischen Konzeptionen von dem der antiken Paideia über Rousseau und Kant bis hin zum Humanismus der Moderne entgegen. Die Differenz zu den traditionellen Bildungskonzepten, wie wir sie eingangs referierten, könnte nicht größer sein, bestanden diese doch vehement darauf, daß Bildung nicht nur berufsqualifizierender Wissenserwerb oder Abrichtung zu möglichst reibungsfreiem gesellschaftlichem Funktionieren sein könne - gerade darin unterscheide sie sich ja von dem, was unter Sozialisation verstanden werde.[28] Wie Kant in seiner Schrift "Über Pädagogik" schon hervorhob, könne es Erziehung und Bildung nicht nur darum gehen, dem Menschen "Geschicklichkeit zu beliebigen Zwecken" zu verschaffen, mit deren Hilfe er imstande ist, "gut in der Welt fortzukommen".[29] Gerade nicht die Zurichtung zu "beliebigen Zwecken" könne Ziel von Erziehung sein, habe sie es doch mit jenem

---

[26] B. Busch u. a., Verdienst, Vermögen und Verteilung. Reichtumsbericht Deutschland, Köln 1998, 61.

[27] Vgl. dazu auch schon N. Postman, Keine Götter mehr. Das Ende der Erziehung, Berlin 1995, 44 ff. Die Tendenz zur Ökonomisierung von traditionell absoluten - d. h. gerade außerhalb aller ökonomischer Bewertung stehenden - sittlichen Grundkategorien ist in vielen gesellschaftlichen Bereichen erkennbar, so, wenn beispielsweise Politiker allen Ernstes darauf hinweisen, daß auch "Menschenrechte sich eine Gesellschaft erst einmal *leisten* können" müsse.

[28] Vgl. Bildung in Freiheit und Verantwortung, a. a. O., 8.

[29] I. Kant, Über Pädagogik (Werke, hg. v. W. Weischedel, Darmstadt 1956, Bd. 6), A 17 f.

Menschen zu tun, der wesentlich nicht Mittel zum Zweck, sondern Zweck an sich selbst ist. Ein solcher Reduktionismus spiegelt jedoch die beschriebene Geltungskrise eines "anspruchsvollen", weil von zahlreichen philosophischen und theologischen Voraussetzungen abhängigen Bildungsbegriffes und den Legitimationsverlust der einst gesellschaftskonstitutiven Instanzen wider. Der Moraltheologe Jean-Pierre Wils hat darauf hingewiesen, daß "die traditionell *starken* Legitimationsinstanzen wie Religion, Moral oder Politik [...] von diesen Vorgängen in einem höheren Maße heimgesucht [werden] als die - gemessen an ihrer herkömmlichen Rolle - *schwachen* Legitimationssysteme, wie Ökonomie oder Freizeit [...]. Der 'Sinn' von Gesellschaft wird zunehmend daran gemessen, inwieweit das politische System in der Lage ist, ein Regelwerk oder ein Bündel von Verfahren zur Verfügung zu stellen, welches die individuelle Befriedigung ökonomischer Bedürfnisse möglichst reibungslos und konfliktfrei regelt."[30]

Der Hintergrund für diese Reduktion ist aber nicht die *Leugnung* "höherer" Werte und Ideale, sondern die *Suspension* der Frage danach vor dem Hintergrund der modernen und postmodernen Infragestellung universaler ethischer Normativität. Eine solche - man könnte polemisch sagen - "humankapitalistische" Reduktion ist gleichwohl nicht das Symptom eines plötzlichen Werteverlustes. Sie führt nur konsequent weiter, was schon in der aufklärerischen Toleranzformel, nach der ein jeder "nach seiner façon glücklich" werden möge, programmatisch anklang, untrennbar mit dem Prozeß der Entstehung moderner bürgerlicher Gesellschaften verbunden ist und im klassischen Liberalismus seinen stärksten Ausdruck fand. Weder wird geleugnet noch unterbunden, daß der einzelne oder eine soziale Gruppe jenseits des Ökonomischen ethische Ziele und religiöse Ideale formulieren kann und formuliert (diese können, wie Max Weber gezeigt hat, ja sogar wirtschaftlich äußerst effektiv sein). Die Frage der Wahrheit und Universalität solcher Ideale wird aber ausgesetzt. Bildung beschränkt sich auf die Bereitstellung der ökonomischen Möglichkeitsbedingungen, die den einzelnen instand setzten, sich "nach seiner façon" zu ethischen Lebensentwürfen, religiösen Bekenntnissen, Bildungsidealen und Werten zu entscheiden. Wenn der einzig konsensfähige Wert die Freiheit des Individuums ist und die Vielfalt der Wertvorstellungen der einzelnen, der Gruppen und Weltanschauungen zu respektieren ist, kann sich gesellschaftliche Verantwortung nur auf die formalen Aspekte der Sicherung der Lebensbedingungen für den einzelnen beschränken, während die Frage der Wahrheit weitergehender inhaltlicher Überzeugungen schlechterdings keine Frage mehr ist, die gesellschaftlich legitimerweise zu diskutieren ist. Es geht - in der Terminologie des bedeutendsten Vertreters heutiger liberalistischer Theorie, John Rawls - nicht in einem "metaphysischen" Sinn darum, wer Recht hat, sondern darum, die verschiedenen "Weltanschauungen" in einem fairen politischen Verfahren zu koordinieren. Weil es nicht darum geht, neue Normativitäten positiv einzuführen, sondern die normative

---

[30] Wils, Erschöpfung, 135.

Frage bewußt offenzuhalten und der Freiheit des einzelnen zu überantworten, scheint eine Gesellschaftskritik, die im Stil eines Lamento über die nihilistische Zerstörung der Werte und der Moral vorgetragen wird, ihr Ziel zu verfehlen. Sie erscheint darüber hinaus schnell als moralistisch-reaktionär, weil sie dazu neigt, moralische Werte und anspruchsvolle Bildungskonzepte dogmatisch zu reklamieren, ohne zu bedenken, in welchem Maße sie selbst von den Voraussetzungen heutiger liberaler, wertepluraler, "offener" Gesellschaften abhängt.[31] Tatsache ist jedoch: Bildungspolitische Verantwortungsträger können vor dem Hintergrund dieser Entwicklung heute zunehmend nur noch für jenen Teil der Bildung sorgen, der die objektiven Bedingungen dafür herstellt, daß Menschen dann subjektiv und "nach ihrer façon" ihrem Leben diesen und jenen Sinn, dieses oder jenes Ziel und Maß, dieses oder jenes Ideal geben – oder es eben bleiben lassen.

IV.

Beachtlich ist aber folgendes: Die liberalistische Rechnung, wonach "Wertebildung" und "Sinnstiftung" in das Belieben jedes einzelnen oder jeder einzelnen gesellschaftlichen Gruppe gestellt bleiben sollen, geht nur unter der historischen Bedingung auf, daß die gesellschaftlichen Instanzen, von denen sie "angeboten" und vertreten werden, als legitimiert angesehen werden und sozial verbindliche Geltung besitzen, wie dies in der Moderne bis in unser Jahrhundert auch noch der Fall war.[32] Sittliche Konzepte, Werte, Sinnentwürfe sind wesentlich nicht abstrakte Weltanschauungen, die sich Individuen nach Belieben aus einem "Weltanschauungssupermarkt" auswählen – sie "funktionieren" nur, wenn sie in sozialen Lebensformen verankert sind. Der Liberalismus ist mit anderen Worten nur unter normativ-ethischen Voraussetzungen möglich, die er nicht selbst herstellen und auch aus prinzipiellen Gründen nicht selbst garantieren kann – dies ist nicht nur der Kern der Problematik, die die bundesdeutsche staatstheoretische Diskussion seit Jahrzehnten begleitet und auch der Kern des Bildungsproblems der Gegenwart[33], es ist auch die Grundlage der – freilich unzureichenden – "kommunitaristischen" Kritik an eben diesem Liberalismus. Die Privatisierung von Sinn, Moral und Religion hinterläßt im gesellschaftlichen Leben ein Vakuum, das einerseits den Druck auf den einzelnen, sich selbst um den Sinn seines Lebens, um seine Lebensform und Moral zu kümmern, erhöht, es ihm zugleich aber immer schwerer macht, einen Sinn

---

[31] Dieser Punkt kann hier nicht weiter ausgeführt werden, er ist jedoch gerade auch im Blick auf christliche und kirchliche Zeit- und Gesellschaftskritik beachtenswert.

[32] A. MacIntyre hat dies am Beispiel der antiken Polis und der mittelalterlichen Gesellschaft im Vergleich zur modernen Gesellschaft aufgezeigt: A. MacIntyre, After Virtue. A Study in Moral Theory, London 1981.

[33] Vgl. E.-W. Böckenförde, Staat, Gesellschaft, Freiheit. Studien zur Staatstheorie und zum Verfassungsrecht, Frankfurt a. M. 1976. Vgl. auch: Bildung in Freiheit und Verantwortung, a. a. O., 16.

und ein Ethos in einer existentiell tragfähigen Form zu finden. Alle individualistischen "Patchwork-Identitäten" scheitern schon deshalb, weil, wie Botho Strauß bemerkte, sie täglich vor der Frage stehen: "Was bedeutet es schon, woran *ich* glaube, wenn nicht *alle* (oder doch zumindest sehr viele) daran glauben? Nichts."[34]

Schon Maurice Merleau-Ponty bemerkte aber, daß "parce que nous sommes au monde, nous sommes *condamnés au sens*"[35] - weil und insofern wir in der Welt sind, sind wir "zu Sinn verurteilt". Individuen und gesellschaftliche Systeme sollen nicht nur nicht, sie *können* gar nicht ohne geteilte Überzeugungen, Werte und Grundkonsense bestehen. Aus dieser existentialphilosophischen bzw. sozialwissenschaftlichen Anwendung der "Horror-vacui-Regel" folgt nun der entscheidende Punkt: Die moderne Delegation von Sinn und Moral an den einzelnen hat im Lichte sowohl der historischen Tatsache, daß traditionelle Sinnkonzepte und Lebensformen durch Privatisierung entlegitimiert werten, als auch der sozialphilosophischen Einsicht, daß Gesellschaften nicht ohne konstitutive Sinnerzählungen und Existenzdeutungen bestehen können, zur Folge, daß das öffentliche Verschwinden traditioneller Formen von Ethos und Sittlichkeit keine Leere hinterläßt, sondern die Bildung neuer Ethosformen nach sich zieht. Die liberalistische Zurückhaltung in Fragen der Religion, der Moral, der Lebens- und Bildungsideale und die Beschränkung gesellschaftlicher Verantwortung auf die formalen Aspekte der Sicherung der Lebensbedingungen um der größtmöglichen Freiheit des Glaubens, der Lebensform, der Lebensideale willen, führt dazu, daß, was ursprünglich *nur* die "materielle" Grundlage freier Gesellschaftlichkeit sein sollte, selbst den Status eines gesellschaftskonstituierenden und konsensgestützten sittlichen Wertes eingenommen hat. Die Ökonomie wird zur lebensumspannenden Kategorie der gesellschaftlichen und individuellen Selbstbestimmung. "Man muß nicht mehr an Religion teilnehmen", so der Soziologe Niklas Luhmann, "um ein zufriedenstellendes Leben zu führen [...], während es andererseits schwer vorstellbar ist, daß man ganz ohne Geld leben kann [...]."[36]

In einer Gesellschaft, in der Arbeit zur Religion, Geld zum Glaubensgegenstand und Konsum zur Transzendenzerfahrung wird, in der der Mensch zum "animal laborans" gerät, das seine Selbstverwirklichung im Warentausch und seine Identität im Tauschwert des Humankapitals, das er ja selbst ist, sieht, sinkt notwendig die Geltungskraft außerökonomischer Sinnzusammenhänge und die individuelle und soziale Verbindlichkeit außerökonomischer Wertordnungen gegen null.[37] Diese kommen,

---

[34] B. Strauß, Der Aufstand gegen die sekundäre Welt, Nachwort in: G. Steiner, Von realer Gegenwart. Hat unser Sprechen Inhalt?, München 1990, 318.

[35] M. Merleau-Ponty, Phénoménologie de la perception, Paris (1945) 1990, XIV.

[36] N. Luhmann, Gesellschaftsstruktur und Semantik, Bd. 3, Frankfurt a. M. 1989, 947; vgl. auch ebd., 349.

[37] Vgl. H. Arendt, Vita activa, oder Vom tätigen Leben, München 1981; W. F. Kasch (Hg.), Geld und Glaube, Paderborn 1979; F. Wagner, Geld oder Gott - Zur Geldbestimmtheit der kulturellen

wenn überhaupt, dann auch nicht mehr nach den Regeln ihrer eigenen Semantik, Grammatik und Pragmatik ins Spiel, sondern gemäß den Regeln des ökonomischen Diskurses. G. Simmel hat schon am Beginn dieses Jahrhunderts auf diese Grundregeln und auf die wirklichkeitskonstituierende Kraft des ökonomischen Sinnsystems hingewiesen, in dem nicht absolute Werte, sondern relative Tauschwerte, nicht objektive, sondern subjektive Werte, nicht ein Denken in Substanz-, sondern in Funktionskategorien prägend wird.[38] Insofern die ökonomische Quantifizierung am ehesten - oder allein noch - eine Werteordnung[39] zu bieten scheint, die von allen Menschen anerkannt wird, während über moralische, religiöse oder "weltanschauliche" Ordnungen kein Konsens zu erzielen und auch keine Auseinandersetzung zu führen ist, liegt es nahe, ethische Entscheidungen nach dem ökonomischen Muster des Güter- und Leistungstausches und der Interessenabgleichung zu treffen.[40] Der "wertneutrale" Liberalismus und das ihm korrespondierende ökonomisch-reduzierte Bildungskonzept löst also sein eigenes Konzept von Freiheit keineswegs ein, sondern fördert unter dem Deckmantel der Freiheit eine sehr subtile und historisch neuartige Form von Unfreiheit. Unter der Fahne der Wertneutralität fördert er eine neue und deshalb schwer durchschaubare Form von dogmatischer Intoleranz; wo er vorgibt, Bildung auf die nur berufliche Ausbildung zu beschränken und sich der überformenden Indoktrination zu enthalten, betreibt er eine nahezu schrankenlose Formation. Die geläufige Metapher vom "Supermarkt der Sinnangebote" macht diese Dynamik unzweifelhaft deutlich: Die im Supermarkt erlebte Freiheit beschränkt sich nämlich nur auf die Auswahl aus den dort angebotenen Artikeln - sie ist Freiheit *im* Supermarkt und nach den Gesetzen des Supermarktes. Die Freiheit der individuellen Wahl eines "Sinnangebotes" steht unter den formalen Prinzipien des nach Angebot und Nachfrage, Kosten und Nutzen, Mangel und Überfluß organisierten Marktes, in dem die Güter nach ihrem funktionalen, nicht nach ihrem absoluten Wert und die Subjekte als austauschbare Verbraucher vor-

---

und religiösen Lebenswelt, Stuttgart 1984; R. Hank, Arbeit - die Religion des 20. Jahrhunderts, Frankfurt a. M. 1995; J. Hörisch, Kopf oder Zahl. Die Poesie des Geldes, Frankfurt a. M. 1996.

[38] G. Simmel, Philosophie des Geldes, Berlin ^{7}1977.

[39] Schon die Übertragung des Wert-Begriffes aus der Ökonomie in die Moraltheorie ist hierfür bezeichnend; vgl. M. Scheler, Der Formalismus in der Ethik und die materielle Wertethik (Ges. Werke, Bd. 2, Bern u. München ^{6}1980).

[40] Dies ist augenscheinlich heute der Fall, wenn - um nur zwei Beispiele zu nennen - vor deutschen Gerichten ein behindertes Kind als Schadensersatzfall behandelt wird und in medizin- und bioethischen Diskussionen Kosten-Nutzen-Rechnungen zunehmend an Bedeutung gewinnen. Die menschenverachtende "Ethik" eines Peter Singer ruft ja gerade deshalb so viel Empörung hervor, weil sie radikal eine Denkweise widerspiegelt, die unsere postmodernen Gesellschaften doch alltäglich mit Erfolg praktizieren und weil sie uns schmerzhaft bewußt macht, wie ohnmächtig gegenüber diesem "plébicite de tous les jours" alle klassischen, "metaphysischen" und religiösen Moralkonzepte bleiben, die bei aller immanenter Kohärenz gesellschaftlich zunehmend schwerer legitimierbar scheinen.

kommen. Der französische Philosoph Michel Foucault hat mehrfach auf die "Machtdispositive" hingewiesen, die unter der Tarnung der Freiheitsförderung in subtiler Form agieren. Das Wahre erscheint als Ware - und die Ware bekommt in einem ganz metaphysischen Sinn Wahrheitscharakter.[41]

V.

Neben der Ökonomie sind es vor allem die sogenannten "neuen Medien", die unter neutraler Flagge segelnd nicht Freiräume ermöglichen, sondern reduzieren und zunehmend gesellschaftliche Wirklichkeit konstituieren und formen. So wie Konsum heute weitaus mehr als nur die Versorgung mit materiellen Lebensmitteln ist, so hat auch die Teilnahme an mediatisierter Kommunikation weit mehr als nur instrumentellen Charakter. Neben dem Geld sind die audiovisuellen Kommunikationsmittel, wie der Kulturtheoretiker Jochen Hörisch darlegt, die "ontosemiologischen Leitmedien" unserer Kultur, die heute Sein und Sinn, Wirklichkeit und Bedeutung verbinden und garantieren, daß Sein sinnvoll und Sinn alltäglich wirklich ist.[42] Wie im Mittelalter die Eucharistie, so seine These, sind sie es heute, die nicht oder nur um den Preis sozialer Exkommunikation vermeidbar sind: "Es gibt einen einfachen Test für die These, derzufolge das Abendmahl, das Geld und die neuen Medien Rundfunk bzw. Fernsehen die ontosemiologischen Leitmedien unserer Kulturtradition sind: sie sind (anders als etwa die Medien Theater, Fotografie oder Buch) nicht oder doch nur um den Preis deutlicher Stigmatisierung vermeidbar. Wer nie ins Theater geht, sich nicht fotografieren läßt oder keine Bücher liest, mag Probleme mit seinem Sozialprestige (gehabt) haben. Wer hingegen in hochreligiösen Zeiten nicht zur Kirche ging oder sich heute nicht an Radio und Fernsehen anschließt, ist von Exkommunikation bedroht. Eucharistie- und Fernsehverweigerer wurden bzw. werden verdächtigt, aufgespürt, registriert und verfolgt. Und Geld zu negieren, ist noch für den Dieb, den Kommunisten oder den Anarchisten eine pragmatische Unmöglichkeit."[43]

Untersuchungen zum Medienkonsum von Kindern und Jugendlichen gehen davon aus, daß ein Kind heute, bevor es in die Schule kommt, schon 3000 Stunden vor dem Fernseher verbracht hat und daß viele Jugendlichen mehrere Stunden täglich durch Websites und Chatboxen "surfen". Dies bestätigt, worauf N. Postman schon in "Wir amüsieren uns zu Tode" hingewiesen hatte, daß nämlich die audiovisuellen Medien objektiv ein erzieherisches Curriculum *sind*, das die Persönlichkeit junger Menschen

---

[41] Vgl. auch: N. Bolz/D. Bosshart, Kult-Marketing. Die neuen Götter des Marktes, Düsseldorf 1995.
[42] J. Hörisch, Brot und Wein. Die Poesie des Abendmahles, Frankfurt a. M. 1992, 9 ff.; vgl. auch J. Hörisch, Kopf oder Zahl, a. a. O.; ders., Gott, Geld und Glück, Frankfurt a. M. 1983.
[43] Hörisch, Brot und Wein, a. a. O., 10 f.

beeinflußt, unterrichtet, formt und bildet."⁴⁴ Alarmierend - gleichwohl als Bestätigung der behaupteten Verbindung von Ökonomie und neuen Medien - erscheint, wenn Bill Gates, Chef des weltweit größten Softwareunternehmens "Microsoft", in einem Interview die Ermöglichung eines "reibungsfreien Kapitalismus" als Vision und Ziel nannte, auf das sich die Entwicklung vor allem der neuen Medien und Computertechnologien richten müsse.[45]

Mit den "neuen Medien" werden nicht nur unermeßliche Freiräume für Kommunikation und vielfältigste Erlebnis- und Wissenswelten geschaffen, die Kommunikation via E-Mail und Internet-Chat-Box und die Beschäftigung mit Personen und Sachen über das Internet formieren vielmehr grundlegend die Strukturen der Kommunikation und der Weltwahrnehmung: Sie geben der Wirklichkeit Bedeutung und Sinn und verleihen Sinn Wirklichkeit. Der slowenische Philosoph und Psychoanalytiker Slavoj Zizek warnt deshalb: "In Aussicht steht [...], daß der Mensch stetig seine Begründung in der konkreten *Lebenswelt* verlieren wird, das heißt, das grundlegende Koordinatensystem, welche seine (Selbst-)Erfahrung determiniert."[46] Die scheinbar grenzenlose Freiheit des "World Wide Web" ist ebenso simuliert, wie die "brave new world" selbst, die auf dem Monitor erscheint. Es zeugt von großer Blauäugigkeit, diese Medien als Freiräume der Emanzipation zu feiern: Wo die Homepage zur Heimat und der "Internetaccount zum Existenznachweis wird"[47], besteht die Gefahr, daß Menschen "vollkommen in die neue Welt der High-Tech-Erfahrungen eintauchen werden, daß sie den Bezug zur Gesellschaft verlieren, ebenso wie ihre Kommunikationsfähigkeit und die Bereitschaft, auf andere Menschen einzugehen."[48] Im Gegensatz zur virtuellen Realität kann man sich aus dem Real Life eben nicht einfach "ausloggen" und "abmelden". Bilder kann man an und aus "klicken" - andere Menschen, sich selbst und die geschichtliche Faktizität des eigenen Lebens und der eigenen Biographie nicht. Cyber-Identitäten lassen sich beliebig designen - im wirklichen Leben muß man mit der Endlichkeit der eigenen Existenz klarkommen. Wer sein "Real Life" nach dem Modell des virtuellen Raumes gestaltet und als einen "Fensterausschnitt" unter anderen, eingebunden in eine Multitasking-Oberfläche, begreift, der muß im wirklichen Leben mit gewaltigen Systemabstürzen rechnen und wird deshalb bald die virtuellen Welten der echten vorziehen. Es ist dann nicht weiter verwunderlich, daß das Internet, das inhaltlich unüber-

---

[44] N. Postman, Wir amüsieren uns zu Tode. Urteilsbildung im Zeitalter der Unterhaltungsindustrie, Frankfurt a. M. 1985.

[45] Vgl. dazu Th. Miessgang, Wie funktioniert Bill Gates. Ein "Zeit"-Gespräch mit dem slowenischen Philosophen Slavoj Zizek über Europa, Universalismus und Führertypen neuen Stils, in: Die Zeit 10/1998, 26. Februar 1998, 45.

[46] S. Zizek, Die Pest der Phantasmen, Wien 1997, 102.

[47] Vgl. E. Hebecker, Generation @. Jugendliche in der Informationsgesellschaft, in: Jugend Kultur. Stile, Szenen und Identitäten vor der Jahrtausendwende, hg. v. d. Arbeitsgruppe für Symbolische Politik, Kultur und Kommunikation, Mannheim 1997, 334-345.

[48] D. Kellner, Die erste Cybergeneration, in: Jugend Kultur, a. a. O., 310-316.

schaubar vieles enthält, in formaler Hinsicht jedoch alles in eine prinzipiell klare und rationale Taxinomie sortiert und als "Netz" vereint, bereits für viele den religiösen Status eines faszinierenden und überwältigenden Sinn- und Wirklichkeitszusammenhanges erhält.[49]

Zizek weist dabei - in der Linie von Foucaults Kritik - auf das entscheidende Manko sowohl der unbeschränkten Freiheit der Waren- wie auch der Medienwelt hin: Niemand wird mehr mit einem offensichtlichen, autoritativen Geltungsanspruch konfrontiert, mit dem "Extrem einer Position", die uns sagt, was wir zu wollen, zu tun und zu lassen haben. "Die Medien bombardieren [das Subjekt] konstant mit Wahlaufforderungen, adressieren es als das Subjekt, *das dazu bestimmt ist zu wissen, was es eigentlich will* (welches Buch, welche Kleidung, welches TV-Programm, welchen Urlaubsort ...). [...] Auf tieferer Ebene jedoch entziehen die neuen Medien dem Subjekt das Wissen, was es will: Sie sprechen ein durch und durch formbares Subjekt an, dem ständig erzählt werden muß, was es will, das heißt genau die Evokation einer Wahl, die performativ getroffen werden muß, erzeugt die Notwendigkeit eines Objekts der Wahl." Er folgert zurecht: "Was passiert dann aber [...], wenn das Subjekt selbst beständig mit der Aufforderung bombardiert wird, ein Zeichen davon zu geben, was es will? Das genaue Gegenteil von dem, was man erwarten würde: wenn es niemanden gibt, der dir sagt, was du wirklich willst, die gesamte Last der Entscheidung auf deinen Schultern liegt, dominiert dich der große Andere komplett, und die Wahlmöglichkeit verschwindet einfach, das heißt, sie wird durch ihren bloßen Anschein ersetzt. Man ist hier geneigt, Lacans wohlbekannte Verdrehung Dostojewskis zu paraphrasieren ('Wenn es keinen Gott gibt, ist alles verboten.') [...]".[50] Macht wird nicht durch Repression ausgeübt, sondern durch die Formierung von Bedürfnissen in scheinbar unbeschränkten Freiheitsräumen.

VI.

Man wird deshalb die Feststellung, daß keine Generation sich je so unumschränkt frei fühlen durfte wie die Generation der heutigen Jugendlichen und jungen Erwachsenen, nicht als Fortschritt verstehen dürfen. Wie zwiespältig diese Freiheit gerade auch als Mangel an verbindlicher Orientierung erlebt wird, darauf haben allgemeinsoziologische und jugendsoziologische Untersuchungen der letzten Jahre vermehrt hingewiesen. Die in der Deskription scharfsinnige, wenn auch in der Konklusion grundfalsche Analyse "Die Tugend der Orientierungslosigkeit" illustriert, wie die "89er Generation", die

---

[49] Vgl. A. Kolb, R. Esterbauer u. H.-W. Ruckenbauer (Hg.), Cyberethik. Verantwortung in der digital vernetzten Welt, Stuttgart, Berlin u. Köln 1998, darin v. a. A. Kolb, Virtuelle Ontologie und Anthropologie, 11-15; R. Esterbauer, Gott im Cyberspace? Zu religiösen Aspekten neuer Medien, 115-129.

[50] S. Zizek, a. a. O., 135 f.

der heute Fünfundzwanzig- bis Dreißigjährigen, aus dieser Not eine Tugend zu machen versucht.[51] "Moral-Surfing" ist die Haltung junger Leute, die sich in einer Situation unübersichtlicher Pluralität ihre Identität und ihre Werte nach ästhetischen Gesichtspunkten zusammenbasteln und ihre soziale Umwelt zugleich als Fundus wie auch als Bedrohung für ihre Existenzform ansehen. Dies freilich hat mit Tugend, weder in ihrer klassisch moralphilosophischen oder -theologischen noch in ihrem modernbürgerlichen Verständnis, nicht das geringste zu tun. Denn mehr noch als die persönliche Lebensform sind für diese Generation auch die sozialen Beziehungen unausweichlich Gegenstand beständiger Wahl, Reflexion und Problematisierung, so daß die Freiheit und Pluralität, die sie zum höchsten Gut erklärt, zu einer maximalen Heterogenität und Vereinzelung führt, die notwendig jedes individuelle Handeln kompliziert und jedes soziale Leben durch den Bedarf an langwierigen Verhandlungen und der Suche nach schließlich profillosen Minimalkonsensen behindert.[52] Zu diesem Phänomenkomplex gehört auch, daß viele Jugendliche den Eintritt in die Welt der Erwachsenen und die Übernahme der damit verbundenen Rollen soweit als möglich hinauszögern, daß junge Erwachsene Ausbildungszeiten nicht mehr als Vorbereitungs- und Übergangszeiten, sondern als ständige Lebensform entdecken, sich mit "McJobs" über Wasser halten, die weit unter dem Qualifikationsniveau liegen, das ihnen finanziert wurde, und im beruflichen wie auch im Bereich menschlicher Beziehungen oft nur provisorisches Engagements zu übernehmen bereit sind.[53] Gerade im "Supermarkt" der Lebens-, Partner-, Berufs- und Sinnangebote gilt die Regel: Das Bessere ist der größte Feind des Guten.

Man muß sich davor hüten, solche Existenzformen als neue Flexibilität und Innovationsfähigkeit dieser Generation zu feiern.[54] Man muß sich freilich ebenso davor hüten, über diese Generation zu lamentieren und diese Erscheinungen moralisch zu beurteilen: Vermutlich haben noch nie so viele junge Menschen sich nach verläßlichen

---

[51] J. Goebel/Ch. Clermont, Die Tugend der Orientierungslosigkeit, Berlin 1997.
[52] Als signifikantes Alltagsbeispiel für diese Problematik wird von Goebel und Clermont die sog. Gemüsepfanne genannt, die das einzige Gericht zu sein scheint, das überhaupt und nach langer Diskussion noch möglich ist, wenn lebensästhetische Vegetarier, Veganer, Gourmets, Ökologisten und "Normalesser" den Versuch unternehmen, eine gemeinsame Mahlzeit zu veranstalten.
[53] Vgl. Jugend '97. Zukunftsperspektiven - Gesellschaftliches Engagement - Politische Orientierungen, hg. v. Jugendwerk der Deutschen Shell, Opladen 1997, 11-24.
[54] L. Späth/H. Henzler, Die zweite Wende. Wie Deutschland es schaffen wird, Weinheim u. Berlin 1998, 27: "Viele Studenten müssen sich ihr Studium selbst finanzieren und arbeiten als Taxifahrer, Schaufenstereinrichter, Paketzusteller oder Pfleger. Sie studieren gleichsam nebenberuflich ... und trainieren gleichzeitig Flexibilität, Eigenverantwortung und Selbständigkeit - mithin Tugenden, die für alle immer wichtiger werden." Übersehen wird dabei, daß, wie aus den wenigsten Tellerwäschern Millionäre und aus den wenigsten Internet-Surfern später erfolgreiche Softwareentwickler werden, die wenigsten Studienabbrecher als Gründer branchenbeherrschender Computerunternehmen ihren Weg machen.

Beziehungen und Lebensentwürfen gesehnt wie in der heutigen Zeit, in der diese zugleich so problematisch sind. Hinter dem Make-up der besinnungslos-konsumistischen Fun- und Entertainment-Society verbirgt sich eine Generation, die vielleicht wie noch wenige zuvor sich mit dem Problem von Sinn, Identität und Orientierung ihres Lebens herumschlägt. Der ökonomisch-mediale Ersatz produziert nämlich gerade nicht Sinn und Identität, sondern nur die Illusion, durch Teilnahme an Konsum und Kommunikation Sinn und Identität zu finden. Denn die verschwiegenen, unangenehmen Grundbedingungen aller Ökonomie sind bekanntlich Mangel und Knappheit. Deshalb ist die Grunderfahrung heutiger moderner Gesellschaften, daran hat wiederum Jochen Hörisch in seiner Analyse der ontosemiologischen Leitmedien (Eucharistie, Geld, Kommunikation) erinnert, nicht etwa die Fülle, sondern der Mangel: Die moderne Gesellschaft ist reicher als jede andere Epoche, sie erfährt sich selbst aber als defizient.[55] Sinn wird so sehr gesucht, weil er heute vornehmlich als fehlend erfahren wird. In die Verantwortung des einzelnen gestellt, wird die Suche danach zu einer Lebensaufgabe. Nach dem Supermarkt-Modell wird Erfüllung überall verheißen, aber keines der Sinnangebote bringt sie - die Teilnahme an Ökonomie und medialer Kommunikation verschleppen das Problem von Sinn und Identität nur in eine, mit Hegel zu sprechen, "schlechte Unendlichkeit". Freilich besteht der springende Punkt darin: Jeder muß sich den Sinn seines Lebens "frei" besorgen, er tut dies gezwungenermaßen jedoch in Strukturen, die wesentlich nur Ersatzbefriedigungen bieten. Um in der Anschaulichkeit des Bildes vom Supermarkt zu bleiben: Jeder darf aus den Angeboten frei wählen, was er will, aber er *muß* in "erzwungener Freiwilligkeit" selbst wählen und, was er auch wählt, wird nur von begrenzter Haltbarkeit sein. Entscheidend nach der ökonomischen Logik ist einzig, daß die Suche nach Sinn und Identität in den Medien von Konsum und Kommunikation weitergeht - nicht daß sie erfüllt wird. Signifikanterweise und in Übereinstimmung mit dem, was bereits zur Wirkmächtigkeit ökonomischer Denkstrukturen in außerökonomischen Sachbereichen gesagt wurde, wird somit auch Sinn zum Gegenstand menschlichen Herstellens und Verfertigens.[56]

---

[55] "Der spannendste Punkt scheint mir der zu sein, daß man von einer Orientierung auf Fülle (beim Abendmahl) umschaltet auf eine Orientierung auf Knappheit (beim Geld). [...] An die Stelle der Erfahrung der Fülle des Seins - daß Gott an die Stelle des Nichts die Fülle des Kosmos, der Welt, der Schöpfung gesetzt hat - tritt mit dem Geld die Erfahrung der Knappheit. Geld funktioniert nur, wenn es knapp ist. [...] Das aber soll heißen, daß gerade eine Gesellschaft und ein Weltmodell, das so produktiv Reichtümer freisetzt wie die sogenannte kapitalistische, monetaristische Moderne, extrem auf eine Hermeneutik der Knappheit umschaltet. Ganz plakativ gesprochen: Wenn sie einen Durchschnittsmenschen des Jahres 1300 gefragt hätten, wie er das Sein erfährt, hätte er wohl in Begriffen der *plenitudo* geantwortet [...] Wenn sie heute Leute fragen - und zwar solche, die die besten Wohnungen, Autos, HiFi-Anlagen haben -, wäre ihre erste Erfahrung die der Knappheit: 'Ich hab zuwenig Zeit, zuwenig Geld, ich brauche noch ein Ferienhaus, einen Karrieresprung.'" - J. Hörisch/J. Rack, Kopf oder Zahl, in: Lèttre Internationale Nr. 41 (1998/2), 36.
[56] Vgl. R. Hank, a. a. O., 9.

Der Versuch scheitert notwendig und immer wieder an seiner immanenten Doublebind-Struktur: Je mehr Individuen ihre Existenz "sinnvoll" zu machen suchen, je intensiver die Sinnsuche und Sinngebung betrieben wird, um so mehr wächst der Sinnlosigkeitsverdacht; je aufwendiger man das Styling der eigenen Existenz betreibt, um so offensichtlicher wird, wie sehr all das nur "gemacht" und nicht gegeben ist. Seinem Leben keinen Sinn zuzuschreiben ist ebenso sinnlos wie der Versuch, die eigene Identität und den Sinn der eigenen Existenz zusammenzubasteln. Sinn *gibt es*, so möchte man etwas grob formulieren - oder es gibt ihn eben nicht. So viel auch an ihm herumgebastelt werden mag: Seine Geltungsbedingungen können nicht von demjenigen garantiert werden, für den er gelten soll.[57]

VII.

Fassen wir zusammen: Die Frage nach "Humanität als Bildungsziel heute" muß ausgehen von der Feststellung sowohl des immensen Orientierungsbedarfes als auch der immensen Orientierungsprobleme liberaler, postmoderner Gesellschaften. Auch wenn "Bildung" und "Humanität" nach wie vor als einhellige Leitbegriffe auftreten, erscheint ihre inhaltliche Bestimmung heute aufgrund der Legitimationskrise der traditionellen moralischen Instanzen und der überlieferten Normen und Sinnentwürfe als problematisch. Die Feststellung, daß Bildung und Humanität deshalb heute zunehmend nur noch in einem, aus der Sicht klassischer Bildungskonzepte ökonomisch-reduzierten Sinn gebraucht werden, spiegelt diese Orientierungskrise wider, entspricht jedoch zugleich auch den Prinzipien moderner Gesellschaften, die die Frage nach der Wahrheit von "Menschenbildern" und "Weltanschauungen" relativiert bzw. suspendiert in der angeblichen Absicht, ein größtmögliches Maß an Freiheit zu gewährleisten. Eine vornehmlich ökonomisch strukturierte liberale Mediengesellschaft impliziert und konstituiert jedoch im Widerspruch zu ihrem eigenen Programm spezifische und neuartige Wertordnungen, die andere Verbindlichkeitsstrukturen und Sinnkonzepte nicht inhaltlich, sondern formal untergraben und unter dem Deckmantel der Ermöglichung größerer Freiheit und moralischer Autonomie in einer Weise, die jenseits der Polarität von Freiheit und Unfreiheit steht, schlechterdings zum Verschwinden bringen und durch "virtualisierte" Supplemente von sittlicher Verbindlichkeit, Sinn und Identität ersetzen, die in "schlechte Unendlichkeit" rekurrierend aporetisch scheitern. Dies festzustellen ist notwendig, um die Frage nach "Humanität als Bildungsziel heute" überhaupt richtig stellen zu können. Weder der Versuch, zu traditionellen Moralentwürfen, Lebensformen und Sinnerzählungen in gesellschaftlich verbindlicher Weise "zurückzukehren", noch der, anbiedernd zu resignieren und die Not zur Tugend zu erheben, kann

---

[57] Vgl. H. Blumenberg, der das Verlangen nach Sinn und die Vision eines umfassenden Sinnes als Ausläufer moderner "Kontingenzkultur" deutet (Die Sorge geht über den Fluß, Frankfurt a. M. 1987, 57 ff.; 78 ff.).

ein gangbarer Weg sein, denn diese falschen Alternativen repräsentieren, affirmieren und fördern nur jene Strukturen, die sie zu überwinden suchen.

Es sollte aus den vorstehenden Überlegungen deutlich geworden sein, daß ein ernst zu nehmendes Konzept von Bildung unter den heutigen geistigen und gesellschaftlichen Bedingungen sich weder auf die Reduktion von Bildung und Humanität nach den Gesetzen postmoderner liberaler Gesellschaften einlassen darf, will es sich nicht selbst liquidieren, noch auch als Gegenentwurf einfach nur auf klassische Konzepte von Bildung und Humanität rekurrieren kann.

Zu fragen ist nun: Wie kann angesichts der Situation moderner bzw. postmoderner liberaler Gesellschaften, angesichts ihrer ökonomisch-medialen Strukturen, angesichts aber auch der Widersprüche und Ausweglosigkeiten im Bezug auf die Frage sittlicher Normativität, noch von "Humanität" die Rede sein? Welches Konzept von Humanität bleibt gegen die Auflösungstendenzen der Gegenwart resistent, weil es weder in ihnen untergeht noch sich ihnen vergeblich zu entziehen sucht? Es gilt, in die mediale Ökonomie, in den Markt der Waren und virtuellen Realitäten, etwas einzubringen, das deren Entwertungsstrukturen und ihrer Dynamik der schlechten Unendlichkeit deshalb entkommt, weil es sie unendlich unter- und damit zugleich überbietet. Es gilt, einen Begriff von Humanität zu finden, der die Hinfälligkeit eines postmodernen moralischen Wertes *prinzipiell* überholt. Wie im Titel angekündigt, konnten hier lediglich Vorbemerkungen zu einem solchen neuen Verständnis von Humanität gemacht werden. Wir sind der Überzeugung, daß sich in einem konsequent *theologischen* Entwurf und auf der Grundlage der christliche Tradition ein Verständnis vom Menschen und ein Konzept von Bildung denken läßt, welches gegen die Macht der ökonomischen Reduktionismen und der medialen Simulationen resistent ist. Dies gilt es - jenseits der Alternative von konservativem Anachronismus und progressistischem Konformismus - heute dringend neu herauszuarbeiten.

Zur Freiheit befreit
Evangelische Kirche und evangelische Erziehung[1]

Hermann von Loewenich

Bildung als Ruf in die Freiheit

Daß das Christentum in Europa bis heute eine prägende Kraft blieb, ist auch der Reformation zu verdanken. Sie öffnete die Fenster der mittelalterlichen Kirche für die Neuzeit. Sie machte einfachen Menschen, aufstrebenden Bürgern und so manchem Landesherrn ein gutes Gewissen, *selbstverantwortet* Christ zu sein. Daß dies vielen Kurfürsten nicht ganz geheuer war - auch den bayerischen nicht -, ist bekannt. Immerhin darf in München erst seit knapp 200 Jahren evangelisch gepredigt und gelehrt werden.

Das Freiheitsbewußtsein der Neuzeit speist sich gewiß in hohem Maß aus der Aufklärung. Aber ein Strang führt zurück nach Worms. Luther sagt dort seine berühmten Sätze: "Es sei denn, daß ich mit Zeugnissen der Heiligen Schrift oder durch klare Vernunftgründe überwunden werde ..., so bin ich überwunden in meinem Gewissen und gefangen in dem Wort Gottes. Daher kann und will ich nichts widerrufen, weil wider das Gewissen etwas zu tun, weder sicher noch heilsam ist." Historisch nicht sicher belegt, aber wirkungsgeschichtlich weitreichend, ist der Schlußsatz: "Hier stehe ich, ich kann nicht anders. Gott helfe mir. Amen." Jeder junge evangelische Christ sollte diese Sätze sich aneignen.

Evangelische Freiheit setzt sich durch - auch wenn Uhren manchmal etwas langsamer gehen und die Lernbereitschaft der "Obrigkeit oder ihrer Untertanen" zuweilen nicht besonders ausgeprägt ist. Dies mag Lehrerinnen und Lehrer trösten, wenn sie an manchen Tagen nach sechs Schulstunden resigniert über die Sinnhaftigkeit ihres Tuns nachdenken und sich fragen, ob sie bei Schülerinnen und Schülern etwas erreichen. Doch ich bin sicher: Ein guter Unterricht entfaltet langsam aber sicher seine Wirkung - ganz ähnlich wie die Reformation.

Martin Luther hat Zeit seines Lebens auf die Langzeitwirkung in der Kraft des Wortes vertraut. Als Professor hat er die Freiheit erfahren, die im Glauben und im selbständigen Gebrauch der Vernunft liegt; im eigenständigen Verstehen der Texte, im Ruf zurück an die Quellen ... Als Glaubender hat er die Freiheit erfahren, die Gott einem Menschen schenkt, der sich allein an sein Wort bindet. Mit dieser neu gewonne-

---

[1] Referat zum 25jährigen Bestehen des Gesamtverbandes Evangelischer Erzieher in Bayern im Dezember 1997. Der Vortragsstil wurde beibehalten, auf bibliographische Nachweise in der Regel verzichtet.

nen Freiheit widersprach er dem damaligen Zeitgeist: Nicht Gewalt ist Macht, sondern Bildung. Nicht Autorität der Kirche ist Macht, sondern Glaube an Christus.

Glaube und Bindung an eine von Gott befreite Vernunft haben aus Martin Luther einen unabhängigen Menschen und einen freien Christen gemacht. Glaube und Vernunft sind auch heute zwei wesentliche Dimensionen, die zum unverkennbaren Profil des Protestantismus gehören. Sie sind ungleiche Brüder. Dennoch führen sie den Menschen nur gemeinsam in die Freiheit.

Weil es in Bildung und Erziehung nach evangelischem Verständnis um den Ruf in die Freiheit geht, habe ich meinen Beitrag in Anlehnung an den Apostel Paulus "Zur Freiheit befreit" überschrieben. Pointiert schreibt er im Galaterbrief: *"Zur Freiheit hat uns Christus befreit. So stehet nun fest und lasset euch nicht wieder in das knechtischer Joch fangen."* (Gal 5,1) Das knechtische Joch ist für ihn das Gesetz. Paulus meint: Wer im Geist der Freiheit lebt, der braucht kein Gesetz. Das enthält bis heute eine Provokation - gerade für die Ohren von Erziehenden. Doch Paulus meint, wer durch Christus in die Freiheit gerufen ist, in dem wird die Liebe wirksam. "Liebe deinen Nächsten wie dich selbst" - in diesem Wort ist für Paulus das "ganze Gesetz erfüllt". Freiheit in seinem Verständnis ist verantwortete Freiheit.

Martin Luther nimmt diesen Ruf in die Freiheit auf und formuliert in seiner berühmten Schrift "Von der Freiheit eines Christenmenschen" programmatisch und dialektisch: *Ein Christenmensch ist ein freier Herr aller Dinge und niemanden untertan.* Und er fügt hinzu: *Ein Christenmensch ist ein dienstbarer Knecht aller Dinge und jedermann untertan.*

Das Stichwort "Von der Freiheit eines Christenmenschen" wirkt wie ein kühnes Trompetensignal. Es signalisiert, daß Gott nicht durch eine Fülle kleinlicher Vorschriften über die Menschen herrscht, sondern die Freiheit seiner Söhne und Töchter will. Luther geht es um die Freiheit des Glaubens vor Gott. Aber das Stichwort "Von der Freiheit eines Christenmenschen" entwickelt eine eigene Dynamik. Wie ein Stein, der ins Wasser fällt, zieht es weite Kreise. Ohne jede Polemik, ohne ein direktes Wort zur Politik löst Luthers Schrift eine Bewegung der Freiheit aus. Sie macht deutlich: Alle die Lasten, die eine an Haupt und Gliedern kranke Kirche dem Glauben auferlegt, widersprechen der Freiheit. Freiheit und Christsein gehören untrennbar zusammen.

Sicher mißverstehen die Bauern, die im Bauernkrieg zur Gewalt greifen, den Reformator. Aber selbst in diesem Mißverständnis drückt sich aus, daß die innere Freiheit des Glaubens und die äußere Freiheit nicht einfach zu trennen sind. In der Freiheit des Gewissens verbinden sich Inneres und Äußeres. Luther nimmt diese Freiheit des Gewissens in Worms vor Kaiser und Reich in Anspruch. Es ist nicht nur protestantisches Pathos, wenn diese Freiheit eines Christenmenschen bis heute so etwas wie ein Erkennungszeichen der Protestanten geblieben ist.

Doch die Frage ist: Hat die Trompete noch einen klaren Klang? Wieviel ist diese Freiheit eines Christenmenschen heute noch wert? Sie ist wohlfeil geworden. Schülerinnen und Schüler wachsen ganz selbstverständlich in einer nie gekannten Freiheit auf. Freiheit verknüpft sich heute mit einem neoliberalistischen Geist, in dem sich jeder eben selbst der nächste ist. Freiheit wird mit Individualismus identisch. "Der Künstler in Sachen eigenes Leben ist zur Leitfigur für die Generation der 18- bis 35jährigen geworden", so schreibt Ulrich Beck. In einer postmodernen Welt wird für die junge Generation die "Fähigkeit, nach eigenen Maßstäben das Wichtigste herauszufiltern und den Rest zu ignorieren", zur "Überlebensfähigkeit".[2]

Die Freiheit hat also an Tiefendimension verloren; sie ist flach geworden. Ihre von Luther proklamierte Dialektik ist verlorengegangen. Übrig geblieben ist ein Freiheitsverständnis, das sich ausschließlich und einseitig an die Selbstbestimmung des Individuums heftet.

Der Umgang mit Freiheit wird für die Ihnen anvertrauten Schülerinnen und Schüler immer schwerer. Allein materielle, finanzielle Grenzen scheinen die Freiheit einzuschränken oder die Grenzen, in denen sich junge Menschen eben nicht als Lebenskünstler erfahren, sondern eher als Loser, als Verlierer, die ihre Minderwertigkeitsempfindungen in Gewalt ventilieren.

Eine neue Erziehung zur Freiheit ist dringend nötig, ein Wiedergewinn ihrer Tiefe. Ihre Wurzeln sind neu zu erspüren, die Tatsache, daß Freiheit nicht in uns selbst gründet, sondern ein Gottesgeschenk ist. "Zur Freiheit hat uns Christus befreit!" Ihr seid zur Freiheit berufen.

Trotz dieser unübersehbaren Krise der Freiheit, mit der Lehrkräfte ständig konfrontiert werden, bleibe ich dabei: Wenn wir über den von uns zu leistenden Beitrag zur Bildungsverantwortung nachdenken, dann sind Martin Luthers Sätze über die Freiheit immer noch Schlüsselsätze. Darum möchte ich sie im folgenden ein wenig entfalten.

Verantwortete Freiheit im Glauben

Wir sollen jungen Menschen zu "freien Herrn" erziehen, die "niemanden untertan" sind. Das klingt auch heute noch provokativ. Um so provokativer muß man sich die Wirkung im Jahr 1520 vorstellen, als freie Herren einige wenige waren, aber nicht das gemeine Volk, für dessen Söhne - und wohlgemerkt auch für dessen Töchter! - Luther bereits damals eine allgemeine Schulpflicht forderte.

Freilich bedeutet dieser Ruf in die Freiheit für ihn weder den Sturz oder die Ablehnung von Autoritäten, noch ermuntert er den Einzelnen zur narzißtischen Ablösung aus gesellschaftlichen oder familiären Lebenszusammenhängen. Es betrifft zunächst den *"inwendigen Menschen"*, wie er sagt - und das meint seine geistige Dimension, insbesondere die des *Glaubens*.

---

[2] U. Beck, Kinder der Freiheit, Frankfurt 1997.

Wenn wir als Protestanten also heute junge Menschen zu "freien Herrn" erziehen wollen, so geht es zunächst um geistige Unabhängigkeit. Es geht darum, daß sie im Lauf ihrer Schulzeit lernen, sich mit Hilfe der geistigen Autoritäten, die sie erziehen, von ihnen unabhängig zu machen. Ich sage *mit* ihnen, nicht *ohne* sie und vor allem nicht von vornherein *gegen* sie. Damit grenze ich mich ab von einem falsch verstandenen Lernziel zur Kritikfähigkeit, das sich nach meiner Beobachtung im Schulalltag leicht zu verselbständigen droht. Doch Kritikfähigkeit ist kein Wert an sich. Sie muß immer konkret auf einen Gegenstand bezogen sein und sich im gegenüber als fundiert erweisen.

Von Martin Luther kann man lernen, wie intensiv er sich mit kirchlichen und theologischen Positionen seiner Gegner auseinandergesetzt hat, bevor er öffentlich seine Kritik formuliert hat. Und auch dann stellt er in Rechnung, daß er sich irren kann und gibt Gründe an, aufgrund derer er bereit ist, seine Kritik zurückzunehmen. Es sind Vernunftgründe oder Gründe der Heiligen Schrift. Sie liegen also auf den Ebenen, von denen ich vorhin schon gesprochen habe: Auf der Ebene des Wissens, des Verstehens und des Urteilens und auf der Ebene des Glaubens.

Die geistige Freiheit, die uns im lutherischen Sinn zu "freien Herren" macht, beinhaltet also, daß wir die Positionen anderer freier Herren nach bestem Wissen und Gewissen zur Kenntnis nehmen - daß wir sie "eimerweise lesen", wie es Karl Barth einmal formuliert hat - und uns danach in Freiheit ein eigenes Urteil bilden. Dies geht nicht im Untertanengeist. Denn man muß sich entscheiden, ob man in geistigen Auseinandersetzungen Autoritäten untertan sein will oder der Wahrheit, die man selbst erkannt hat - biblisch gesprochen, ob man dem Menschen mehr gehorchen will als Gott. Zur Freiheit befreit gab es für die Reformatoren hier nur eine Wahl - nämlich sich auf seinen eigenen Glauben und auf seine vernehmende Vernunft zu verlassen. Und zu dieser einen Wahl gilt es auch, junge Menschen von heute zu erziehen.

In diesem Zusammenhang ist mir immer auch die Unterscheidung zwischen Person und Werk wichtig. Dies ist im Alltag des Klassenzimmers mindestens genau so wichtig wie im Lehrerzimmer oder in der übrigen Gesellschaft. Das bessere Argument berechtigt nicht dazu, den Menschen mit dem schlechteren zu diskreditieren. "Freie Herrn" im lutherischen Sinn erweisen sich in der geistigen Auseinandersetzung mit anderen dadurch, daß sie diese nicht wie Untertanen behandeln, sondern wie Ebenbilder Gottes, die eine unverlierbare Menschenwürde besitzen.

Sich als Ebenbilder Gottes zu verstehen, das setzt voraus, daß sich in jungen Menschen eine eigene Identität bilden kann. Bildungsarbeit heißt, jungen Menschen zu helfen, diese Identität aufzubauen, gerade auch als religiöse Identität. Der Weg zu ihr muß gebahnt werden. In der Auseinandersetzung über das Programm Lebensgestaltung-Ethik-Religionskunde ist das die Hauptproblematik. Wenn fast 80 % der Schülergeneration in Brandenburg konfessionslos sind, wird nicht mehr erkennbar, worin eigentlich vom Elternhaus geprägte Überzeugungen und Lebensformen bestehen. Da stellt sich die Herausforderung, solche Überzeugungen erst entstehen zu lassen. Die Doppelfrage: "Wie werde ich Christ? Wie bleibe ich Christ?" rückt in einer solchen Situation in den Vordergrund.

So extrem stellt sich die Lage in Bayern sicherlich nicht dar. Aber auch unter uns geht der Weg zur eigenen Orientierung im Glauben einerseits über das Kennenlernen der Inhalte und Traditionen des Glaubens, andererseits eben in der Bildung einer eigenen religiösen und ethischen Identität.

Freiheit zum Dienst am Nächsten als Sozialkompetenz

Damit komme ich zum zweiten Schlüsselsatz Martin Luthers, der zu dem ersten scheinbar im Widerspruch steht, aber die andere Seite der evangelischen Freiheit charakterisiert. Wir sollen junge Menschen "zu dienstbaren Knechten" erziehen, die "jedermann untertan" sind. Das klingt heute völlig unpopulär, weil bekanntlich keiner von uns weder "dienstbar" noch "Knecht" noch Magd sein will - und schon gleich gar nicht "jedermann" und jederfrau "untertan".

Und doch dürfen wir der Intention dieses Satzes nicht ausweichen. Martin Luther will mit dem Gebrauch dieser Begriffe weder die alte Ständeordnung bis ans Ende der Welt zementieren, noch will er den Untertanengeist in Deutschland für immer festschreiben. Es geht ihm um eine Haltung, die in der Freiheit zum Dienst am Nächsten ganz praktisch wird.

Wenn wir also junge Menschen nach lutherischem Sprachgebrauch zu "dienstbaren Knechten" erziehen wollen, heißt das konkret: Es geht um Sozialfähigkeit oder um soziale Kompetenz. Es geht darum, vom Kindergarten bis hinauf in die Berufsschule oder die Abiturklasse tagtäglich zu lernen: Ich bin nicht allein auf der Welt, sondern bin umgeben von anderen, von meinen Nächsten, ohne die ich selbst nicht leben kann und sie nicht ohne mich. Lebensfähig ist unser Gemeinwesen nur dann, wenn jeder jedem zum Nächsten wird, und das heißt konkret: wenn wir uns nicht gegenseitig instrumentalisieren lassen - als Konsument oder Konkurrent. Faktum ist: Je weiter ein junger Mensch in der Schullaufbahn fortgeschritten ist, desto mehr wird er zum Einzelkämpfer.

Ich möchte mich aber abgrenzen von einem falsch verstandenen Helfersyndrom, das übersieht, daß man nach dem Gebot der jüdisch-christlichen Tradition nicht nur den Nächsten, sondern auch sich selbst lieben soll. Gerade junge Frauen wurden viel zu lange dazu erzogen, nichts für sich selbst zu wollen, sondern nur für andere zu leben. Doch Nächstenliebe kann man nur dann auf Dauer leben, wenn man sie auch selbst erfährt, wenn es andere gibt, die sich mir als Nächstem zuwenden.

Viel gravierender ist allerdings die Haltung, die den Sozialbezug der menschlichen Existenz durchschneidet und den Menschen Glauben macht, daß er es dann am weitesten bringt, wenn er sich selbst der Nächste ist und den anderen oder das Gemeinwesen im wahrsten Sinne des Wortes wie einen dienstbaren Knecht oder eine dienstbare Magd ausnützt. Daß sich dies auch in der Schule und in Ansätzen schon in den Kindergärten bemerkbar macht, fordert uns als Christen heraus, offen und deutlich Stellung zu beziehen.

Stärkung der Institutionen von Bildung und Erziehung

Bischof Wolfgang Huber aus Berlin hat 1994 darauf hingewiesen, daß "ein rein auf's Individuum setzendes Verständnis von Freiheit nicht zu einer lebbaren Gestalt von Freiheit führt". Er fordert daher "um der Freiheit selbst willen ... die Institutionen des gemeinsamen Lebens neu zu entdecken und an ihrer freiheitsfördernden Gestaltung zu arbeiten".[3] Huber sieht einen Nachholbedarf im Hinblick auf die Familie, ich füge dem die Schule und ausdrücklich auch die Kindergärten hinzu.

Elternhaus, Kindergarten und Schule gelten zwar selbstverständlich als der Nährboden, aus dem wir alle herauswachsen. Dennoch wird ihnen in der Öffentlichkeit zu wenig Beachtung und noch weniger Achtung geschenkt. Ganz konkret erleben dies diejenigen, die nicht nur ihre eigenen Kinder erziehen, sondern Berufe ergriffen haben, in denen sie sich ein Leben lang der Erziehung und der Wissensvermittlung von Kindern anderer widmen. Obwohl ihnen jeder sehr viel verdankt, sind Erzieherinnen und Erzieher, Lehrerinnen und Lehrer meist wenig angesehen - mit fallender Tendenz, wie Umfragen zeigen.

Dies liegt sicher auch daran, daß Bildung in unserer Gesellschaft, in der der Wert einer Sache ausschließlich in Mark und Pfennig berechnet wird, dem einzelnen nichts kostet. Wenn ich einen Handwerker oder einen Rechtsanwalt brauche, bekomme ich eine Rechnung. Wenn ich neun bis dreizehn Jahre lang hingegen Lehrerinnen und Lehrer brauche, um mir den Bildungsstand unseres Landes anzueignen, bekomme ich keine. Auch nutze ich Zeit, die ich bezahlen muß, selbstverständlich aus - was in der Schul-Zeit auch nicht gerade selbstverständlich ist.

Vielleicht ist dies der tiefere Grund, warum Jugendliche und oft auch ihre Eltern Lehrenden und Erziehenden so wenig Achtung und Respekt entgegenbringen. Insofern habe ich Verständnis dafür, daß Bundespräsident Roman Herzog kürzlich davon gesprochen hat, daß "Kosten-Nutzen-Denken nicht bildungsfeindlich" ist.

Dies bedeutet nicht, daß ich für die Wiedereinführung von Studiengebühren oder von Schulgeld eintrete. Eltern und Jugendlichen muß aber klar gemacht werden, daß in jeden Schüler und jede Schülerin - für sie kostenlos - erhebliche Mittel zur Bildung investiert werden, und daß Lehrerinnen und Lehrer ihre gesamte Lebensarbeitszeit hierfür zur Verfügung stellen. Weder das eine noch das andere ist selbstverständlich.

---

[3] Huber, Wolfgang: Christliche Freiheit heute. Herausforderungen für Gesellschaft und Kirche. In: Herder Korrespondenz 49. Jg. 1995, H.4, 190-196, Zitate 195.

Insofern ist es mir wichtig, einen Zusammenhang zwischen Bildungsangebot und Leistungsbereitschaft, zwischen der Motivation von Lehrenden und von Lernenden herzustellen. Nur derjenige, der leistungsbereit ist und dies andere spüren läßt, kann kostenintensive Bildungsangebote zu Recht in Anspruch nehmen. Wenn Lehrer und Erzieher spüren, daß Jugendliche etwas wollen, dann gehen sie ihrem Beruf auch gerne nach.

Damit ich nicht mißverstanden werde: Die Betonung liegt für mich in der Bereitschaft zur Leistung, in der Motivation, weniger in der Note, in der sie beziffert wird. Auch derjenige, der weniger begabt ist, hat einen Anspruch auf Bildung. Aber jeder muß bereit sein, sich seinen Gaben entsprechend zu bilden und bilden zu lassen. Schulen sind keine Vermeidungsanstalten von Arbeit, sondern Schnupperhäuser des Wissens. In ihnen kann ich von allen etwas bekommen. Ich kann herausfinden, worin ich besonders begabt bin und womit ich später einmal mein Brot verdienen will.

Bildung ist ein Dienst des Gemeinwesens an jedem einzelnen. Es lebt davon, daß die Gemeinschaft später einmal wieder etwas von dem zurückbekommt, wovon jeder in seiner Schulzeit profitiert hat. Damit erweisen wir uns als dienstbar gegenüber der Gesellschaft und ihrer Bildungseinrichtungen, um das Stichwort aus Luthers Freiheits-Schrift wieder aufzunehmen. Deswegen wäre es hilfreich, wenn man sich mit seiner Schule im späteren Leben nicht nur dann identifizieren würde, wenn sie klangvolle Namen wie Salem oder Oxford tragen. Das Ja zur Schule muß weite Kreise ziehen.

Doch diese Zusammenhänge kann nur derjenige wahrnehmen, der in den ersten 10 bis 20 Jahren seines Lebens intensiv dazu angeleitet worden ist. Deswegen geht es in der Schule und vor allem auch in den Kindergärten nicht nur um Wissensvermittlung, sondern ebenso um Bildung und Erziehung. Im Mittelpunkt stehen die Kinder und Jugendlichen selbst.

Erziehung und Werte-Bewußtsein

Gerade weil in unserer Zeit sehr viel über die fehlende Sozialkompetenz geklagt wird, wird das erzieherische Element wichtiger. In den "Leitsätzen für den Unterricht und die Erziehung", die unsere Kirche 1988 gemeinsam mit der katholischen Schwesterkirche formuliert hat, heißt es, daß junge Menschen dadurch entscheidend auf das Leben vorbereitet werden, indem "Gemeinschaftsfähigkeit eingeübt und gefördert wird. Damit wird der Grund gelegt, daß junge Menschen einmal Lebensgemeinschaften aufbauen können, in denen menschliche Beziehungen gelingen".

Dies klingt zunächst sehr individualistisch, bezieht sich aber nicht nur auf Freundschaft, Ehe und Familie, sondern ausdrücklich auch auf den "öffentlichen Bereich, z.B. Schule, Berufswelt, Staat und Kirche". Weil Luther die Freiheit zum Dienst ebenfalls umfassend verstanden hat, formuliert er, Christenmenschen seien dienstbare Knechte aller Dinge und jedermann untertan. Dies bedeutet, daß es keinen Bereich und auch keine Gruppe oder Gesellschaftsschicht gibt, der wir als Christen unseren Dienst guten Gewissens verweigern können.

Gemeinschaftsfähigkeit und Sozialkompetenz in diesem umfassenden Sinn auszubilden, halte ich gegenwärtig für das Lernziel Nummer eins. Wissen, spezielle Kenntnisse und Techniken veralten in kürzester Zeit. Was wir aber an sozialer Kompetenz lernen, prägt unser ganzes Leben. Deswegen wird zurecht auf die wachsende Bedeutung der Werte-Erziehung hingewiesen. Gewalt in den Schulen oder auch Jugendkriminalität wird damit ursächlich am besten bekämpft. Deshalb hat Werte-Erziehung in der Praxis des Schulalltags ihre erste Bewährungsprobe zu bestehen. Dies betrifft den Umgang der Kinder und Jugendlichen untereinander. Es betrifft den Aufbau von Verantwortungsbereitschaft für die Klassengemeinschaft, die Schulräume und das Umfeld sowie das Miteinander von Schülern, Lehrern und Eltern - was man früher unter dem Begriff der Schulfamilie zusammengefaßt hat.

Mir ist dabei wichtig, daß die Werte-Erziehung im Sinne der Grundsätze des christlichen Bekenntnisses nach der bayerischen Verfassung nicht auf den Religionsunterricht beschränkt ist. Sie soll sich in allen Fächern niederschlagen. Dies bedeutet, daß sich der Staat bzw. die Schule zwar gegenüber Vertretern anderer Wertsysteme und Weltanschauungen neutral zu verhalten hat, sich selbst aber in der Tradition der vom Christentum geprägten Werte versteht.

Dies stellt die Vertreter des Staates in der Schule, nämlich Lehrerinnen und Lehrer aller Fächer, vor nicht geringe Herausforderungen. Denn in unserer durch Pluralität und Individualismus gekennzeichneten Gesellschaft wird es immer schwerer, von einer Werte-Gemeinschaft, und noch schwerer von einer christlichen Wertegemeinschaft zu sprechen. Wie sich in der Postmoderne jeder seine Religion selbst macht, macht er sich auch seine eigenen Werte. Dieser Trend schlägt sich auch in den Lehrerzimmern nieder. Insofern ist es für mich eine sehr dringliche Frage, wie es möglich ist, diesen Verfassungsauftrag im Unterricht auf Dauer zu verwirklichen.

Bischof Lehmann hat kürzlich darauf hingewiesen, daß es das "konkrete Ethos der Bürger" nur in "gelebten Überzeugungen" gibt, "die sich nicht auf Individuen beschränken, sondern sich in größeren Gemeinschaften verdichten". Daß sich das christliche Ethos in den Kirchen verdichtet, ist selbstverständlich. Nicht selbstverständlich ist hingegen, daß sich Lehrerinnen und Lehrer ihnen zugehörig fühlen. Auch deshalb bin ich evangelischen Erzieherinnen und Erziehern für ihr Ja zum Glauben und Ihr Ja zur Kirche besonders dankbar. Wenn unter Kolleginnen und Kollegen deutlich ist, daß dieses Ja ein Ja zur Freiheit eines Christenmenschen ist, der sich nicht zu schade ist, anderen zu dienen, dann sind Sie mit Ihrer gelebten Überzeugung Botschafter an Christi Statt, wie das Paulus einmal genannt hat. Und das ist die beste Gewähr dafür, daß das christliche Ethos auch auf andere ausstrahlt.

Religionsunterricht - ein Lehrfach mit Verfassungsrang

An dieser Stelle sind auch noch einige Bemerkungen zum Religionsunterricht zu machen. Wir sind dankbar, daß er als ordentliches Lehrfach im Grundgesetz verfassungsrechtlich abgesichert ist. Indem der Staat sich nicht selbst "zum Religionslehrer" macht, wie das ein Leitartikel im Hinblick auf das Fach LER in Brandenburg einmal treffend formuliert hat, bejaht er die von Reformation erstmals geforderte Unterscheidung von Staat und Kirche. Denn für die Inhalte des Religionsunterrichts ist nach dem GG die Übereinstimmung mit den Grundsätzen der Religionsgemeinschaft vorausgesetzt. Unsere Geschichte zeigt, daß diese inhaltliche Trennung, bei gemeinschaftlich wahrgenommener Verantwortung, beiden in der Schule gut bekommen ist.

Um so notwendiger ist es, daß wir als Kirche dieses Recht auch engagiert wahrnehmen. Dies bedeutet, daß Pfarrer und Pfarrerinnen sowie Religionspädagogen und Religionspädagoginnen im Kirchendienst in allen Schultypen auch künftig präsent sein sollen, daß sie von uns unterstützt und aufgewertet werden, und wir natürlich auch - wie bisher - Fortbildungsangebote für Lehrende und Erziehende anbieten. Darüber hinaus freuen wir uns über alle, die sich in der Kirchengemeinde engagieren und damit öffentlich zum Ausdruck bringen, daß Kirche auch geistliche Heimat ist.

Die Evangelische Kirche in Deutschland hat 1994 in ihrer Denkschrift Identität und Verständigung deutlich gemacht, wie sie den Religionsunterricht in der Pluralität gestalten möchte. Es geht einerseits um Identität, das heißt um konfessionelle Beheimatung, andererseits um Verständigung über Konfessions- und Religionsgrenzen hinweg. Der Religionsunterricht möchte einerseits in existentiellen und ethischen Fragen zu klaren Standpunkten verhelfen, diese aber permanent im Gespräch mit anderen Positionen halten und überprüfen. Christliche Freiheit zeigt sich ja gerade darin, daß sie sich nicht auf dogmatische Sätze zurückzieht, sondern sich der Feuerprobe der Welt aussetzt. Dies wird auch der Lebenswirklichkeit junger Menschen am besten gerecht, die eben wesentlich von der Welt und nicht nur von der Kirche sozialisiert werden.

Die Denkschrift weist zurecht darauf hin, daß es im Religionsunterricht nicht nur um Fragen des Handelns geht, sondern auch um Fragen des Seins: "Was ist und bedeutet der einzelne Mensch in unserer Gesellschaft wirklich?" Er wird in rhetorischer Beschwichtigung einerseits hoch geschätzt, ist aber in den gesellschaftlichen Abläufen tatsächlich austauschbar. Der Gesamtprozeß geht ohne ihn vonstatten - ja er wird gegenwärtig zunehmend als Kostenfaktor charakterisiert.

Dies hat auf das Selbstwertgefühl junger Menschen erheblichen Einfluß. Die Erfahrung, zuerst in überfüllten Klassen unterrichtet zu werden, dann eventuell keine Lehrstelle oder keinen Studienplatz und am Ende keinen Arbeitsplatz zu finden, mündet subjektiv in das Gefühl, nicht gewollt oder gar überflüssig zu sein. Vielleicht haben sich es Jugendliche deswegen heutzutage angewöhnt, möglichst cool zu sein. Doch hinter dieser coolness verbirgt sich meiner Ansicht nach oft eine tiefe Lebensangst.

Der Religionsunterricht muß diese verdeckte Lebensangst aufnehmen und sie in den Kontext der Freiheit eines Christenmenschen stellen. Die alten Menschheitsfragen: Wo komme ich her? Wo gehe ich hin? Warum leide ich? Was ist der Sinn meines Lebens? Wie handle ich recht? haben dort ihren Ort. Wenn es uns gelingt, gemeinsam tragfähige Antworten zu erarbeiten, dann tragen diese zwei Wochenstunden wesentlich dazu bei, das Grundvertrauen zu erwerben, das durch die wirtschaftliche und soziale Lage in Deutschland tagtäglich in Frage gestellt wird. Ein Mensch, der sich als Ebenbild Gottes verstehen gelernt hat, der sich von seinem Schöpfer geliebt und gewollt weiß, kann dem Nützlichkeitsdenken in der Freiheit der Kinder Gottes begegnen.

Evangelische Schulen im Pluralismus

Ich möchte schließen mit einigen Überlegungen zur Schullandschaft und dabei auf die evangelischen Schulen eingehen. Während in Frankreich und in England Privatschulen, die oft auch kirchliche Schulen sind, den öffentlichen Schulen erhebliche Konkurrenz machen, ist dies in der Bundesrepublik weit weniger ausgeprägt. Dennoch wächst die Nachfrage nach evangelischen Schulen auch in den neuen Bundesländern. Allein dort wurden seit der Wende fast zwanzig Schulen gegründet. Fragt man nach den Motiven, so ist klar, daß Eltern dem staatlichen Schulwesen noch immer skeptisch gegenüberstehen, zumal dann, wenn sie in der Bürgerrechtsbewegung bzw. der Kirche engagiert waren.

Aber auch in den alten Bundesländern gibt es einen neuen Trend zu Privatschulen. Aus meiner Nürnberger Zeit weiß ich, daß die Wilhelm-Löhe-Schule immer weit mehr Anmeldungen hatte, als sie Kinder aufnehmen konnte. Diese Tendenz ist auch anderswo festzustellen. Jürgen Bohne und Rüdeger Baron von der Evangelischen Schulstiftung führen dies auf "eine gewisse Vertrauenskrise" gegenüber dem "öffentlichen Schulwesen" zurück.[4] Wenn man die Diskussionen über die Schule in den Medien verfolgt, ist dies sicher nicht zu leugnen.

Ich denke, daß ebenso der Trend zur Individualisierung in unserer Gesellschaft eine zunehmende Pluralisierung der Schullandschaft nach sich ziehen wird. Unterschiedliche Menschen, die unterschiedliches von der Schule erwarten und zunehmend auch unterschiedliche Voraussetzungen mitbringen, sind auf Dauer nicht mit einer vereinheitlichten Schule zufrieden zu stellen. Daher ist es verständlich, daß öffentliche und private wie kirchliche Schulen zunehmend versuchen, ein eigenes Profil herauszuarbeiten.

---

[4] RR Baron/J: Bohne, Evangelische Schulgründungen 1989-1994, in: J. Bohne (Hg.), Evangelische Schulen im Neuaufbruch, Göttingen 1998, 17.

Auch wenn in unseren evangelischen Schulen - seit es sie gibt - darüber diskutiert wird, was denn das spezifisch "evangelische" daran sei, so sind nach Bohne und Baron die Neugründungen im Osten drei Profile feststellbar:

- das *evangelikale*, das in den Grundsätzen der evangelischen Allianz von 1846 wurzelt,
- das *kulturpolitische*, das das christlich-humanistische Bildungsideal wiederherzustellen bzw. wiederzubeleben versucht, und
- das *reformpädagogische*, das der Kirche am ehesten zutraut, neue Ansätze bei Wissensvermittlung und Erziehung aufzunehmen.

Alle drei profilieren einen bestimmten Aspekt des Protestantismus: die Orientierung am biblischen Wort, den Willen zur Durchdringung von Christentum und Kultur sowie die prinzipielle Offenheit gegenüber neuen wissenschaftlichen Erkenntnissen. Wichtig ist, daß jeder dieser drei Aspekte in jeder evangelischen Schule zum Zuge kommt - wenn auch in unterschiedlicher Gewichtung. Wichtig bleibt, daß der Lehrplan und die Abschlüsse unserer Schulen staatlich anerkannt sind.

Zur ständigen Herausforderung aller evangelischen Schulen gehört es, das geistliche Leben in besonderer Weise zu pflegen. Ich bin dankbar, daß gegenwärtig eine Arbeitsgruppe eine Handreichung für die Praxis Pietatis an evangelischen Schulen erarbeitet. Die Jahrtausendwende gibt die Chance, auch jungen Menschen bewußt zu machen, daß unsere Zeit seit 2000 Jahren auf Christi Geburt bezogen ist - auch die eigene Lebensgeschichte. Christus ist der geheime Angelpunkt, um den sich das Weltgeschehen und das Leben des Einzelnen stillschweigend dreht. Spiritualität in diesen Jahren sollte danach streben, solche Wurzeln bewußt zu machen und zu vermitteln. Sie sollte Zugänge liefern, die die Quellen unseres Lebens eröffnen.

Ausblick

Ich schließe mit einem Blick auf Philipp Melanchthon, den man als Praeceptor Germaniae bezeichnet, weil er sich intensiv um Schule und Universitäten in Deutschland und Europa gekümmert hat. Mit seinem berühmten Satz: "Wir sind zum gegenseitigen Gespräch geboren" hat er den dialogischen Charakter von Bildungsprozessen herausgestellt und damit ein evangelisches Bildungsverständnis begründet. Daß Bildung in die Freiheit führt, ist in der Reformation neu entdeckt worden. Damals witterten die Reformatoren den Aufbruch des Menschen aus seiner selbstverschuldeten Unmündigkeit. Als Protestanten stehen wir zu diesem Erbe und wir sind stolz darauf und wir engagieren uns dafür.

Weil uns dieses Jahrhundert aber auch gelehrt hat, wie Freiheit politisch mißbraucht und wie sie individualistisch mißverstanden werden kann, sind wir herausgefordert, diese christlich verstandene Freiheit in die veränderten gesellschaftlichen Gegebenheiten einzuzeichnen und dabei Anwalt solcher Freiheit zu sein.

Dabei sind wir auf Bündnispartner angewiesen im Staat, in der Politik, in der geistigen Auseinandersetzung. Wir haben darauf zu achten, daß wir die gesellschaftliche Entwicklung nicht nur negativ sehen als Kulturverfall. Wir haben Stimmen zu beachten, die auch ihre Chancen betonen.

Der Soziologe Ulrich Beck warnt ausdrücklich davor, die gegenwärtige Entwicklung der Freiheit nur im Sinne "von Werteverfall" zu interpretieren. Er fragt uns, ob wir Angst haben vor den heutigen "Kindern der Freiheit", die mit neuartigen und ganz andersartigen Problemen zu kämpfen haben als wir in unserer eigenen Jugend. Ich mache mir die Frage zu eigen, die er stellt: "Wie kann die Sehnsucht nach Selbstbestimmung mit der ebenso wichtigen Sehnsucht nach geteilter Gemeinsamkeit in Einklang gebracht werden? Wie kann man zugleich individualistisch sein und in der Gruppe aufgehen?" Ich füge die Frage hinzu: Auf welche Lebensform verantworteter Freiheit hin erziehen wir die jungen Menschen, zu welchen neuen Formen solcher partizipativer Verantwortung in Kirche und Staat, in den Städten und politischen Gemeinden, in Bürgerinitiativen, Projektarbeit und Vereinen?

Unsere Bildungsarbeit in Kirche und Schule, unser Auftrag vom Kindergarten bis zur Hochschule muß diese Herausforderungen in Angriff nehmen.

Die verantwortete Freiheit eines Christenmenschen ist zu übersetzen in die Aufgaben, die sich an der Schwelle zu einem neuen Jahrtausend hin stellen. Weil wir daran glauben, daß Christus uns auf dem Weg in dieses Jahrtausend voran ist, darum dürfen wir zuversichtlich sein. Wir haben Konzeptionsarbeit zu leisten. Wir haben uns neuen Denkmodellen zu stellen. Aber wir sollten dem Grundansatz treu bleiben.

Der Erziehungs- und Bildungsauftrag ist nie einfach gewesen. Aber er bleibt auch eine besonders schöne Aufgabe. Was kann es besseres geben, als junge Menschen zu befähigen, ihre Zukunft zu bestehen. Was könnte es wichtigeres geben, als ihnen die Perspektive einer Hoffnung mitzugeben, die in Jesus Christus ihren unumstößlichen Grund besitzt.

Eschatologie zwischen Staat und Kirche
Das katholische Kirchenverständnis in der Auseinandersetzung mit einer Religion der Bedürfnisbefriedigung

Eckhard Nordhofen

Wie kommt es dazu, daß ein bewährtes Feld der Zusammenarbeit von Staat und Kirche, der schulische Religionsunterricht nach Art. 7, Abs. 3 ins Gerede gekommen ist? Das Grundgesetz sieht an dieser Stelle vor, daß bei der Bestimmung der Inhalte dieses "ordentlichen Lehrfachs" die Kirchen entscheidend mitwirken.

Es zeigt sich, daß die rechtliche Absicherung einer solchen Einrichtung, die ja kaum übertroffen werden kann, am Ende doch nicht ausreicht, wenn der gesellschaftliche Grundkonsens in Frage gestellt wird.

Archaische Gesellschaften kennen in der Regel ein homogenisiertes, mentales Fundament, in dem die Religion einen, ja den zentralen Magnetismus bildet. Staatliche Herrschaft geht in den alten Kulturen zusammen mit dem Regiment über das, was die Beherrschten zu denken und zu glauben haben. Der Priesterkönig oder Gottkönig ist üblicher Standard. Dagegen gilt es als ein signifikantes Kenzeichen der Moderne, daß sich der Staat aus der Verwaltung der Religion zurückzieht, daß er Gedankenfreiheit gewährt und die Grundüberzeugungen seiner Bürger diesen selbst überläßt. Welche Rolle bleibt aber da noch der Kirche als überindividueller religiöser Institution?

Es gab lange Perioden in der Kirchengeschichte, in denen das eigentümliche Selbstverständnis einer christlichen Gemeinschaft verkürzt wurde. Das klassische Selbstverständnis ist in der bipolaren Formulierung festgehalten, wonach die Kirche zwar *in* der Welt, aber nicht *von* dieser Welt sei. Der mittelalterliche Caesaropapismus etwa, der die Oberhoheit des römischen Bischofs über alle Reiche der Christenheit auch im weltlichen Sinn betrieb, war einer theokratischen Versuchung weitgehend erlegen. Doch spätestens seit das zweite Vatikanische Konzil das Ende des Kirchenstaates als Territorialstaat auch innerlich besiegelte, ist sich die Kirche als "Zeichen unter den Völkern" ihrer "Alterität", ihrer Andersartigkeit deutlich bewußt geworden. Jede Institutionentheorie, die diesen außerweltlichen Zug der Kirche nicht beachtet, ist ein Caesaropapismus unter anderen Vorzeichen, denn sie macht im Grunde denselben Fehler, nämlich die spannungsreiche Polarität von "in-der-Welt-sein" und "nicht-von-der-Welt-sein" einzuziehen. Für die Theoretiker der Institution lauert hier eine methodisch-erkenntnistheoretische Aporie, denn sie kann Institutionen nur nach einem Funktionszusammenhang betrachten, der prinzipiell innerweltlich bleiben muß. Die Kirche als eschatologische Erscheinung kommt so nicht in den Blick.

Die anhaltende Debatte um das rechte Verständnis der Lehre von der Rechtfertigung hat unabhängig von theologischen Subtilitäten gezeigt, daß die ökumenische

Euphorie, die Stimmung, man stehe kurz vor dem Zieleinlauf zur vollen Kirchengemeinschaft, verfrüht war. Diese Debatte wird auch zeigen, wieviel vom ökumenischen Seid-nett-zueinander sich einem herabgespannten Verhältnis zu den eigentlich theologischen Fragen verdankt und wieviel einer neuen und tieferen theologischen Durchdringung der strittigen Fragen. Was nicht mehr wichtig genommen werden muß, darüber lohnt sich nicht zu streiten.

Dabei geht es im Wesentlichen um das unterschiedliche Verständnis von der Funktion, die der Kirche für das Gerechtwerden des fehlbaren Menschen zugemessen wird. Während die katholische Lehre von der Kirche als Ursakrament in ihr - salopp gesprochen - eine Fortsetzung der Inkarnation mit anderen Mitteln sieht, positioniert sich der Protestant "unmittelbar zu Gott". Wenn diese Debatte die Katholiken anregt, tiefer zu bedenken, was der Gedanke des Evangelisten Johannes alles noch enthält, der in seinem Prolog (Joh 1,14) formuliert: "Und das Wort ist Fleisch geworden", dann ist auch diese Debatte mehr als nur die Repristination von altem Theologengezänk.

Der gesellschaftliche Trend und der intellektuelle mainstream entfernen sich allerdings unübersehbar von alteritären und eschatologischen Denk- und Zeichensystemen. Alterität und Sakralität werden als magische Überreste einer Vorgeschichte abgeräumt, die dem Lebensgefühl der Moderne fremd sein sollen. Sie aber sind es, die einzig in der Lage wären, den Bereich zu markieren, in der die Religion mehr als Ethik ist. Es mag sein, daß gerade die Dysfunktionalität der Kirche ihre letzte Stärke ist. Eine angemessene theologische Reflexion *eschatologischer Praxis*, die für Leben und Selbstverständnis der Kirche, etwa für ein gründlicheres Verständnis ihrer Liturgie ernste Auswirkungen hätte, steht freilich noch aus.

Einstweilen ist das, was die Kirche nach katholischem Verständnis zur Kirche macht, für die Institution ungünstig, denn den Institutionen, auch Gewerkschaften und Parteien kommt der Wind von vorne. Die Soziologen erheben einen Trend zur Individualisierung von Religion. Zwar geistert nicht weniger Religion in den Köpfen der Zeitgenossen als in früheren Zeiten, aber um was es sich dabei jeweils handelt, hängt sehr von den momentanen Bedürfnissen des einzelnen und dem bunten Angebot des Sinnmarktes ab.

Ein beweglicher Teil der religionspädagogischen Vordenker reagiert wie der clevere Kaufmann, der eine neue Marktlücke entdeckt. So manchem Vertreter dieser Zunft war die Kirchenbindung des Religionsunterrichts ohnehin ein beschwerliches Modernisierungshindernis. So erklärt sich die "Offenheit" des einen oder anderen Religionspädagogen für das Brandenburger Konzept "Lebensgestaltung, Ethik, Religionskunde" (LER), das einen ideenpolitischen Schub erzeugt hat, der von der klassichen res mixta, der Kooperation von Staat und Kirche nach Art.7, Abs. 3 GG wegführt. Im Visier wäre dann eine Art Religiositätskunde, die auf eine große Besichtigungsreise hinausliefe, wie sie marktkonform der Hanser Verlag im Kielwasser des Bestsellers "Sofies Welt" herausgebracht hat: "Theos Reise", ein Streifzug durch 52 große und kleine Religionen, oder eine sensitive Aufdeckung der Lebenswelt, die ja die vielen kleinen Relevationen des Alltags liefern kann. Wenn schon die Jugend mit der kirchlichen Religion nichts am Hut hat, dann muß die Wahrnehmung für die mystischen Reste in der Jugendkultur geschärft werden, die Plünderung des unbewachten Fundus der religiösen Tradition durch die Werbung ist ohnehin in vollem Gang.

So mancher Kulturpolitiker sieht die Möglichkeit, die Kirchen als lästigen Partner bei der Konzipierung des Religionsunterrichts loszuwerden. Das qualitativ Neue am LER-Konzept ist, daß der Staat in eigener und einziger Veranwortung Religion und Religionen als Bildungsinhalte verantwortet.

So erscheint die Frage immer wichtiger: Darf der Staat in eigener Verantwortung die "Eschata", die "letzten Dinge" lehren? Vieles hängt davon ab wie diese Schlüsselfrage gesehen wird.

Eine erste Antwort betrifft Verhältnisse, die, jedenfalls in Mitteleuropa, der Vergangenheit angehören. Sie lautet: Nur ein vormodern theokratischer Staat kann die Eschata traktieren. Nur wenn er als Besitzer einer singulären Wahrheit sich das Recht nehmen dürfte, der Agent einer Staatsreligion oder Ideologie zu sein. Wie das Beispiel des Stalinismus zeigt, ist dieser totalitäre Zugriff auf die großen Fragen auch ohne, ja gegen Gott möglich.

Trotz mancher Versuchungen der Vergangenheit, vom Gottesgnadentum absolutistischer Monarchen bis zum Caesaropapismus Gregors des Großen, ist das theokratische Modell einer Verschmelzung von politischer und spiritueller Macht dem Christentum von Anfang an wesensfremd. Das Gegenüber von Staat und Kirche ist eine monotheistische Erfindung, die bis ins Alte Testament zurückreicht. Es ist geradezu ein Kennzeichen des neuartigen Monotheismus der jüdischen Aufklärung. Dieser andersartige Gott ist kein Ding, auch keine Person in der Welt, er ist der Schöpfer der Welt. So steht der neue Gott Israels über jedem realen König. Er ist die Berufungsinstanz der Propheten, die sich wie Nathan vor David hinstellen und ihm klarmachen, daß er zwar König, nicht aber der Höchste ist. Gott ist der Höchste - sonst niemand. So Amos, so Jesaia, so viele, ja fast alle Propheten. Und wenn die blanke Macht das anders sieht wie Pilatus: "Weißt du nicht, daß ich Macht habe, dich freizulassen und Macht, dich zu kreuzigen?", wird sie auf den entscheidenden Vorbehalt hingewiesen: "Du hättest keine Macht über mich," antwortet Jesus," wenn sie dir nicht von oben gegeben wäre."

Vieles spricht dafür, diese Gewaltenteilung, welche die "letzten Dinge", auch die höchste Gewalt, Gott vorbehält, als die Quelle aller Gewaltenteilung anzusehen. Der Gedanke einer *eschatologischen Gewaltenteilung* ist vor allem durch die Lehre des Heiligen Augustinus von den "zwei Reichen" befestigt worden. Dem irdischen Staat (civitas terrena) wird der Gottesstaat (civitas Dei) gegenübergestellt.

Religion ist immer attraktiv für die Mächtigen. Es fehlt in zweitausend Jahren Christentum auch nicht an Versuchen, Staatsmacht und Kirche zu amalgamieren. Daran ist vor allem bemerkenswert, daß keiner dieser Versuche wirklich gelungen ist.

Hat Montesquieu die Gewaltenteilung erfunden oder liegt die eigentliche Wurzel dieses Grundgedankens unserer westlichen Demokratie im Monotheismus der eschatologischen Gewaltenteilung? Immerhin kann sicher behauptet werden, daß es die christlich geprägte Hemisphäre ist, in der Gewaltenteilung entstanden und in der sie fest verankert ist.

Das Grundgesetz der Bundesrepublik Deutschland bestimmt das Verhältnis von Staat und Religion auf eine Weise, die keinen Vergleich zu scheuen braucht. Die Anrufung Gottes in der Präambel *er*mächtigt niemanden, auch keine Kirche, aber sie *ent*mächtigt den Staat. Diese Anrufung einer höheren Instanz weist einen offenen Raum oberhalb des Staates aus. Sie zeigt, daß sich die Republik nicht totalitär mißversteht. Der "eschatologische Vorbehalt" (Peterson) ist die klassische Totalitarismusbremse.

Im Artikel 4 GG, der die Religionsfreiheit sichert, ist nicht nur die negative Freiheit gemeint, das Grundrecht auf Freiheit von religiöser Fremdbestimmung, sondern auch die positive Bekenntnisfreiheit. Das Grundgesetz geht also davon aus, daß Religion ein anthropologisches Proprium ist. Im Menschenrecht auf Religionsfreiheit steckt die These, daß Religion wesentlich zum Menschen gehört. Sie ist keineswegs ein Relikt aus frömmeren Zeiten, die in einer säkularen Gegenwart als zeitbedingt beiseite gesetzt werden könnte, sie ist vielmehr ein in den Religionswissenschaften, in Ethnologie und Soziologie immer besser gesicherter wissenschaftlicher Befund.

Die ältere Säkularisierungsthese, nach welcher der Fortschritt der Moderne das allmähliche Verschwinden der Religion automatisch nach sich ziehe, ist nicht der geringste marxistische Irrtum. Wir beobachten nicht nur das Wiedererstarken des islamischen Fundamentalismus, wir sehen auch im schnellsten Land des Westens, in den USA, die Religion in voller Blüte. Daß in Amerika die Religion abstirbt, wird niemand behaupten. Auch in der Bundesrepublik hat sich die Abkehr von den Kirchen verlangsamt. Wenn "Säkularisation" bedeuten soll, daß die Religion verschwindet, dann gibt es sie offenbar nicht. Religion verschwindet nicht, aber sie kann wandern.

In individualistischen Zeiten gibt es die oben erwähnte Grundströmung weg von der institutionell verfaßten kirchlichen Religion zu einer "autozentrischen Religiosiät" (Michael Ebertz) der Bedürfnisbefriedigung. Diese neue Form von Religiosität ist dabei, marktförmig zu werden. Sie folgt dem Gesetz des Marktes, der es wie sonst nichts versteht, Bedürfnis und Angebot aufeinander abzustimmen. Bedient wird das Verlangen nach seelischem Gleichgewicht, innerer Harmonie, nach Psychohygiene und Wohlbefinden. Bedürfnisbefriedigung hat die Wahrheitsfrage verdrängt, die noch Lessings Ringparabel beherrschte. Der weise Nathan im gleichnamigen Stück des Aufklärers richtete sich zwar gegen die Intoleranz von Wahrheitsbesitzern, verabschiedete aber keineswegs die *Frage* nach der Wahrheit. Der wahre Ring existiert, und der Wettbewerb des guten Lebens sollte am Ende erweisen, wer ihn besessen hätte.

Wer sich zurückzieht auf die Frage:"Was bringt mir das?", wird jedem anderen denselben psychohygienischen Eigennutz zugestehen. Autozentrische Religion ist ihrer inneren Logik nach relativistisch. Den Satz "Das muß jeder für sich selbst entscheiden!" hören Religionslehrer standardmäßig aus dem Mund von Jugendlichen. Für das Gemeinwesen wirkt dieser Rückfall in einen autozentrischen Individualismus atomisierend. Daß sich diese Selbstentscheider anschließend dann doch alle für dieselben Musikgruppen, Jeans und Turnschuhe entscheiden, wirkt eher beunruhigend.

Eine Religion der Bedürfnisbefriedigung steht zum Gott der Juden und der Christen in einem geradzu antipodischen Verhältnis. Denn der Kerngedanke der monotheistischen Aufklärung besteht in der Abkehr von selbstgemachten Göttern. Die Götzenkritik des Alten Testaments, am kräftigsten bei (Deutero)Jesaia arbeitet die Kritk an einem Gott, der nur eine Verlängerung menschlicher Interessen ist, präzise heraus. Der Gott, der nichts weiter ist, als eine Projektion von Wünschen, ist ein Nichts. Die neue Religiosität der Bedürfnisbefriedigung fällt denn auch in aller Konsequenz unter die Religionskritik nicht nur des Alten und Neuen Testaments, sondern auch unter die von Feuerbach Marx und Freud. Wo Marx recht hat, hat er recht.

Hat die öffentliche Schule einen religiösen Erziehungsauftrag? Oder ist das laizistische französische Modell vorzuziehen, bei dem die Nation selbst manche Funktionen der verfassten Religion übernimmt?

Aus mehreren Gründen muß der Staat an religiöser Bildung interessiert sein. Ein erster ist negativ und entspringt dem Interesse an Selbstbehauptung. Das Gemeinwesen braucht religiöse Bildung, weil Religion gefährlich sein kann. Religion ist nicht gleich Religion. Der Staat muß sich vor antidemokratischer Propaganda schützen, die ihn selbst bedroht. Herr Yoshida, Chefreporter der japanischen Zeitung Asahi Shimbun, führt das Anwachsen der für Japan bedrohlichen AUM-Sekte, darauf zurück, daß Japan nach dem Krieg die religiöse Bildung streng aus den Schulen verbannt hatte. Die Mitglieder der Sekte gehören der technischen Intelligenz an, sind aber religiös ungebildet.

Kennzeichen der AUM-Sekte wie überhaupt der totalitären Religion ist der staatsbedrohende Griff nach politischer Macht. Das fundamentalistische Amalgam von Staat und Religion ist das Gegenmodell demokratischer Gewaltenteilung. Dies muß bei allen notwendigen Bemühungen, der islamischen Minderheit einen schulischen Religionsunterricht zu ermöglichen, im Blick bleiben.

Der zweite und wichtigste Grund für die Einrichtung des Religionsunterrichts in der öffentlichen Schule liegt mit der Erkenntnis, daß Religion zum Wesen des Menschen gehört, auf der Hand. Dies kann in Zeiten, in denen "Ganzheitlichkeit" zu einem Hauptmotiv pädagogischer Reform ausgerufen wird, besonders leicht eingesehen werden. Es wäre eine geradezu künstliche Beschneidung einer umfassenden Bildung, wollte man ausgerechnet die Religion als die Kraft, aus der die tiefsten und kulturell prägsamsten Deutungen von Wirklichkeit stammen, aus der öffentlichen Schule entfernen.

Zur religiösen Bildung gehören Kenntnis und Wissen. Deutschland, durch Konfessionskriege schwer traumatisiert, ist vielleicht gerade deswegen ein Vaterland von Theologie und Philosophie. Seine Literatur und Kunst kann nur verstehen, wer deren Wurzeln in Klöstern und Pfarrhäusern kennt. Bei einer steilen Modernisierungskurve und dem Lebensgefühl, das durch eine Technik geprägt ist, deren Fortschritt so schnell ist wie die Geschwindigkeit, mit der sie veraltet, wird die Einsicht geradezu kostbar, daß die eigenen Vorfahren Menschen waren, deren Lebenszeit ebenso befristet war wie die eigene und deren "große Fragen" schon dieselben waren wie die eigenen. Und welche intellektuelle Herausforderung steckt in der Frage, was an den überkommenen Antworten wertvoll und was zeitbedingt ist. Religionsunterricht ist eine Bremse gegen die besinnungslose Gegenwärtigkeit, den Chauvinismus der Zeit.

Natürlich wird das Gemeinwesen von den Orientierungsleistungen einer Religion gerade in unübersichtlichen Zeiten profitieren. Orientierung wird zum knappen Gut und daher wertvoll. Das wußte in übersichtlicheren Zeiten schon der alte Fritz. Er, als Atheist, nahm die Kirche als moralische Anstalt und schöpfte gern den staatstragend stabilisierenden Mehrwert der Religion ab. Das Kanzelpersonal hatte dafür zu sorgen, daß der Canaille tüchtig Moral gepredigt wurde.

Diese Denkfigur, nach der die Religion zwar nützlich, aber für den König nicht wahr ist, bleibt im Kern aporetisch. Wenn alle so denken, also alle sich in die außermoralische, die königliche oder nietzscheanische Position begeben, fällt die Moralproduktion in sich zusammen. Religion ist mehr als Ethik und nur wenn sie das ist, entwickelt sie moralische Kraft.

Den zu recht unermüdlich zitierten Satz Ernst Wolfgang Böckenfördes, nach dem der freiheitliche Staat von Voraussetzungen lebt, "die er selbst nicht garantieren kann", kann man verlängern und präzisieren. Er lebt von Voraussetzungen, deren eschatologische Verankerung er selbst *nicht schaffen darf*. Das letzte Staatsinteresse an religiöser Grundbildung ist ein negatives. Es zielt auf den Verzicht des demokratischen Staates der eschatologischen Gewaltenteilung, die letzten Dinge zu regieren.

Die Väter und Mütter des Grundgesetzes sahen sich in einem Dilemma. Die Erfahrung der totalitären Herrschaft saß ihnen noch in den Gliedern. Sie wußten um die Gefahren einer allmächtigen Staatsideologie, und sie wußten um die Bedeutung einer Religion des eschatologischen Vorbehalts für das Gemeinwesen.

Der Staat braucht eine religiöse-ethische Basis - aber er darf sie nicht selbst fabrizieren.

Die geniale Lösung war der Artikel 7 Absatz 3: Er löste das Dilemma. Religion ist "ordentliches Lehrfach" - hier drückte sich das positive Interesse an religiöser Bildung aus - aber die Inhalte sind nicht Sache des demokratischen Staates der Gewaltenteilung. Für sie gewinnt er die Religionsgemeinschafen als Körperschaften öffentlichen Rechts zu Partnern. Der Religionsunterricht ist staats- und kirchenrechtlich die klassische "res mixta", ein Bereich, in dem sich die Zuständigkeiten beider Institutionen kooperativ ergänzen. Die evangelische und die katholische Kirche, die jüdische Gemeinschaft, aber im Prinzip auch Orthodoxe und Unitarier, vielleicht eines Tages sogar ein islamischer Partner, sie tragen für die Inhalte des Religionsunterrichts die Grundverantwortung. Wer einer dieser Religionsgemeinschaften angehört, ist zum Besuch dieses ordentlichen Lehrfachs verpflichtet. Aus der in Art. 4 garantierten negativen Religionsfreiheit folgt selbstverständlich, daß man aus diesem Unterricht austreten kann. Diese Lösung hat zweifellos historische Wurzeln, aber sie stellt auch aus der Sicht der Verfassungssystematik und der Logik der Gewaltenteilung eine staatstheoretische und legislative Glanzleistung dar.

Dieser Religionsunterricht nach dem Grundgesetz hat sich denn auch in der alten Bundesrepublik insgesamt ausgezeichnet bewährt. Er hat einen festen Platz in der Schule. Die Religionslehrer, die meist noch andere Fächer unterrichten, sind in den Kollegien voll integriert. Die Austrittszahlen liegen im Saarland bei 2%, in Baden-Württemberg bei 2,8. In Hessen ist die Zahl der Abmeldungen in der gymnasialen Oberstufe von 24 % im Jahre 1990/91 auf 10% im Schuljahr 1995/96 zurückgegangen. Im Landesdurchschnitt sind es 3%. In Bayern legt die Quote unter einem und in keinem Land über fünf Prozent. Wie hoch wäre die Rate der Abmeldungen, wenn es die Möglichkeit gäbe, aus Mathematik, Physik oder Englisch auszutreten?

In den siebziger und achtziger Jahren haben sich freilich Verfallsformen des Religionsunterrichts ausgebreitet, die das öffentliche Ansehen das Faches beschädigt haben. Der pädagogisch ehrenwerte Drang, die Bedürfnisse der Schülerinnen und Schüler zu bedienen und die Naivität, diese Bedürfnisse einfach abzufragen, führten zu den immergleichen Themen von vordergründigem Reiz: Sekten, Drogen, Okkultismus, Liebe, Freundschaft, Umweltverschmutzung. Religion war zum "Laberfach" verkommen, einer seltsamen Mischung von Hypermoral und folgenlosem Unernst. Rolf Wischnath, Generalsuperintendent in Cottbus, sieht die größte Gefährdung des westdeutschen Religionsunterrichts in seiner "thematische(n) und konfessionelle(n) Beliebigkeit." Religionspädagogen sind auch oft anfällig für pädagogischen Kitsch. Doch jedes Ding unter dem Himmel hat seine Zeit. Auch die gegenwärtige Konjunktur symboldidaktischer Scharaden, bei denen durch Tücherlegen, Steinebefühlen und das Herstellen von Mandalas eine "Kultur der Sinnlichkeit" die Schulkultur bereichert, wird bald auf ein vernünftiges Maß zurückgeführt werden.

Inzwischen machen immer mehr Religionslehrer die Erfahrung, daß gerade der Unterricht eine gründlichere und dauerhaftere Akzeptanz erfährt, der bei seiner Sache bleibt, der von den Kindern und Jugendlichen etwas fordert, weil er sich selbst ernst nimmt, der die Bibel, ihre richtige Auslegung und ihre theologische Kernfragen in den Mittelpunkt stellt und den Schülern zutraut, daß sie etwas lernen wollen, von dessen

Sinnhaftigkeit sie sich überzeugen können. Wer etwas fordert, zeigt damit, daß ihm die Sache wichtig ist. Wenn dies alles methodisch vielfältig und lebensnah geschieht, dann ist Religion nach einer aktuellen Untersuchung bei Eltern, Lehrern und Schülern ein "beliebtes Fach" (A. Bucher). Dem Religionsunterricht geht es weitaus besser als den großen Kirchen.

Woher aber stammt das öffentliche Gerede von einer Krise und davon, daß sich die Schüler "in Scharen abmelden"? Nach der Antwort braucht man nicht lange zu suchen: Es stammt aus Brandenburg, und es wird im Westen von denen multipliziert, die eine Chance wittern, ein "Privileg der Kirchen" zu kippen. Die Rede vom Religionsunterricht als einem "Privileg der Kirchen" ist so sinnvoll wie zu sagen, Literaturunterricht sei ein Privileg des Börsenvereins des deutschen Buchhandels oder Biologie ein Privileg des BUND. Ob ein Fach in die Schule gehört, muß sich an seinem Bildungswert entscheiden und nicht danach, wem es nützt.

Obwohl sich noch im Dez. 1997 bei einer Emnid-Unfrage 59 % der Ostdeutschen (81% der Westdeutschen) für einen schulischen Religionsunterricht aussprachen, hält Brandenburg an seiner LER-Lösung, die durch eine Berufung auf Art 141 GG, die sogenannte Bremer Klausel, den Artikel 7 Abs. 3 GG umgeht, fest. 279 Mitglieder des Deutschen Bundestages, die Kirchen sowie evangelische und katholische Eltern haben einen Normenkontrollantrag gestellt bzw. Verfassungsbeschwerde erhoben. Art. 141 GG war seinerzeit in das Grundgesetz aufgenommen worden, um dem Land Bremen zu ermöglichen, seine besondere hanseatische Tradition eines Unterrichts in "biblischer Geschichte" fortzuführen. Die Verfasser der Verfassung können wohl kaum das Land Brandenburg oder ein anderes Land der damaligen Sowjetzone im Blick gehabt haben.

Karlsruhe hat den Termin der Entscheidung inzwischen mehrfach verschoben. Das Gericht hat Wichtigeres vorgezogen, zuletzt die Entscheidung über die Rechtschreibreform. Unterdessen werden in Brandenburg mit aller Kraft Fakten geschaffen. Die Ministerin Angelika Peter läßt kaum ein Podium aus, um für ihr "Modell" zu werben.

Nach Bonn hatte sie in ihre Landesvertretung zur Präsentation von LER eingeladen und stellte Schüler und Lehrerinnen vor, die von dem neuen Fach schwärmten, in dem es keine Noten gibt, in denen die Schüler "endlich einmal über sich reden können", in dem man sich durch Lehrpläne nicht eingeengt fühlen muß etc. Auf das westliche Fachpublikum wirkte diese Performance unfreiwillig komisch. Sie erinnerte an überwundene Verfallsformen des "Laberfachs" Religion. Doch in der Sache selbst wird Ernst gemacht. Statt das Urteil abzuwarten, wird LER mit aller Kraft etabliert. Jedes Jahr nehmen etwa 200 Lehrkräfte das "LER-Studium" im Rahmen der Weiterqualifizierung auf. Zur Zeit unterrichten rund 300 Lehrer an 171 Schulen LER. Etwa 24.400 Kinder und Jugendliche erhalten im Schuljahr 1997/98 Unterricht in LER.

So kann sich im Sommer 1999 der erste Senat des BVG vor die Frage gestellt sehen, eine blühende LER-Landschaft plattzumachen oder nicht. Wenn er sich dann der normativen Kraft des Faktischen beugt, wird man ihn fragen dürfen, warum er den Zeitrahmen für die Schaffung der Fakten bereitgestellt hat.

Der evangelischen Kirche wurde zwischenzeitlich ein Deal angeboten. Ein Religionsunterricht in kirchlicher Regie sollte zu 90% refinanziert werden. Die arme evangelische Kirche in Brandenburg hat sich darauf eingelassen. Ob sie dabei gut beraten war, ist umstritten. Dagegen hat der Berliner Kardinal Sterzinsky dazu aufgerufen, weiterhin wie zu DDR-Zeiten den Unterricht in der Kirchengemeinde zu besuchen. Wer das nachweist, kann sich von LER befreien lassen.

Inzwischen zeigt sich immer deutlicher, daß das Unternehmen LER nicht mehr eine bloß Brandenburger Angelegenheit ist. Die distanzierte, religionskundlich-multikulturelle Art, Religion und Religionen zu traktieren, ist für westliche Ideenpolitiker und Kulturkämpfer zum Nucleus eines systematischen Angriffs auf den Religionsunterricht nach Art.7 Abs. 3 GG geworden. Von Anfang an haben interessierte westliche Kreise an der Konzipierung von LER mitgewirkt. Maßgeblich beteiligt waren der Mainzer evangelische Religionspädagoge Gerd Otto, der einzelgängerisch schon länger eine kirchenfernes Konzept vertreten hatte, und das nordrheinwestfälische pädagogische Landesinstitut in Soest.

Es zeichnet sich eine neuartige geistespolitische Koalition ab. Der multikulturell gestimmte, esoterisch oder euro-taoistisch suchende religiöse Psychohygieniker und Bedürfnisbefriediger, der sich auch gerne noch einmal von Glockengeläut in Stimmung bringen läßt, vereinigt sich mit dem postkommunistisch-postreligiösen Brandenburger Typus, der zwar eingesehen hat, daß die Marktwirtschaft der Staatsökonomie überlegen ist, der aber, mit Feuerbachs und Marxens Religionskritik im Hinterkopf, den Glauben für einen aufgelegten Schwindel hält. "Mir brauchn geene Gödder!" - So brachte es jüngst ein sächsischer Volksmund auf den Punkt. In diesem Punkt ist er "schon weiter" als der Wessi, der aber auch gerade dabei ist, dahinterzukommen. "Es war ja nicht alles schlecht!"

Was wäre das für eine Wiedervereinigung, bei der die erfolgreiche atheistische Umerziehung Margot Honeckers mit dem multikulturellen Hauptstrom des bunten Sinnmarktes zusammenkäme? Zwar paßt die klassische marxistische Religionskritik gerade nicht zu einer Religiosität der Bedürfnisbefriedigung, man hätte aber dennoch im kirchlich mitverantworten Religionsunterricht, wie ihn die Verfassung vorsieht, einen gemeinsamen Gegner.

Wahrscheinlich ist der gefährlichste Angriff auf den Religionsunterricht nach der Vorstellung des Grundgesetzes die Aushöhlung seiner inhaltlichen Substanz durch eine Pädagogik, die sich dem Trend zur autozentrischen Religiosität anpaßt. Mit großem subversivem Pathos beruft der Frankfurter Pädagoge Horst Rumpf den "Andrang des Unreglementierten und Unvorhersehbaren", dem die Schule nicht ausweichen dürfe. Wolf-Eckart Failing, evangelischer Religionspädagoge fordert "einen neuen Beitrag der Schule zur 'Ent-täuschung', der Ent-sicherung". Der Religionsunterricht dürfe die Dinge nicht klar machen, da die Realität doch diffus sei (Failing 1998, 24). Es versteht sich, daß ein Glaubenswissen, daß die hermeneutischen Fertigkeiten, die benötigt werden, mit Texten umzugehen, in einem radikal subjektorientierten Konzept kaum mehr eine Rolle spielen können. Failing plädiert dafür, einen "Prozeß der Welterschließung", der sich nicht vorrangig als 'Aneignung' sondern mehr als 'Sich-Aussetzen' begreift (a.a.O., 25). Sein katholischer Kollege Rudolf Englert verabschiedet das "Weitergabemodell" des Glaubens zugunsten eines "Lebensweltmodells". Die Befürworter einer parakirchlichen Religionspädagogik gehen durchaus zutreffend davon aus, daß inzwischen viele Kinder in den Familien kaum oder gar nicht mehr religiös und kirchlich geprägt sind. Der unter Pädagogen manchmal übermächtige Drang, alle Lernprozesse um die Befindlichkeit der Schülerinnen und Schüler und ihre "Lebenswelt" kreisen zu lassen, bringt sie in Gefahr, auch alle Inhalte des Unterrichts einer Lebensweltverträglichkeitsprüfung zu unterziehen. Daß in der Lebenswelt der Familien im bundesrepublikanischen Schnitt die religiöse Erziehung abnimmt, mag eine Tatsache sein. Es stellt sich dann aber die Frage, was daraus folgt. Ein Religionsunterricht, der dieses Faktum als Norm nimmt, muß sein Evangelium vergessen. Er verzichtet auf Tradition, Institution und Konfession oder trägt sie allenfalls neben viele andere Farben auf die bunte multikulturelle Palette auf.

Wo liegt die Zukunft des Religionsunterrichts? Paradoxerweise liegt sie gerade nicht in der Anpassung an den Trend. Auch ein guter Religionslehrer, wird das Milieu, die Mentalität und die Sehnsüchte seiner Kinder sehr genau studieren und sie nach der alten Pädagogenregel von dort abholen, wo sie stehen. Aber er wüßte, wohin er mit ihnen gehen soll, weil er davon überzeugt ist, daß das christliche Evangelium für sie neben großen Fragen auch große Antworten bereithält. Das Christentum selbst fordert den einzelnen zur Entscheidung heraus. Der Satz "Das muß jeder für sich selbst entscheiden" ist ja nicht falsch. Zuvor muß aber auf den Tisch, was es ist, wofür und wogegen man sich entscheiden muß.

Den Weg einer distanzierten Religionskunde a la LER geht der Flaneur. Er ist nicht zu verwechseln mit Walter Benjamins Wahrnehmungsgenie, das durch die Pariser Passagen streift um die Physiognomie seines Jahrunderts zu entziffern. Ein Flaneur der autozentrischen Religiosität besichtigt, um sich nicht entscheiden zu müssen. Er will nur gucken, aber nicht kaufen. Wer Religionen und Weltanschauungen nur von außen besichtigt, sieht nur Oberflächen. Der Flaneur hat keinen Standpunkt, er flaniert. Auf diese Weise kann er die eigene Entscheidung umgehen. Oder ist sein Ziel der Standpunkt oberhalb aller Religionen?

In einer Kritik der Jüdischen Gemeinde des Landes Brandenburg heißt es: "Es gibt eine Kritik am LER-Konzept, die darauf hinweist, daß es eine multikulturelle, interkonfessionelle Persönlichkeit nicht gebe; wir befürchten Schlimmeres: Die besagte Persönlichkeit gibt es durchaus, sie zeichnet sich aus durch ein überhebliches Selbstbewußtsein ... Dieses Individuum ist gut, weil es den interkonfessionellen und multikulturellen Durch- und Überblick besitzt und so für vieles Verständnis und Geduld aufbringt. Es ist besser, weil es dem, was es versteht und toleriert, in keiner Weise verpflichtet ist..." Der Flaneur, der an den Schaufenstern der Religionen vorbeistreift, spielt den Gott oberhalb der Welt. Aber auch er ist sterblich.

Literatur

W.-E. FAILING, Der kleine Alltag und die großen Geschichten. Bildung als Kunst der Wahrnehmung, in: Schulinformationen Paderborn 28/1998, H. 1/2, 24.

Aus pädagogischer Sicht

Wie ist Erziehung in Humanität plural möglich?

Jürgen Oelkers

> "La science des projets consiste à prévenir
> les difficultés de l'exécution"
>
> (Vauvenargues)

Zu Beginn des *Emile* unterscheidet Rousseau bekanntlich zwischen dem *homme naturel* und dem *homme civil* (O.C. IV/ 249). Diese Unterscheidung geht auf den zweiten Discours zurück (O.C. III/ 135f.). Sie wird dort gegen Hobbes auf der einen, die Naturrechtslehre auf der anderen Seite abgegrenzt (ebd., 136)[1], mit dem zentralen Kriterium, daß der *homme sauvage* nur das tut, was er kennt, und was er kennt in Übereinstimmung steht mit dem, was er bedarf. Erst die Reflexion des *Vergleichs* macht aus natürlichen überschiessende Bedürfnisse, der homme sauvage ruht als Einheit in sich. "Ses desirs ne passent pas ses besoins" (ebd., 143).

Im *Emile* wird die natürliche *Einheit* abgesetzt von der *geteilten* Sozialität. Die Gesellschaft als solche zwingt zu einem Pluralismus gegen die Natur, will die Erziehung natürlich sein, muß sie dem "natürlichen" und nicht dem "bürgerlichen" Menschen dienen:

> "L'homme naturel est tout pour lui: il est l'unité numérique, *l'entier absolu* qui n'a de rapport qu'a lui-même ou à son semblable. L'homme civile n'est qu'une *unité fractionnaire* qui tient au dénominateur, et dont la valeur est dans son rapport avec l'entier, qui est *le corps social*. Les bonnes institutions sociales sont celles qui savent le mieux *dénaturer* l'homme, lui ôter son *existence absolue* pour lui en donner une *relative*, et transporter le *moi* dans l'unité commune; en sorte que chaque particulier ne se croye plus un, mais partie de l'unité, et ne soit plus sensible que dans le tout" (O.C. IV/ 249; Hervorhebungen bis auf die letzte J.O.).

Der Mensch ist eine natürliche Einheit, die legitime "Gesellschaft" wird analog dieser Einheit vorgestellt, als vertragliche Regelung des Guten mit einer *religion civile* im Mittelpunkt. In einer ersten Version des "Contrat social" spricht Rousseau vom *corps social* (O.C. III/ 281ff.), in Übereinstimmung mit der historischen Semantik der Politik, die seit dem Mittelalter die Frage des *Body Politic* in den Mittelpunkt stellte (Langdon Forhan/Nederman 1993)[2]. Ein bloßer Vertrag zwischen souveränen Indivi-

---

[1] Das Argument richtet sich gegen die Stelle im *De cive*, an der HOBBES den natürlichen Willen *zu schaden* postuliert und damit den Gesellschaftszustand als notwendig begründet (Hobbes 1966, 80) (De Cive I/4).

[2] Ein Beispiel ist Christine de Pizans *Livre de Corps de Policie*; der Text entstand zwischen 1404 und 1407, auf dem Höhepunkt des Hundertjährigen Krieges (vgl. De Pizan 1994).

duen aber wäre zu wenig, weil der Zusammenhalt durch "sentimens de sociabilité" (O.C. III/ 468) gesichert werden muß. Der Gesellschaftsvertrag ist heilig, entsprechend bedarf er *Dogmen* der "Religion civile" (ebd.). Die positiven Dogmen sollen einfach sein, gering an Zahl und verlangen eine didaktisch präzise Formulierung (ebd.)[3]. Ihnen steht *ein* negatives Dogma gegenüber, das der *Intoleranz*. Intoleranz verletzt "öffentliches Glück" (bonheur public) (ebd., 509ff.)[4], umgekehrt bedingt Toleranz das Zusammenleben verschiedener Gruppen oder Kulturen.

Ausdrücklich weigert sich Rousseau, zwischen ziviler und religiöser Intoleranz einen Unterschied zu machen.

> "Il est impossible de vivre en paix avec des gens qu'on croit dannés; les aimer seroit haïr Dieu qui les punit; il faut absolument qu'on les ramene ou qu'on les tourmente. Partout où l'intolérance théologique est admise, il est impossible qu'elle n'ait pas quelque effet civil; et sitot qu'elle en a, le Souverain n'est plus Souverain, même au temporel: dès lors les Prêtres sont les vrais maitres; les Rois ne sont que leurs officiers" (ebd., 469).

Die Kritik der Priesterherrschaft impliziert aber keine Garantie, daß zivile Gesellschaften gegenüber *allen* Kulturen oder Gruppen *tolerant* sein können. Rousseau bindet daher nicht zufällig Souveränität an die *volonté générale* (ebd., 368), die immer recht haben und stets auf den öffentlichen Nutzen gerichtet sein soll (ebd., 371). Die *volonté générale* ist zu unterscheiden von der *volonté de tous*, also die Summe der einzelnen Willen, die nur je Privatinteressen auszudrücken versteht. Das Gemeinwohl verpflichtet demgegenüber die Einzelinteressen. "Il importe donc pour avoir bien l'énoncé de la volonté générale qu'il n'y ait pas de société partielle dans l'Etat et que chaque Citoyen n'opine que d'après lui" (ebd., 372)[5].

Der Bürger kommuniziert als einzelner mit dem Staat und letztlich mit oder über die *volonté générale*. Sind Teilverbindungen (société partielle) unumgänglich, muß man ihre Zahl vervielfachen und ihrer Ungleichheit vorbeugen (ebd.), also sie letztlich wie Individuen behandeln. Der Fall der innerstaatlichen Gruppierung und so des kulturellen, politischen oder ökonomischen Pluralismus ist eigentlich gar nicht vorgesehen. Die Menschen sollen *einen* politischen Körper bilden, ohne auf Partikularität verpflichtet zu werden. Sie haben nur *einen* Willen, und das ist der *allgemeine* Wille für diesen politischen Körper. "Tant que plusieurs hommes réunis se considerent comme

---

[3] "Les dogmes de la Religion civile doivent être simples, en petit nombre, énoncés avec précision sans explications ni commentaires. L'existence de la Divinité puissante, intelligente, bienfaisante, prévoyante et pourvoyante, la vie à venir, le bonheur des justes, le châtiment des méchans, la sainteté du Contrat social et des Loix; voila les dogmes positifs" (O.C. III/ 468).

[4] Die Passage entstammt Fragmenten (fragments politiques), die im Umkreis des *Contrat social* entstanden sind.

[5] Kronzeuge ist Macchiavelli mit einer Passage aus der *Historia Florentis* (O.C. III/ 272/Anm.) (Hist. Fiorent. L. VII). Die Passage betrifft die Notwendigkeit, Abweichungen zu verhinden oder wenn sie vermeidlich sind, Fraktionsbildungen vorzubeugen.

un seul corps, ils n'ont qu'une seule volonté, qui se rapporte à la commune conservation, et au bien-être général" (ebd., 437). Dieser Gemeinwille muß unzerstörbar sein, anders löst sich Soziabilität auf und der Ruin des Staates steht bevor. Interessanterweise bezieht Rousseau den *Ruin* auf Verhältnisse der politischen Öffentlichkeit, die wie eine bedrohliche Dekadenz wahrgenommen werden.

"Mais quand le noeud social commence à se relâcher et l'Etat à s'affoiblir; quand les intérêts particuliers commencent à se faire sentir et les petites sociétés à influer sur la grande, l'intérêt commun s'altere et trouve des opposans, l'unanimité ne regne plus dans les vois, la volonté générale n'est plus la volonté de tous, il s'élève des contradictions, des débats, et le meilleure avis ne passe point sans disputes" (ebd., 438).

Warum aber sollten Menschen je der *volonté générale* folgen, wenn sie diese verstehen und also streitend deuten müssen? Politische Humanität ist auch *Streit*, nicht einfach Harmonie, die Einmütigkeit (unanimité) verlangt und so Abweichung von vornherein ausschließt. "Pluralität" ist aber nur als Differenz - strukturelle "Abweichung" *ohne* Normalmaß - möglich. *In* der "volonté de tous" muß *Verschiedenheit* die respektable Größe sein, die nicht vorgängig Allgemeinheit gewinnen kann. Anders wäre die *volonté générale* ein Gottesterm, die Stimme der Wahrheit *vor* der Diskussion; entfällt dieser Gottesterm, wie kann dann Erziehung, zumal Erziehung zur Humanität, definiert werden?

Ich werde diese Frage in drei Schritten behandeln, als erstes im Blick auf die Untiefen des Pluralismus-Problems, die Rousseau zunächst gegen allen Anschein recht geben (1). In einem zweiten Schritt diskutiere ich Paradoxien der Toleranz, aus denen sich eine Kritik Rousseaus ergeben wird (2). Abschließend komme ich auf das Thema zurück und beantworte die Frage, *wie* "Erziehung in Humanität" *plural* möglich ist (3).

Das Thema impliziert eine doppelte Leitfrage: Wie reagiert Erziehung auf pluralistische Verhältnisse und wie ist sie selbst als pluralistisch vorzustellen? Ich werde versuchen, beiden Varianten gerecht zu werden, wobei die erste ein hohes Diskussionsaufkommen erfahren hat, die zweite aber eher schwach und allenfalls beiläufig behandelt worden ist. "Pluralität" wird oft wie ein freundliches Lernziel behandelt, das sich mit dem gleichen Theorieapparat bearbeiten läßt, der die monistische Erziehung beschrieben und begründet hat. Gibt man diese Erwartung auf, dann stellen sich sehr weitgehende Fragen, die alle auf die Insuffizienz der bisherigen Erziehungsreflexion hinweisen.

Probleme der "Pluralität"

Jede soziale, politische oder kulturelle Pluralität setzt einen gemeinsamen Lebensraum voraus. Das Problem stellt sich erst dann, wenn nicht einfach von unterschiedlicher Vereinzelung die Rede ist, sondern vom Zusammenleben unter der Voraussetzung von

Geteiltheit. In *einem* "politischen Körper" können aber nicht verschiedene Gesetzgeber operieren, einander ausschließende Lebensformen existieren oder Machtrivalitäten auf Dauer ungleich verteilt sein. Das weist auf die Anfänge der modernen Staatstheorie zurück. Von *civitas* oder "*Commonwealth*" könne, so Hobbes (1968, 227), nur dann die Rede sein, wenn und soweit für eine reelle Einheit aller Mitglieder (a reall Unitie of them all) gesorgt sei. Garantiert werde die Einheit durch den Souverän (ebd., 228), der die Autorität hat über sämtliche Handlungen und Urteile (ebd., 228/229)[6]. Rousseau setzte nur die *volonté générale* an diese Stelle und erzielte einen vergleichbaren Theorieeffekt, die Begründung und Garantie der Einheit des politischen Körpers.

Das klassische politische Einheitsmodell ist das der Familie: Fürsten sind Väter, wie Väter Fürsten sind, nur daß reale Familien kleiner sind als politische. Aber Familien sind nicht wirklich identisch mit einem "Common-wealth" (ebd., 257), weil alle Freiheiten durch das Gesetz geregelt sind (ebd., 271), nicht durch bloße Autorität des *einen* Vaters. *Politische* sind daher von *privaten* Systemen zu unterscheiden:

> "*Political* ... are those, which are made by authority from the Sovereign Power of the Commonwealth. *Private*, are those, which are constituted by Subjects amongst themselves, or by authoritie from a stranger. For no authority derived from forraign power, within the Dominion of another, is Publique there, but Private" (ebd., 274/275).

Das politische Gebiet ist nach Innen und Außen unterschieden. Nach Innen gibt es immer nur *einen* Souverän, nur er schafft Einheit, weil nur er absolute Gewalt hat und also innerhalb des von ihm geschaffenen politischen Raumes der Repräsentant ist aller Subjekte, die diesem Raum angehören (ebd., 275). Die Variation (variety) politischer Körper ist nahezu infinit (ebd., 279)[7], *ein* Common-wealth kann in verschiedene Länder (countries) oder Provinzen aufgeteilt sein (ebd.), solange der Souverän über die Gesetze des gesamten Raumes bestimmt (ebd., 281) und die gesetzgeberische Gewalt ungeteilt bleibt. Die Staatsgewalt (Soveraign Power) wird durch verschiedene öffentliche Ämter (Publique ministers) vollzogen, darunter solche der allgemeinen Staatsverwaltung, der Ökonomie, der öffentlichen Bildung und der Jurisprudenz (ebd., 289ff.). Die Zuständigkeiten der Ämter sind ungeteilt.

---

[6] "A *Common-wealth* is said to be *Instituted*, when a *Multitude* of men do Agree, and *Covenant*, *every one, with every one*, that to whatsever *Man, or Assembly of Men*, shall be given by the major part, the *Right* to *Present* the Person of them all, (that is to say, to be their *Representative*;) every one, as well he that *Voted for it*, as he that *Voted against it*, shall *Authorise* all the Actions and Judgements, of that Man, or Assembly of men, in the same manner, as if they were his own, to the end, to live peaceably amongst themselves, and be protected against other men" (Hobbes 1967, 228/229).

[7] Die Diversität der Geschäfte (affaires) muss vor dem Hintergrund der Grenzen verstanden werden, die Zeit, Umwelt und Zahl der Mitglieder "politischer Körper" setzen (Hobbes 1968, 279).

Es gibt innerhalb einer *civitas* nicht verschiedene Außenpolitiken, nicht mehrfache Varianten der Bildungspolitik, keine zwei Justizen und nicht konkurrierende Systeme der Staatsverwaltung, die entgegengesetzte Ziele verfolgen würden. Jedes Commonwealth muß wie *ein* Körper genährt und rekreiert werden (ebd., 294ff.), ein Gesetz gilt für alle, "Law in generall, is not Counsell, but Command" (ebd., 312). Wer das Gesetz überschreitet, erhält gemeinsame und gleiche Strafen (ebd., 353ff.), wobei wiederum *eine* Sanktionsmacht vorausgesetzt ist. Es würde das Common-wealth - also Staat und Gesellschaft im modernen Sinne - zerstören, wäre jeder Privatmann Richter über Gut und Böse (ebd., 365). Niemand, auch nicht der Gesetzgeber, ist gegenüber dem Gesetz frei (ebd., 367), das Gesetz bestimmt auch über den Besitz (ebd., 367/368) und die Souveränität kann oder darf nicht geteilt werden (ebd., 368). "Powers divided mutually destroy each other" (ebd.), und das läßt keinen Raum für Pluralität auf der Ebene politischer Macht und Organisation. Weil und soweit die Erziehung dem Commonwealth zu dienen hat[8], kann es auch keine pluralistische Erziehung geben.

Rousseaus pädagogische Lösung verlagerte nur das Problem. Die polemische Unterscheidung von Mensch und Bürger[9] war gedacht als Abwehr einer gouvernementalen Instrumentalisierung der Erziehung, die statt auf die jeweilige Regierungsform nun auf die Natur zurückgeführt wurde, ohne den Einheitsanspruch aufzugeben. Zwischen "Menschen" gibt es keine außernatürlichen und aber auch keine natürlichen Unterschiede. Weil die Natur als Einheit aufgefaßt wird, müssen alle Menschen konstitutiv *eins* sein; Unterschiede wären solche der Dekadenz, also der Abweichung vom Maß der Natur. Daher ist "Gesellschaft" immer nur *Ideal*- oder *Verfalls*zustand, nie ein realistischer Adressat von Erziehung. Sie dient der Natur des Menschen, nicht Aufgaben oder Funktionen des Bürgers.

Bürger (citoyens) nehmen an der Staatsautorität (autorité souveraine) teil, sie wären Untertanen (sujets), wären sie einzig an Gesetzen des Staates unterworfen (O.C. III/362).[10] Aber die Teilhabe ist einfach nur Konstitution des Ganzen, also das "Wir"

---

[8] Volksbildung (instruction of the People) bezieht sich auf Pflichten gegenüber dem Souverän. Unterrichtet werden soll das Wissen über Recht und Unrecht, "thereby to render them (the people; J.O.) more apt to live in godlinesse, and in peace among themselves, and resist the publique enemy" (Hobbes 1968, 291).

[9] Die Unterscheidung geht auf Hobbes zurück. Die *Elementa Philosophie* (gegen Descartes' *Principia Philosophiae* geschrieben) sollten drei Teile umfassen, *De Cive* (1642/1647), *De Corpore* (1655) und *De Homine* (1658). Der *Leviathan* (1651) bildet gleichsam die Mitte zwischen diesen Abhandlungen. Die Schrift "vom Bürger" enthält die Rechts- und Staatsphilosophie, die Hobbes 1651 zugrundelegte; die Schrift "vom Menschen" - weit weniger beachtet - entwickelt jene Anthropologie, gegen die Rousseau den *Emile* geschrieben hat.

[10] Das richtet sich gegen Bodin (1993, 91ff.), also die Definition von "citoyen" mithilfe der Gleichsetzung von Familie und politischem Körper. Bürger sind dann nur die Vorsteher der Familien, *sujets* die anderen. "C'est donc la reconnaissance, et obéissance du fanc sujet envers son Prince

(nous) des politischen Körpers, die die Unterwerfung nicht unter die Gesetze, sondern unter die *volonté générale* verlangt (ebd., 361)[11]. "Cet acte d'association produit un corps moral et collectif composé d'autant de membres que l'assemblée a de voix, lequel reçoit de ce même acte son unité, son *moi* commun, sa vie et sa volonté" (ebd.). Auf diese Weise entsteht eine *öffentliche Person* (personne publique), nicht jedoch eine Öffentlichkeit, die nie wirklich "Einheit" sein und so auch nicht als "*moi* commun" konstituiert werden kann. Daß die "öffentliche Person" oder der *"corps politique"* (ebd., 362) durch einen *Akt* konstituiert werden soll, überzeugt zudem nur dann, wenn die pädagogischen Voraussetzungen erfüllt sind. *Souveräne*, in diesem Sinne *erzogene* Menschen brauchen nicht "Bürger" zu sein und können aber den Supremat der *volonté générale* anerkennen, weil sie selbst gemäß ihren Bedürfnissen zu leben gelernt haben. Sie stehen im Einklang mit ihrer Natur, nur dann ist eine perfekte Union aller möglich, weil niemand mehr fordert, als er zurückerhält (ebd., 361)[12].

Das stoische Erziehungsideal (Leduc-Fayette 1974) setzt die unteilbare und darum aber auch nicht "individualisierbare" *Natur* des Menschen voraus. Im *Emile* wird die Mustererziehung *für alle* beschrieben, der paradigmatische Fall des Gelingens, der unbegrenzt verallgemeinert werden kann und soll. "Menschen" sind nicht einfach *Individuen*, also je nur *für sich* "unteilbar", vielmehr regieren Gattungsannahmen die Reflexion, also Aussagen über den Menschen *an sich* oder über die eine Natur, die *allen* und allen *gleich* eigen ist. Anders ließen sich über "Erziehung" kaum allgemeine Aussagen machen. Bloße "Pluralität" löst sich in Vielfalt auf, in eine einfache Feststellung von Differenz, die darin gipfelt, daß sich das eine nicht auf das andere zurückführen läßt, so daß der Unterschied erhalten bleibt. Aber dann hätte die Erziehung nur einen vagen Bezug, den der Vielfalt selbst; jede Konkretisierung müßte auch auf Gemeinsamkeit achten, weil anders keine allgemeine Erziehung zustande käme. Rein auf Pluralität verwiesen, würde sich jede Form ziviler Erziehung auflösen, während umgekehrt die "natürliche" Erziehung nur dann einer Zivilität dienlich ist, wenn sie Natur als Einheit versteht.

Wer also Erziehung auf künftige *Bürger* bezieht, kann ebensowenig "plural" verfahren wie derjenige, der die Erziehung des *Menschen* befördern will. Im Blick auf ihre jeweiligen Sozietäten sind Bürger eine einheitliche Größe, es kann nicht verschiedene Klassen von Bürgern geben, sondern nur die Unterscheidung von Bürgern und Nicht-Bürgern, weil die Zugehörigkeit nur *einem* System gilt, das nicht nochmals

---

souverain, et la tuition, justice, et défense du prince envers les sujets, qui fait le citoyen" (ebd., 101).

[11] *"Chacun de nous met en commun sa personne et toute sa puissance sous la suprême direction de la volonté générale; et nous recevons en corps chaque membre comme partie indivisible du tout"* (O.C. III/ 361).

[12] "L'union est aussi parfaite qu'elle ne peut l'être et nul associé n'a plus rien à reclamer" (O.C. III/361).

in sich differenziert werden kann. Aber es kann auch nicht verschiedene Klassen von Menschen geben und nicht einmal den Unterschied von "Mensch" und "Nicht-Mensch", weil der Status von Natur aus gegeben und nicht über eine Zugehörigkeit definiert worden ist. Das Konzept des Pluralismus scheint also an der elementaren Relation der modernen Pädagogik, der Unterscheidung von "Mensch" und "Bürger", zu scheitern, weil beide Pole der Relation *nicht vielfach* möglich sind.

Andererseits ermöglicht erst die Relation von Mensch und Bürger einen säkularen Zugang zur Erziehung. Die Erziehung gilt dann nicht mehr der "vie chretienne" (Varet 1667, 13)[13], ihre Maßnahmen sind nicht einfach deswegen gut, weil der himmlische Vater (Pere celeste) vollkommen (parfait) ist (ebd., 14) und weil der "Saint Esprit" den Eltern den Weg weisen kann (ebd., 28). Wer nunmehr die Kinder vernachlässigt, verweigert sich nicht dem Dienst Gottes (ebd., 33), sondern dem Dienst an Natur und Gesellschaft, zwei Themen, die als Relation und dann auch als Opposition im 17. Jahrhundert inexistent waren[14]. Wenigstens in der christlichen Pädagogik folgten die Eltern dem Vorbild Jesus Christus (ebd., 43f.) und waren vor Gott für die "bonne education" ihrer Kinder verantwortlich, die immer auch und wesentlich als Kinder *Gottes* betrachtet werden.

"Vous devez donc, peres & meres, travailler serieusement à l'éducation de vos enfans; parce que Dieu vous le commande; parcequ'il vous en demandera un compte tres-exact; parceque vous serez responsables de toutes les fautes qu'ils commettront par vostre negligence" (ebd., 44).

Die direkte und einklagbare Verantwortung der Eltern für das christliche Leben ihrer Kinder wird genauer so gefaßt:

"Vous le devez; parceque si vous les élevez dans la vertu, & que vous vous appliquiez, comme Dieu vous y oblige, à rendre leur éducation toute chretienne, vous en recevrez des grandes recompenses & des loüanges eternelles" (ebd., 44/45).

Weder Hobbes noch Rousseau benötigen für die Erziehung reiche Vergeltung oder ewigen Lohn. Was sie als Tugend fordern, gilt der Gesellschaft oder der Natur und erwächst aus beiden. Das hat zur Folge, daß nicht mehr zwischen *schlechter* und *guter* Erziehung in einem Raum oder auf einer Ebene unterschieden werden muß. Die christliche Erziehung erwartete Gelingen und Scheitern als Möglichkeiten ein und desselben Prozesses, der entweder auf das christliche Leben hinführen oder davon abwei-

---

[13] Alexandre Varets "De l'education chretienne des enfans" erschien zuerst 1666 in Paris. Ich benutze die zweite, revidierte und erweiterte Auflage von 1667 (Bibliothèque dès Cèdres [Lausanne] PHIL 688). Von der ersten Auflage erschien 1669 ein unautorisierter Nachdruck in Leyden.

[14] Das hing auch mit der Dominanz esoterischer Konzepte und so der Magie der Ganzheit zusammen (vgl. Faivre 1996).

chen kann, ohne durch Gesellschaft oder Natur garantiert zu sein. Daher muß den Eltern die Opposition von Gelingen und Scheitern deutlich vor Augen geführt werden:

> "Mais sur tout vous le devez; parce que par là vous retrancherez, autant qu'il est en vous, la source de tous les maux qui se commettent dans le monde, qui est la *mauvaise education*; & que vous rétablirez la source de tous les biens qu'on peut esperer d'y voir pratiquer, qui est la *bonne education*" (ebd., 45; Hervorhebungen J.O.).

Die gute Erziehung wird in den Rang einer Erlösung und eines Heilsversprechens gehoben, weil sie die Übel beseitigt und zugleich die ganze Welt betrifft.

> "En effet c'est cette bonne education qui prepare les esprits à recevoir des plus belles lumieres, & qui met dans les ames les premieres dispositions à toutes les vertus. C'est elle qui répand dans les coeurs la semence des actions les plus heroiques, & qui pose des fondemens de toit ce qui doit paroistre de meilleur aux yeux de tout le monde dans la suite des siecles. Elle remplit les Cours des Princes de sujets fidelles, genereux, & desinteressez; les Parlemens de magistrats & de juges fermes & inébranlables; les maisons religieuses de saints & de saintes; les maisons particulieres de chefs prudens & parfaitement unis par les liens d'une mutuelle charité, & des serviteurs respectueux & soumis à leurs maistres. C'est elle qui augmente, & qui croistre le corps mystique de JESVS-CHRIST, & qui acheve le nombre des éleus & des bienheureux" (ebd., 45/46).

Aber diese "gute Erziehung" muß exklusiv gehalten werden. Sie ist mit keiner anderen Religion teilbar, jeder anderen Religion muß abgesprochen werden, was die christliche Erziehung verspricht. Sie ist ebenso einzigartig wie der Glaube, dem sie dient. Pluralität wäre ihr Ende, weil sie dann nicht mehr für Heil oder Erlösung sorgen könnte und die Laster der Welt nicht bannen würde. Die Mittel sind Furcht und Schrecken angesichts einer Welt, der die Tugend abgerungen werden muß[15]; einzig die gute Erziehung schafft unter den Christen den Geist der Armut und so das Herz für die mitleidende Kreatur (ebd., 46). Aber das gilt *nur* für die christliche Erziehung, die ihre Welt ausdehnen, aber nicht teilen kann. Anders gäbe es keine Hoffnung auf Erneuerung, weder der Kirche noch der Welt[16].

Glaube und Erziehung richten sich auf *eine* Welt und nicht, an keiner Stelle, auf eine Mehrzahl von Welten[17]. Innerhalb der Welt sind Abweichungen möglich, anders gäbe es nicht den Konflikt zwischen "gut" und "böse"; aber der Konflikt kann nicht

---

[15] "Il n'y a aussi que cette bonne education qui puisse bannir tous les vices qui regnent dans le monde; parcequ'il y a qu'elle qui en puisse imprimer de la crainte & de l'horreur" (Varet 1667, 46).

[16] "Enfin il n'y a que cette bonne education qui soit capable de changer la face de tout le Christianisme, de produire une heureuse reformation dans toute l'Eglise, de conserver les enfans dans l'innocence & la grace qu'ils ont recuë au baptisme" (Varet 1667, 47).

[17] *Entretiens sur la pluralité des mondes* legte Bernard de Fontenelle 1686 vor. "Welten" sind Planeten, es ging um den Nachweis der Nicht-Einzigartigkeit der Erde. Die Schrift ist beeinflusst von John Wilkins' *Discourse tending to prove that it's probable our Earth is one of the Planets* (1640) und von Pierre Borels *Discours prouvant la pluralité des mondes* (1657).

plural gelöst werden, selbst die Begabung der Kinder muß als Gnade Gottes erscheinen (Coustel 1687, t. I/ 50)[18]. Die militante Kirche (l'Eglise militante) verlangt mit der Taufe Soldaten Christi (ebd., 54), und die Erziehung ist nur dann nützlich sowie notwendig, wenn sie den Eltern, dem Staat *und* der Kirche dient (ebd., 88). Notwendig ist dafür der christliche Erzieher (precepteur)[19], den Rousseau dann einfach vom Haus in die Natur verlagert[20], ohne das Grundarrangement zu verändern. Pierre Coustels "excellentes maximes" für den christlichen Erzieher (ebd., 154-200)[21] hätten nahezu sämtlich auch für den *gouverneur* des Emile Geltung finden können[22].

Eine sehr starke Änderung gegenüber Vorläufern bringt der *Emile* also nicht (Mercier 1961), bezieht man sich nicht auf die großen begrifflichen Oppositionen, sondern auf die immanente Struktur der Erziehung. Auch und gerade innerhalb des Arrangements natürlicher Erziehung gibt es keine teilbaren Größen, sondern nur unbestreitbar nützliche und notwendige Regeln, die der Natur selbst entnommen sein sollen. Selbst die Metaphorik des Natürlichen ist nicht originell, wenn schon Coustel Erziehung mit der Landwirtschaft (agriculture) vergleicht und ihr so den Glanz einer Arbeit an und mit der Natur verleiht[23]. Natur und Arbeit sind je *nur einfach* möglich, die Regeln der Natur sind deswegen so stark, weil sie unzweideutig erscheinen. Sie bedürfen keiner Interpretation und sind zugleich zuverlässig wirksam; wären sie mehrfach möglich, wäre sowohl die Eindeutigkeit als auch die Wirksamkeit umstritten. Das Pluralismus-Verbot trifft also den Kern des pädagogischen Anliegens, wenigstens soweit "große Texte" dafür in Anspruch genommen werden. Die klassische Pädagogik hat nie wirklich mit Teilbarkeit und so mit Pluralität rechnen müssen.

---

[18] "Des enfans de qualité ayant donc recû de Dieu plus de graces, ils doivent luy rendre de plus grands service" (Coustel 1687, T. I/ 50).

[19] Der christliche Erzieher steuert das Schiff der Erziehung: "Plus un vaisseau porte de riches marchandises, plus il a besoin d'avoir un pilote habile qui le puisse conduire seurement au port, au travers des vagues & des écueils qui sont sur la route" (Coustel 1687, T. I/ 123).

[20] Rousseaus *gouverneur*, der im ersten Buch des *Emile* ausführlich beschrieben wird (O.C. IV/S. 263ff.), ist ein Hauslehrer in einem imaginären Landschaftsgarten. Auch Rousseau preist "la grandeur des devoirs d'un precepteur" (ebd., 264).

[21] Pierre Coustels *Les regles de l'education des enfans* erschienen in zwei Bänden 1687 in Paris. Ich benutze das Exemplar der *Bibliothèque des Cèdre* (Lausanne) (Phil 509, 1-2).

[22] Die Maximen betreffen die Beharrlichkeit der Erziehung, die Wachsamkeit, die Aufsicht über die guten Sitten, die Gewöhnung, das Herz voller pädagogischer Barmherzigkeit, das ständige Interesse für die Kinder, Toleranz und Geduld gegenüber ihren Fehlern, Sanftmut, Ermutigung, guten Unterricht, persönliches Beispiel und den Beistand Gottes.

[23] "Il faut que dans l'éducation d'un enfant, comme dans l'agriculture, trois choses concourent heureusement pour y réüsir: sçavoir le bon esprit de l'enfant, qui est comme le fonds d'une terre: la capacité du Maistre qui a rapport à l'habilité, & à l'experience du laboureur; & enfin les bonnes instructions, qui sont comme les semences. L'une de ces trois choses venant à manquer, les deux autres pour l'ordinaire ne servent gueres" (Coustel 1687, t. I/120).

Wie schwierig das Problem ist, zeigt sich am historischen Problem der Toleranz. Wenn Rousseau *Intoleranz*, genauer: das *Verbot* von "Intoleranz", als negatives Dogma der "religion civile" verstanden wissen wollte, dann nicht im Blick auf die zivile Religion selbst. Wer sie *nicht* respektiert, also *intolerant* ist, verletzt das positive Gebot der Heiligkeit des Gesellschaftsvertrages und muß dann mit Intoleranz bestraft werden. Ähnlich konnte schon Locke im "Brief über die Toleranz" Toleranz nur für diejenigen annehmen, die an Gott glauben; Atheisten verdienen einzig Intoleranz, weil sie die Grundlage der menschlichen Gesellschaft bedrohen[24]. Pluralismus als Verschiedenheit auf *allen* Niveaus menschlicher Gesellschaft wäre dann kein Kandidat für Toleranz. Andererseits ist "Pluralität" die Bedingung dafür, daß überhaupt Toleranzprobleme entstehen. Erst unüberbrückbare Verschiedenheit zwingt zum wechselseitigen Respekt, den Sinn des inneren Friedens vorausgesetzt.

Toleranz und die Teilbarkeit des guten Lebens

Seit Plato ist das "gute Leben" *eine* Größe, es gibt nicht verschiedene Varianten guten Lebens, gar noch biographisch diversifizierte Varianten, sondern es gibt nur *ein* gutes Leben[25]. Dieses Leben soll und muß allen gleich eröffnet werden, es ist auch als Ziel unteilbar, anders müßte das "gute Leben" bestimmten Gruppen oder Kulturen vorenthalten werden bzw. müßte exklusive Geltung haben, was der Allgemeinheit des Anliegens widersprechen würde. Das "gute Leben" ist letztlich *eines* für *alle*, und dies gilt nachhaltig dann, wenn nur noch Menschen und Bürger unterschieden werden, die keine Mission mehr für sich und ihren Glauben beanspruchen können. Was sie als "gutes Leben" verwirklichen, muß und soll prinzipiell für alle gelten können, während sich doch konkrete Lebensformen immer historisch-kulturell spezifizieren, also auch und gerade in den Aspirationen des je für sie geltenden "guten Lebens" *nicht* übereinstimmen können.

Solange das Gute und das Böse vor Gott ständig präsent sind, um entweder belohnt oder bestraft zu werden (de la Serre 1723, 50f.)[26], gibt es wohl ein *Erziehungs*-, aber kein *Toleranz*problem. Das Böse - "la vie criminelle" (ebd., 51) - ist verfehlte Erziehung; umgekehrt: das gute Leben kann führen, wer die richtige Erziehung genossen

---

[24] "Those are not at all to be tolerated who deny the being of God. Promises, covenant, and oaths, which are the bonds of human society, can have no hold upon an atheist. The taking away of God, though even in thought, dissolves it" (Locke 1975, 94).

[25] Das "gute Leben" ist das Leben gemäss der Idee der Guten. Das *Gute* aber ist das *Eine* (Reale 1993, 275ff.).

[26] Jean de la Serres *La vie heureuse ou l'homme content* erschien zuerst 1666 bei G. Quinet in Paris. Die von mir konsultierte Neuausgabe (Paris 1723) ist ein Nachdruck (benutzt wurde ein Exemplar der Vadiana/St. Gallen [Eversteyn 1849]).

hat[27]. Der Garant dafür ist Unterwerfung unter den göttlichen Willen[28] und so die unbedingte Anerkennung der Autorität Gottes (ebd., 63f.). Einzig die wahre christliche Seele (une ame vrayement Chrétienne) (ebd., 68) erreicht das gute Leben, was Toleranz gegenüber allen Alternativen ausschließt. Die Ruhe der Seele (ebd., 124ff.) wäre aufs Spiel gesetzt, Unglück wäre die Folge, würde nicht Gott die Wege leiten (ebd., 145), und es wäre ein trauriges Leben (une triste vie), würde sich jenes Glück nie erfüllen, das einzig der Glaube geben kann (ebd., 150). "Ne desirons que Dieu; ne craignons que luy-même, c'est *l'unique moyen* de trouver le repos au milieu des inquiétudes dont on peut être agité" (ebd., 159; Hervorhebung J.O.).

Es gibt nur *eine* Pia Desideria[29], so wie es nur *einen* Gott und nur *einen* Glauben geben kann. Die gesamte Konstruktion der Wahrheit hängt von dieser Voraussetzung ab, Wahrheit, zumal *offenbarte* Wahrheit, müßte teilbar erscheinen, wäre im Grund des Glaubens Toleranz möglich gegenüber *jeder* denkbaren Abweichung. "Pluralismus" setzt voraus, daß verschiedene Wege nicht nur möglich, sondern sozial, kulturell und politisch *etabliert* sind. Alle Religionen, aber auch Theisten und Atheisten, leben nebeneinander, ohne daß eine Gruppe Vorrang und Mission beanspruchen könnte; auch Erziehung wäre dann beschränkt auf je gegebene Kontexte. Die Idee der Einheit verliert sich in *Segmenten*, die mit anderen nur lockere Verbindung halten und die nicht einmal in der Größe, geschweige denn in der Qualität, harmonieren müssen. Harmonie ist nicht länger für das "Ganze", sondern für einzelne Assoziationen vorgesehen, die ganz unterschiedliche Proportionen haben können. Es gibt nicht *einen* Grund für alles, so daß es dann auch nicht mehr *ein* Gutes und *ein* Böses geben kann, zwei - und *nur* zwei - rivalisierende Kräfte[30], auf das gesamte moralische und so auch das pädagogische Geschehen zurückgeführt werden muß.

Das Problem bleibt auch bei den Nachfolgekonzepten erhalten. "Gesellschaft" (Common-wealth) und "Natur" erlauben sich selbst gegenüber keine Intoleranz. Hobbes unterschied das laizistische vom christlichen Common-wealth (Hobbes 1968, 409f.), um die Regeln des christlichen von denen des öffentlichen (politischen) Lebens abgrenzen zu können (ebd., 415). In beiden Fällen kann die Regierung[31] nicht beliebig offen sein gegenüber Angriffen auf ihre Grundlagen, die Gesetze auf der einen, die Of-

---

[27] "La bonne vie est le premier fondement de sa tranquilité; & c'est une maxime d'autant plus infaillible, qu'elle persuade tout à la fois & l'esprit & les sens" (de la Serre 1723, 59).

[28] "Le plus grand respect qu'on peut rendre à Dieu, c'est celuy d'une continuelle soûmission à ses volontez adorables, sans raisonner que pour obéïr. La sacrifice d'une ame soûmise à ses decrets éternels, est le plus beau qu'on luy sçauroit faire" (de la Serre 1723, 62).

[29] Der Jesuit Hermann Hugo liess 1628 eine *Pia desideria emblematis* erscheinen, deren drei Bücher den *einen* Weg der Hinwendung der Seele zu Gott darstellen.

[30] Das beschreibt Plutarch in *Isis und Osiris* (369).

[31] Hobbes (1968, S. 447) spricht auch von "Ecclesiasticall Government".

fenbarung auf der anderen Seite[32]. Die Gesetze müssen befolgt, der Geist (Spirit) muß gefühlt (ebd., 429f.) werden, andernfalls ist die politische Ordnung oder ist *"the Kingdom of Heaven"* (ebd., 609ff.) gefährdet. Sie verlangen Zustimmung und Glauben, was Indifferenz und Intoleranz ausschließt.

Im "Glaubensbekenntnis des savoyischen Vikars", der Mitte des *Emile* (O.C. IV/ 565-635), bestimmt Rousseau, daß nur eine höchste Intelligenz (une suprême intelligence) (ebd., 579) das Universum geschaffen haben könne, also hinter der materiellen Wirklichkeit *ein* schöpferischer Wille angenommen werden müsse (ebd., 578). "Gott" ist "cet Etre actif par lui-même" (ebd., 581), gemäß seiner Schöpfung stehen sich im menschlichen Leben immer ewige Wahrheiten und das Imperium der Sinne (empire des sens) gegenüber (ebd., 583). Weil Gott der Gott des Lebens und nicht der Toten ist, sind die Wahrheiten der Natur gut, und wo alles gut ist, kann nichts ungerecht sein (ebd., 588). "La bonté est l'effet nécessaire d'une puissance sans borne" (ebd.), die unbedingte Bedingung oder die universelle Intelligenz[33], die alles andere aus sich hervorbringt. Sie *erzeugt* vielleicht Toleranz, aber *bedarf* keiner; Toleranz gegenüber dem Schöpfer wäre die höchste denkbare Blasphemie.

Gesellschaft und Natur verlangen so aus ihrem Begründungszusammenhang heraus keine Toleranz, wenigstens nicht *sich selbst* gegenüber. Sie wollen nicht mit Alternativen verglichen und dann geduldet werden,[34] sondern verlangen Akzeptanz, "Gesellschaft" als *Ordnung*, "Natur" als *Ausrüstung*; niemand ist gegenüber den eigenen Potentialen tolerant, aber niemand darf auch gegenüber den Gesetzen "seiner" Gesellschaft Toleranz zeigen. Es besteht einfach keine Alternative auf gleichem Niveau, es bestehen nur Gegensätze, die ausgeschlossen werden müssen. Im Anschluß an Rousseau läßt sich dann auch die Relation von Natur und Gesellschaft[35] als *Gegensatz* betrachten, den zwei verschiedene Kausalitäten auszeichnen, die gute Natur auf der einen (O.C. IV/ 935ff.), die verdorbene Societät auf der anderen Seite (ebd., 966f.)[36]. Die po-

---

[32] Unterstützt durch "the constant Signification of words"; dadurch werden Schlussfolgerungen möglich (Hobbes 1968, 428).

[33] "L'homme est intelligent quand il raisone, et la suprême intelligence n'a pas besoin de raisoner; il n'y a pour elle ni prémisses, ni conséquences, il n'y a pas même de proposition; elle est *purement intuitive*, elle voit également *tout ce qui est* et *tout ce qui peut être*, toutes les verités ne sont pour elle qu'une seule idée comme tous les lieux un seul point et tous le tems un seul moment" (O.C. IV/ 593; Hervorhebungen J.O.).

[34] *Tolerantia* ist "geduldiges Ausharren" oder einfach "Geduld"; *toleratio* ist die "Kraft zum Ertragen"; *tolerans* ist "ertragend" oder "geduldig". Das Verb *tolero* lässt neben "ertragen" und "aushalten" auch Übersetzungen wie "notdürftig unterhalten" (ernähren), "erträglich machen" oder "genügen" zu.

[35] "Natur" wird *vor* Rousseau fast immer als *Grundlage* der Gesellschaft betrachtet. Naturzustand und Gesellschaftszustand sind im Naturrecht keine Gegensätze, sondern Analogien; Rousseau macht daraus eine Geschichte der fortschreitenden Entfremdung.

[36] *Lettre à Christophe de Beaumont* (O.C. IV/ 925-1007); Rousseaus Verteidigungsschrift gegen den Bischof von Paris erschien 1763.

sitive Erziehung ist dann die negative, diejenige, die Laster verhindert und Irrtümer vermeidet, also vor der verdorbenen Gesellschaft bewahrt (ebd., 945)[37].

Dann aber ist politische Toleranz eine gänzlich *ausgeschlossene* Größe, denn sie müßte eine entfremdete Gesellschaft voraussetzen, die sich ständig erneuert, ohne zur Umkehr gezwungen zu werden. Wer sich innerhalb der Gesellschaft *gegenüber* der Gesellschaft tolerant zeigt, *befördert* Entfremdung und Dekadenz; die Ursache des Übels (ebd., 967) kann nur *von Außen* und *nur dann* beseitigt werden, wenn die bestehende Gesellschaft *intolerant* behandelt wird. Religiöse Intoleranz ist Teil der gesellschaftlichen Entfremdung (ebd., 978ff.), sie verschwindet, wenn die Entfremdung überwunden ist. Das gelingt, wenn die Natur zur Grundlage der Erziehung wird, also Kinder und Jugendliche die Verderbnis der Gesellschaft gar nicht erst erfahren. Angesichts der moralischen Höhe dieses Projekts muß Toleranz ausgeschlossen werden; Rousseau kann nicht zulassen, daß eine andere als seine Theorie der Erziehung - auch - zutreffend sein kann.

Toleranz - die Akzeptanz dessen, was man ausgeschlossen sehen möchte - ist in den Erziehungsplänen des 18. Jahrhunderts ein zunehmend wichtigeres Thema, weil und soweit *Glück* von *Tugend* abhängig gemacht wird (Mauzi 1967, 580ff.)[38]. Die politische Seite dieses Konzepts wird in der Regel mit Montesquieu in Verbindung gebracht, also mit der Unterscheidung der Erziehung nach Regierungsformen[39]; gegenüber Rousseau ist diese Unterscheidung erfolgreich gewesen, weil sie Optionen erlaubt, die nicht sofort die gesamte Gesellschaft in Frage stellen und also nicht in die Verlegenheit führen, Erziehung für eine Gesellschaft einrichten zu müssen, die abgelehnt wird und für die es doch keine Alternative gibt. Toleranz, in der Tugendliteratur des 17. Jahrhunderts kein wirkliches Thema[40], wird von Montesquieu in politischer und theologischer Hinsicht unterschieden (O.C. II/ 117). Auch wenn sich Religionen aus dogmatischen Gründen bekämpfen, besteht kein Grund, die Intoleranz auch politisch

---

[37] Das wiederholt und prononciert die Passage aus dem zweiten Buch des *Emile* (O.C. IV/ 323).

[38] "L'homme ne peut être heureux sans la vertu" (D'Holbach 1994, t. I/ 370). *Vertu* wird grundlegend anders als bei Rousseau verstanden, nicht als Askese, sondern als soziale Entwicklung der Kräfte. Das Gesellschaftsmodell ist nicht länger Sparta.

[39] Die Unterscheidung von drei Arten der Republik, nämlich Monarchie, Aristokratie und Demokratie, findet sich schon bei Bodin, zu Beginn des zweiten Buches über die Republik (1583) (Bodin 1993, 180f.). Montesquieu unterschied "trois espèces de gouvernemens; le REPUBLICAIN, le MONARCHIQUE, & le DESPOTIQUE" (O.C. I/ 10). Jede Regierungsform hat eigene Prinzipien, darunter auch solche der Erziehung. "Les loix de l'éducation seront ... différentes dans chaque espèce de gouvernement. Dans les monarchies, elles auront pour objet l'*honneur*; dans les républiques, la *vertu*; dans le despotisme, la *crainte*" (ebd., 39).

[40] Weder in La Rochefoucaulds *Maximes* (1665) noch in La Bruyères *Les charactères* (1688) taucht ein Stichwort "Toleranz" auf. Das Stichwort fehlt etwa auch in Montesquieus "Cahiers, 1716-1755" oder Vauvenargues *Maximes et pensées* (1747).

fortzusetzen[41]. Nur zusammen mit moralischen Tugenden ist religiöse Toleranz möglich (ebd., 88), die Tugenden selbst sind solche der Gesellschaft und nicht der Religion.

Die Republik verlangt republikanische Tugenden, letztlich das Gefühl der Zustimmung oder die Liebe zur Republik (O.C. I/ 54)[42]. Vorausgesetzt ist dabei die Unmöglichkeit, die Religion des Himmels mit der der Erde gleichzusetzen, also von der Kirche auf die Gesellschaft zu schließen und dann lediglich den Nominalwert christlicher Tugend anzunehmen (O.C. II/ 468)[43]. Andererseits ist die "Liebe zur Republik" *intolerant* im Blick auf Alternativen und selbst auf Teilbarkeit. Sie wird *ganz* gefordert, weil anders Zusammenhalt nicht möglich erscheint, was etwa auch die Größe der Republik begrenzt (O.C. I/ 164ff., 172f.)[44]. Anders ließe sich die politische Freiheit nicht sichern, sie ist erst dann gegeben, wenn die Furcht vor anderen verschwindet (ebd., 208)[45]. Politische Freiheit - zu unterscheiden von Meinungsfreiheit - ist eine Frage der sozialen Sicherheit und so der Tugenden, die das Verhalten steuern (ebd., 251). Weil die republikanischen Tugenden für die Gesellschaft selbst notwendig sind, stehen sie nicht zur Wahl und können nicht tolerant behandelt werden. Sie müssen für den Zusammenhang des Ganzen postuliert werden, so daß dann auch die Erziehung keine Wahl hat. Sie kann nicht einmal zwischen Tugenden Prioritäten bilden, weil es kaum möglich ist, einer bestimmten Tugend einen höheren Rang gegenüber anderen einzuräumen, wenn *alle* Tugenden für den Bestand der Gesellschaft (und hier: der Republik) gefordert sind. Sie verlangen *Befolgung*, nicht Duldung; wenn Toleranz Respekt vor dem verlangt, was dem für gut Gehaltenen widerspricht, dann kann es wohl eine Tugend geben, die "Toleranz" genannt wird, aber keine Toleranz gegenüber Tugenden gleich welcher Art. Weil sie "gut" sind oder das moralisch Gute definieren, können sie nur befolgt oder nicht befolgt werden, ohne *mit* dem Befolgungsgebot *zugleich* Grade der Toleranz zuzulassen.

Was "gut" und "böse" genau bezeichnen sollen, war schon in der antiken Erziehungstheorie ein ungelöstes Problem, weil es zu viele Kandidaten für eine zu enge

---

[41] *Neue* Religionen sollten möglichst nicht etabliert werden, die bestehenden verdienen Toleranz, soweit sie den politischen Zweck nicht gefährden (O.C. II/ 118).

[42] "*La Vertu*, dans une république, est une chose très-simple: C'est l'amour de la république; c'est un sentiment, & non une suite des connoissances: le dernier homme de l'état peut avoir ce sentiment, comme le premier" (O.C. I/ 54).

[43] Das Zitat entstammt der Schrift *Défense de l'Esprit des Loix* (1750). Montesquieu musste sich vor allem gegen Angriffe der katholischen Kirche verteidigen.

[44] "Si une république est petite, elle est détruite par une force étrangère: Si elle est grande, elle se détruit par un vice intérieur" (O.C. I/ 172).

[45] Das setzt die Teilung der Gewalten voraus (O.C. I/ 208f.).

Relation gab[46]. Die Koppelung von Glück und Tugend im 18. Jahrhundert hob die Verlegenheit nicht auf, während sich zugleich die Erziehungserwartung ungleich verstärkte. Wer gut ist, heißt es in d'Holbachs *Système de la nature*[47], kann nicht unglücklich sein (d'Holbach 1994, t. I/ 387). Aber nur der ist glücklich, der gelernt hat, seine Natur zu bilden. "Le bonheure de chaque homme dépend de son *tempérament cultivié"* (ebd., 388; Hervorhebung J.O.). Glück verlangt Lernen und Arbeit (ebd., 390f.). "Il faut désirer, agir, travailler pour être heureux; tel est l'ordre d'une nature dont la vie est dans l'action" (ebd., 392). Entsprechend bestimmen Erziehung, Moral und die Gesetze, was aus den Menschen wird (ebd., 343ff.), "des citoyens honnêtes courageux, industrieux, utiles à leur pays" (ebd., 352). Der soziale Pakt ist angelegt auf die Wechselseitigkeit der Tugend (ebd., 363). "Une société qui ne peut ou ne veut procurer aucun bien, perd tous ses droits sur nous" (ebd., 364).

Nur in diesem Grenzfall ist Intoleranz erlaubt, weil sich eine verdorbene Gesellschaft, die den Bürgern keinen Schutz gewährt, selbst auflöst. Solange das *nicht* der Fall ist, muß angenommen werden, daß das Leben in Gemeinsamkeit für den Menschen das größte denkbare Glück darstellt (ebd., 368), das keine Aufkündigung und auch keine Distanz verträgt. Intoleranz *in* der Gesellschaft muß dann vermieden werden,[48] aber die Gesellschaft selbst, verstanden als moralische Organisation, muß immer mehr verlangen als je Toleranz. Ihre Einzigartigkeit hängt von der Zustimmung ab, von der Übernahme jener Tugenden, die die Gesellschaft als "ihre" reklamiert. Aber Humanität verteilt sich nicht einfach nach Gesellschaften, so daß dann sehr die Frage ist, wie sich Erziehung auf Pluralität und Humanität gleichermaßen beziehen läßt.

Erziehung, Humanität und Pluralismus

Humanität ist nicht zwingend ein Glücksversprechen, weil und soweit "Glück" *fortune* verlangt (La Rochefoucauld 1992, 11), eine Bedingung, der keine Humanität je ausgesetzt sein dürfte. *Fortune* wird definiert durch den zufälligen Ausgleich zwischen Gütern und Übeln (ebd., 18), sie begünstigt die *Favorisierten* (ebd., 20), korrigiert die

---

[46] Plutarch, *Isis und Osiris* (370-371). Kritisiert werden die Pythagoräer, die unter dem "Guten" und dem "Bösen" alle möglichen Erscheinungen subsumierten, ohne die Relation selbst bestimmen zu können.

[47] *Système de la nature ou des lois du monde physique et du monde moral* erschien zuerst 1770 in einer anonymen Ausgabe. Paul-Henri Thiry Baron d'Holbach (1723-1789) studierte in Leyden und ging 1748 nach Paris. Er war als Übersetzer tätig, von 1752 bis 1765 waren es deutsche Übersetzungen (u.a. G.E. Stahl), nach 1769 englische. D'Holbach übersetzte Swift, Collins, Toland und andere, 1772 auch Hobbes. Das *Système de la nature* reflektierte den englischen Materialismus und provozierte einen literarischen Skandal (zur Kunst des anonymen Verbreitung subversiver Ideen: Wade (1938)).

[48] So Helvetius in *De l'homme* (1772) (Kap. 4/15ff.).

Glücklichen (ebd., 40)[49] und stabilisiert den Schein (ebd., 54). Unter zu wenig *fortune* leiden die Mittelmäßigen (les gens médiocres) (ebd., 76), während Größe jede denkbare *fortune* benötigt (ebd., 82). "Fortune" ist Geschick als Glück, mit jenem großen Rest Zufall, der an den Kreuzwegen das Leben entscheidet. "La fortune ne peraît jamais si aveugle qu'à ceux à qui elle ne fait pas de bien" (ebd., 92).

Mit *Humanität* ist keine Karriere und so auch keine Zufälligkeit in den biographischen Wendungen gemeint; man muß nicht "Glück" haben, wenn man *human* sein will, aber Humanität wird auch nicht einfach durch Tugenden garantiert. Tugenden beziehen sich auf *Verwendungen*, solche moralischer Geselligkeit oder öffentlichen Umgangs, auf die hin Erziehung stattfinden soll (Callan 1997). "Humanität" ist keine Tugend, auch nicht einfach eine Tugendsumme, weil das verdecken würde, wie sehr Humanität im Angesicht des Bösen erarbeitet werden muß (Kekes 1990). Adressat ist einfach der *uomo universale* der Renaissance, Humanität entsteht nicht *durch* oder *von* "Humanisten"[50], sondern ist eine historische Erwartung, die sich auf die menschliche Natur und die Erfahrungen der Gesellschaft bezieht. Gemeint ist *nicht* die Natur Rousseaus, also der antike Maßstab für die Perfektion des Menschen; gemeint ist aber auch nicht Hobbes' Common-wealth, also die Perfektion der Gesetze; vielmehr bezeichnet "Humanität" den Respekt vor den menschlichen Möglichkeiten, und dies gleichermaßen den Stärken und den Schwächen. Wenn Erziehung *in Humanität* möglich sein soll, dann nicht im Sinne einer *Perfektion* von Natur und Gesellschaft (Oelkers 1997), sondern als *maßvoller Umgang*, der immer auch *Übeln* abgerungen werden muß.

Erziehung ist von Bildung zu unterscheiden, soweit sich Moral, Text und Literatur unterscheiden lassen. Die Kultivierung der Humanität ist als *plurale Bildung* möglich (Nussbaum 1997), also setzt keinen westlichen, weissen und männlichen Kanon voraus, wenngleich "Bildung" *ohne* Kanon wiederum nicht möglich ist (Bloom 1994). *Erziehung*, also moralische Kommunikation (Oelkers 1992), hat dagegen sofort Probleme mit der Pluralität, wenn die beiden Fixpunkte der Theorie, Natur und Gesellschaft via Rousseau und Hobbes, preisgegeben werden. Definiert man die historischen Realitäten von "Natur" und "Gesellschaften" mit Schnittmengen von Kulturen, Milieus und Mentalitäten, dann löst sich der einheitliche Adressat von "Erziehung" aus. Sie richtet sich dann nicht mehr *an* oder *auf* die Natur des Kindes, kann sich aber auch nicht mehr *auf* oder *an* die Gesellschaft richten, einfach weil sich beides pluralisiert. Die menschliche Natur *in* Kulturen ist nur vielfach möglich, und vielfache Kulturen ergeben keine

---

[49] "La fortune nous corrige de plusieurs défauts que la raison ne saurait corriger" (La Rochefoucauld 1992, 40).

[50] Über die Termini "Humanismus" und "Humanist": Kristeller (1988); über den Unterschied des mittelalterlichen und des Renaissance-Humanismus: McLaughlin (1988).

Gesamtsumme "Gesellschaft", so daß die moralische Kommunikation "Erziehung" sich nur noch auf *diverse* Abnehmer beziehen kann.

Mit dieser Komplikation rechnet die universalistische Theorie der Erziehung *nicht*. Aber "Gerechtigkeit", "Mündigkeit" oder auch nur "Emanzipation" lassen sich wohl universell kommunizieren, aber nicht auf eine gleiche Universalität hin anwenden. Wenn also Erziehung zur Humanität praktisch werden soll, fehlt das einheitliche Objekt; bei *vielfachen* Objekten aber löst sich der Zielbegriff auf, weil jedes Objekt nicht nur anders reagieren kann, sondern auch je anders angesprochen werden muß. Selbst die Kommunikation "universeller Werte" ist nie selbst *universell*, weil je nationale oder nationalkulturelle Besetzungen aus scheinbar *gemeinsamen* sehr *verschiedene* Begriffe und Konzepte der Moral machen.

Andererseits ist politische Toleranz inner- und zwischenstaatlich möglich, sofern *keine* pädagogische Mission vertreten wird (Walzer 1998)[51]. Das scheint die Bedingung auch für die humane Erziehung zu sein, der Verzicht auf Übergriffe, während universelle Werte nur dann greifen, wenn sie *stören* können. Es sind Werte der moralischen Kritik, nicht einfach Konventionen, die partikulare Verwendung finden. Damit ist die Lösung ein Dilemma: Toleranz in der Differenz ist nur durch Verzicht auf Übergriffe möglich, Übergriffe sind immer dann notwendig, wenn moralische Universalien verletzt werden. Die Geschichte der Folter kann nicht ohne universelle Verdammung geschrieben werden, Rücksicht auf die Motive der Täter kann es nicht geben (Peters 1991).

Aber so eindeutig liegen die pädagogischen Verhältnisse nicht, zumal nicht angesichts der *camouflage* totalitärer Erziehung mit humanistischer Absicht. Jedes Erziehungssystem kann sich selbst "humanistisch" nennen, und wäre Differenz (zwischen Kulturen oder Gruppen) das letzte Wort, wäre es unmöglich, der *Absicht* angesichts der *Praxis* zu widersprechen. Andererseits soll eine universalistische Erziehung die Differenz aufheben, unabhängig davon, wie sie je beschaffen ist. Das erst schafft den Konflikt, die nominelle Anerkennung *und* Aushebelung der Differenz; man kann nicht *Unterschiede* anerkennen oder ausdrücklich begrüßen und zugleich allen Kindern *ein* und *dieselbe* Erziehung erteilen, nur weil die universalistische Moral das verlangt.

Andererseits ist Humanität, verstanden als Erwartung des Umgangs, nicht teilbar. Die Spannung zwischen Unteilbarkeit einerseits und persönlichen Zielen andererseits (Nagel 1991, 47) besteht *nicht*, weil "Humanität" zum persönlichen Ziel werden kann, ohne *dadurch* partiell oder subjektiv zu werden. Das Ziel kann nur darin bestehen, das gleiche Resultat - Humanität - für jedermann zu erreichen (ebd., 48), also auf egoistische Teilungen zu verzichten. Allerdings verlangt das Ziel eine persönliche Überset-

---

[51] Walzer (1998, 23-48) unterscheidet fünf Systeme der politischen Toleranz, nämlich *multinationale Imperien*, die *internationale Gemeinschaft*, diverse *Konföderationen, Nationalstaaten* und *Einwanderungsgesellschaften*.

zung, man kann nur Humanität befördern, wenn unpersönliche Gründe verschwinden (ebd., 50). "Each individual's personal motives exercise a certain amount centrifugal force, which can be contained up to a point by impersonal values, but only up to a point" (ebd., 51). Anders wäre persönliche Verpflichtung nicht möglich, die Humanität verlangt, gerade *weil* und *soweit* sie als allgemeine Erwartung kommuniziert wird.

"Natur" und "Gesellschaft" sind demgegenüber *abstrakte* Größen, unbeschadete Universalismen, die geeignet sind für Legitimation, aber nicht für Verantwortung. Mit ihnen ist *plurale Vorsicht* überflüssig, die Einheit ist immer schon hergestellt; Humanität, andererseits, liegt gar nicht nahe, weil sie militante Allgemeinheit ausschließt. "Humanität" ist, wenn irgend etwas, dann ein *Erwartungstest*, keine *garantierte* Allgemeinheit wie Natur oder Gesellschaft. Wie immer sich anthropologische oder soziologische Theorien unterscheiden mögen, ihr *Objekt* steht fest und ist nur *einheitlich* zugänglich. Entsprechend kann die Erziehung sich nur auf eine verallgemeinerte Natur oder auf eine verallgemeinerte Gesellschaft beziehen, ohne einen humanistischen Vorbehalt machen zu müssen. Militant ist diese Strategie, weil sie Alternativen kategorisch ausschließt und zugleich bestimmte Konsequenzen erzwingt, etwa solche der vererbten Natur oder solche der vererbten Gesellschaft.

Der humanistische Vorbehalt bezieht sich auf Intentionen und Konsequenzen der Erziehung gleichermaßen. Unter Berufung auf die Natur des Menschen oder die Gesellschaft läßt sich jede Intention rechtfertigen, ohne auf Konsequenzen achten zu müssen; gleichermaßen lassen sich auch beliebige Konsequenzen mit "Natur" oder "Gesellschaft" rechtfertigen, wie etwa an der Geschichte der pädagogischen *Opfer* abgelesen werden kann[52]. Ein humanistisches Argument zwingt zur Vorsicht, es ist *nicht* alles zulässig, was mit "Natur" oder "Gesellschaft" legitimiert werden kann, eine Reduktion der pädagogischen Möglichkeiten ist nur mit einem menschlichen Maß zu erreichen, also nicht mit Allgemeinbegriffen, sondern mit Erfahrungsbilanzen, die sich von Erziehungsideologien unabhängig halten können. Natur und Gesellschaft aber sind seit dem 17. Jahrhundert immer die beiden Optionen gewesen, die pädagogische Ideologien - Generalklauseln der "wahren" Erziehung - angereizt haben.

Erziehung *in Humanität* ist möglich als *Grenzsetzung* der Erziehung, was gleichbedeutend ist mit dem Verzicht auf abstrakte Teleologien oder auf die generelle Erwartung des Gelingens, die sich nur mit scharfen Abstraktionen erreichen läßt. Seit Rousseau ist die pädagogische Theorie weitgehend identisch mit suggestiven Illusionen gewesen, die immer das *Allgemeine* oder das *Wesen* von Mensch, Welt und Erziehung bestimmen sollten (Oelkers 1998). Auf diese Substantialität ist nur trügerischer Verlaß, weil zwar die Theorie die Intention der Erziehung bestätigen kann, aber für die

---

[52] Die Diktaturen des 20. Jahrhunderts sind sämtlich pädagogische Diktaturen gewesen, die auf Opfer nicht achten mussten und die Täter mit einer Mission ausstatten konnten (Oelkers 1998a, Kap. 4.2.).

Folgen nicht verantwortlich ist. Humanität aber ist Übernahme der Folgelast und so der Verantwortung für jene Risiken, die die Erziehung selbst erzeugt. Je großflächiger ihr Geschäft angenommen wird, desto leichter ist es, sich der Verantwortung zu entziehen.

Wenn "Pluralität" die Modualisierung der sozialen Erfahrungsräume bedeutet, also die immer weitergehende Abschottung von Zielgruppen gegenüber anderen, fremden Gruppen, dann fehlt auch einer human intendierten (und so vorsichtigen) Erziehung der Adressat und so der Aktionsraum. Daher verlangt gerade die fortschreitende Pluralisierung von Kulturen, Lebenswelten oder Assoziationen Foren der Öffentlichkeit, die Absichten und Konflikte der Erziehung transparent halten. Der Rückzug auf die eigenen Module muß gestört werden können, was das pädagogische Dilemma wiederholt und aber unvermeidlich ist, weil keine soziale Gemeinschaft von sich aus über Perfektion verfügt und keine Erziehung Fehler vermeiden kann, die öffentliches Lernen anregen müssen.

"Humanität" ist kein Postulat, keine bloße *Rede von*; man könnte von einem mißtrauischen Optimismus sprechen, der sich den großen Entwürfen verweigert, weil menschliches Maß sich nicht aus den guten Vorsätzen ergibt. Die Geschichte macht mißtrauisch, Handeln verlangt die Option des Gelingens, also Optimismus. Die pädagogische Intention wird gezähmt, wenn das *Scheitern* der Vergangenheit die Erwartung der Zukunft verunsichern kann. "Humanität" ist dafür ein Grenzbegriff, er weiß um die Arroganz des Bösen, wie Samuel Formey, der schärfste Kritiker Rousseaus[53], im ersten Band des *philosophe chrétien* darlegte (Formey 1752, t. I/ 137ff.)[54].

Im "Essai sur le goût" - geschrieben für die Encyclopédie - merkt Montesquieu an, welche mentalen Voraussetzungen verlangt sind, wenn sich der Geist (esprit) auf extreme Besonderheit einstellen soll[55]. Verlangt sind Neugier, Vergnügen an Ordnung *und* Variation, ebenso Vergnügen an Symmetrie *und* Kontrast, sowie das Lernen mit und aus Überraschungen (surprises) (O.C. III/ 616-626). Die Progression des Überraschenden belehrt durch *Staunen* (ebd., 632/633). Nur dann bleibt die Seele unruhig (incertaine) genug, mit dem Neuen leben zu können (ebd., 633). Die ständige Innovation aber ist das Fatum der Erziehung unter der Bedingung einer Gesellschaft, die Partikularität aushalten muß, weil und soweit sie Einheit nicht mehr sein kann.

---

[53] "Anti-Emile" (neue Ausgabe 1763).
[54] Die Begründung ist allerdings ähnlich der Rousseaus, nämlich eine Verfallsannahme im Blick auf Missbrauch von Reichtum und Luxus (Formey 1752, T. II/ 142f.).
[55] Darauf reagiert Talent, einhergehend mit Geschmack. "L'esprit consiste à avoir les organes bien constitués, relativement aux choses où il s'applique. Si la chose est *extrêmement particulière*, il se nomme *talent*; s'il a plus de rapport à un certain plaisir délicat des gens du monde, il se nomme *goût*; si la chose particulière est unique chez un peuple, le talente se nomme *esprit*" (O.C. III/ 616; Hervorhebungen J.O.).

Literatur

H. BLOOM, The Western Canon. The Books and School of the Ages. New York/San Diego/London: Harcourt Brace & Company 1994.

J. BODIN, Les six livres de la République. Un abrégé du texte de l'édition de Paris de 1583. Ed. par G. MAIRET. Paris: Librairie Générale Française 1993.

E. CALLAN, Creating Citizens. Political Education and Liberal Democracy. Oxford: Clarendon Press 1997.

P. COUSTEL, Les regles de l'education des enfans, Où il est parlé en détail de la maniere dont il se faut conduire pour leur inspirer les sentimens d'une solide pieté & pour leur apprendre parfaitement les belles Lettres. T. I/II. Paris: Estienne Michallet 1687.

P.-H. TH. D'HOLBACH, Système des la nature ou des lois du monde physique et du monde moral. Nouvelles édition, avec des notes et des corrections, par Diderot. Ed. et intr. par Y. BELAVAL. T. I/II. Repr. der Ausgabe Paris 1821. Hildesheim/Zürich/New York 1994.

J. DE LA SERRE, La vie heureuse ou l'homme content; enseignant l'art de bien vivre. Où les plus belles Maximes de la Morale sont representées par divers Exemples Historiques, qui peuvent servir à conduire nos passions, à pratiquer la Vertu, & fuïr les Vices. Nouvelle édition. Paris: la Veuve de J. Charpentier 1723 (erste Ausg. 1666).

CHR. DE PIZAN, The Book of Body Politic. Transl. and ed. by K. LANGDON FORHAN. Cambridge: Cambridge University Press 1994 (= Cambridge Texts in the History of Political Thought, ed. R. GEUSS/QU. SKINNER).

A. FAIVRE, Accès de l'ésotérisme occidental. T. I/II. Nouvelle édition revue. Paris: Gallimard 1996 (erste Ausg. 1986).

S. FORMEY, Le philosophe chrétien. T. I-IV. Seconde édition revue et augmentée. Leyde: Elie Luzac, Fils 1752, 1757.

TH. HOBBES, Leviathan. Ed. and intr. by C.B. MACPHERSON. Harmondsworth, Middlesex: Penguin Books 1968 (repr. 1986) (original 1651).

TH. HOBBES, Vom Menschen. Vom Bürger. Hrsg. v. G. GAWLICK. 2., verb. Aufl. Hamburg 1966.

H.S.J. HUGO, Pia Desideria Emblematis, Elegiis & affectibus S Patrvm illustrata.. Antverpiae: Typis Henrici Aertssenii 1628.

J. KEKES, Facing Evil. Princeton, N.J.: Princeton University Press 1990.

P.O. KRISTELLER, Humanism, in: C.B.SCHMITT/Q. SKINNER/E. KESSLER (Eds.), The Cambridge History of Renaissance Philosophy. Cambridge: Cambridge University Press 1988, 113-137.

LA ROCHEFOUCAULD: *Maximes* suivies des Réflexions diverses, du Portrait de La Rochefoucauld par lui-même et des Remarques de Christiane de Suède sur les Maximes. Ed. par J. TRUCHET. Troisième édition revue et augmentée. Paris: Classiques Garnier 1992 (erste Ausg. 1665).

K. LANGDON FORHAN/C.J. NEDERMAN, Medieval political Theory. A Reader: The Quest for the Body Politic, 1100-1400. Cambridge: Cambridge University Press 1993.

D. LEDUC-FAYETTE, Jean-Jacques Rousseau et le mythe de l'antiquité. Paris: Librairie philosophique J. Vrin 1974.

J. LOCKE, Ein Brief über die Toleranz. Englisch-deutsche Ausgabe. Uebers. u. hrsg. v. J. EBBINGHAUS. Hamburg 1975.

R. MAUZI, L'idée du bonheur dans la littérature et la pensée françaises au XVIIIe siècle. Troisième édition. Paris: Librairie Armand Colin 1967 (erste Aufl. 1960).

M. MCLAUGHLIN, Humanist Concepts of Renaissance and the Middle Ages. In: Renaissance Studies 2 (1988), 131-142.

R. MERCIER, L'enfant dans la société du XVIIIs siècle (Avant l'*Emile*). Thèse complémentaire pour le Doctorat des Lettres présentée à la Faculté des Lettres de l'Université de Paris. Paris 1961.

MONTESQUIEU: Oeuvres Complètes, éd. A. MASSON, t. I-III. Paris: Les Editions Nagel 1950.
TH. NAGEL, Equality and Partiality. New York/Oxford: Oxford University Press 1991.
M.C. NUSSBAUM, Cultivating Humanity. A Classical Defense of Reform in Liberal Education. Cambridge/Mass., London: Harvard University Press 1997.
J. OELKERS, Theorie der Erziehung. Vorlesung an den Universitäten Bern und Zürich im Sommersemester 1998, Ms. Bern 1998a.
J. OELKERS, Erziehung als Vollendung: Kritische Ueberlegungen zu einem pädagogischen Ideal, in: CHR. LUETH/CHR. WULF (Hg.), Vervollkommnung durch Arbeit und Bildung? Weinheim 1997.
J. OELKERS, Jenseits von Menschenbildern: Pädagogische Anthropologie, in: A.M. STROSS/F. THIEL (Hg.), Erziehungswissenschaft, Nachbardisziplinen und Öffentlichkeit. Themenfelder und Themenrezeption der allgemeinen Pädagogik in den achtziger und neunziger Jahren, Weinheim 1998.
J. OELKERS, Pädagogische Ethik. Eine Einführung in Probleme, Paradoxien und Perspektiven, Weinheim/München 1992.
E. PETERS, Folter. Geschichte der peinlichen Befragung. Uebers. v. J.-C. ROJAHN; m.e.Vorw.v. K. GROENEWOLD, Hamburg 1991 (amerik. Orig. 1985).
PLUTARCH: Moralia. Volume V. Greek-English Edition. transl. by F. COLE BABBIT. Cambridge/Mass./London: Harvard University Press 1936 (repr. 1993).
G. REALE, Zu einer neuen Interpretation Platons. Eine Auslegung der Metaphysik der grossen Dialoge im Lichte der 'ungeschriebenen Lehren'. Uebers. v. L. HOELSCHER, eingel. v. H. KRAEMER, Paderborn/München/Wien/Zürich 1993 (ital. Orig. 1989).
J.-J. ROUSSEAU, Oeuvres Complètes, ed. B. GAGNEBIN/M. RAYMOND, t. III: Du Contrat Social. Ecrits Politiques. Paris: Editions Gallimard 1964.
J.-J. ROUSSEAU, Oeuvres Complètes, éd. B. GAGNEBIN/M. RAYMOND, t. IV: Emile. Education - Morale - Botanique. Paris: Editions Gallimard 1969.
A. VARET, De l'education chretienne des enfans selon les maximes de l'ecriture des Saints Peres de l'Eglise. Seconde edition revue & augmenté. Paris: Pierre Prome 1667 (erste Aufl. 1666).
I.O. WADE, The clandestine Organization and Diffusion of the Philosophic Ideas in France from 1715 to 1750. Princeton, N.J.: Princeton University Press 1938.
M. WALZER, Über Toleranz. Von der Zivilisierung der Differenz. Uebers. v. CHR. GOLDMANN; Nachw. v. O. KALLSCHEUER, Hamburg 1998. (amerik. Orig. 1997).

Religionspädagogik und Reformpädagogik - Eine problematische Affinität?
Einige unausgewogene Bemerkungen

Achim Leschinsky

Wenn man religionspädagogische Ansätze und Diskussionen aus den letzten Jahrzehnten in der Bundesrepublik Revue passieren läßt, kann man sich des Eindrucks nicht erwehren, daß reformpädagogische Orientierungen zunehmend an Einfluß gewonnen haben und weiter gewinnen (Kluchert/Leschinsky 1998; Nipkow/Schweitzer 1991-1994). Die entsprechenden Konzepte sind nicht so sehr ein bewußter historischer Rückgriff, zumal eine solche Rekonstruktion komplizierte Differenzierungen erfordert - zwischen der Reformpädagogik und religionspädagogischer Reformbewegung um die Wende vom 19. zum 20. Jahrhundert bzw. in den ersten Jahrzehnten dieses Jahrhunderts - und selbst weitere Forschungen notwendig macht, wie dies jüngst von verschiedenen Autoren vor Augen geführt worden ist.[1] Vielmehr setzen sich in dem neueren religionspädagogischen Denken auf gewissermaßen naturwüchsigem Wege Anschauungen und Forderungen durch, die im weiteren Sinne dem Bestand reformpädagogischer Überzeugungen zuzurechnen sind. Dazu gehören - abgesehen von einzelnen konkreten Reformpostulaten - das Bemühen um einen stärkeren Praxis- und Lebensbezug, die besondere Akzentuierung der Beziehungsdimension (gegenüber der Sachdimension), das Abstellen auf die Subjektivität und die Entwicklung der Kinder, die Betonung emotionaler (statt kognitiver) Qualitäten und die ausgeprägte Skepsis gegenüber dem institutionellen Gefüge von Unterricht und Schule, die nur als mechanische Lernschule erscheint.

Eine solche zusammenfassende Charakteristik bietet sicher ihre eigenen Probleme, weil sie die Motive und konkreten Argumentationslinien der verschiedenen neueren religionspädagogischen Konzepte außer acht läßt. Vor allem kann durch Ausblendung der Tatsache, daß sich diese Ansätze gegen ein bestimmtes Bild von Unterricht und Schule kritisch absetzen, dem Irrtum Vorschub geleistet werden, in Wirklichkeit stünde mit der Schule alles zum Besten und Kritik - welcher Provenienz auch immer - sei überflüssig. Soviel macht die vorstehende Aufzählung von Merkmalen aber deutlich, daß die Eigenheit reformpädagogischer Orientierungen nicht einfach nur auf der unterrichtsmethodischen Ebene gesucht wird.

Eine solche Affinität der neueren Religionspädagogik zu reformpädagogischen Überzeugungen verdient insofern Aufmerksamkeit, als sie historisch keineswegs selbstverständlich ist. Die Anfänge des Religionsunterrichts in der (alten) Bundesrepu-

---

[1] Vgl. dazu die Beiträge zum Thema Pädagogik und Religionspädagogik in: Der Evangelische Erzieher. Zeitschrift für Pädagogik und Theologie 49 (1997).

blik setzten sich bekanntlich - zumal auf evangelischer Seite - gerade kritisch von den Ansätzen der konfessionellen Reformpädagogik ab, die bis in die Zeit des Nationalsozialismus hinein das Feld weitgehend dominiert hatte. Den unterschiedlichen religionspädagogischen Varianten wurde vorgehalten, den christlichen Glaubensanspruch durch Psychologisierung und Moralisierung verfehlt zu haben. Dem widerspricht nicht, daß H. Kittel als einer der Hauptvertreter der Evangelischen Unterweisung nach Ende des Zweiten Weltkrieges (Kittel 1949) der Reformpädagogik bei den Unterrichtsmethoden - auch für den Religionsunterricht selbst - weitgehende Bedeutung zumaß (Kittel 1947). Auch die religionsdidaktische Entwicklung der Folgejahre ist keineswegs als Rückkehr zu den reformpädagogischen Positionen der Vergangenheit zu interpretieren. Die Überwindung der Evangelischen Unterweisung, die vom Ausgangspunkt der kirchlichen Gemeinde konzipiert gewesen war, erfolgte vielmehr in Annäherung an Möglichkeiten und Aufgaben der Schule, auch wenn dies keineswegs den Verzicht auf eine Kritik an den Unvollkommenheiten dieser Einrichtung einschloß.[2] Unüberholt erscheint mir in dieser Balancierung von Kritik und Nutzung der Schule für die Zwecke des evangelischen Religionsunterrichts nach wie vor der thematisch-problemorientierte Ansatz, an dessen Ausarbeitung seit den sechziger Jahren K.E. Nipkow maßgeblich beteiligt war.

Neuere religionspädagogische Konzepte haben über die damit erreichte Position in meinen Augen nicht hinausführen können. Es ist vielmehr in Theorie und Praxis des Religionsunterrichts die (Wieder-)Belebung reformpädagogischer Orientierungen zu beobachten, die erneut von der Anerkennung der institutionellen Eigenheiten und bildungstheoretischen Leistungen der Schule abführen. Schließt sich auf diese Weise ein Kreis, der mit der religionspädagogischen Reformbewegung zu Anfang dieses Jahrhunderts begonnen hat? Bedeutet die neuere Entwicklung wirklich ein Wiederaufgreifen der früheren historischen Positionen? Und worin ist die Ursache für eine solche scheinbar vorwärtstreibende Dynamik der religionspädagogischen Entwicklung zu sehen?

Reformpädagogik als Moment der Trennung von Erziehungswissenschaft und Religionspädagogik

Zu Recht ist konstatiert worden, daß zwischen der Religionspädagogik und der Erziehungswissenschaft gegenwärtig nur wenig direkte Beziehungen bestehen (z.B. Kliss 1997). Dies schließt nicht aus, daß man wechselseitig Entwicklungen zur Kenntnis nimmt und vor allem von seiten der Religionspädagogik Bezüge zur allgemeinen erziehungswissenschaftlichen Diskussion während der letzten Jahrzehnte hergestellt

---

[2] Die Beobachtung von O. Kliss, daß in den sechziger und siebziger Jahren das Interesse der Religionspädagogen an der Reformpädagogik stark zurückgegangen ist, gehört in diesen Zusammenhang; vgl. Kliss, 1997, 398.

werden. Aber es sind nur Ausnahmen, zu denen K.E. Nipkow im vergangenen Zeitraum an hervorragender Stelle gehört hat, die sich souverän in beiden Feldern bewegen und hier wie dort zur Weiterentwicklung beitragen. Sicher wird man in dieser Trennung von Religionspädagogik und Allgemeiner Erziehungswissenschaft auch das Ergebnis einer generellen historischen Tendenz zur fortschreitenden Differenzierung und Spezialisierung sehen können, die bekanntlich vor der Wissenschaft nicht nur nicht haltgemacht hat, sondern in deren eigener Dynamik begründet ist (Stichweh 1987; Weber 1992). Darüber hinaus hat auch die weitgehende Säkularisierung der Gesellschaft, die wiederum gerade von der Wissenschaft befördert wird, dazu beigetragen, daß die Religionspädagogik unter den erziehungswissenschaftlichen Subdisziplinen gegenwärtig eher eine Randposition einnimmt. Gemessen am Ausgangspunkt der Entwicklung kann die Entfernung der Religionspädagogik aus den allgemeinen erziehungswissenschaftlichen Reflexions- und Diskussionsprozessen allerdings als geradezu dramatische Veränderung erscheinen.

Gleichgültig wie zwingend und von der Sache her gerechtfertigt man den Zusammenhang von christlicher Religion und Pädagogik ansieht, bildete faktisch die Religion bis in die Anfänge unseres Jahrhunderts das Zentrum pädagogischen Denkens und Handels. Die herkömmliche enge, bis in die Organisation hineinreichende Verbindung wurde zwar nicht erst durch Vertreter der "klassischen" Reformpädagogik in Frage gestellt, wohl aber grundsätzlich bestritten und aufgelöst. Von daher bietet es sich geradezu an, das aktuelle Verhältnis der Religionspädagogik zur Reformpädagogik unter der Perspektive zu betrachten, ob und wie die historisch verlorengegangene Nähe oder gar selbstverständlich erschienene Einheit im eigenen Interesse wiedergesucht wird (Schweitzer 1992, 255).

Ohne Zweifel finden sich schon während des 19. Jahrhunderts immer wieder und keineswegs nur auf pädagogischer Seite Stimmen, die die enge historische Verbindung von Kirche, Staat und Schule, von christlicher Religion und Pädagogik bekämpft oder in Zweifel gezogen haben. Ein führender Vertreter dieser liberalen Opposition, die sich in der frühen Lehrerbewegung herausbildete, ist bekanntlich F.A. Diesterweg (Bloth 1966, 1979; Bolle 1988; Dienst 1989; Schweitzer 1992) gewesen. Für seine Überlegungen, die sich auch auf die Organisation und Gestaltung des schulischen Religionsunterrichts bezogen, hat die Tatsache der geistlichen Schulaufsicht offensichtlich eine ausschlaggebende Bedeutung gehabt. Auf breiter Front ist die fehlende Trennung von christlicher Religion, Bildung und Schule, von der die geistliche Schulaufsicht ja nur ein - für die Lehrer allerdings besonders anstößiger - Teil war, in der Reformbewegung angegriffen worden, die nach traditionellem Verständnis im ersten Drittel dieses Jahrhunderts angesiedelt ist.[3]

---

[3] Die Anfänge kann man bereits in dem berühmt-berüchtigten kaiserlichen Erlaß vom 1. Mai 1889 sehen (Michael/Schepp 1993); denn einerseits wird als eine der hauptsächlichen Aufgaben der Volksschule die "Pflege der Gottesfurcht" mit ihren herrschaftsstabilisierenden Effekten bezeich-

Bis zu dieser Zeitspanne schien es kaum ernsthaft möglich, der christlichen Religion im deutschen Schulwesen ihre zentrale Rolle zu nehmen. (Dies hat in der älteren Geschichtsschreibung bekanntlich zu der irrigen Annahme beigetragen, der Aufbau einer schulischen Bildungsinitiative gehe ursprünglich überhaupt auf rein geistliche Motive zurück.) Insbesondere unterlagen die sogenannten niederen Schulen kirchlich-religiösen Einflüssen: Sie waren konfessionell organisiert (Landé 1929, Leschinsky 1990), unterstanden (jedenfalls auf lokaler Ebene) meist geistlicher Aufsicht, bei den Inhalten dominierten religiöse Stoffe, die Ziele bestanden in einer sittlich-religiösen Charakterbildung. T. Ziller postulierte als einer der führenden Vertreter des einflußreichen Herbartianismus bekanntlich für die Volksschule das Ideal einer Gesinnungserziehung, in der sich die Einfügung des Individuums in Kirche und Gesellschaft auf der Grundlage christlicher Sittlichkeit vollziehen sollte (Ziller 1884; vgl. dazu auch Schweitzer 1992, 232 ff.). Der konfessionelle Religionsunterricht erhielt in Zillers Konzept nur deswegen als eigenes Fach einen untergeordneten Platz (als eine der "Nebenklassen"), weil für ihn die christlich-religiöse Erziehung insgesamt das einigende Band des allgemeinen schulischen Unterrichts (in den "Hauptklassen") war.

Gegen diese traditionelle Vorherrschaft der christlichen Religion in der Schule ist wie gesagt mit Nachdruck von Vertretern der Reformbewegung um die Jahrhundertwende Einspruch erhoben worden. Es ist hier nicht der Ort, die Legitimität des Begriffs "Reformpädagogik" und ihre historische Einordnung zu diskutieren, also der geisteswissenschaftlichen Konstruktion Nohls die tatsächliche Vielfalt und die unterschiedlichen Traditionslinien dieser Bewegung gegenüberzustellen (vgl. dazu Langewiesche/Tenorth 1989; Oelkers 1996; Ullrich 1990). Wichtig ist in diesem Zusammenhang nur die Aussage, daß im Gefolge der unterschiedlichen Reformbestrebungen die Trennung zwischen Erziehungswissenschaft und Theologie/Religionspädagogik angebahnt worden ist, die bis auf wenige Ausnahmen bis heute fortbesteht (vgl. z.B. Bloth 1959; Key 1902). Aufgrund der geschilderten Ausgangslage konnten die einzelnen Vertreter dieser "pädagogischen Bewegung" das Thema Religionsunterricht nicht nur von außen und negativ behandeln. Sofern sie sich nicht darauf beschränken wollten, nur unterrichtsmethodische Veränderungen für die Schule zu fordern, kamen sie selbst nicht um eine mehr oder weniger ausführliche Auseinandersetzung mit dem Phänomen der Religion und seiner Bedeutung für die kindliche Entwicklung bzw. die schulische Bildung umhin. Insofern sind in jüngster Zeit zu Recht Hinweise auf die "Religion der Reformpädagogen" (Koerrenz 1989; Koerrenz/Collmar 1994) (gerade auch solcher, die der christlichen Religion ablehnend gegenüberstanden) und auch die Schwierigkeiten einer eindeutigen Abgrenzung der verschiedenen reformpädagogischen Strömungen zu Beginn dieses Jahrhunderts und ihrer jeweiligen Vertreter in Anbetracht ihres religiö-

---

net. Andererseits wird offenbar die bisherige Form des schulischen Religionsunterrichts kritisiert und gefordert, "die ethische Seite desselben mehr in den Vordergrund treten zu lassen, dagegen den Memorierstoff auf das Notwendige zu beschränken" (ebd., 185).

sen Engagements erfolgt (Kliss 1997; Simon 1997).[4] Das Resultat erscheint wie bei vielen historischen Entwicklungen eindeutiger als der Prozeß, der dieses gezeigt hat.

Frühzeitig erkennbar ist das "Ergebnis" indessen in der zeitgenössischen Scheidung von Theologen und Religionspädagogen, die sich insgesamt noch in der religionspädagogischen Tradition des 19. Jahrhunderts verstanden und den christlichen Religionsunterricht reformieren wollten einerseits, und in weder kirchlich noch konfessionell orientierten Reformern andererseits gewesen (Bockwoldt 1977, 1982; Kabisch 1988; Wiater 1984). Auch zwischen diesen Gruppen bestanden Beziehungen, aber die Vertreter und Initiatoren moderner Religionspädagogik werden nur in der ersteren Gruppe, bei Baumgarten, Kabisch, Niebergall und Eberhard oder auch Foerster[5], gesehen. Diese Namen spielen für die Rezeption der Reformpädagogik in der Allgemeinen Erziehungswissenschaft heute jedoch allenfalls eine untergeordnete Rolle.

Reformpädagogische Orientierungen zur Überwindung der marginalen Positionen des Religionsunterrichts in der heutigen Schule?

Wahrscheinlich sind auch gegen die vorstehende Behauptung über die direkten Einflüsse der historischen konfessionellen Reformbewegung auf die heutige Entwicklung und Diskussion der Religionspädagogik Einwände möglich. Es kann durchaus bezweifelt werden, ob das Wissen um diese Tradition über einen engen Kreis von Fachleuten hinausgeht (vgl. dazu auch Osmer/Schweitzer 1997). Es gibt Anhaltspunkte dafür, daß die schroffe Ablehnung der Reformpädagogik, die sich seit den späten zwanziger Jahren durchsetzte (Bohne 1929; Dross 1964; Vrijdaghs 1989) und in die Position der "Evangelischen Unterweisung" nach Ende des Zweiten Weltkrieges mündete, zwischenzeitlich die Erinnerung an diese früheren Bestrebungen langfristig getilgt hat. Für diesen Einschnitt sind neben theologischen Veränderungen, konkret dem Einfluß der Dialektischen Theologie K. Barths, auch die Wirkungen des Nationalsozialismus verantwortlich gewesen, der der Schule jede Möglichkeit einer religiösen Erziehung im Sinne des Christentums gewaltsam genommen hat. Selbst bei der Gegenposition (in Form der Bekennenden Kisrche), die sich in Opposition zur nationalsozialistischen Schule verstand und ganz an Kirche, Taufe und Gemeinde orientierte, könnte man indessen fragen, wieweit dabei nicht ein genereller Vorbehalt gegenüber der Schule maßgeblich war, der in radikalen reformpädagogischen Vorstellungen schon angebahnt war. Aber solche Einflüsse wirken allenfalls untergründig - ebenso wie das heutige Wiedererstarken des reformpädagogischen Geistes in der Religionspädagogik wohl

---

[4] Es erscheint unter diesem Gesichtspunkt bezeichnend, daß sich in einem zeitgenössischen Standardwerk über die Reformpädagogik noch ein eigener Abschnitt über Erziehlichen Religionsunterricht findet (Karstädt 1926).

[5] Die Aufzählung stellt nicht zufällig die evangelischen Vertreter in den Vordergrund, weil Entwicklungen gerade von dieser Seite angestoßen wurden (siehe dazu aber Simon 1997).

vornehmlich auf Faktoren zurückgeht, die weniger in der Tradition als in der prekären Stellung des konfessionellen Religionsunterrichts in der heutigen Schule gründen.

Die Tendenz zur Abkehr von traditionellen schulischen Orientierungen läßt sich während der letzten Jahre in der Tat allgemein und nicht nur in der religionsdidaktischen Diskussion beobachten. Mit der Wendung gegen eine "erfahrungsferne Lernschule" vollzieht die neuere Religionspädagogik wahrscheinlich weniger eine bewußte Rückbesinnung auf frühere Ansätze als eine Anpassung an eine allgemeine schulpädagogische Entwicklung. War der schulische Religionsunterricht aufgrund der allgemeinen Ausrichtung der Schule an Qualifikation und Selektion in der jüngeren Vergangenheit zunehmend in eine Randposition geraten, so scheint sich nun unter einem neuen bildungspolitischen Vorzeichen umgekehrt die Chance zu eröffnen, daß der Religionsunterricht eine geradezu paradigmatische Reformfunktion erhält. Er rückt zwar nicht in einem inhaltlichen Sinne wieder ins didaktische Zentrum, aber das bisherige Defizit hinsichtlich der Vermittlung von Wissensinhalten und verwertbaren technischen Fertigkeiten, die im späteren Erwachsenenleben verwendet werden können, kann nun gerade als Vorteil gesehen werden: Die Kinder und Jugendlichen anzusprechen, ihr Wohlbefinden in einer widrigen institutionellen Umwelt zu fördern, mit ihnen eine Verständigung zu erreichen, erhält dann unabhängig von spezifischen religiösen Zielen eine eigenständige Bedeutung. Im übrigen wird man auch die Einflüsse des historischen Zeitgeistes in einer solchen Ausrichtung des konfessionellen Religionsunterrichts unschwer erkennen: In ihrer Folge erhielt der Religionsunterricht vielfach geradezu den Charakter einer Exklave bzw. eines systematischen Vorbehalts gegen die Institution Schule, deren Existenz paradoxerweise wieder mit den Mitteln dieser Institution behauptet und legitimiert wird.

Die Beobachtung, daß in der allgemeinpädagogischen Diskussion reformpädagogische Orientierungen (in dem oben beschriebenen Sinne) aktuell die Oberhand zu gewinnen scheinen, läßt sich nicht nur auf die bundesdeutschen Verhältnisse beziehen. Marksteine dieser Entwicklung sind sicher die nordrheinwestfälische Denkschrift über die "Zukunft der Schule" (Bildungskommission NRW 1995) sowie eine Veröffentlichung über die Grundschule im gleichen Tenor (Faust-Siehl u.a. 1996), gegen die allerdings auch erhebliche und zum Teil polemische Einwände erhoben werden (Fauser 1996; Giesecke 1996, 1998; Roeder 1997). Auch international macht sich nach dem Urteil zeitgenössischer Beobachter im Zuge der universalen Liberalisierung und Individualisierung eine entsprechende Tendenz bemerkbar (Meyer 1996). J. Meyer zieht aus seinen Analysen bzw. den verschiedenen Untersuchungen internationaler Curriculumentwicklungen durch seine Mitarbeiter den Schluß, daß die frühere Konzentration auf Wissen und Fertigkeiten, die von den Erwachsenen benötigt werden, generell durch eine solche auf die Entwicklung des Kindes abgelöst werde. Nach seiner Einschätzung führt diese Verschiebung gerade in Ländern mit einer hierarchischen System- und Bildungstradition - wie Deutschland - einen bedeutsamen Wandel herauf. Wenn sich die entsprechende Veränderung in Deutschland besonders deutlich gerade im Religionsunterricht abzeichnet, dürfte sicher eine Begründung darin zu sehen sein, daß hier nie eigentlich berufsrelevante technische Fertigkeiten und Elemente spezialisierter Erwachsenenrollen vermittelt wurden und werden mußten. Im Zusammenhang mit dieser Tatsache hat der Religionsunterricht sicher seit den sechziger und siebziger Jahren eine marginale Position im Kanon der deutschen Schule gehabt, scheint jedoch nun um so leichter diesem allgemeinen Trend Raum geben zu können. Wenn die Beobachtungen Meyers zutreffen, besteht - wie immer man diese Entwicklung beurteilt - mittelfristig nicht die Gefahr, daß der Religionsunterricht mit einer dominanten reformpädagogischen Orientierung *noch* weiter ins schulische Abseits gerät. Aber hat die geschilderte Entwicklung neben den erhofften Gewinnen für den konfessionellen Religionsunterricht nicht gleichzeitig auch Kosten, oder birgt die eingeleitete Tendenz nicht auch Risiken?

Unliebsame Nebenwirkungen der reformpädagogischen Anleihen für den Religionsunterricht

institutionell

Zunächst einmal ist darauf hinzuweisen, daß sich die von J. Meyer diagnostizierte universale Tendenz zu einer Bildungsdiffusion, bei der sich Inhalte und Zielsetzung von institutionalisierten Bildungsprozessen verschieben, in Deutschland keineswegs bruchlos durchsetzt. Die nationale Bildungstradition mit ihrer Konzentration auf einem kanonisierten Wissen war in einem hierarchisierten und stark selektiven Bildungssystem verankert, für das das Gymnasium gewissermaßen die Leitfunktion besaß. Auch wenn die inzwischen eingetretenen institutionellen und curricularen Veränderungen in der Bundesrepublik nicht unterschätzt werden dürfen, hat sich das traditionelle Strukturbild des deutschen Bildungssystems nicht grundsätzlich verändert; Gesamtschulformen, die mit den benannten inhaltlichen Verschiebungen konform sind, haben sich hierzulande nur zu einem geringeren Teil durchsetzen können. Neben der Konkurrenz zwischen den einzelnen Schulformen ist ein ausgeprägter Differenzierungsprozeß von Einrichtungen derselben Schulform zu beobachten, der die formal gesetzte Gleichheit von Abschlüssen und Berechtigungen unterhöhlt (z.B. Wiese 1986, Zymek 1993). Die aktuellen Bestrebungen zu einer Verstärkung der Autonomie der einzelnen Schulen, die mit den reformpädagogischen Orientierungen interessanterweise einhergehen, werden diese Tendenz voraussichtlich noch verstärken und die ohnehin bestehende soziale Ungleichheit im Bildungssystem weiter fördern (Avenarius u.a. 1998). Es ist jedenfalls eine interessante empirische Fragestellung, inwieweit traditionelle Bildungseliten sich den weitreichenden Veränderungen des Bildungswesens tendenziell entziehen bzw. ihnen eine andere Bedeutung zu geben vermögen.

Sicher wäre die Erwartung naiv, der schulische Religionsunterricht könne in diesem Spannungsfeld einen entscheidenden Part übernehmen. Vielmehr erscheint er in der

Rolle eines passiven Objekts, die freilich durch die beschriebene didaktische und faktische Entwicklung noch begünstigt wird. Denn auch das Bemühen um eine reformpädagogische Öffnung und das Erlebnis einer wiedergewonnenen Einheit mit der "reformpädagogischen Bewegung" befreit den konfessionellen Religionsunterricht in der Gegenwart nicht von der Sorge um seine Verankerung in der Schule.

Wie schwach auch immer der institutionelle und bildungstheoretische Rückhalt des Religionsunterrichts in der Schule letztlich (gewesen) ist (vgl. dazu auch Tenorth 1997), er dürfte in der Konsequenz der verstärkten reformpädagogischen Orientierung des Religionsunterrichts noch geschmälert worden sein. Das Bundesverfassungsgericht hat dem konfessionellen Religionsunterricht in der Schule Ende der achtziger Jahre "nicht als bloße(r) Morallehre, Sittenunterricht, historisierende(r) und relativierende(r) Religionskunde, Religions- oder Bibelgeschichte" den Status eines ordentlichen Lehrfachs zuerkannt. Nach höchstrichterlicher Auffassung ist "sein Gegenstand ... vielmehr der Bekenntnisinhalt, nämlich die Glaubenssätze der jeweiligen Religionsgemeinschaft" (BVerfGE 74, 244 ff., hier 252 f.). Auch von den Kirchen in der Bundesrepublik selbst muß der schulische Religionsunterricht als Ort der Vermittlung religiöser Traditionsgüter gerechtfertigt werden, weil sich anders die Gefahr der Instrumentalisierung der Religion stellt. Die unerwünschten Nebenwirkungen einer Argumentation, die vornehmlich auf den sittlichen und politischen Nutzen der Religion abstellt, sind schon von Friedrich Schleiermacher erkannt und dargestellt worden: Einerseits werde auf diese Weise "zum Schimpfe der Menschheit ihr erhabenstes Kunstwerk [d.i. die staatliche Gemeinschaft] für eine Wucherpflanze (erklärt), die nur von fremden Säften sich nähren kann" (1799, 34), andererseits würde der Wert der Religion von äußeren Zwecken zum Nachteil der Religion abhängig gemacht. "Dieser würde ... gering genug sein, ich wenigstens würde kärglich bieten, denn ich muß es nur gestehen, ich glaube nicht, daß es so arg ist mit den unrechten Handlungen, welche sie haben verhindert und mit den sittlichen, welche sie erzeugt haben soll. Sollte das also jetzt das Einzige sein, was Ehrerbietung verschaffen könnte, so mag ich mit ihrer Sache nichts zu tun haben. Selbst um sie nur nebenher zu empfehlen, ist es zu unbedeutend. Ein eingebildeter Ruhm, welcher verschwindet, wenn man ihn näher betrachtet, kann derjenigen nicht helfen, die mit höheren Ansprüchen umgeht" (ebd., 37).

inhaltlich

Bedenken gegen die skizzierte reformpädagogische Orientierung des (konfessionellen) Religionsunterrichts leiten sich nicht nur aus der Begründungsproblematik her, sondern gründen auch auf dem Eindruck, daß der generellen Säkularisierung und Laisierung damit von seiten der Religionspädagogik selbst Vorschub geleistet wird. Ein solcher Verdacht ist schwer zu formulieren, wenn er - wie in diesem Falle - von außen vorgebracht wird. Das Problem ist aber mit der Feststellung angesprochen, daß ein moderner Religionsunterricht - in Verlängerung von Meyers Überlegungen - nur recht allgemein bleibende Eindrücke von der Religion mit gelegentlichen eklektischen Zuspitzungen, aber schwerlich noch ein genaues Bild der (dogmatischen) Eigenheiten der verschiedenen Konfessionen vermittelt. Das Problem besteht allgemein darin, daß Inhalte in gewissem Sinne beliebig, verfügbar oder verzichtbar werden, ohne daß dafür auf allgemein akzeptierte Selektionskriterien zurückgegriffen werden kann. Jedenfalls werden diese nicht einer kritischen Diskussion und Reflexion ausgesetzt. Gerade die historische Reformbewegung zu Anfang dieses Jahrhunderts hat sehr nachdrücklich vor Augen geführt, welche fatalen Folgen damit entstehen konnten: Ein Großteil der Zeitgenossen, die sich mit der Religion in der Schule beschäftigten, hatte bekanntlich mit der Forderung keine Mühe, das Alte Testament und seine Stoffe als ungeeignet und "undeutsch", weil semitisch, nicht nur im Unterricht zu reduzieren, sondern möglichst ganz zu eliminieren.[6] Von derartigen "Lösungen", zu denen auch die damalige Theologie beigetragen haben dürfte, ist man aus der historischen Erfahrung heute unzweifelhaft weit entfernt. Dennoch bleibt das Problem der Nivellierung religiöser Traditionen, Dogmen und Inhalte, die durch den Pluralismus von Bekenntnissen noch verstärkt wird. Die Antwort, die in der Denkschrift der Evangelischen Kirche von 1994 auf diese Entwicklung gegeben wird, scheint allerdings geradezu münchhausensche Züge zu tragen, insofern der Zugang zur Pluralität religiöser Lebenswelten von der eigenen Selbstinterpretation (und nicht durch distanzierende, "transzendentale" Metareflexion) konstruiert wird, d.h. gerade die Vielfalt der eigenen "Einzelheit" Halt geben soll (Kirchenkanzlei der EKD 1994).

pädagogisch

Es scheint allerdings, als bewegten sich viele religionspädagogische Ansätze der Gegenwart mit ihrem ausgeprägt sozialpädagogischen/-therapeutischen Aufgabenverständnis von vornherein hauptsächlich in der Tradition der christlichen Diakonie. Ihr Interesse ist dementsprechend nur z.T. als fachdidaktische Spezialität zu fassen; oft sind die diesbezüglichen Konzepte nur Teile eines weitergehenden Reformanspruchs, der auf die Einrichtung der Schule insgesamt gerichtet ist. Ihre Aufgaben werden in der zu Anfang bezeichneten Weise gekennzeichnet. Es lassen sich gute Gründe dafür angeben, daß und warum das Reformmotiv der Pädagogik gewissermaßen immanent ist (Koerrenz 1994; Luhmann/Schorr 1988). Weil pädagogische Reformvorstellungen historisch gewissermaßen permanent anzutreffen waren, konnte die herkömmliche Eingrenzung der Reformpädagogik auf die Zeit um die Jahrhundertwende übrigens mit Recht bestritten werden. Nun ist zusätzlich darauf hingewiesen worden, daß dem kontinuierlich anzutreffenden pädagogischen Reformmotiv z.T. auch religiöse Wurzeln

---

[6] Zwar wird dieser skandalöse Sachverhalt, in dem sich der deutsche Rassismus mit seinen verhängnisvollen Folgen gerade im Raum des christlichen Glaubens ankündigte, in den einschlägigen Darstellungen nicht verschwiegen. Aber es fehlt eine systematische Auseinandersetzung damit.

zugrunde liegen, die auf die jüdisch-christliche Tradition zurückgehen (Koerrenz 1997). Mehr als die Notwendigkeit einer fortlaufenden Anpassung an den sozialen Wandel geben die entsprechenden Vorstellungen von "Paradies" und "Reich Gottes" den Reformimpulsen Nachdruck. Und die Vermutung liegt nahe, daß die Reformorientierung der Religionspädagogik von beiden Seiten, d.h. der religiösen und der pädagogischen Tradition, genährt wird.

Aber im Gegensatz zu der Erwartung, daß Wirklichkeitssinn und geistlicher "Selbstvorbehalt" für eine Nüchternheit des Reformwillens sorgen, scheinen sich beide Elemente in ihrem Zusammentreffen hier wechselseitig aufzuladen. Die pädagogische Reform der Schule wird quasi mit einem theologischen Heilsanspruch unterlegt, und das Verlangen nach Befreiung von institutionellen Zwängen und nach unmittelbarer Gemeinschaft tritt offenbar an die Stelle des prophetischen Pneumas, das ehemals "wie ein Feuer" durch die Glaubensgemeinden ging (vgl. dazu Schluchter 1981; Weber, 1992, 111).[7] Oder anders: Die Vorstellungen zielen auf eine Veränderung einer Einrichtung dieser Welt, aber die Motive sind nicht von dieser Welt.

Literatur

H. AVENARIUS/J. BAUMERT/H.-P. FUESSEL/R. DOEBERT (Hg.), Schule in erweiterter Verantwortung, Neuwied 1998.

BVERFGE (Entscheidungen des Bundesverfassungsgerichts), Bd. 74.

Bildungskommission NRW (Hg.), Zukunft der Schule. Schule der Zukunft. Denkschrift der Kommission "Zukunft der Bildung - Schule der Zukunft" beim Ministerpräsidenten des Landes Nordrhein-Westfalen, Neuwied, Kriftel, Berlin 1995.

H.G. BLOTH, Adolph Diesterweg. Sein Leben und Wirken für Pädagogik und Schule, Heidelberg 1966.

H.G. BLOTH, Adolph Diesterweg (1790-1866), in: H. SCHEUERL (Hg.): Klassiker der Pädagogik, Bd. 1: Von Erasmus von Rotterdam bis Herbert Spencer, München 1979, 283-298.

P.C. BLOTH, Der Bremer Schulstreit als Frage an die Theologie. Eine Studie zur Problematik des Religionsunterrichts in der Volksschule des frühen 20. Jahrhunderts, Inauguraldissertation, Münster 1959.

G. BOCKWOLDT, Religionspädagogik. Eine Problemgeschichte, Stuttgart/Berlin/ Köln/Mainz 1977.

G. BOCKWOLDT, Richard Kabisch. Religionspädagogik zwischen Revolution und Restauration, (Religionspädagogik heute, Bd. 10), Berlin ²1982.

G. BOHNE, Das Wort Gottes und der Unterricht. Zur Grundlegung einer evangelischen Pädagogik, Berlin 1929.

R. BOLLE, Religionspädagogik und Ethik in Preußen. Eine problemgeschichtliche Analyse der Religionspädagogik in Volksschule und Lehrerausbildung in Preußen von der Preußischen Reform bis zu den Stiehlschen Regulativen, Münster/New York 1988.

K. DIENST, Friedrich Adolph Wilhelm Diesterweg (1790-1866), in: H. SCHRÖER/D. ZILLEßEN (Hg.): Klassiker der Religionspädagogik, Frankfurt a.M. 1989.

R. DROSS, Religionsunterricht und Verkündigung. Systematische Begründungen der katechetischen Praxis seit der Dialektischen Theologie, Hamburg 1964.

---

[7] Insbesondere die Kirchentage scheinen von diesem politisch schwärmerischen Geist durchweht zu sein.

G. FAUST-SIEHL/A. GARLICHS/J. RAMSEGER/H. SCHWARZ/U. WARM, Die Zukunft beginnt in der Grundschule. Empfehlungen zur Neugestaltung der Primarstufe. Ein Projekt des Grundschulverbandes Arbeitskreis Grundschule - Der Grundschulverband - e.V. unter Mitarbeit v. K. Klemm, Reinbek b. Hamburg 1996.

P. FAUSER (Hg.), Wozu die Schule da ist. Eine Streitschrift der Zeitschrift Neue Sammlung, Seelze 1996.

H. GIESECKE, Wozu ist die Schule da? Die neue Rolle von Eltern und Lehrern, Stuttgart 1996.

H. GIESECKE, Kritik des Lernnihilismus - Zur Denkschrift "Zukunft der Bildung - Schule der Zukunft", in: Neue Sammlung 38 (1998), H.1, 85-102.

R. KABISCH, Wie lehren wir Religion? Versuch einer Methodik des evangelischen Religionsunterrichts für alle Schulen auf psychologischer Grundlage. Kommentar und pragmatische Bibliographie von G. Bockwoldt, (Documenta Paedagogica, Bd. 6), Hildesheim 1988.

O. KARSTÄDT (Hg.), Methodische Strömungen der Gegenwart, Langensalza [15]1926.

E. KEY, Das Jahrhundert des Kindes (1900). Übers. v. F. MARO, Nachdruck der dt. Erstausgabe von 1902, Königstein/T. 1978.

KIRCHENAMT DER EKD (Hg.), Identität und Verständigung. Standort und Perspektiven des Religionsunterrichts in der Pluralität. Eine Denkschrift der Evangelischen Kirche in Deutschland, Gütersloh 1994.

H. KITTEL, Evangelische Unterweisung und Reformpädagogik. Eine Untersuchung zur Methodenlehre evangelischer Unterweisung, Lüneburg 1947.

H. KITTEL, Vom Religionsunterricht zur Evangelischen Unterweisung, Wolfenbüttel [2]1949.

O. KLISS, Die Rezeption der sogenannten "Reformpädagogik" durch Religionspädagogik - zur Frage von "Erbe" und "Auftrag", in: Der Evangelische Erzieher 49 (1997), H. 4, 396-404.

G. KLUCHERT/A. LESCHINSKY, Glaubensunterricht in der Säkularität. Religions-pädagogische Entwicklungen in Deutschland seit 1945, in: Comenius-Institut (Hg.), Christenlehre und Religionsunterricht. Interpretationen zu ihrer Entwicklung 1945-1990, Weinheim 1998.

R. KOERRENZ, Hermann Lietz, Grenzgänger zwischen Theologie und Pädagogik. Eine Biographie, Frankfurt a. M. 1989.

R. KOERRENZ, "Reformpädagogik" als Systembegriff, in: Zeitschrift für Pädagogik 40 (1994), H. 4, 549-564.

R. KOERRENZ/N. COLLMAR (Hg.), Die Religion der Reformpädagogen. Ein Arbeitsbuch, Weinheim 1994.

R. KOERRENZ, Reform-Pädagogik-Theologie, in: Der Evangelische Erzieher 49 (1997), H. 4, 384-396.

W. LANDÉ, Höhere Schule und Reichsvolksschulgesetz, Berlin 1929.

D. LANGEWIESCHE/H.-E. TENORTH (Hg.), Handbuch der deutschen Bildungsgeschichte, Bd. 5, 1918-1945, Die Weimarer Republik und die nationalsozialistische Diktatur, München 1989.

A. LESCHINSKY, Das Prinzip der Individualisierung. Zur Dialektik der Auseinandersetzungen um die Konfessionsschule nach 1945, in: Recht der Jugend und des Bildungswesens 38 (1990), H. 1, 3-23.

N. LUHMANN/K.-E. SCHORR, Strukturelle Bedingungen von Reformpädagogik. Soziologische Analysen zur Pädagogik der Moderne, in: Zeitschrift für Pädagogik 34 (1988), 463-480.

J.W. MEYER, Die kulturellen Inhalte des Bildungswesens, in: 34. Beiheft, Weinheim/Basel 1996, 23-34.

B. MICHAEL/H.-H. SCHEPP (Hg.), Die Schule in Staat und Gesellschaft. Dokumente zur deutschen Schulgeschichte im 19. und 20. Jahrhundert, (Quellensammlung zur Kulturgeschichte, Bd. 22), Göttingen/Zürich 1993.

K.E. NIPKOW/F.SCHWEITZER (Hg.), Religionspädagogik. Texte zur evangelischen Erziehungs- und Bildungsverantwortung seit der Reformation, Bde 1, 2/1 und 2/2, Gütersloh 1991-1994.

H. NOHL, Die pädagogische Bewegung in Deutschland, in: H. NOHL/L. PALLAT (Hg.): Handbuch der Pädagogik. 1. Bd., Langensalza 1933, 302-374.

J. OELKERS, Reformpädagogik. Eine kritische Dogmengeschichte, Weinheim/Basel ³1996.

R. OSMER/F. SCHWEITZER, Reformpädagogik und Religionspädagogik in internationaler Perspektive. International-vergleichende Überlegungen am Beispiel der religions-pädagogischen Reformbewegung in den USA, in: Der Evangelische Erzieher 49 (1997), H. 4, 416-426.

P.M. ROEDER, Der föderalisierte Bildungsrat. Reformprogramme aus den Bundesländern, in: Zeitschrift für Pädagogik 43 (1997), H. 1, 131-148.

F. SCHLEIERMACHER, Über die Religion. Rede an die Gebildeten unter ihren Verächtern, Berlin 1799.

W. SCHLUCHTER, Die Zukunft der Religionen, in: Kölner Zeitschrift für Soziologie und Sozialpsychologie, 33 (1981), 605-622.

F. SCHWEITZER, Die Religion des Kindes. Zur Problemgeschichte einer religionspädagogischen Grundfrage, Gütersloh 1992.

W. SIMON, Die Reformpädagogik in der katholischen Religionspädagogik, in: Der Evangelische Erzieher 49 (1997), H. 4, 405-416.

R. STICHWEH, Die Autopoiesis der Wissenschaft, in: D. BAECKER u.a. (Hg.), Theorie als Passion, Frankfurt a.M. 1987, 447-481.

H.-E. TENORTH, Reform - Pädagogik - Religion, in: Der Evangelische Erzieher 49 (1997), H. 4, 376-384.

H. ULLRICH, Die Reformpädagogik - Modernisierung der Erziehung oder Weg aus der Moderne?, in: Zeitschrift für Pädagogik 36 (1990), H. 6, 893-918.

Verhandlungen über Fragen des höheren Unterrichts. Berlin, 4. bis 17. Dezember 1890. Im Auftrage des Ministers der geistlichen, Unterrichts- und Medicinal-Angelegenheiten, Berlin 1891.

B. VRIJDAGHS, Gerhard Bohne (1895-1977), in: H. SCHRÖER/D. ZILLEßEN (Hg.): Klassiker der Religionspädagogik, Frankfurt a.M. 1989.

M. WEBER, Wissenschaft als Beruf, in: Schriften und Reden (Studienausgabe) I/ Bd.17, hrsg. v. H. Baier u.a., Tübingen 1992.

W. WIATER (Hg.), Religionspädagogische Reformbewegung 1900-1933. Ausgewählte Reformdokumente zur evangelischen und katholischen Religionspädagogik (Documenta Paedagogica, Bd. 2), Hildesheim 1984.

W. WIESE, Schulische Umwelt und Chancenverteilung. Eine Kontextanalyse schulischer Umwelteinflüsse auf die statusspezifischen Erfolgsquoten in der Klasse 10 und der Oberstufe, in: Zeitschrift für Soziologie 3 (1986), 188-209.

T. ZILLER, Grundlegung zur Lehre vom Erziehenden Unterricht, Leipzig ²1884.

B. ZYMEK, Schulpolitik nach dem Ende der deutschen Schulgeschichte, in: D. BENNER/J. SCHRIEWER/H.-E. TENORTH (Hg.), Strukturwandel deutscher Bildungswirklichkeit. Wissenschaftliches Symposion am Institut für Allgemeine Pädagogik der Humboldt-Universität zu Berlin, 5.-7. Dezember 1992 (Arbeitstexte aus dem Institut für Allgemeine Pädagogik, 1), Berlin 1993, 15-28.

Schule - Religion - Zivilreligion
Zur weiteren Problematisierung eines jetzt schon schwierigen Verhältnisses

Heinz-Elmar Tenorth

In der religionspädagogischen Diskussion und Programmatik bewegt sich die protestantische Fraktion, anders als die katholische, der die konfessionelle Ambition weniger Probleme bereitet, in eigentümlich paradoxen Bahnen: Jede Zuschreibung, die sie in die Nähe von Glaube und Verkündigung bringt, wehrt sie entschieden ab; jede Bestimmung, aus der sich die Nähe, wenn nicht die Identität von Bildungsprozeß und religionspädagogischer Arbeit ergibt, schreibt sie sich, meist als Frucht und Ergebnis eines langen Lernprozesses ausgewiesen, als angemessenen Ausdruck der eigenen Absichten gerne zu. Gleichzeitig verteidigt die protestantische Religionspädagogik in ihren Hauptvertretern eine Form der religiösen Unterweisung, die in der Anbindung an Schule und in der Verantwortung der Kirchen allein staatskirchenrechtlich konsistent ist, aus vielen anderen Gründen aber höchst kontrovers beurteilt wird.

Niemand hat diese schwierige religionspädagogische Position des Protestantismus subtiler entworfen und reflektierter begründet als Karl-Ernst Nipkow. Niemand hat auch die sich daraus ergebenden theoretischen, institutionell-organisatorischen und pädagogisch-praktischen Anschlußprobleme sensibler und deutlicher eingeräumt als er, ohne daß er freilich vor der Schwierigkeit kapituliert hätte, einen konfessionell gebundenen, von den Kirchen getragenen und verantworteten, aber in der Schule stattfindenden Religionsunterricht zu gestalten (jüngst: Nipkow 1996).

Die Schwierigkeit des Problems besteht offenbar darin, daß die gleichzeitige Referenz auf Religion und Bildung mehrfache "Spannungsverhältnisse" (Schweitzer 1997, 88) eröffnet, die nicht als Widerspruch begriffen, sondern im Blick auf eine pädagogisch zu gestaltende Symbiose ausgehalten und bearbeitet werden sollen. Friedrich Schweitzer, der hier sicherlich authentisch die Probleme aufnimmt, die auch Nipkow thematisiert, hat erst kürzlich fünf Dimensionen dieses Spannungsverhältnisses, der "Dynamik ... im Verhältnis von Bildung, Schule und Religion", formuliert, die hier zitiert seien, um die wahrhaft schwierige Problemlage zu verdeutlichen:

(1) "Zur Bildung (gehört) zwar auch Religion, aber Glaube kann zumindest im christlichen Verständnis nicht Ziel der Bildung sein."
(2) "Religion gehört in die Schule, darf aber nicht verschult werden."
(3) "Religion braucht ein eigenes Fach, aber doch nicht in Isolation und auch nicht so, daß Religion nur im Religionsunterricht vorkommen sollte oder gar dürfte."
(4) "Religion soll freiwillig sein oder zumindest abwählbar, aber als Teil der Allgemeinbildung soll sie nicht zur Disposition stehen."

(5) "Schulleben und Schulkultur ... leisten einen konstituiven Beitrag zur religiösen Bildung für alle, aber sie dürfen doch kein Kind und keinen Jugendlichen in eine wie immer auch bedrängende Lage von Zwang oder Diskriminierung bringen." (Schweitzer 1997, 88)

Bei der Erörterung der hier angesprochenen Probleme sehe ich davon ab, daß die Attribuierung als "christlich" besser mit "protestantisch" bezeichnet würde; ich unterlasse auch die Diskussion der Frage, ob nicht z.B. das Bundesverfassungsgericht vom Religionsunterricht mehr erwartet und ihm deshalb auch mehr erlaubt, nicht nur "bloße Morallehre, Sittenunterricht, historisierende und relativierende Religionskunde, Religions- oder Bibelgeschichte", sondern als Thema und Anspruch auch den "Bekenntnisinhalt, nämlich die Glaubenssätze der jeweiligen Religionsgemeinschaft" (BVerfGE 74, 244 ff, 252 f.; vgl. auch Leschinsky i.d.Bd.). Es gehe dabei auch nicht um eine "überkonfessionelle, vergleichende Betrachtung religiöser Lehren", sondern - ganz im Gegenteil - um Verkündigung der "Glaubenssätze der jeweiligen Religionsgemeinschaft": "Diese als bestehende Wahrheiten zu vermitteln ist seine Aufgabe" (BVerfGE 74, 252)[1]. Das schließt Erwartungen ein, die nicht allein das protestantische Bildungsprogramm und ein säkulares Verständnis von Schule charakterisieren, geleitet durch Pluralismuserwartung und Toleranzgebot, sondern auch das katholische Erziehungsverständnis, dem Verkündigung und Bekenntnis im Religionsunterricht nicht fremd sind.[2]

Gleichwie - die wirklich schwierige religionspädagogische Problematik und die immer noch kontrovers diskutierte Aufgabe[3] stellt sich erst mit den protestantischen Symbiosehoffnungen; denn dort wird beansprucht, was zunächst unmöglich scheint, die Vereinbarkeit widersprüchlich-spannungsreicher Erwartungen. Auf eine Diskus-

---

[1] Anlaß des Urteils war "Die Entscheidung über die Teilnahme von Schülern eines anderen Bekenntnisses am Religionsunterricht", Grundzug der Argumentation ist, daß diese Entscheidung "der für den Unterricht verantwortlichen Religionsgemeinschaft (obliegt)", schon weil der Religionsunterricht "in 'konfessioneller Positivität und Gebundenheit' zu erteilen ist", wie das Bundesverfassungsgericht zustimmend die Bemerkungen von Anschütz zur Weimarer Verfassung zitiert (BVerfGE 74, 252).

[2] Die Frage bleibt noch zu klären, ob dieses Verständnis des Religionsunterrichts nicht auch fundamentalistische Ambitionen wecken und decken könnte; denn in der Verantwortung der Kirchen darf Religionsunterricht durchaus Bekenntnischarakter annehmen.

[3] Die in Heft 1/1998 der "Zeitschrift für Theologie und Pädagogik" abgedruckten Repliken auf meine knappen Bemerkungen über "Reform - Pädagogik - Religion" (Tenorth 1997) verdeutlichen die Konfliktzonen ganz aktuell. Auf die Beiträge kann ich hier nicht eingehen, will aber doch sagen, daß ich am meisten von den Theologen gelernt habe, vor allem von Ch. Schwöbel (1998) und K. E. Nipkow (1998). Der Versuch von R. Winkel (1998) dagegen, im Verweis auf eine feste Menge von "Anthropina" das Thema zu klären, ist wenig überzeugend; bereits eine Lektüre von Schleiermachers Erziehungsvorlesungen hätte ihn von solchen Versuchen abhalten können und müssen, denn Schleiermacher zeigt überzeugend, daß die Pädagogik ohne Basis in einer Anthropologie ihre Arbeit tun muß.

sion dieser "Spannungsverhältnisse" und der Möglichkeit ihrer Bearbeitung konzentrieren sich deshalb auch die folgenden Überlegungen. Angesichts der komplexen Problemlage beschränke ich mich auf wenige Fragen: Sind solche Spannungsverhältnisse spezifisch religionspädagogisch, kirchlich oder gar allein protestantisch? Welches ist das Bezugsproblem, das solche Spannungsverhältnisse auslöst und auf Dauer setzt? Gibt es pädagogische Möglichkeiten, solche Symbioseerwartungen nicht allein als illusorisch erscheinen zu lassen? Was lernt der Schul- und Bildungstheoretiker, wenn er die Lösungsvorschläge der protestantischen Religionspädagogen ernst nimmt und kritisch prüft?

Grundlegende Spannungsverhältnisse im Bildungskonzept

Als Ausgangspunkt der Überlegungen läßt sich zunächst sehr rasch feststellen, daß Spannungsverhältnisse der beschriebenen Art nicht allein die religionspädagogische Thematik kennzeichnen, sondern das Bildungsproblem in der modernen Welt ebenso grundsätzlich betreffen wie z.B. Basisprobleme demokratisch-pluraler Gesellschaften. Bildung wie Demokratie, Religion in der säkularen Welt, aber auch die Funktion der Schule lassen sich heute anscheinend nicht angemessen beschreiben, ohne solche Spannungsverhältnisse zu artikulieren.

Freiheit und Zwang

In der pädagogischen Reflexion der Moderne kann man das hier generalisierte Spannungsverhältnis an einem klassischen Zitat erkennen, mit dem bereits Immanuel Kant das Thema und die Aufgabe der Erziehung in der modernen Welt bezeichnet hat. Auf die Frage, wie sich "Selbstbestimmung", als die wahre "Natur" des Menschen, und Gesellschaftlichkeit, als die erwartbare historische Form seiner Lebensweise, miteinander verbinden lassen, verweist Kant auf die Pädagogik und ihre Aufgabe: "Eines der größten Probleme der Erziehung ist, wie man die Unterwerfung unter den gesetzlichen Zwang mit der Fähigkeit, sich seiner Freiheit zu bedienen, vereinigen könne. Denn Zwang ist nötig! Wie kultiviere ich die Freiheit bei dem Zwange?" (Kant 1803 A 32)

In der Reflexion der Pädagogik ist seither diese eigentümliche Koppelung von Freiheit und Zwang bereits in den Begriffs- und Theorietraditionen gegenwärtig, die - vor allem in Deutschland - das Thema der Erziehungswissenschaft bis heute bestimmen, im Begriff der "Erziehung" einerseits, dem der "Bildung" andererseits. Wie immer man deren Umfang und Relation beschreibt[4], diese Begriffe fixieren vor allem die

---

[4] Eine einschlägige Analyse gibt es bisher nicht, vielleicht verständlicherweise, denn sie müßte die gesamte Reflexionstradition der (deutschen) Pädagogik aufnehmen.

Spannung, gelegentlich sogar die als Widersprüchlichkeit gedeutete Relation[5], von zugemuteter Intentionalität und selbsttätiger Konstruktion des Lebens.[6] Das Bezugsproblem, d.h. der Konflikt von Freiheit und Zwang, kehrt deshalb auch innerhalb des Themas der allgemeinen Bildung wieder, und zwar insofern, als hier die Selbsttätigkeit des Subjekts letztlich die Referenz ist, von der aus sich die Symbiose des Unerwarteten und scheinbar Unvereinbaren doch ergibt - in der Selbstvergesellschaftung des Menschen. Bildung erscheint in dieser Perspektive nicht als Leistung der Schule, als Konsequenz des Lehrplans oder gar als Produkt professioneller Anstrengung, sondern als Ergebnis und prozeßbestimmendes Merkmal individueller Anstrengungen. Die alltagssprachlich vertraute Formel, daß "das Leben bildet", die Schule dagegen allenfalls kontrollierte "Anlässe" für Bildungsprozesse bereitstellt, wird bis heute von Theoretikern immer wieder erneuert (Hentig 1996). Läßt man außer acht, daß damit allenfalls das Thema, nicht aber Modalitäten und Prozesse der Selbstkonstitution des Subjekts bezeichnet sind, dann gibt dieser Bildungsbegriff den Minimalkonsens der einschlägigen Debatten und die lange Traditionslinie seit Wilhelm von Humboldt angemessen wieder.

Bildungstheoretisch aufgeklärte Religionspädagogen, wie Nipkow und Schweitzer, halten deshalb auch aus guten Gründen Distanz zu solchen Reflexionen, die von "Ziel"-erwartungen aus ihre Vorgaben an den schulischen Lernprozeß formulieren, pädagogisch statt bildungstheoretisch denken und nicht nur die Identität des Subjekts, sondern vielleicht sogar den Glauben in dieser Weise als Ergebnis pädagogischer Arbeit verstehen wollen. Bildungstheoretische Reflexion und theologische Argumente, so kann man ihre Analysen zusammenfassen, konvergieren deshalb in glücklicher Weise in der gemeinsamen Erwartung und Annahme, daß so etwas wie Identität, Bildung oder Glaube allein subjektive Leistung ist oder - gesteigert - vielleicht sogar nur Gabe und Geschenk, sich aber, wie es der Religionspädagoge explizit sagt, "allem Lehren und Lernen entzieht" (Schweitzer 1997, 84; auch Schwöbel 1998, 80)[7]. Die Symbiose ist insofern Ereignis, nicht etwa intendiertes Produkt im pädagogischen Prozeß, obwohl das pädagogische Feld die Form bereitstellt, in der das Ereignis, obgleich nicht intendiert und nicht intendierbar, dennoch der bildungstheoretischen Erwartung gemäß wirklich werden können soll. Folgt man diesen Unterscheidungen, wie sie z.B. die Differenz von Bildung und Erziehung, von Intention und Ereignis anbieten, dann lösen

---

[5] Besonders scharf ausgearbeitet in der Tradition von Heinz-Joachim Heydorn und seinen Nachfolgern, vgl. H.J.H., Bildung und Herrschaft, Frankfurt a.M. 1970.

[6] "Erziehung ist eine Zumutung, Bildung ist ein Angebot" - so pointieren Niklas Luhmann und Dieter Lenzen das Problem (1997, 7); sie verlagern - gut bildungstheoretisch - die Lösung auf den Adressaten pädagogischer Ambitionen und in die Selbst-Konstruktion seines "Lebenslaufs".

[7] Die Kategorie der Gabe bestimmt auch die Bildungstheorie Heydorns, in der Tradition O.F. Bollnows sind es die "unsteten Formen", in denen Bildung als Ereignis (z.B. in fruchtbaren Momenten") wirklich wird (etc.).

sich die paradoxen, d.h. nur scheinbar widersprüchlichen, Probleme auf, und das Unmögliche - "Bildung" - wird als möglich erkannt. Die "Spannungsverhältnisse", so könnte man lesen, werden durch unsere theoretische Perspektivik erzeugt, sie sind praktisch aber nicht unlösbar.

Universalität und Pluralität

Solche Problemlagen kennt auch nicht allein das Erziehungsfeld in der Moderne, sondern auch die politische Theorie, und zwar für den Zusammenhang von Freiheitszuschreibung und Konsenserwartung, Pluralismus der Werte und sozialer Verbindlichkeit (vgl. systematisch z.B. Ritsert 1966; Hondrich 1997[8]). Als Thema der Demokratie und als Aufgabe der sozialen Sicherung ihrer Voraussetzungen angesichts pluraler Welten und Werte entsteht dabei ein Problem, das gegenwärtig nicht selten in der Formulierung und Diagnose des Verfassungsrechtlers und Verfassungsrichters Ernst-Wolfgang Böckenförde benannt wird: "Der freiheitliche, säkularisierte Staat lebt von Voraussetzungen, die er selbst nicht garantieren kann." (Böckenförde 1991, 112) Politisch, so die gängige Lesart dieser Diagnose, sei die Frage ungelöst, wie solche Voraussetzungen erzeugt werden können, aber unbestreitbar sei, daß solche Voraussetzungen notwendig gesichert werden müßten.

"Paradox", also durch eine politisch-soziale Perspektivierung des Problems erst erzeugt, ist diese Argumentation mit der Gleichzeitigkeit von Pluralität und Beliebigkeit, Dissens über und Verbindlichkeit von Werten, weil in anderer Betrachtung durchaus Lösungen des Problems existieren. In den Krisendiagnosen und den damit verbundenen Konsequenzen, z.B. der Werteerziehung oder von Maßnahmen zur Konsensstiftung, sieht man in der Regel ja davon ab, daß die Verfassungsordnung selbst - prozessual und juristisch - eine Lösung anbietet, indem sie dem Verfassungsgericht abverlangt, im Konfliktfall die Essenz der freiheitlich-demokratischen Grundordnung zu definieren und administrativ durchsetzen zu lassen, wie weit die Pluralität reicht. An der Praxis von Parteien- und Berufsverboten läßt sich das in der Geschichte der Bundesrepublik ja auch historisch beobachten. Dieser juristische Vorbehalt, in dem im Konfliktfall und dann mit starken Konsequenzen gesagt wird, welchen Status die Grundrechte und die Verfassung haben, reicht aber angesichts weiterreichender Konsenserwartungen anscheinend nicht aus; denn die kontinuierliche Debatte über Werteerziehung wäre sonst ebenso wenig verständlich wie die Frage, ob zusätzlich zur civic education, und d.h. neben die politische, auch noch die religiöse Bildung treten muß. Als Thema der religiösen Bildung wird dabei entsprechend genannt, daß sie "erneut die Frage nach den Universalien" stellen muß, "die als Widersacher gegen pädago-

---

[8] Meine Hinweise auf ältere Literatur und eine eher essayistische Behandlung des Themas sollen mir ersparen, den kompletten Bestand an aktuellen Debatten bis hin zu den im Kommunitarismus aufgeworfenen Fragen zu erwähnen.

gisch nicht tolerable Differenzen nötig sind" (Knab 1996, 68 - um nicht allein Protestanten zu zitieren).

Differenz und Konsens

Man könnte im Lichte des von Böckenförde aufgeworfenen Problems deshalb auch sagen, daß die (evangelische) religionspädagogische Diskussion in dieser Erwartung der gesellschaftlichen Konsenssicherung steht, daß sie thematisieren will, "was die Menschheit gemeinsam angeht" (Hahn 1998, 93). Angesichts der zugleich politisch wie sozial vorausgesetzten Krisendiagnose wird mit solchen Ansprüchen aber auch die eigene Überlieferung der Einheit von Thron und Altar, freilich unter gewandelten, demokratischen Bedingungen, funktional äquivalent fortgeschrieben, indem die Religionspädagogik sich das Problem zuschreiben läßt bzw. zuschreibt, unter den Bedingungen der Demokratie und angesichts von Pluralismuserwartungen und Toleranzgeboten dennoch Voraussetzungen zu erzeugen, mit denen sich die Universalität des Anspruchs und der Geltung von Werten durchsetzen läßt. Wie immer die Problemdefinition aktuell verstanden wird, mit diesem Anspruch lebt die Religionspädagogik in alten Traditionen. Weil der Protestantismus solche Erwartungen zwar innerhalb der Religionen, aber jenseits aller kirchlichen Dogmatik oder der Verbindlichkeitserwartungen einer Konfession vortragen will, ist das Ergebnis jetzt auch einigermaßen überraschend: Letztlich findet sich das Angebot einer Religion, die von einer Zivilreligion nicht mehr unterscheidbar ist; denn, so könnte man die Offerte lesen, der Religionsunterricht wird als Ort der Thematisierung universaler gesellschaftlicher Werte verstanden.

In dieser Lesart findet sich auch nicht allein eine Interpretation von außen, sondern durchaus eine religionspädagogische Selbstbeschreibung.[9] Zu dieser Annahme muß man jedenfalls kommen, wenn - in einer jüngeren Veröffentlichung - der Religionsunterricht einerseits als "Ausdruck des Staates vor der Religionsfreiheit seiner Bürger und zugleich Ausdruck der Selbstbegrenzung des Politischen" gedeutet, zugleich und andererseits aber im Sinne einer "zivilreligiösen Gewaltenteilung" die Erwartung an die Kirchen transportiert wird, daß dieses Verständnis von Religionsunterricht sie zur Kooperation mir dem Staat "zwingt", und zwar in eindeutiger Richtung: "zur Mitarbeit am gesamtgesellschaftlichen Universalkonsens, zur Koexistenz und zur Zivilisierung ihrer Dogmatiken" (Schieder 1997, 643).

---

[9] Sie findet sich auch darin, daß in den protestantischen Texten, anders als in den katholischen, der Gegenstand der kritischen Normreflexion des Religionsunterrichts in gleicher Weise als Religion und Weltanschauung, als ethisches System wie als Privatreligion bezeichnet wird.

Religion gleich Zivilreligion?

Religion und Zivilreligion rücken in dieser Interpretation sehr eng, nahezu ununterscheidbar zusammen - aber ist das die Perspektive und das wahre Bezugsproblem der Debatte über den Religionsunterricht im protestantischen Verstande? Sind in der Verbreitung einer Zivilreligion oder in der Mitarbeit am gesamtgesellschaftlichen Universalkonsens die Ziele des Religionsunterrichts als öffentliche Werteerziehung und -reflexion angemessen verstanden? Rolf Schieder, der diesen Zusammenhang mit seinen klugen Überlegungen gezeigt hat und damit die Frage nach dem systematischen Bezugsproblem der Diskussion über den Religionsunterricht von alten Fixierungen befreit und analytisch öffnet, sieht zwar das Problem, warnt aber nicht vor solcher Gleichsetzung, sondern nur vor einer bestimmten Tendenz der Werterziehung: "Gegen den Trend zum wertevermittelnden Unterricht plädiere ich für Zurückhaltung und Besonnenheit auf dem Feld der Werterziehung." (Schieder 1997, 640) Seine Überlegungen nähern sich damit auch eher einem Verständnis Allgemeiner Bildung oder politischer Erziehung, das nicht primär von Wertevermittlung oder Werteerziehung getragen ist, sondern auf Wertereflexion und -prüfung setzt und angesichts pluraler Welten und Werte auch allein setzen kann (vgl. Tenorth 1994, 87 ff.).

Die paradoxe Problemlage bleibt damit aber, vielleicht sogar verschärft, erhalten; denn die Nähe oder gar Gleichheit von definierter Zivilreligion und der innerschulisch thematisierten (und konfessionszurechenbaren) Religion sind nicht bestritten. Jedenfalls kann man nicht erkennen, daß in ganzer Schärfe der vom katholischen Religionsunterricht zugrundegelegte "kategoriale Unterschied von Religion und Ethik" (Knab 1996, 68) gemacht würde. Angesichts der Pluralität der Welt soll die Schule dennoch Universalismus und Konsens darstellen und thematisierbar halten, freilich im Medium des Pluralen und ohne Glaubenserziehung zu intendieren. Versucht man zu klären, ob damit das Problem der protestantischen Religionspädagogen wirklich angemessen bezeichnet ist, dann sprechen selbst die Texte der prominenten Autoren für die These, daß eine solche Übersetzung der religionspädagogisch formulierten Erwartungen nicht falsch ist.

Wenn Nipkow sein Problem beschreibt, ob Religion Teil der Allgemeinen Bildung und notwendiges Thema und Fach in Schulen sein soll, dann stellt selbst er Religion und Zivilreligion, konfessionelle, religiöse und kulturelle Formulierungen von "Wertpositionen und Glaubensüberzeugungen" ununterschieden nebeneinander. Bezogen auf Allgemeine Bildung stellt er nämlich die Frage, ob nicht "die Kommunikation über einstellungsrelevante und handlungssteuernde Wertpositionen und Glaubensüberzeugungen" dazugehöre, wenn Allgemeine Bildung kommunikationstheoretisch - als Generalisierung universeller Prämissen für die Teilhabe an Kommunikation (vgl. Tenorth 1994, 101) - verstanden wird. Denn Religionen, so Nipkows These, haben "nicht nur eine individuelle, private Bedeutung (Religion als Privatsache), sondern auch eine öffentliche (Religionen als politische und kulturelle Faktoren)" (Nipkow 1996, 74). Die um Religion erweiterte gesellschaftliche Bedeutung und historische Gestalt allgemeiner Bildung (und nicht allein ihre subjektive Dimension) thematisiert Nipkow auch deswegen, weil er erst vor diesem Hintergrund das "Pluralismusproblem" angemessen gestellt sieht. Eine angemessene Thematisierung erwartet er in zwei Richtungen, einerseits so, daß "die tatsächlichen tiefen Differenzen zwischen den Religionsgemeinschaften" nicht übersehen werden, nicht zuletzt, "um das Toleranz- und Dialogproblem auf diesem realistischen Hintergrund politisch und pädagogisch anzugehen" (Nipkow 1996, 75), andererseits so, daß "die Kirchen in der Schule hinsichtlich ihrer schulischen Dialog- und gesellschaftlichen Pluralismusfähigkeit neu auf dem Prüfstand stehen" (Nipkow 1998, 105). Nipkow wehrt dabei aber nicht nur jede "Übergriffsattitüde" (Nipkow 1996, 80) der Kirchen eindeutig ab, sondern handelt sich auch das Folgeproblem ein, daß innerschulisch zwischen Religion und Zivilreligion, zwischen Weltanschauungen und anderen Werterwartungen mit universalistischem Anspruch zunächst kein Unterschied mehr gemacht werden kann.

Übersteigerte Erwartungen an die Lehrerrolle

Was aber geschieht, wenn man Religion wie Zivilreligion, Weltanschauungen und Wertsysteme zu den Themen rechnet, die in Schulen - in welchem Unterricht immer - als "Prämisse für Kommunikation" universalisiert werden sollen[10], weil sie bedeutsame und unausweichliche kulturelle Tatsache und mithin Referenz für Kommunikation sind? Stiftet man damit Verbindlichkeit? Wohl kaum, schon weil der Religionspädagoge sie nicht sucht. Aber erreicht er dann in irgendeiner Hinsicht mehr, als der schulische Umgang mit solchen Themen sowieso anbietet? Wird Religion, trotz der Warnungen Schweitzers, dann nicht doch "verschult", wenn sie "als Teil der Allgemeinbildung ... nicht zur Disposition stehen soll"?

Wie kann man schulpädagogisch und bildungstheoretisch mit diesem Problem umgehen? Im Bildungsprozeß kann Religion, als Prämisse kultureller Kommunikation, in mehrfacher Hinsicht gegenwärtig sein, in kognitiver wie moralischer, praktischer wie ästhetischer Gestalt, mithin Religion als Tatsache und Verpflichtung, als Vollzug und als subjektiv erlebte Form des Lebens. Wie auch immer - in Schulen ist sie aber nur in

---

[10] Dabei überspringe ich hier das Problem der curricularen Konstruktion, ob wirklich alle relevanten kulturellen Tatsachen nicht nur Gegenstand des Curriculums werden (können), sondern auch eines eigenen Faches bedürfen. Während man - auf die erste Frage - Ausschlußregeln schwerlich formulieren kann, gibt es für die zweite Frage durchaus Exempel für den Ausschluß bedeutsamer Tatsachen aus dem schulischen Curriculum: Weder Recht noch Ökonomie sind - als eigene Fächer, nicht als Themen - Gegenstand des schulischen Lehrplans, obwohl der Umgang mit Verrechtlichung ebenso als Prämisse für die Teilhabe an gesellschaftlicher Kommunikation universalisiert werden muß wie der mit Ökonomie. Aber vielleicht ist das Verständnis für Ökonomie und Recht deshalb gelegentlich so problematisch, weil die Kultivierung durch ein eigenes Fach fehlt?

der Form gegenwärtig und thematisierbar, die der Institution eigen ist: im Modus des Lernens, nicht des Bekenntnisses. Das wird auch von der bildungstheoretisch reflektierten Religionspädagogik anerkannt, wenn sie ihre bildungstheoretische Selbstbegründung darstellt.

Wie kann dann aber mehr geschehen als das, was z. B. in der politischen Bildung oder in anderen Formen schulischer Werterziehung und -reflexion sowieso geschieht? Wozu muß die jeweilige Religionsgemeinschaft selbst verantwortlich für den Unterricht sein? Wozu bedarf es eines authentischen, "konturierten Vertreters" der Religionsgemeinschaften? Was bedeutet die Forderung der "originären Begegnung mit dem Christentum" (Hahn 1998), und was wäre ein "reformorientierter Religionsunterricht"? Nipkow und mit ihm die protestantischen Religionspädagogen haben die hier genannten Erwartungen formuliert, als Lösung letztlich aber nur das Kriterium der authentischen Repräsentation zum Prüfstein eines erfolgversprechenden Religionsunterrichts gemacht. Man muß fragen, ob diese Vorgabe akzeptabel ist, und auch, welche bildungs- und schultheoretischen Konsequenzen sich mit ihr verknüpfen.

Die Realität der religiösen Unterweisung in der Schule - um einen altertümlichen Begriff zu wählen - ist nicht präzise genug bekannt, um den empirischen Status dieser programmatischen Reflexion über die Struktur des religionspädagogischen Lehr- und Lernprozesses als Prüfstein solcher Forderungen zu nutzen. Es bleibt als Ausweg zunächst nur, an die Programmatik selbst anzuknüpfen, um die Differenz von Religion und Zivilreligion, von religiöser und politischer Bildung in der Schule weiter zu klären. Erstaunlicherweise ist es dann allein die Erwartung an den Pädagogen selbst, die offenbar die Differenzen stiften muß, während Thematisierungsmodi und Lernformen sich von anderem Unterricht nicht unterscheiden. In der Forderung der "authentischen" Repräsentation dagegen wird dem Lehrer eine Rolle im Religionsunterricht zugeschrieben, die mit dem professionellen Alltag des Pädagogen nur schwer vereinbar, die jedenfalls kaum generalisierbar erscheint. Während es für die reformpädagogische Denkweise der Gegenwart nicht überraschend ist, daß sich auch der Religionsunterricht, wie alle reformorientierten Programme der Schule, auf die "Lebenswirklichkeit der Schülerinnen und Schüler" einlassen soll und auch eingelassen hat (Hahn 1998, 93), ist es durchaus ungewöhnlich, jedenfalls nicht unstrittig, die Rolle des Lehrers in der Dimension des "Zeugnisses" zu sehen und bildungstheoretisch als quasi professionelles Gegenstück zum Gabe-Charakter der Bildung zu interpretieren.

Ein solches Verständnis des Lehrers ist zwar nicht allein in der Religionspädagogik gegenwärtig, aber es gehört doch in eine eschatologisch-religiöse, nicht in eine pädagogisch-professionelle Tradition des Lehrerberufs. Heinz-Joachim Heydorn hat so z.B. die Rolle des Lehrers beschrieben und sich davon erhofft, daß er damit in der Lehrsituation durch die Darstellung der unmittelbaren "Glückserfahrung" zum Motor der Revolution werden könne (Heydorn 1967; ders. 1972). In der religionspädagogischen Debatte kehrt das "Zeugnis" als Kategorie zur Beschreibung der Lehrerrolle wieder, besser: lebt es fort; und es wird dort ergänzt um weitere Erwartungen. "Lehren heißt zeigen, daß man etwas liebt: zumindest heißt es zeigen, daß man etwas schön und menschenwürdig findet. Lehrer sein heißt also, sich vor jungen Menschen kenntlich zu machen" - so zitiert ein religionspädagogischer Praktiker zustimmend die religionspädagogisch einschlägige programmatische Reflexion (Fulbert Steffensky zit. bei Hahn 1998, 96).

Was immer hier geschieht, mit solchen Erwartungen sind wirklich Differenzen gesetzt, die Unterricht in der säkularen Schule von Religionsunterricht auch im protestantischen Verständnis trennen. Wenn das "Selbstverständnis der Religionen" nicht nur thematisch gegenwärtig, sondern authentisch repräsentiert sein soll, dann wird vom Lehrer mehr verlangt als didaktische Kompetenz und personale Identität, die er in allem Unterricht braucht. Er muß dann - ungeachtet der "Spannung", die seinen professionellen Alltag zwischen Person, Interaktion und Organisation schon alltäglich charakterisiert (Nipkow 1967, bes. 137 ff.) - noch mehr leisten, nämlich selbst "gläubig" sein, die Doktrin leben, lieben und bezeugen, die er vertritt. Mit der Kategorie des "Zeugnisses" und der Erwartung der authentischen Repräsentation verbinden sich dann Erwartungen an Akzeptanz und Zustimmung der Lehrinhalte, die auch die Verpflichtung auf die Verfassung, die man im Bereich der politischen Bildung erwarten darf, deutlich übersteigen; denn der Staat, diese Weisheit verdanken wir dem Protestanten Gustav Heinemann, den muß man nicht lieben, wenn man ihn anerkennt oder lehrend thematisiert. "Liebe", das ist ein Privileg, das dem privaten Leben zukommt.

Wenn aber personale "authentische Repräsentation" und das "Zeugnis" des Glaubens die Voraussetzung des Religionsunterrichts sein sollen, dann wird das Geltungsproblem der Werte und Normen, das die protestantische Konfession institutionell nicht mehr einlösen kann oder will, und die Symbioseerwartung im Lernprozeß, die von der paradoxen Zuschreibung von Geltung und Offenheit gefordert ist, allein auf den Lehrer verlagert. Ob er diese Last tragen und damit die paradoxe Offerte praktisch auflösen kann, das ist zumindest schul- und bildungstheoretisch doch sehr fraglich. Daß aber das Bekenntnis des Lehrers Voraussetzung dafür sein soll, das Geltungsproblem von Werten und Normen der Verweltlichung und Pluralität, und damit auch der befürchteten Beliebigkeit zu entziehen, ohne es konfessionell zu prägen oder dogmatisch-kirchlich zu fixieren, das ist schon sehr erstaunlich. Denn soviel Vertrauen in den Lehrer ist, aus guten Gründen, wie wir professionshistorisch von Nipkow selbst belehrt wurden (Nipkow 1967), selten, jedenfalls nicht systematisch begründbar. Muß man deshalb nicht auch befürchten, daß der starken und paradoxen religionspädagogischen Programmatik des Protestantismus das Fundament fehlt, um die spannungsreiche Symbiose zwischen Bildungstheorie und religiöser Unterweisung wirklich zu konstruieren, ohne in eine Praxis abzustürzen, in der allein die Orientierung an Lebensproblemen der Schüler konkret, der Schutz der Verfassung institutionell, nicht aber die Erwartung religiöser Bildung dem Unterricht praktisch Halt gibt?

Literatur

E.-W. BÖCKENFÖRDE, Recht, Staat, Freiheit, Frankfurt a.M. 1991.

M. HAHN, Reformorientierter Religionsunterricht in ostdeutschen Schulen, in: Zeitschrift für Pädagogik und Theologie. Der evangelische Erzieher 50 (1998), 92-99.

H. V. HENTIG, Bildung, Stuttgart 1996.

H.-J. HEYDORN, Vom Zeugnis möglicher Freiheit (1967), in: H.-J. HEYDORN, Bildungstheoretische Schriften. Bd. I, Frankfurt a.M. 1980, 161-191.

H.-J. HEYDORN, Zu einer Neufassung des Bildungsbegriffs, Frankfurt a.M. 1972.

K. O. HONDRICH, Wie werden wir die sozialen Zwänge los? Zur Dialektik von Individualisierung, in: Merkur 577, 51(1997), 283-292.

I. KANT, Über Pädagogik. (1803) WW Bd. 10, hg. von W. WEISCHEDEL, Darmstadt 1964.

D. KNAB, Religion im Blickfeld der Schule, in: P. BIEHL (Hg.): Religionspädagogik seit 1945: Bilanz und Perspektiven, Neukirchen-Vluyn 1996, 57-71.

D. LENZEN/N. LUHMANN (Hg.), Bildung und Weiterbildung im Erziehungssystem, Frankfurt a.M. 1997.

A. LESCHINSKY, Religionspädagogik und Reformpädagogik - eine problematische Affinität? Einige unausgewogene Bemerkungen. I. d. Bd., 163-174.

K. E. NIPKOW, Beruf und Person des Lehrers - Überlegungen zu einer pädagogischen Theorie des Lehrers (1967). In: K. BETZEN/K. E. NIPKOW (Hg.), Der Lehrer in Schule und Gesellschaft, München 1971, 113-139.

K. E. NIPKOW, Schule und Religion in pluralen Gesellschaften. Eine notwendige Dimension einer Theorie der Schule, in: A. LESCHINSKY (Hg.), Die Institutionalisierung von Lehren und Lernen. Beiträge zu einer Theorie der Schule, Weinheim/Basel 1996, 71-82.

K. E. NIPKOW, Dialog über Religion in der Schule ohne authentische, konturierte Partner? in: Zeitschrift für Pädagogik und Theologie. Der evangelische Erzieher 50 (1998), 99-105.

J. RITSERT, Handlungstheorie und Freiheitsantinomie, Berlin 1966.

R. SCHIEDER, Schule und Zivilreligion, in: Neue Sammlung 37 (1997), 623 -643.

F. SCHWEITZER, Religiöse Bildung als Aufgabe der Schule, in: CH.T. SCHEILKE (Hg.), Religionsunterricht in schwieriger Zeit, Münster (Comenius-Institut) 1997, 79-88.

CHR. SCHWÖBEL, " ... jedenfalls nicht ohne Religion", in: Zeitschrift für Pädagogik und Theologie. Der evangelische Erzieher 50(1998), 73-83.

H.-E. TENORTH, Reform - Pädagogik - Religion, in: Der evangelische Erzieher 49(1997), 376-384.

R. WINKEL, "Der Mensch lebt nicht vom Brot allein ...", in: Zeitschrift für Pädagogik und Theologie. Der evangelische Erzieher 50(1998), 83-92.

Religions- *und* Ethikunterricht an allen Schulen - auch an Schulen in evangelischer Trägerschaft!

Ein Vorschlag

Christoph Th. Scheilke

"Keine Aufgabe ist Gott so wohlgefällig wie die Erforschung und Verbreitung von Wahrheit und Gerechtigkeit. Denn diese sind die besonderen Gaben Gottes, die seine Gegenwart am deutlichsten erkennen lassen." Zum Zweck ihrer Bewahrung "hat Gott dem Menschen die sprachliche Verständigung gegeben. Deshalb kann kein Zweifel bestehen, dass der Lebensform des Lehrens und Lernens das größte Wohlgefallen Gottes gilt und das den Schulen im Blick darauf der Vorrang vor Kirchen und Fürstenhöfen gebührt, weil man in ihnen mit größerem Einsatz nach der Wahrheit strebt." (Melanchthon, 1536/1977, 177)

Das Streben nach Wahrheit und Gerechtigkeit, darin liegt eine Hauptaufgabe auch und gerade von Schulen in pluralen Zivilgesellschaften (dazu Schweitzer in diesem Band mit Lit.). An die Bildungsverantwortung von Kirche ist im "Melanchthonjahr" 1997 vielfach erinnert worden. Eigentlich hätte es solcher Erinnerung nicht bedurft, denn "diese Bildungsverantwortung ist gut begründet und theoretisch auch heute kaum umstritten" (Huber 1997). Im Blick auf eine Präzisierung der Bildungsverantwortung und eine Steigerung der Akzeptanz auch in den protestantischen Kirchen selbst ist die Erinnerung an die ureigenste Bildungsverantwortung in den Gemeinden, den kirchlichen Bildungseinrichtungen und den vom Staat getragenen Einrichtungen im Bildungswesen wie Kindergärten und Schulen aber hilfreich.

Ich will mich im folgenden einem Problem zuwenden, das auf den ersten Blick wie ein Spezialproblem aussieht. Die protestantischen Kirchen und Fachleute für Bildungsfragen, wie zum Beispiel Karl Ernst Nipkow (zuletzt 1998), sind in den letzten Jahren nicht müde geworden, "Religion als Element der Bildung" (Härle in diesem Band) neu und zeitgerecht herauszuarbeiten und sich auf diese Weise für ein umfassendes Bildungsverständnis und deshalb für eine Verstärkung der ethisch-normativen und der religiösen Bildung in den Schulen einzusetzen. Die Denkschrift der EKD zum Religionsunterricht mit dem programmatischen Titel "Identität und Verständigung" (1994) hat dazu den Vorschlag einer Fächergruppe gemacht. Die Fächer Ethikunterricht und Religionsunterricht sollen nebeneinander und aufeinander bezogen in einer Fächergruppe unterrichtet werden (1994, 73-81, v.a.79ff). Dies ist eine pluralismus-freundliche wie praktisch und politisch realisierbare Perspektive. Die für den Vorschlag angeführten bildungstheoretischen und schulpädagogischen Begründungen gelten für Schule generell; an Schulen in evangelischer Trägerschaft wird allerdings kein Ethikunterricht angeboten. Damit sind diese Schulen, gerne auch als "Muster des Normalen" bezeichnet (vgl. die EKD-Bildungssynode Frankfurt/M. 1971 und ihre Entschließungen), nicht in der Lage, die von der evangelischen Kirche anvisierten Perspektiven konkret umzusetzen und auszuprobieren. Das mag man bedauern, aber für nicht so gravierend halten. Aber ein angemessenes Verständnis von evangelischen Schulen als "Muster des Normalen" bedeutet doch wohl, daß sie als freie Schulen zu einer zeitgemäßen Bildungsreform durch Schulentwicklung und Unterrichtserneuerung auf den verschiedenen Ebenen beitragen. Zur Unterrichtserneuerung haben sie im vergangenen Jahrzehnt interessante Materialien erarbeitet (Berg u.a. 1990, Bohne 1992, Haar/Potthast 1992, Nipkow 1990, Wiehe u.a. 1997), lange bevor Unterricht jetzt wieder so in den Mittelpunkt gerückt wurde, wie es die nordrhein-westfälische Bildungsministerin Behler (in diesem Band) - und nicht nur sie allein - tut. Bildungs- und Schulreformen benötigen Unterstützung durch eine entsprechende Lehreraus- bzw. -fortbildung; auch dazu sind weiterführende Ansätze aus evangelischen Schulen dokumentiert (Fischer/Scheilke 1993, Fischer 1995, Bohne u.a. 1996).

Evangelische Schulen könnten von ihren Voraussetzungen sowie ihren personellen wie fachlichen Ressourcen her eigentlich auch einen Beitrag zur Entwicklung der Fächergruppe Ethik-/Religionsunterricht leisten. In manchen Schulen wird beispielsweise schon lange ein Philosphie-Unterricht als Arbeitsgemeinschaft auf der Oberstufe des Gymnasiums angeboten, der mit dem parallelen Religionsunterricht abgestimmt ist. Deshalb ist es bedauerlich, dass ein Modellversuch wie derjenige zur "Praktischen Philosophie" in Nordrhein-Westfalen aus grundsätzlichen Erwägungen Schulen in evangelischer Trägerschaft und ihre Erfahrungen ausschließen muss, weil für diese das Profil gebende Fach eben der Religionsunterricht ohne "Ersatzfach" darstellt, in der Regel als evangelischer bzw. katholischer Unterricht angeboten.

Es wird hier ein grundsätzliches, mit der administrativen - und von Kirchenleitungen bejahten - Beschränkung der Schulen in evangelischer Trägerschaft auf Religionsunterricht verbundenes Problem deutlich, wenn Schulen in evangelischer Trägerschaft von solchen für Bildung in pluralen Gesellschaften grundlegenden Modellversuchen in den Schulen ausgeschlossen werden.

Ein weiterer Problemaspekt liegt in einer möglichen Folgewirkung. Wenn der Religionsunterricht in Übereinstimmung mit den Grundsätzen der Religionsgemeinschaften das profilgebende Fach von Schulen in evangelischer Trägerschaft abgibt, dann dürften die Gegner dieses Faches noch lauter danach fragen, ob bei weiterer Marktentwicklung im Bildungsbereich dann ein solcher Religionsunterricht gemäß Art. 7 (3) GG an den Schulen in staatlicher bzw. kommunaler Trägerschaft überhaupt notwendig sei. Auf die Probleme will ich im ersten Teil meines Beitrags eingehen; anschließend sollen Perspektiven angedeutet werden.

Problemskizze

Schulen in kirchlicher Trägerschaft in Deutschland und der Religionsunterricht nach Art. 7 (3) GG sehen sich neuen Problemen gegenüber, wenn der Religionsunterricht nicht nur ordentliches Unterrichtsfach und wichtiger Teil des Lehrplans, sondern - nicht in den Schulen selbst, aber im bildungspolitischen Legitimationsdiskurs - zum Hauptmerkmal evangelischer Schulen, wie ich abgekürzt die Schulen in evangelischer Trägerschaft nennen möchte, gemacht wird. Diese Entwicklung zeigt sich vor allem bei Neugründungen in den letzten Jahren und in den neuen Ländern. Bevor evangelische Schulen im Sinne von "Ersatzschulen" (vgl. zur Unterscheidung von Ersatz- und Ergänzungsschulen sowie zur juristischen Situation freier Schulen insgesamt Vogel 1997) mit ihrer Arbeit anfangen können, müssen sie staatlicherseits genehmigt werden und dazu ihre Vergleichbarkeit im Blick auf Ziele und Curriculum, aber auch ihre "besondere pädagogische Prägung" nachweisen. Dabei dürfen sie in ihren Lehrzielen, Einrichtungen und der Ausbildung der Lehrer nicht hinter den öffentlichen Schulen zurück(stehen)" (Vogel 1997, 42). Nur wenn Gleichwertigkeit und besondere pädagogische Prägung gegeben sind, können die an diesen Schulen erworbenen Abschlüsse anerkannt werden, und erst dann erhalten diese Schulen auch die mögliche und gebotene öffentliche finanzielle Unterstützung. Nach höchstrichterlicher Rechtssprechung besteht "die Möglichkeit, private Volksschulen wegen ihrer weltanschaulichen oder religiösen Ausrichtung zuzulassen, ... nur um der positiven Bekenntnisfreiheit willen". (Urt. v. 19.02.1992, BVerwG 6 C 5.91, Leitsatz 5) Allerdings sind "auch von einer Bekenntnisschule ... als Erziehungsziele ein Mindestmaß an Toleranz im Sinne von Duldsamkeit gegenüber abweichenden Überzeugungen anderer sowie die Achtung und Förderung der individuellen Wahrnehmungs- und Urteilsfähigkeit der Schüler zu verlangen, nicht aber Neutralität und Offenheit in dem Sinne, daß am Ende der schulischen Erziehung nicht ein eindeutiges Bekenntnis zu bestimmten Glaubensinhalten und eine Bindung an bestimmte Werte stehen dürften; in diesem Rahmen ist auch das Werben für das eigene Bekenntnis zulässig." (Urteil v.19.02.1992, BVerG 6 C 3.91, Leitsatz 6) Eine Schule wird dann von einer Weltanschauung bzw. von einem Bekenntnis insgesamt geprägt, wenn sie maßgebend sind für die gesamte Schule, also nicht nur für ein Unterrichtsfach oder nicht nur methodisch, sondern auch insgesamt inhaltlich und "wenn Elternschaft, Schüler und Lehrer - abgesehen von offenzulegenden Ausnahmen - eine gemeinsame weltanschauliche Überzeugung haben oder annehmen wollen." (BverwG 6 C 5.91, Leitsatz 3).

Besonders nach der politischen Vereinigung von Ost- und Westdeutschland 1989 wurden wieder mehr evangelische Schulen gegründet. In den jeweiligen Zusammenhängen fanden vielerlei Überlegungen zur Präzisierung der Ziele einer evangelischen Schule statt (vgl. Gründungsberichte und Dokumente in Bohne 1998). In den Genehmigungsverfahren zeigte sich dabei, dass eine evangelische Schule um so leichter behördlich anerkannt wird, wenn sie in der Regel in allem eher gleichartige Angebote wie vergleichbare staatliche Schulen macht, nur eben den Religionsunterricht ohne Ersatzfach (in Bayern) bzw. Alternativfach (in Sachsen und Thüringen) anbietet. War das geklärt, dann spielte das weitere Angebot der Schule - wie beispielsweise der Schwerpunkt "Globales Lernen" am Christlichen Gymnasium in Jena oder das ursprünglich geplante Unterrichtsangebot in Sorbisch als Minderheitensprache am Johanneum in Hoyerswerda - , das über das staatliche Angebot hinausgeht, in den Debatten keine entscheidende Rolle. Dies halte ich aus verschiedenen Gründen für eine problematische Entwicklung.

Evangelische Schulen als gute Schulen

Wie Karl Ernst Nipkow immer wieder betont hat, sind Schulen in evangelischer Trägerschaft auf zwei Perspektiven verpflichtet (1990, 496-554): Sie sollen zum einen "gute Schulen", zum anderen sollen sie protestantische Schulen sein. Untersuchungen zur Qualität von Schule (Aurin 1986, Tillmann 1989, Greber 1991) machten auf die Bedeutung des Miteinanders, des sozialen Umgangs in Schule, also beispielsweise auf die soziale und räumliche Gestaltung, aber auch auf den Faktor Kooperation im Kollegium aufmerksam. "Gute Schulen werden von Lehrergremien getragen, die nicht von unüberbrückbaren Fraktionen, von Kämpfen bis aufs Messer, gekennzeichnet sind."(Fend 1986/1989, 18). Vor allem wurde eines deutlich: Schulen als Institutionen haben und brauchen ein "Ethos", eine "Grundstruktur bestimmter Wertorientierungen, Einstellungen und Verhaltensmuster, die für eine Schule insgesamt charakteristisch wird" (Rutter 1980, 211). Nicht die Verhaltensweisen der einzelnen Lehrer für sich genommen, nicht die Größe der Schule, nicht ihr Angebot, nicht das Einzugsgebiet oder andere Einzelfaktoren machen jeweils die Güte einer Schule aus, sondern das Zusammenspiel der verschiedenen Faktoren, der Zusammenhang von Kultur, Klima und Struktur. "Zahlreiche empirische Befunde und in der Schulentwicklungsarbeit als Modell hervorgehobene Einzelschulen deuten darauf hin, dass vor allem solche Schulen eine beachtliche Schulqualität hervorbringen, die eine Abkehr von der reinen Unterrichtsanstalt mit konventionellem Stundenhalten vollzogen und ein vielseitiges Schulleben mit differenzierten Arrangements von Lern- und Erfahrungsmöglichkeiten geschaffen haben." (Holtappels 1995, 343) Dabei kommt es beispielsweise auf (1) einen lerngerechten und schülerorientierten Zeitrhythmus, (2) die äußere Gestaltung der Schule, ihrer Räume, aber auch ihrer sozialen Verfassung, (3) eine teamartige Personalorganisation, (4) die Öffnung der Schule zur Schulumwelt und (5) eine aktive Schulleitung sowie die Unterstützung durch die Schulbehörden bzw. dem Träger an. Amerikanische Untersuchungen über effektive und produktive Schulen betonen darüber hinaus (6) die wirksam genutzte Unterrichtszeit sowie (7) die Anerkennung fachunterrichtlicher Leistungserfolge (Purkey/Smith 1986). Dies sind auch Faktoren, die eine "besondere pädagogische Prägung" ergeben.

Gute Schulen, so sollen diese Hinweise deutlich machen, sind also mehr als Unterrichtsschulen. Sicherlich entscheidet sich einiges an der Qualität des Unterrichts. Fachlich gut gestalteter, d.h. an einer Disziplin orientierter, also "disziplinierter", wie "pünktlicher" (Englert) Unterricht ist ein Hauptmittel von Schule. Auf den Unterricht kommt es an, aber nicht nur und vor allem nicht isoliert. Mit der Festlegung auf bestimmte Unterrichtsfächer im Blick auf "gute Schule" ist also noch nicht viel erreicht. Es gibt sogar Gegenbeispiele: Die Schulen nach dem Marchthaler Plan in katholischer Trägerschaft kennen, man könnte meinen in der Tradition eines Schleiermacher, gar keinen Religionsunterricht. Ihr besonderes Profil ergibt sich aus der gesamten "Gestalt" der Schule. Sie sind überzeugt, dass das gesamte Curriculum, die ganze Schule in all ihren Dimensionen den Geist des Evangeliums ausstrahlen kann und soll. Deshalb ist es für sie keine besondere Schmälerung ihres Angebots und ihres kirchlich-konfessionellen Profils, wenn sie auf Religionsunterricht als ordentliches Lehrfach verzichten. Ganz im Gegenteil glauben sie, dass sie dadurch mehr gewinnen als verlieren, weil Religion die Schule insgesamt charakterisiert und nicht nur eines der Fächer.

Auch evangelischerseits sind entsprechende konzeptionelle Traditionen, die die Schule insgesamt umfassen, nicht unbekannt (vgl. Schreiner 1996), beispielsweise das Konzept der Schulgemeinde (Koerrenz 1999). Im Zusammenhang der Profilierung evangelischer Schulen bekommen solche Traditionen auch politisch neues Gewicht. So wurde beispielsweise ein evangelisches Gymnasium in einer norddeutschen Landeskirche, das einen besonderen finanziellen Zuschussbedarf bei seiner Kirche geltend machte, vom Finanzausschuss der Synode (zu Recht) beschieden, es reiche nicht aus, wenn es sich nur dadurch von anderen Schulen unterscheide, dass Religionsunterricht Pflichtfach sei und einmal wöchentlich eine Morgenandacht angeboten würde.

Und trotzdem wird ein Religionsunterricht ohne Alternativ- bzw. Ersatzfach zum Kerncharakteristikum von Schulen in evangelischer Trägerschaft erklärt. Damit wird aber der Blick auf evangelische Schulen unzulässig eingeschränkt, wie schon der Blick auf Aspekte einer "guten Schule" zeigt. Es scheint so, als würde das Ziel mit dem Mittel verwechselt. Religiöse Erziehung in der Schule ist mehr und anderes als die Veranstaltung von Religionsunterricht. Wenn evangelische Schulen "Muster des Normalen" sein sollen, dann liegt angesichts der gegenwärtigen gesellschaftlichen Transformation ihre Herausforderung gerade im Bereich einer verantwortlichen religiösen *und* ethischen Bildung. Fachlichkeit ist ein wichtiges Merkmal von Bildung in Schule, wie A. Leschinsky immer wieder betont (auch in seinem Beitrag zu diesem Band).

Evangelische Schulen als freiheitliche Schulen

Schulen in evangelischer Trägerschaft ist etwas Besonderes in besonderer Form anvertraut, das Evangelium von der Freiheit des Christenmenschen: "Ein Christenmensch ist ein freier Herr über alle Dinge und niemand Untertan. Ein Christenmensch ist ein dienstbarer Knecht aller Dinge und jedermann Untertan." (Luther 1520) Gerade auf dem Hintergrund der evangelisch-katholischen Gespräche über die Rechtfertigungslehre ist dieser zentrale Aspekt des Christseins, Freiheit aus dem Glauben, wieder besonders wichtig geworden. "In Bildung und Erziehung (geht es) nach evangelischem Verständnis um den Ruf in die Freiheit", formuliert Landesbischof H. von Loewenich (in diesem Band) mit Bezug auf Paulus und M. Luther. Diese christliche Freiheit stellt sich als Gewissensfreiheit dar. Sie erfährt man nicht, wenn man moralisch gut handelt und also ein gutes Gewissen hat oder wenn man seine eigene Fehlerhaftigkeit und sein Versagen erkennend mit einem schlechten Gewissen herumläuft. Freiheit des Gewissens zeigt sich in einer gewissenhaften Gewissenlosigkeit: "Die Freiheit *des* Gewissens ... ist also die Freiheit *vom* (...) Gewissen. Der als freier Herr über alle Dinge existierende Christenmensch ist - auch diese Zuspitzung ist schwerlich vermeidbar - auf gewissenhafte Weise gewissen-los." (Jüngel 1997, 132f.) Diese Gewissensfreiheit entspringt der Bindung an die Wahrheit, und diese ergibt sich wiederum aus dem Hören auf das Wort Gottes. Schulen, so hatten wir mit Melanchthon erinnert, sind der Wahrheitssuche verpflichtet. Evangelische Schulen, so können wir nun sagen, sind der Wahrheitssuche darin verpflichtet, dass in ihnen auf das Wort Gottes gehört wird. Sie sind Schulen der Freiheit eines Christenmenschen, Schulen "im Spielraum der Freiheit" (Schreiner 1996). Die Gewissensfreiheit in diesem Sinne zu stärken und zu schärfen ist ihre Aufgabe; sie zu üben, gibt evangelische Schule Gelegenheit.

Deshalb ist es so wichtig, dass in evangelischen Schulen keinerlei weltanschaulicher oder religiöser Zwang ausgeübt wird, gerade weil sie sich einer Religion der Freiheit verdanken und diese immer wieder täglich aktualisieren in allem Kleinen und Großen, was in diesen Schulen passiert. Wenn evangelische Schulen ein Muster des Normalen sein sollen, dann liegt heute gerade hierin ihre Stärke, im Unterschied zum liberalen Verständnis Freiheit nicht nur als Wahlfreiheit, sondern vor allem als Gewissensfreiheit, als eine Freiheit zum Gewissen zu ermöglichen. Dabei können sich die evangelischen Schulen auf das Schulwort der Synode der Evangelischen Kirche in Deutschland von 1958 berufen, wonach Schulen "frei von jeglicher weltanschaulicher Bevormundung" ihrer Arbeit nachgehen sollen. Dies war nicht nur auf die bildungspolitische Situation in Ostdeutschland oder die staatlichen Schulen in Westdeutschland gemünzt, es sollte auch für Schulen in evangelischer Trägerschaft gelten: "Die evangelische Kirche unterhält vielfach eigene Schulen und Heime, um damit eine Erziehung aus evangelischer Glaubenshaltung heraus zu verwirklichen und zugleich Notständen abzuhelfen. Alles Gesagte hinsichtlich der Freiheit, Wissenschaftlichkeit und Weltoffenheit gilt in besonderem Maße für diese Schulen." (Wort zur Schulfrage 1958, 35).

Unerwünschte Folgeprobleme

Neben den beiden grundsätzlichen Argumenten, auf die ich bisher hingewiesen habe, gibt es eine Reihe von unerwünschten Folgen, wenn nur Religionsunterricht erteilt wird. Denn darin liegen gleich mehrere Gefahren.

Eine erste liegt in der Beschneidung der *Wahlfreiheit* von Schülerinnen und Schülern. Dies mag schulverwaltungsrechtlich bestens begründet sein. Es fragt sich jedoch, ob es notwendig und pädagogisch angemessen ist. Zudem widerspricht es dem herrschenden liberalen Freiheitsverständnis. Auch wenn zu Recht daran festzuhalten ist, dass protestantische Freiheit sich einer bestimmten Bindung verdankt, so kann dieses profilierte Freiheitsverständnis heute doch nicht mehr vorausgesetzt, sondern es muss durch Differenzerfahrung hindurch erworben und erlernt werden. Früher bezogen Bekenntnisschulen bzw. Schulen in konfessionell-christlicher Trägerschaft, wie auch Weltanschauungsschulen, ihre besondere bildende Kraft aus der entsprechenden Homogenität von Lehrenden und Lernenden samt Schulgemeinde. Diese ist jedoch heute allenfalls für die Bildungsaspirationen und das Schulklima insgesamt gegeben (vgl. Klemm/Krauss-Hoffmann 1999). In vielen evangelischen Schulen, insbesondere in solchen in Ostdeutschland, kann im Blick auf religiöse Grundeinstellungen aber von einer Homogenität von Lehrenden und Lernenden und der Schulgemeinde im Blick auf religiöse Bildung nicht die Rede sein. Auch evangelische Schulen müssen mit einer viel größeren Pluralität als früher umgehen. Dadurch selbst herausgefordert, könnten sie, auch stellvertretend für die Schulen in staatlicher bzw. kommunaler Trägerschaft, Formen für Schule und Unterricht entwickeln, die es ermöglichen, mit Heterogenität im Bereich ethischer und religiöser Bildung als Schule insgesamt produktiv umzugehen und dafür eine Fächergruppe einzurichten, die auch Wahlfreiheit ermöglicht.

Die Betonung des Religionsunterrichts als wesentlichem Merkmal evangelischer Schulen verführt zu einer *reduzierten Sicht des Propriums* mit der Gefahr, sich in den anderen Unterrichtsfächern sowie in anderen Feldern von Schule von den besonderen Perspektiven einer evangelischen Schule zu entlasten. Umgekehrt: Eine evangelische Schule, die auf das besondere Merkmal eines Pflichtfaches Religionsunterricht verzichtet, muss sich in allen anderen Bereichen besonderen Anstrengungen unterziehen, um ihre Besonderheit, ihr "Proprium" deutlich und verständlich zu machen. Genau darin liegt eine besondere Chance zur Profilierung.

Religiöse Bildung wird in pluralen Gesellschaften anders erworben als früher. Auch wenn es sich für Protestanten grundsätzlich verbietet, die kirchliche Religion mit der persönlichen Religion gleichzusetzen, so hat doch die besondere Qualität des Auseinandertretens von ziviler, kirchlicher und persönlicher Religion in diesem Jahrhundert eine neue Qualität gewonnen und stellt eine besondere Herausforderung für die evangelischen Kirchen insgesamt wie für ihre Bildungsverantwortung im besonderen dar. Vor allem die in den letzten Jahren durch Migration bedingten interkulturellen und interreligiösen Herausforderungen stellen religiöse Bildung heute vor neue Aufgaben. Religiöse Sprachfähigkeit ist Dolmetscherfähigkeit angesichts real existierender Religionsvielfalt. Religiöse Urteilsfähigkeit ergibt sich in Wahrnehmung von Differenz. Verständigung zwischen Verschiedenen gewinnt als Aufgabe eine neue Qualität. Deswegen muss religiöse Bildung auch gerade auf die "Übergänge" (Welsch) zu anderen Religionen wie auch innerhalb der eigenen Konfession besonders achten. Äußere Pluralisierung und innere Ausdifferenzierung sind ja nur zwei Seiten einer Medaille. Wer sich von anderen abgrenzend in die eigene Gruppe der Gleichgesinnten zurückzieht, stellt sein Licht unter den Scheffel und nicht auf einen Leuchter. Auftrag der Christen aber ist es, Salz der Erde zu sein. Christliche Religion lässt sich deshalb heutzutage nicht mehr in abgegrenzten Räumen lernen, schon gar nicht ausschließlich. Ihre besondere Qualität entfaltet sie in der Auseinandersetzung und Verständigung mit den Fremden und dem Fremden. Das Lernen der eigenen Religion, so jedenfalls empirische Hinweise auf entsprechende Schülereinschätzungen (van der Ven/Ziebertz 1995), vollzieht sich in Auseinandersetzung mit Elementen anderer Religionen. Das hat dann auch Konsequenzen für die Art und Weise religiöser Bildung. Sie wird weder in einem religionskundlichen Unterricht allein, bei dem alle Schülerinnen und Schüler einer Klasse zusammen sind, noch in einem nur äußerlich nach Konfessionszugehörigkeit differenzierten Religionsunterricht, sondern wohl eher in der Verbindung von beidem erworben (Scheilke 1997, 1998b). Differenz will eben differenziert gelernt werden. Evangelische Schulen, die heute noch nur auf den Religionsunterricht als besonderes Merkmal setzen, würden sich aus der Entwicklung von zeitgemäßen Angeboten religiöser Bildung verabschieden.

Wenn der alternativlose Religionsunterricht zum wesentlichen Kennzeichen von Schulen in kirchlicher Trägerschaft gemacht wird, hat das mittel- und langfristig Auswirkungen auf den *Religionsunterricht in 95 % aller Schulen*. Dadurch wird nämlich dem Argument Vorschub geleistet, Religionsunterricht verdanke sich einem besonderen kirchlichen Interesse, schlimmer noch: Religionsunterricht sei Privatsache und gehöre deshalb an Privatschulen. Die Konzentration von Religionsunterricht auf Schulen in kirchlicher Trägerschaft würde also Wasser auf die Mühlen derer leiten, denen ein Religionsunterricht in Übereinstimmung mit den Grundsätzen der Religionsgemeinschaften nach Art. 7 (3) GG sowieso ein Dorn im Auge ist. Es wäre also für evangelische Schulen nicht nur nichts gewonnen, sondern auch für die staatlichen bzw. kommunalen Schulen eine Lösung aufs Spiel gesetzt, die gerade für eine plurale Gesellschaft besonders tragfähig ist (Huber 1997, Nipkow 1998, Schweitzer 1997, Scheilke 1996). Die der "hinkenden Trennung" von Staat und Kirche in Deutschland geschuldete Regelung des Religionsunterrichts in der Weimarer Zeit erweist sich nämlich bei näherem Hinsehen als sehr sinnvoll, nicht nur für die Bearbeitung von normativer Differenz, sondern für Bildung überhaupt, ist sie doch *die* Lösung für Schulen in einem "konsequenten weltanschaulich/religiösen Pluralismus" (Herms) und für zivile Gesellschaften (Schweitzer in diesem Band). E. Nordhofen bezeichnet sie in seinem Beitrag sogar als "genial" (in diesem Band).

Perspektiven

"Die Bildungsverantwortung der Kirche hat (nach der Gemeinde, d.V.) einen *zweiten Ort* in den Bildungseinrichtungen in kirchlicher Trägerschaft. Mit ihnen leistet die Kirche einen Beitrag zum allgemeinen Bildungswesen. In exemplarischer Weise zeigt sie, in welchem Sinn die religiöse und ethische Dimension als tragendes Element für alle Bildungseinrichtungen fruchtbar werden kann. Kirchliche Bildungseinrichtungen - insbesondere Kindergärten, Schulen und Einrichtungen der Erwachsenenbildung - sind ein wichtiger und gerade heute unverzichtbarer Beitrag der Kirche zur kulturellen Diakonie. Kirchliche Schulen beispielsweise bieten besondere Möglichkeiten dazu, dass im schulischen Bildungsprozess die Vermittlung von Lebensorientierung in ein ausgewogenes Verhältnis zur Vermittlung von Wissen und Fertigkeiten tritt. Religiöse Bildung kann als integraler Bestandteil allgemeiner Bildung gestaltet werden." (Huber 1998, 295)

Was bedeutet diese Generalbestimmung der heutigen Aufgabe für die hier verhandelte Frage? Religionsunterricht und Ethikunterricht als Mittel individueller wie allgemeiner Bildung sind Teile eines umfassenden Bildungsangebots und haben Anteil an einer zentralen Aufgabe, die man "angesichts des weltanschaulich-religiösen Pluralismus unserer Situation als *kulturelle Verständigungs- und pädagogische Bildungsaufgabe in Schule und Gesellschaft überhaupt*" verstehen kann (EKD-Denkschrift 1994, 65). Diese Aufgabenbestimmung führt für die EKD zu einem klaren Plädoyer für eine differenzierte Bildungsperspektive jenseits von politischer oder zivilisatorischer, damit auch schulischer "Homogenisierungen" einerseits wie "selbstgenügsamer Abschließung" andererseits. Es gilt, "*das Gemeinsame inmitten des Differenten zu stärken*, in einer Bewegung durch die Differenzen hindurch, nicht oberhalb von ihnen." (ebd.) Wie kann solches auch in evangelischen Schulen befördert werden? W. Härle hat in seinem Beitrag zu diesem Band einleitend auf die entscheidende Option verwiesen: *Ab*grenzung in Auseinandersetzung, nicht aber *Aus*grenzung, und R. Preul fordert: "Jede Schule muß diese drei Elemente (Religion, Ethik, Philosophie; C.T.S.) enthalten, auch eine solche, die wir uns frei ausdenken könnten, und zwar nicht nur aus Gründen äußerer Vollständigkeit von Lernbereichen, sondern ... aus Gründen der Bildung." (Preul in diesem Band 309f.). Bevor ich auf einzelne curriculare Aspekte eingehe, will ich knapp drei Herausforderungen evangelischer Schulen heute in Erinnerung rufen, die zugleich Bildungsaufgaben darstellen, deren integraler Bestandteil religiöse Bildung ja ist.

Dreifache Herausforderung

Eine vordringliche Aufgabe in unserer Gegenwart liegt darin, radikale Pluralität lebensfähig zu gestalten und nicht nur gleichgültig auszuhalten. Fundamentalismus und Gleichgültigkeit wachsen zwar auch auf dem Boden des Pluralismus, insofern Menschen die jeweilige Haltung für sich wählen, ob bewusst oder unbewusst; aber beide bedrohen ein Zusammenleben der Verschiedenen. Bildung und Schule sind herausgefordert, ihren Beitrag zu einem vernünftigen Miteinander auf dem Hintergrund von Pluralität zu leisten. Evangelische Schulen können dazu eine christliche, auch auf jüdischen Traditionen fußende Perspektive einbringen, die mit dem Gebot der Nächsten- und radikalisiert dem der Feindesliebe bezeichnet wird. Es geht um eine *Kultur der Anerkennung* der einzelnen Verschiedenen als Andere.

Wo die freiheitsstiftende Wirkung des Evangeliums mit ihren Verheißungen als Beitrag zur Gestaltung von gemeinsamem und individuellem Leben spürbar werden soll, kommt die biblisch-theologische Überlieferung von der Gottebenbildlichkeit des Menschen sofort ins Spiel. Die gemeinschaftliche Erinnerung und Vergewisserung dieses Ausgangs- und Zielpunktes menschlichen Lebens wehrt prinzipiell aller äußerlichen Zwecksetzung des Menschen und seiner Bildung. Sie ermöglicht auch ein realistisches Selbst-Bewusstsein jedes einzelnen Menschen in Beziehungen und in der Spannung von Vergangenheit und Zukunft, das die eigenen Grenzen erkennt und achtet. Die Entwicklung und Pflege einer *Kultur der Wahrnehmung und der Verantwortung* hat dann Auswirkungen auf den Umgang mit anderen Menschen wie mit sich selbst, also die eigene Lebensgestaltung wie die von Institutionen und Gesellschaften.

Wenn Differenzen bearbeitet werden, werden Ungleichheit und Ungerechtigkeit bewusster wahrgenommen. Deshalb und weil eine plurale Kultur mit den Dimensionen der Anerkennung des Anderen und der verantwortungsvollen Wahrnehmung unterbestimmt wäre, muss ein weiterer Aspekt betont werden: *die Kultur des Helfens*. Barmherzigkeit und solidarisch-diakonisches Handeln sind in einer Gesellschaft der Differenz besonders wichtig angesichts der Bedrohungen durch Armut und globale Ungerechtigkeit. Evangelische Schulen haben eine große diakonische Tradition (dazu jüngst zusammenfassend Jacobi 1998), die es neu anzueignen gilt.

Profilierung evangelischer Schulen durch Verbindung von Religions- *und* Ethikunterricht

In dieser angedeuteten dreifachen Herausforderung stehen heute evangelische Schulen. Damit sie ihr gerecht werden können, werden evangelische Schulen ihre Schulprogramme überdenken und an ihren Profilen weiterarbeiten müssen. Die neu gegründeten sowie einige der schon länger bestehenden haben sich der Herausforderung schon gestellt und in einzelnen Bereichen Beispiele entwickelt, die als "Muster des Normalen" verstanden werden können und zum Mit- bzw. Nachmachen einladen. Austausch und Begegnung mit dem Fremden, diakonisches Lernen auch als Schwerpunkt fachlicher Bildung, ökumenisches und interreligiöses Lernen entwickeln sich in evangelischen Schulen (vgl. die entsprechenden Bildungsdimensionen in Kap. III des Handbuchs Evangelische Schulen [Scheilke/Schreiner 1999]). Auch Träger evangelischer Schulen entwickeln ein geschärftes Bewusstsein für die Aufgabe einer zeitgerechten und theologisch wie pädagogisch verantwortungsvollen Profilierung der Schulen (Evangelische Schulstiftung in Bayern 1998, Schramm 1998). Diese Profilbildung kann allerdings noch intensiviert und auf eine breitere Grundlage gestellt werden. Insbesondere muss der Bereich religiöser Bildung in pluralen Gesellschaften neu bedacht werden. Dabei könnten auch unkonventionelle Lösungen erprobt werden.

Sie betreffen zum einen das ganze Leben an den Schulen - auch das geistliche - ebenso wie den gesamten curricularen Bereich. Dabei geht es gerade nicht - und ging es in der Vergangenheit auch überhaupt nicht - darum, Unterricht und Schulleben, Schulverfassung und die Beziehungen zum Umfeld in bürgerlichen wie kirchlichen Gemeinden quasi mit einer zur Weltanschauung geronnenen Glaubensüberzeugung zu übergießen. Solche Intentionen werden zwar immer wieder evangelischen Schulen von Außenstehenden argwöhnisch unterstellt; sie haben aber keinerlei Anhalt an der Realität. Viel eher zeigt sich darin konkret die allgemeine Erfahrung, dass Vorurteile am besten gedeihen, wo eigenständiges Urteilen auf Grund von Begegnung, Kenntnis und Erfahrung nicht möglich ist.

Und sie betreffen eben zum anderen die Ausgestaltung des Lernbereichs Religion-Ethik. Hier sind schon Pionierarbeiten an einzelnen Schulen zu beobachten. Sei es, dass eine evangelische Schule im Umfeld des ehemaligen - und noch anhaltenden - politischen Atheismus neue Wege "religiöser Unterweisung" erprobt. Sei es, dass eine evangelische Schule im Einzugsbereich einer westdeutschen Landeshauptstadt versucht, bei ihren Morgenandachten die Wahl zwischen nach Thema und Bezugshorizont unterschiedlichen Angeboten zu ermöglichen. Nicht nur für die Entwicklung der Fächergruppe Ethik-Religion als Anregung für staatliche und kommunale Schulen (vgl. Scheilke 1998a), sondern auch für die eigene Entwicklung so mancher evangelischen Schule wäre es hilfreich, wenn diese Schulen ein Fächerangebot in Ethik- und Religionsunterricht ausbringen könnten.

Nicht zuletzt könnte der Religionsunterricht selbst davon profitieren. Er steht auf allen Schulstufen vor neuen Herausforderungen durch schulische Entwicklungen, von der Grundschule bis zur Sekundarstufe II. Seine Organisation im Rahmen einer Fächergruppe oder zumindest in einem ausgewiesenen Bezug zu einem denselben Lernenden angebotenen Ethikunterricht - weder als Ersatz- noch als Alternativfach - könnte zu manchen dieser schulischen Entwicklungen einen nicht unwesentlichen Beitrag leisten. Denn zum einen wird ein inhaltlich ausgewiesener und in sachlich wie fachlich begründeter Kooperation mit dem Fach Ethik angebotener Religionsunterricht seine eigene Fachlichkeit neu bestimmen können. Dies könnte zu einer Entlastung von der manchmal zu beobachtenden Dominanz ethischer Themen führen. Wenn Schulen insgesamt stärker in Lerndimensionen organisiert werden, wie es die Bildungsdenkschrift in Nordrhein-Westfalen (1995) für die Schule der Zukunft insgesamt und die Empfehlungen des Arbeitskreises Grundschule zur Neugestaltung der Primarstufe (Faust-Siehl u.a. 1996) vorschlagen, dann könnte ein fachlich organisierter Religionsunterricht, der seine Anschluss- und Dialogfähigkeit demonstriert, durchaus zu einem neuen Verständnis von Lebenssinn, aber auch von christlicher Religion und Religionsunterricht beitragen. Interessant sind in diesem Zusammenhang die bildungstheoretisch fundierten Überlegungen von W. Klafki (1998, v.a. 159-161) zum Religionsunterricht, mit denen er über die - auch von der zuständigen Ministerin (in diesem Band) - kritisierten Hinweise auf den Religionsunterricht in der nordrhein-westfälischen Bildungsdenkschrift differenziert hinausgeht. Zum anderen wäre inhaltlich von einer Fächergruppe Religions- und Ethikunterricht ein Beitrag zur Entwicklung von Mehrperspektivität zu erwarten, einem erneut vorgetragenen Desiderat in der Grundschulentwicklungsdebatte (Duncker 1997). Selbstverständlich könnte solches an jeder Schule passieren. Evangelische Schulen aber müssten eigentlich Vorreiter spielen, denn sie verfügen einerseits über die äußere wie innere Freiheit dazu, andererseits ist ihnen religiöse Bildung besonders aufgetragen.

Von der Fachlichkeit des Religionsunterrichts ist hier nicht zufällig die Rede. Es gibt eindrückliche Hinweise darauf, dass der Religionsunterricht besser ist als sein Ruf (Bucher 1996). Gleichwohl scheint es, dass manche Lehrkräfte im Religionsunterricht bislang noch nicht hinreichend auf die anwachsende religiöse Sprachunfähigkeit einerseits und das Interesse an solidem Wissen auch in Sachen christlicher Religion andererseits bei jungen Leuten reagiert haben. Das will kein Plädoyer für traditionelle Bibeldidaktik sein. Aber anders als vor dreißig Jahren muss man sich doch fragen, ob nicht heute die Bibel wieder mehr - z.B. als "große Erzählungen" von "Gottesbeziehungen" (vgl. Biesinger i.d. Band, 347f.) - im Mittelpunkt des Religionsunterrichts stehen muss, als lebensbegleitendes Angebot, an Biographien der Zeugen und auf Biographien der Lernenden orientiert, und als biblischer Text, der Lernende wie Lehrende neu auslegt. In einem - hoffentlich - kontinuierlich angelegten und nicht immer wieder das Gleiche behandelnden Religionsunterricht könnten dann auch die wichtigen, Pluralismus begründenden Grunddenkfiguren christlicher Theologie mit ihrer Betonung von Unterscheidung, nicht Trennung, angefangen bei der Rechtfertigungslehre, über Gottes- und Schöpfungslehre sowie dem Trinitätsverständnis bis hin zur Zwei-Reiche-Lehre, wieder stärker elementar zur Geltung gebracht werden. "Evangelische Schulen könnten eine Vorreiterrolle übernehmen, um in einer schülergerechten, elementarisierenden Weise Foren für einen *philosophisch-ethischen Diskurs im Austausch mit dem religiösen Diskurs* zu fördern." (Nipkow 1999).

In einer Fächergruppe kann der Religionsunterricht seine Aufgaben neu bestimmen. Die Entwicklung einer *curricularen Verbindung* von Ethik- und Religionsunterricht in bezug und Unterscheidung könnte zu einer durch den interdisziplinären Horizont freigesetzten neuen Fachlichkeit des Religionsunterrichts führen und evangelischen Schulen zur Schärfung des eigenen inhaltlichen Profils dienen. Religionsunterricht kann im Kontrast wieder zum "heilsamen Störfaktor" (Gerhard Bohne) werden und seine ideologiekritische Aufgabe womöglich noch besser wahrnehmen. Gleichzeitig wäre eine inhaltlich ausgewiesene curriculare Verbindung ein Dienst für alle Schulen.

In der Frage nach dem Angebot von Religions- und Ethikunterricht ist zudem auf die Glaubwürdigkeit der allgemeinen Äußerungen aus evangelischer Bildungsverantwortung zu achten: Dies gilt einmal für das Verhältnis von Anforderungen an jene Bereiche, in denen man Mitverantwortung trägt, zu der eigenen Praxis in den Bereichen, die man allein verantwortet. Darauf habe ich mit dem Verweis auf evangelische Schulen als "Muster des Normalen" schon angespielt. Die Frage der Glaubwürdigkeit betrifft aber noch einen zweiten Aspekt. Gerade weil der Bereich ethischer und religiöser Bildung als Element allgemeiner Bildung für evangelische Schulen so zentral ist, sollte ein Zusammenhang von inhaltlichen Perspektiven des Profils einer solchen Schule und der organisatorisch-institutionellen Verfasstheit geachtet werden. Anders: Wer in der Auseinandersetzung mit Andersdenkenden eine wichtige Aufgabe sieht, der sollte dies auch beispielsweise in der fachlichen Struktur einer evangelischen Bildungseinrichtung ausweisen. Die curriculare Verzahnung von Ethik- und Religionsunterricht wäre auf der institutionellen Ebene nicht nur Symbol für eine Kultur der Anerkennung des Anderen, sie könnte eine Bildung in dieser Kultur der Anerkennung inhaltlich befördern.

Rahmenbedingungen neu denken

Damit bin ich schon bei organisatorischen Fragen und Voraussetzungen angekommen. Sie können hier nur angedeutet werden. Aber die Anfrage, ob evangelische Schulen nicht auch eine Fächergruppe Ethik- und Religionsunterricht anbieten sollten, hat ihre rechtlichen Aspekte, die wenigstens genannt werden müssen, vor allem auch weil sie geeignet sind, auf den ersten Blick der Anfrage den Boden zu entziehen. In Fürth war unlängst zumindest schwierig, was gleichwohl in Gelsenkirchen gelang - nämlich eine Schule in evangelischer Trägerschaft für christliche und muslimische Schülerinnen und Schüler zu errichten. Der Grund für die bayrischen Schulbehörden lag klar darin, dass Schulen in kirchlicher Trägerschaft nur christlich sein können, denn die Grundlage der Genehmigungspraxis, das elterliche Erziehungsrecht (Art. 6 GG) in Verbindung mit dem Privatschulrecht gemäß Art. 7 (4), erlaube nur die Einrichtung von Konfessionsschulen einer Konfession. Im Unterschied zur grundgesetzlichen Normierung des Religionsunterrichts, die eine gute Basis für die Herausforderungen einer pluralen Zivilgesellschaft darstellt (s.o.), müssten also die Grundsätze für Privatschulen zumindest neu interpretiert und ggf. verändert werden, sollten Konfessions- oder Weltanschauungsschulen auch dann genehmigt werden können, sobald sie Unterricht in anderen Religionen bzw. Weltanschauungen als der des Trägers anbieten. Wenn evangelische Schulen Ausdruck christlicher Weltverantwortung sind und sein sollen, dann müssen sich in Schulrecht und Schulverfassungslehre Lösungen denken lassen, die eine differenzierte ethische und religiöse Bildung im Gesamt von Schulen in evangelischer Trägerschaft ermöglichen.

Freie Schulen sind zu gleichwertigen Leistungen, nicht zu gleichartigen Angeboten verpflichtet. Wenn festgehalten wird, dass evangelische Schulen ihr Profil als Schule nicht nur, aber auch aus einer gründlichen religiösen und ethischen Bildung als integralem Teil der allgemeinen Bildungsbemühung gewinnen, dann muss man Formen eines den heutigen Aufgabenstellungen angemessenen Angebots genau überprüfen. Wenn die Träger überzeugend vertreten, dass dieses Profil von ihnen aus eigener Tradition und im Blick auf die Herausforderungen der Zeit engagiert unterstützt wird, dann dürften kaum von seiten der Schulverwaltung einer entsprechenden Entwicklung Steine in den Weg gelegt werden. Manche evangelische Schulen könnten sich dann auch zu Schulen entwickeln, die den interreligiösen Dialog elementar unterstützen.

Wozu Religions- und Ethikunterricht ?

Mit organisationsbezogenen Hinweisen aber will ich nicht enden. Ethik- und Religionsunterricht sind schulische Einrichtungen zur allgemeinen wie individuellen Bildung von jungen Menschen. Ob eine Fächerkombination taugt und wie sie im einzelnen auszugestalten ist, das muss sich daran zeigen, ob sie besser als andere Formen Bildung in den Kulturen der Anerkennung, der Wahrnehmung und des Helfens (s.o.) ermöglicht und befördert. Die Vorteile einer Verbindung von Ethik- und Religionsunterricht sollten sich darin erweisen, dass die Lernenden an evangelischen Schulen das Rüstzeug zu christlicher Weltverantwortung erwerben können, indem sie sich zu gebildeten Personen entfalten. Deren Merkmal ist weniger die vom Markt geforderte Flexibilität. Der homo flexibilis, der am Offenhalten von Optionen orientierte und deshalb für die "Kultur des neuen Kapitalismus" (Sennett 1998) so brauchbare Mensch ist nicht das Maß evangelischer Schulen. Viel eher zielt ihr Bildungsbemühen ab auf das, was unsere Gesellschaft nach Auffassung von Gesellschaftskritikern wie R. Sennett (1998, 200f.) heutzutage wieder mehr schätzen sollte: Menschen, die Treue zu sich selbst und Verantwortung für andere entwickeln und die Erfahrung machen können, gebraucht zu werden.

Literatur:

K. AURIN (Hg.), Gute Schulen - worauf beruht ihre Wirksamkeit? Bad Heilbrunn 1986.

H.Chr. BERG u.a., Unterrichtserneuerung mit Comenius und Wagenschein. Versuche Evangelischer Schulen 1985-1989, Münster (Comenius-Institut) 1990.

J. BOHNE (Hg.), Die religiöse Dimension wahrnehmen. Unterrichtsbeispiele und Reflexionen aus der Projektarbeit des Evangelischen Schulbundes in Bayern, Münster (Comenius-Institut) 1992.

J. BOHNE u.a., Lehrer bilden sich. Fortbildung in den ersten Dienstjahren - ein Modell der Evangelischen Schulstiftung in Bayern. Münster (Comenius-Institut) 1996.

J. BOHNE (Hg.), Evangelische Schulen im Neuaufbruch. Schulgründungen in Bayern, Sachsen und Thüringen 1989-1994, Göttingen 1998.

A.A. BUCHER, Religionsunterricht: besser als sein Ruf? Empirische Einblicke in ein umstrittenes Fach, Innsbruck 1996.

L. DUNCKER, Prinzipien einer Didaktik der Vielfalt, in: S. REINHARDT/E. WEISE (Hg.), Allgemeine Didaktik und Fachdidaktik, Weinheim 1997, 174-190.

EKD-Denkschrift, Identität und Verständigung. Standort und Perspektiven des Religionsunterrichts in der Pluralität. Eine Denkschrift der Evangelischen Kirche in Deutschland, Gütersloh 1994.

Evangelische Schulstiftung in Bayern, Bildung und Erziehung in christlicher Verantwortung. Zum theologischen und pädagogischen Profil evangelischer Schulen, Nürnberg 1998, vervielfältigtes Ms., abgedruckt in SCHEILKE/SCHREINER 1999.

G. FAUST-SIEHL u.a., Die Zukunft beginnt in der Grundschule, Reinbek 1996.

H. FEND, Was ist eine gute Schule? In: K.-J. TILLMANN (Hg.), Was ist eine gute Schule? Hamburg 1989, 14-25.

D. FISCHER, Schulautonomie mit SCHILFESCH, in: Korrrespondenzblatt Ev. Schulen und Heime 36/1995, 1, 15-16.

D. FISCHER/Chr.Th. SCHEILKE, Schulinterne Lehrerfortbildung für evangelische Schulen, in: Korrrespondenzblatt Ev. Schulen und Heime 34/1993, 2, 55-57.

U. GREBER u.a., Auf dem Weg zur "Guten Schule": Schulinterne Lehrerfortbildung. Bestandsaufnahme, Konzepte, Perspektiven, Weinheim und Basel 1991.

H.-H. HAAR/K.H. POTTHAST (Hg.), In Zusammenhängen lernen. Fächerübergreifender Unterricht in den Klassen 5 und 6, Münster (Comenius-Institut) 1992.

W. HUBER, Melanchthon und das staatliche Schulfach LER, in: Päd Forum 10/1997, H. 5, 465-472.

W. HUBER, Kirche in der Zeitenwende. Gesellschaftlicher Wandel und Erneuerung der Kirche. Gütersloh 1998.

J. JACOBI, Erziehung als Mission, in: U. RÖPER/C. JÜLLIG (Hg.), Die Macht der Nächstenliebe. Einhundertfünfzig Jahre Innere Mission und Diakonie 1848 - 1998, Katalog zur gleichnamigen Ausstellung, Berlin 1998, 80-89.

E. JÜNGEL, Die Freiheit eines Christenmenschen. Freiheit als Summe des Christentums, in: Wege zum Einverständnis, hg. von M. BEINTKER, Leipzig 1997, 118-137.

W. KLAFKI, Schlüsselqualifikationen/Allgemeinbildung - Konsequenzen für Schulstrukturen, in: K.-H. BRAUN u.a., Schule mit Zukunft. Bildungspolitische Empfehlungen und Expertisen der Enquete-Kommission des Landtags von Sachsen-Anhalt, Opladen 1998, 145-208.

K. KLEMM/P. KRAUSS-HOFFMANN: Evangelische Schulen im Spiegel von Selbstdarstellung und Elternurteil, in: CHR. TH. SCHEILKE/M. SCHREINER (Hg.), Handbuch Evangelische Schulen, Gütersloh 1999 (i.Ersch.).

R. KOERRENZ: Art. Schulgemeinde, in: CHR. TH. SCHEILKE/M. SCHREINER (Hg.), Handbuch Evangelische Schulen, Gütersloh 1999 (i.Ersch.).

Ph. MELANCHTHON, Rede vom Lob des schulischen Lebens, in: PHILIPP MELANCHTHON. Der Lehrer Deutschlands. Ein biographisches Lesebuch von H.-R. SCHWAB, München 1997, 176-181.

K. E. NIPKOW: Bildung als Lebensbegleitung und Erneuerung, Gütersloh 1990. K. E. NIPKOW, Bildung in einer pluralen Welt, Bd. 1: Moralpädagogik im Pluralismus, Bd. 2: Religionspädagogik im Pluralismus. Gütersloh 1998.

K. E. NIPKOW, Evangelische Schulen als öffentlicher Handlungs- und Verantwortungsbereich der Kirche, in: CHR. TH. SCHEILKE/M. SCHREINER (Hg.), Handbuch Evangelische Schulen, Gütersloh 1999 (i. Ersch.), Kap. I,1.

ST.C. PURKEY/M.S. SMITH, Effective Schools: A Review, deutsch in: AURIN 1986, 13-45.

CHR. TH. SCHEILKE, Religion in der Schule einer pluralen Gesellschaft, in: Recht der Jugend und des Bildungswesens (RdJB) 3/1996, 340-350.

CHR. TH. SCHEILKE (Hg.), Religionsunterricht in schwieriger Zeit. Ein Lesebuch zu aktuellen Kontroversen, Comenius-Institut Münster 1997.

CHR. TH. SCHEILKE, Ethisches Lernen im Religionsunterricht, in: Aufbrüche 5/1998a, H. 1, 31-35.

CHR. TH. SCHEILKE, Zur Aufgabe, Situation und Weiterentwicklung des evangelischen Religionsunterrichts in der Bundesrepublik Deutschland, in: J.-D. GAUGER (Hg.), Sinnvermittlung, Orientierung, Werte-Erziehung, Sankt Augustin 1998b, 30-60.

Chr. Th. SCHEILKE/M. SCHREINER (Hg.), Handbuch Evangelische Schulen, Gütersloh 1999 (i. Ersch.).

St. SCHRAMM, Ethik der Schule - Schule der Ethik. Ein Beitrag zur kirchlichen Unternehmensethik, in: Pastoraltheologie 87/1998/9, 302-323.

M. SCHREINER, Im Spielraum der Freiheit. Evangelische Schulen als Lernorte christlicher Weltverantwortung. Göttingen 1996.

F. SCHWEITZER, Identitätsbildung durch Beheimatung oder Begegnung? Religion als pädagogische Herausforderung in der pluralen multireligiösen Gesellschaft, in: EvErz 49/1997, 266-279.

R. SENNETT, Der flexible Mensch. Die Kultur des neuen Kapitalismus, Berlin ²1998.

K.- J. TILLMANN (Hg.), Was ist eine gute Schule? Hamburg 1989.

J.A. VAN DER VEN/ H.-G. ZIEBERTZ, Jugendliche in multikulturellem und multireligiösem Kontext. SchülerInnen zu Modellen interreligiöser Kommunikation - ein deutsch-niederländischer Vergleich, in: Religionspädagogische Beiträge 35/1995, 151-167.

J.P. VOGEL, Das Recht der Schulen und Heime in freier Trägerschaft, Neuwied u.a. ³1997.

G. WIEHE u.a., Verantwortung lernen im naturwissenschaftlichen Unterricht. Unterrichtsmodelle aus Evangelischen Schulen im Rheinland, Münster (Comenius-Institut) 1997.

Wort zur Schulfrage der EKD-Synode 1958, wiederabgedruckt in: "Freier Dienst an einer freien Schule", 40 Jahre "Schulwort" der EKD zur evangelischen Bildungsverantwortung, epd-Dokumentation 30/98 vom 20. Juli 1998, 33-35.

Zukunft der Bildung - Schule der Zukunft. Bildungsdenkschrift NRW, Neuwied u.a. 1995.

Aus theologischer Sicht

Haftpunkte der Erinnerung - Identitätsprobleme unerlöster Trauer
Zur impliziten Pädagogik der vergangenen Goldhagen-Debatte

Volker Drehsen

Wie halten es Menschen mit der Vergangenheit - zumal mit der belastenden? Erinnern oder Vergessen? Amnestie oder Aufarbeitung, Amnesie oder Durchleuchtung? Versöhnung oder Rache, Trauerarbeit oder Schlußstrich? Wiederholungszwang oder Zukunftsvergiftung? Zu Erinnerung und Trauer anzuleiten und sie zu fördern gehört zweifellos zu den unverzichtbaren Aufgaben der praktisch-theologischen wie religionspädagogischen Arbeit - auf allen Feldern ihres Engagements[1]. Sie leistet damit einen Beitrag zur menschlichen Identitätsfindung und Identitätsorientierung. Durch Erinnerung und Trauer wird ein Leben zu Geschichte, zu je *meiner* Geschichte. Erinnerung und Trauer verstehen sich indessen offenbar nicht von selbst. Nicht nur bleibt umstritten, auf welche Weise sie vonstatten gehen sollen; sie bedürfen vielmehr überhaupt immer wieder einer besonderen Inszenierung - eines Anstoßes von außen, mit und ohne absehbaren Anlaß, im privaten Leben eines jeden Menschen ebenso wie im öffentlichen Leben der Gesellschaft. Dabei zeigt sich beides nicht selten auf verschlungenen Pfaden miteinander verschränkt - in der Ermöglichung ebenso wie in der Behinderung.

Es gibt absehbare Anlässe der Erinnerung und unabsehbare Impulse zur Trauer. Das eine ist so erklärungsbedürftig wie das andere scheinbar selbstverständlich. Es ist noch nicht lange her, daß hierzulande Anlaß und Gelegenheit gegeben waren, des Kriegsendes vor einem halben Jahrhundert zu gedenken - ein und desselben Ereignisses, das je nach persönlichem Schicksal und Lebensweg, je nach Bildung und politischem Interesse, je nach Milieuprägung und ideologischer Einfärbung durchaus unterschiedlich erlebt und gedeutet werden konnte: als Ende des Krieges und als Zusammenbruch der nationalsozialistischen Gewaltherrschaft, als Befreiung oder als Kapitulation, als abrupter Kontinuitätsbruch oder katastrophischer Übergang in eine Zeit des Neu- und Wiederaufbaus, vor allem aber als gewaltsame und doch ersehnte Zerstörung jener Schreckens- und Schmerzensumstände, deren unvorstellbare Ungeheuerlichkeit in einem Wort zusammengefaßt zu werden pflegen: das Ende des "Holocaust", das Ende der "Shoah".

All diese Anklänge, Motive und Deutungen verdichteten sich im Gedenkjahr 1995 in Feiern der öffentlichen und privaten Erinnerung und Trauer; angestoßen durch ein

---

[1] Vgl. hierzu grundsätzlich Karl Ernst Nipkow, Gott und Gewissen in der Erziehung, in: ders., Moralerziehung. Pädagogische und theologische Antworten, München 1981, 119-151.

absehbares Datum, fünfzig Jahre nach Kriegsende, und aus eben diesem Anlaß mehr oder weniger sorgfältig das allgemeine Erinnern vorbereitend und inszenierend, aufwühlend zuweilen, aber nicht eigentlich überraschend, angeregt durch ein geschichtliches Kalenderdatum, so wie es ja auch etwa von absehbaren, im Jahresrhythmus immer wiederkehrenden Erinnerungsfesten der religiösen und säkularen Festkalendarien her wohlbekannt ist: Da ist der Jom Hashoah, der "Holocaust Remembrance Day", im jüdischen Festkreis, und da ist beispielsweise der kirchlicherseits sog. "Israel-Sonntag", in zeitlicher Nähe zum 9. Aw, an dem Juden der Jerusalemer Tempelzerstörung gedenken und dessen wahlverwandten Kirchenjahrestag evangelische Christen als 10. Sonntag nach Trinitatis feiern. Es sind dies freilich insgesamt Gedenktage von jeweils geringerer Singularität als etwa die Feierlichkeiten zum Kriegsende im Jahre 1995. Statt dessen handelt es sich um Tage, die im Jahreszyklus das regelmäßige Gedenken nach einer bestimmten Kalenderordnung anregen, periodisch sich wiederholend, institutionalisiert gewissermaßen, für alle verbindlich und vorsorglich auf Dauer gestellt, damit Anstoß und Anlaß des Erinnerns nicht ständig neu gefunden, geschweige denn jedesmal ab ovo erfunden werden müssen: Gedenktage gehören zum festen Bestand der gesellschaftlichen "Institutionen der Deutungskultur"[2].

Solch absehbare Ereignisse der Erinnerung im Jahrhundert- oder Jahresrhythmus stehen in einer Reihe mit Erinnerungsereignissen, deren Anlaß und Ausmaß unabsehbar bleiben, unabsehbar, weil sie eben keiner Kalenderordnung regelmäßiger Feste und Feiern folgen, sondern von Zeit zu Zeit überraschend auftauchen, gleichsam spontan als öffentliche Diskurse aufflammen und bei unterschiedlichstem Anlaß doch unverkennbar gemeinsame aufschlußreiche Merkmale vorweisen. Wir haben in der Nachkriegszeit eine Vielzahl derartiger kollektiver Erinnerungsdebatten erlebt: Hannah Arendts Prozeßbericht "Eichmann in Jerusalem"[3] löste solche Diskussionen ebenso aus wie Karl Jaspers' Essayband "Lebensfragen der deutschen Politik"[4]. Rolf Hochhuths Drama "Der Stellvertreter"[5] hat die öffentliche Auseinandersetzung ebenso erregt wie Peter Weiss' dramatisches Oratorium "Die Ermittlung"[6]. Über Alexander und Margarete Mitscherlichs umstrittenes Buch "Die Unfähigkeit zu trauern"[7] ist so heftig disku-

---

[2] So der Psychoanalytiker und Leiter der Gedenkstätte Buchenwald Volkhard Knigge; vgl. Arno Orzessek, Grab in den Lüften. Holocaust und die richtige Erinnerung - eine Arbeitstagung in Essen, in: Süddeutsche Zeitung vom 26. März 1997.

[3] Hannah Arendt, Eichmann in Jerusalem. Ein Bericht von der Banalität des Bösen, München, Zürich ⁹1992; zuerst unter dem Titel "Eichmann in Jerusalem. A report on the banality of Evil", London 1963, New York 1963.

[4] Karl Jaspers, Lebensfragen der deutschen Politik, München 1963.

[5] Rolf Hochhuth, Der Stellvertreter. Ein christliches Trauerspiel, Reinbek bei Hamburg 1963.

[6] Peter Weiss, Die Ermittlung. Oratorium in 11 Gesängen, Frankfurt/Main 1965.

[7] Alexander und Margarete Mitscherlich, Die Unfähigkeit zu trauern. Grundlagen kollektiven Verhaltens, München 1967.

tiert worden wie im sog. Historiker-Streit von 1986[8]. Nicht zuletzt aufgrund ihrer Öffentlichkeitsresonanz sind uns bis heute die Versuche zur filmischen Darstellung der Vergangenheit unvergessen: die amerikanische Fernsehserie "Holocaust" (1979), Claude Lanzmanns Film "Shoah" (1985) ebenso wie Steven Spielbergs "Schindlers Liste" (1994). Daniel Jonah Goldhagens Medienereignis "Hitlers willige Vollstrecker" steht selbst im zeitgleichen Zusammenhang mehrerer öffentlicher Debatten zum selben Thema[9]: Man denke nur an die erstaunliche Wirkung der Victor Klemperer-Tagebücher[10], an die öffentliche Erregung im Fall des Berliner "Denkmals für die ermordeten Juden Europas"[11] oder an die erbitterten Debatten im Umfeld der Ausstellung "Vernichtungskrieg. Verbrechen der Wehrmacht 1941-1944", die annähernd zwanzig verschiedene Städtestationen, darunter im Münchener Rathaus und in der Frankfurter Paulskirche, durchlaufen hat[12].

---

[8] Vgl. Rudolf Augstein u.a., "Historikerstreit". Die Dokumentation der Kontroverse um die Einzigartigkeit der nationalsozialistischen Judenvernichtung, München, Zürich 1987. - Eike Hennig, Zum Historikerstreit. Was heißt und zu welchem Ende studiert man Faschismus? Frankfurt/Main 1988. - Hans-Ulrich Wehler, Entsorgung der deutschen Vergangenheit? Ein politischer Essay zum Historikerstreit, München 1988. - Eilert Herms, Schuld in der Geschichte. Zum "Historikerstreit", in: ZThK 85 (1988), 349-370.

[9] Daniel Jonah Goldhagen, Hitlers willige Vollstrecker. Ganz gewöhnliche Deutsche und der Holocaust, Berlin 1996.

[10] Victor Klemperer, "Ich will Zeugnis ablegen bis zum letzten". Tagebücher 1933-1945, 2 Bde., Berlin 1995. - Ders., "Leben sammeln, nicht fragen wozu und warum". Tagebücher 1918-1933, 2 Bde., Berlin 1996. Zur Resonanz dieser Tagebücher vgl. etwa Friedrich Karl Fromme, Ein Zeitdokument mit Erläuterungslücken. Die Tagebücher von Victor Klemperer sind auf vielfältige Weise ein Erfolg, in: Frankfurter Allgemeine Zeitung vom 17. Juni 1996. - Frank-Rutger Hausmann, Das Closett scheuern und Ordinarius sein. Victor Klemperers weitere Tagebücher, in: Frankfurter Allgemeine Zeitung vom 1. Oktober 1996. - Michael Nerlich, Die unendliche Misere. Zur deutschen Rezeption der Tagebücher Victor Klemperers, in: Frankfurter Rundschau vom 3. Januar 1996. - Gustav Seibt, Das andere Mahnmal. Zur erstaunlichen Wirkung der Klemperer-Tagebücher, in: Frankfurter Allgemeine Zeitung vom 8. Februar 1996. - Wilhelm von Sternburg, Im Bauch des Leviathan. Victor Klemperers Tagebücher 1933-45, in: Frankfurter Rundschau vom 28. November 1995 (Literaturbeilage).

[11] Vgl. hierzu etwa Eduard Beaucamp, Kunst in der Falle. Das Holocaust-Denkmal und das Scheitern der Künstler, in: Frankfurter Allgemeine Zeitung vom 13. August 1997. - Tilman Buddensieg, Berliner Symmetrie-Wahn. Überlegungen zum Holocaust-Mahnmal, in: Süddeutsche Zeitung vom 25. Juli 1997. - Christian Meier, Der konsequente Aberwitz geteilten Gedenkens. Wenn generalisierende Opferformeln versagen: Zum Problem des Berliner Denkmals für die ermordeten Juden in Europa, in: Frankfurter Allgemeine Zeitung vom 25. Juli 1997. - Silke Wenk, Ein Ort wie kein anderer. Zur Kontroverse über das Denkmal für die ermordeten Juden Europas in der Mitte Berlins, in: Frankfurter Rundschau vom 14. Oktober 1995. - Moshe Zimmermann, Jenseits der Schuldzuweisungen. Die Debatte um das Berliner Holocaust-Mahnmal zeigt: Wir brauchen einen neuen Umgang mit der Shoah, in: Allgemeine Jüdische Wochenzeitung vom 6. August 1998.

[12] Ausstellungskatalog: "Vernichtungskrieg. Verbrechen der Wehrmacht 1941 bis 1944", hg. vom Hamburger Institut für Sozialforschung, Hamburg 1996; vgl. hierzu auch: "Gehorsam bis zum Mord? Der verschwiegene Krieg der deutschen Wehrmacht. Fakten, Analysen, Debatte", ZEIT-

All diese Ereignisse hatten und haben unverkennbar eine auffällige Gemeinsamkeit: ihr breites Echo, das noch breiteres Erstaunen geweckt hat über die Unvoraussehbarkeit ihres Erfolges, über den Überraschungseffekt ihrer unerwarteten Resonanz[13]. Nicht prognostizierbar hatten sie doch unverkennbar ihre feste Funktion in einem Prozeß der Vergangenheitsorientierung, die sich immer wieder in öffentlichen Diskursen realisiert. Und es entspricht sicher nicht einer optischen Verzerrung der Gegenwartswahrnehmung, wenn im Hinblick auf diese kollektiven Erinnerungsdebatten festzustellen ist, daß sich solche Auseinandersetzungen in dem Maße häufen, wie der historische Abstand zunimmt und sich damit zugleich die Chancen unmittelbar autobiographisch darstellbarer Erinnerung vermindern[14]. Der politische Philosoph Hermann Lübbe hat in seinem Buch über "Die Aufdringlichkeit der Geschichte" festgestellt: "Die Intensität der Beschäftigung mit dem Nationalsozialismus ist mit der Zahl der Jahre, die uns vom Zusammenbruch seiner Herrschaft trennen, gewachsen. Mit der größeren temporalen Distanz von den zwölf Jahren des 'Dritten Reiches' ist kein Effekt des Verblassens der

---

Punkte Nr. 3/1995. Der Höhepunkt der Auseinandersetzung über die Wehrmachtsausstellung wurde im Frühjahr 1997 erreicht; exemplarisch sei auf einige Berichte verwiesen: Renate Schostack, München leuchtet nicht. Im Vorfeld: Vorfälle um die Ausstellung "Vernichtungskrieg - Verbrechen der Wehrmacht 1941 bis 1944", in: Frankfurter Allgemeine Zeitung vom 31. Januar 1997. - Marianne Heuwagen, Cornelia Bolesch, Rolf Thym, Peter Schmitt, Der schwierige Umgang mit schrecklichen Wahrheiten. Wie die Ausstellung über die Kriegsverbrechen der Wehrmacht in anderen deutschen Städten aufgenommen wurde, in: Süddeutsche Zeitung vom 1. Februar 1997. - Christian Ude, Notwendiges Erinnern. Zur Ausstellung "Vernichtungskrieg", in: Süddeutsche Zeitung vom 24. Februar 1997. - Friedrich Karl Fromme, Was bleibt: die Schuld, in: Frankfurter Allgemeine Zeitung vom 26. Februar 1997. - Gä., Umstrittene Wehrmacht-Ausstellung in München. Polemik der CSU um die "Diffamierung der Soldatenehre", in: Neue Zürcher Zeitung vom 26. Februar 1997. - Renate Schostack, Martern der Geschichte. Reaktionen auf die Wehrmachtsausstellung in München, in: Frankfurter Allgemeine Zeitung vom 3. März 1997. - Joachim Güntner, Peinvolle Beschämung. Warum die Wehrmachtsausstellung so viel Abwehr provoziert, in: Stuttgarter Zeitung vom 14. März 1997. - Eckhard Fuhr, Deutsches Aufarbeiten, in: Frankfurter Allgemeine Zeitung vom 8. April 1997. - Sibylle Tönnies, Die scheußliche Lust. Über die Wehrmachtsausstellung, in: Frankfurter Allgemeine Zeitung vom 12. April 1997. - Ignatz Bubis, Entmenschlichte Zeit. Über die Verbrechen der Wehrmacht, in: Frankfurter Allgemeine Zeitung vom 14. April 1997. - Eine Dokumentation der Bundestagsdebatte druckte Die Zeit vom 21. März 1997.

[13] Den Zusammenhang der Ereignisse ist wohl in der Publizistik zuweilen registriert, aber kaum hinreichend erläutert worden; vgl. etwa Josef Joffe, Im Jahr 51 nach Hitler, in: Süddeutsche Zeitung vom 31. Dezember 1996. - Reiner Ruf, "Die Kinder entdecken die alten Verbrechen neu". Historiker rätseln über Erfolg des Goldhagen-Buchs, in: Südwest-Presse vom 24. Februar 1997. - Frank Schirrmacher, Wunderheiler Goldhagen, in: Frankfurter Allgemeine Zeitung vom 13. September 1996.

[14] Zur früheren Vergangenheitsbewältigung vgl. die Studie von Norbert Frei, Vergangenheitspolitik. Die Anfänge der Bundesrepublik und die NS-Vergangenheit, München 1996; sowie Manfred Kittel, Die Legende von der "Zweiten Schuld". Vergangenheitsbewältigung in der Ära Adenauer, Berlin, Frankfurt/Main 1993.

Erinnerung an es im wachen zeitgenössischen Bewußtsein verbunden gewesen. Ganz im Gegenteil hat die kulturelle und politische Aufdringlichkeit dieser Erinnerung zugenommen. Die Position des Nationalsozialismus hat im Vergangenheitshorizont der Deutschen emotional an Aufdringlichkeit gewonnen, je tiefer er chronologisch in diesen Vergangenheitshorizont zurückgesunken ist"[15]. Das Ausmaß der jüngsten öffentlichen Debatten um die Wehrmachtsausstellung, um das Berliner Holocaust-Denkmal und um die Bestsellererfolge von Victor Klemperers Tagebüchern und Daniel Goldhagens "Hitlers willige Vollstrecker" sind nur weitere Belege für diesen evidenten und "keineswegs trivialen Bestand, daß die ausdrückliche Thematisierung des Dritten Reiches bei uns heute kulturell und politisch gegenüber den Gründungs- und Anfangsjahren der Bundesrepublik Deutschland an Gewicht" nicht verloren, sondern "eher gewonnen hat"[16]. Der vergleichende Blick gibt zu erkennen, daß es sich dabei keineswegs um ein deutsches Unikum handelt[17]; Probleme vergleichbarer Art stellen sich auch in anderen Ländern ein, die entweder Opfer der nationalsozialistischen Expansion waren oder selbst eine Konversion von diktatorischen zu demokratischen Verhältnissen durchlaufen haben; ähnliche Herausforderungen an eine fällige Vergangenheitsbewältigung stellen sich für die osteuropäischen Länder nach dem Zusammenbruch des kommunistischen Regimes[18].

Dennoch bleibt der exemplarische Fall der Goldhagen-Debatte in besonderer Weise erklärungsbedürftig[19]. Seine unendliche Erfolgsgeschichte steht im eklatanten Widerspruch zu der Tatsache, daß die Qualität und die Dignität dieses Buches von der Historikerzunft bereits tüchtig in Zweifel gezogen, wenn nicht gar erledigt waren, noch bevor es in deutscher Übersetzung auf den hiesigen Markt gelangte[20]. Die Kritik der Fachleute war einhellig und eindeutig negativ: "Daniel Goldhagens Studie über 'Hitlers willige Vollstrecker' ist kein gutes Buch. Es ist voller Fehler und Übertreibungen", dekretierte der Freiburger Historiker Ulrich Herbert stellvertretend für die große Mehr-

---

[15] Hermann Lübbe, Die Aufdringlichkeit der Geschichte. Herausforderungen der Moderne vom Historismus bis zum Nationalsozialismus, Graz, Wien, Köln 1989, 334.
[16] H. Lübbe, a.a.O., 335.
[17] Vgl. hierzu Arnulf Baring, Aufarbeitung - eine deutsche Spezialität? Der Umgang mit einer belastenden Vergangenheit. Trauerarbeit und die Strategie des Vergessens, in: Frankfurter Allgemeine Zeitung vom 25. Juli 1998. - Ders., Und doch: Vergangenheit, die nicht vergehen will. Kritik an Daniel Goldhagen, in: ebd. vom 18. September 1996.
[18] Vgl. hierzu Gesine Schwan, Politik und Schuld. Die zerstörerische Macht des Schweigens, Frankfurt/Main 1997. - Gary Smith, Avishai Margalit, Amnestie oder die Politik der Erinnerung in der Demokratie, Frankfurt/Main 1997.
[19] Zur Analyse der Debatte vgl. Wolfgang Wippermann, Wessen Schuld? Vom Historikerstreit zur Goldhagen-Kontroverse, Berlin 1997.
[20] Einen Überblick über das "Medienereignis Goldhagen" bieten die Zeitungsdokumentationen: "Das Versagen der Kritiker", in: Zeit-Dossier vom 2. August 1996. - "Nicht die Kritiker, der Kritisierte hat versagt", in: Süddeutsche Zeitung vom 19. August 1996.

heit seiner Zunftgenossen[21]: ein schlechtes Buch - so lautete die Reaktion fast unisono![22] Und in der Auseinandersetzung selbst zeigten sich die historischen Fachvertreter gegenüber dem Medienerfolg Goldhagens pikiert: materialiter empirisch nichts Neues - der Geschichtsforscher Reinhard Rürup: "Die historischen Tatsachen schildern wir seit dreißig Jahren!"[23] -, methodisch unabgesichert, ja ignorant und in der Einseitigkeit seiner Ausdeutungen unseriös! So ausgeprägt war die Reaktion, daß sich der emeritierte Bielefelder Nestor der Sozialgeschichtsschreibung, Hans-Ulrich Wehler, bereits gezwungen sah, vorsichtig auf Distanz zur eigenen Zunft zu gehen: "Das Echo im deutschen Blätterwald ist bisher alles andere als zufriedenstellend. Mit einer irritierenden Geschwindigkeit und spektakulären Selbstsicherheit, die öfter nur die Ignoranz in der Sache verhüllt, hat sich gegen Daniel Goldhagens 'Hitler's Willing Executioners' ein Abwehrkonsens herausgebildet: Das Buch bringe empirisch nichts Neues, im wesentlichen sei alles längst bekannt, anregende Fragen enthalte es auch nicht, kurz: Das 'Ergebnis ist ... gleich Null'" , schrieb Wehler in der Zeit[24].

Und dennoch konnte der deutsche Verleger Goldhagens zufrieden sein: Ohne gezielte Werbemaßnahmen trat sein Buch einen geradezu triumphalen Siegeszug an: Trotz seiner ihm gutachterlich attestierten miserablen Qualität verkaufte es sich glänzend und wurde und wird noch allerorts heftig diskutiert. "Zu den bemerkenswerten Geschehnissen der letzten Zeit", so mokierte sich der Münchener Geschichtswissenschaftler Christian Meier in der "Frankfurter Allgemeinen Zeitung", gehöre in der deutschen Kulturszene "die monatelange Auseinandersetzung um Daniel Goldhagens Buch, die Mitte September [1996] im sogenannten 'Triumphzug' des Autors gipfelte. Ein nicht gerade gut geschriebenes Buch, dick, voller Wiederholungen, undiszipliniert und auf längere Strecken ersichtlich ohne Kompetenz verfaßt, wird bei uns, gleich nach seinem Erscheinen in Amerika, heftig diskutiert, von den Fachleuten weithin mit schweren Einwänden versehen, obwohl nicht durchweg abgelehnt."[25] Wie konnte ein derart "schlechtes Buch" (Eberhard Jäckel) eine derart große Wirkung erzielen, ein derartiges Aufsehen erregen, solche Publikumsmassen anziehen? Die leicht pikierte Reaktion der Historiker hat den Erfolg der Inszenierung, die hier stattfand, nicht wirklich verhindern können. Die Massen strömten zu den Podiumsdiskussionen mit dem

---

[21] Vgl. den Bericht von Johannes Ebert, Ein neuer Historikerstreit um den Holocaust? Goldhagens kontroverse These - eine Münchener Tagung, in: Neue Zürcher Zeitung vom 15.6.96.

[22] Einen Überblick bietet der Sammelband von Johannes Heil, Rainer Erb (Hg.), Geschichtswissenschaft und Öffentlichkeit. Der Streit um Daniel J. Goldhagen, Frankfurt/Main 1997.

[23] Vgl. Rüdiger Suchsland, Neuer Mythos? Historiker zu Goldhagen, in: Frankfurter Rundschau vom 21. September 1996.

[24] Hans-Ulrich Wehler, Wie ein Stachel im Fleisch. Es gibt sechs gute Gründe, sich ernsthaft mit Daniel Goldhagens Buch zu befassen - und ebenso viele, warum man seine Erklärung des Holocaust scharf kritisieren muß, in: Die Zeit vom 24. Mai 1996, 40.

[25] Christian Meier, Auszug aus der Geschichte. Die deutsche Gesellschaft und Goldhagen. Ein Rückblick, in: Frankfurter Allgemeine Zeitung vom 27. Dezember 1996.

Autor in die Hamburger Kammerspiele, in das Dahlemer Friedrich Meinecke-Institut (der ehemaligen Wirkungsstätte Ernst Noltes!), in den Mozartsaal der Frankfurter Alten Oper, zu den Aschaffenburger Gesprächen, zu den Münchener Veranstaltungen und ins Kleine Haus der Stuttgarter Staatsoper[26].

Worauf beruhte der Erfolg einer solchen Inszenierung, deren Tragweite und Bedeutung die Historiker selbst offensichtlich gründlich verkannt hatten? Die Ansprüche der historischen Zunft, die zeitgeschichtlich interessierte Öffentlichkeit und persönliche Bedürftigkeiten der Anteilnehmenden traten in dieser Debatte auffällig auseinander und platte Erklärungen reichen hier keineswegs aus[27]. Die Inszenierung übersteigt offensichtlich die Möglichkeiten und Grenzen eines manipulierbaren Medienereignisses. Goldhagen hat ganz augenscheinlich einen empfindlichen Punkt getroffen, eine allgemeine Bedürftigkeit, die nach fachwissenschaftlichen Leistungsgesichtspunkten

---

[26] Vgl. etwa die Berichte in zeitlicher Reihenfolge: Volker Ulrich, Hitlers willige Mordgesellen. Ein Buch provoziert einen neuen Historikerstreit: Waren die Deutschen doch alle schuldig?, in: Die Zeit vom 12. April 1996. - Thomas Assheuer, Die Wiederkehr der Schuldfrage? Eine Podiumsdiskussion über Daniel Jonah Goldhagens Buch "Hitlers willige Vollstrecker", in: Frankfurter Rundschau vom 10. Mai 1996. - Renate Schostack, Direkter Weg nach Auschwitz? Eine Debatte in München: "Die Deutschen und der Holocaust", in: Frankfurter Allgemeine Zeitung vom 3. Juni 1996. - Johannes Ebert, Ein neuer Historikerstreit um den Holocaust? Goldhagens kontroverse These - eine Münchener Tagung, in: Neue Zürcher Zeitung vom 15. Juni 1996. - "Es wird alles immer schlimmer - je länger es her ist". Riesiger Zulauf und aufgewühlte Emotionen beim Auftritt des Holocaust-Forschers Goldhagen in der Alten Oper, in: Frankfurter Rundschau vom 9. September 1996. - Volker Ulrich, Goldhagen und die Deutschen. Die Historiker kritisieren "Hitlers willige Vollstrecker". Das Publikum empfindet das Buch als befreiend, in: Die Zeit vom 13. September 1996. - Ulrich Raulff, Argumentationshelfer. Vor dem Historikertag in München, in: Frankfurter Allgemeine Zeitung vom 17. September 1996. - Johannes Willms, Nicht die Taten, sondern die Worte erschüttern. Zum Abschluß der Goldhagen-Debatte: Lehren und Fragen, in: Süddeutsche Zeitung vom 15. September 1996. - Christian Meier, Auszug aus der Geschichte. Die deutsche Gesellschaft und Goldhagen - ein Rückblick, in: Frankfurter Allgemeine Zeitung vom 27. Dezember 1996. - Ulrich Raulff, Der lange Schrecken. Goldhagen, Habermas, Reemtsma, Ein Preis, drei Reden, in: Frankfurter Allgemeine Zeitung vom 12. März 1997. - Ulrich Raulff, Die letzte Quelle. Der Holocaust im Licht des Fin de siècle, in: Frankfurter Allgemeine Zeitung vom 4. April 1997.

[27] Zu kurz greifen offensichtlich die einseitig wertenden Vermutungen, die Frank Schirrmacher zur Erklärung der ungewöhnlichen Erfolgsgeschichte des Goldhagenbuches anbietet: "Lust am Voyeurismus", "geschicktes Marketing", der Bedarf der Öffentlichkeit an "Entdecker- und Neuheitspathos" und schließlich die - in ihren Zusammenhängen unaufgeklärte - "Psychologie", "das unaufklärbare Zusammenspiel von historischer Schuld, individueller Selbstbezichtigung, Erlösungshoffnung, kurz: das, was ein Rezensent die 'deutsche Krankheit' genannt hat"; vgl. Frank Schirrmacher, Wunderheiler Goldhagen, in: Frankfurter Allgemeine Zeitung vom 13. September 1996. Bedenkenswert bleibt freilich angesichts solcher (Ab-)Qualifizierungen, warum sich in der ganzen Goldhagen-Debatte keine nennenswerte theologische Stimme zu Wort gemeldet hat. Selbst die "Evangelischen Kommentare" reproduzierten weitgehend nur weitere Beiträge zur Historiker-Debatte; vgl. etwa Christopher R. Jackson, Scott Denham, Mörderische Mentalität? Die doppelte Goldhagen-Rezeption in den USA, in: Evangelische Kommentare 5/1997, 272-274.

allein kaum zu beurteilen ist. Von der gestrengen Warte des Historikers aus gesehen, mag das Buch unsolide sein, mag es sich pauschalierend geben, mag es an seiner Seriosität ebenso massive wie begründete Zweifel wecken, es geht aber offensichtlich mit der Art seiner eindringlichen Darstellung und einseitigen Deutung auf eine Bedürftigkeit ein, die man als moralische, auch politische Dimensionierung des behandelten Vergangenheitsgeschehens bezeichnen könnte[28]. Unabhängig von der Qualität dieses Buches ist seine Wirkung von exemplarischem Charakter und die Debatten darüber waren selbst von einigem indikatorischen Wert[29].

Solche gewissermaßen eruptiven Erinnerungs-Diskurse dienen offenbar der Findung und Formierung eines ethisch-zivilisierten Umganges mit Vergangenheiten, die sich unmittelbaren Betroffenheitskulten ebenso sperrig entziehen wie Versuchen zu "wertneutraler" Archivierung. Oder anders gesagt: Erinnerung erschöpft sich weder in bloßer Betroffenheit noch in akribischer Konservierung, wenn denn ihre lebensgeschichtlich zuschreibungsfähigen Dimensionen angesprochen werden. Die alles andere als selbstverständliche Sprödigkeit der Identifizierungschancen - einerlei, ob in Zustimmung oder Abgrenzung zum geschilderten Geschehen - steht einem rasch auch fade

---

[28] Vgl. etwa Robert Leicht, Ein Urteil, kein Gutachten. Warum der Streit um die Studie sich lohnt, in: Die Zeit vom 6. September 1996: "Dies ist in erster Linie nicht ein historisches, sondern ein moralisches Buch - kein Gutachten, sondern ein Urteil. Moralische Urteile können einseitig, ja ungerecht sein - aber trotzdem treffend, bewegend, verstörend: verletzt und verletzend. Auch nach Abzug aller Fehler, Defizite und Selbstherrlichkeiten bleibt eine Wucht der Wirkung, der man sich nur bei äußerst kühlem Kopf und kaltem Herzen entziehen kann." - Ähnlich urteilt Stephan Speicher, Wortstark. Wie Goldhagen entschwindet, in: Frankfurter Allgemeine Zeitung vom 7. September 1996: Goldhagens Buch über "Hitlers willige Vollstrecker" "ist nicht analytisch, sondern erzählend; theoretisch anspruchslos, aber im Moralischen aufbauend, im Glauben nämlich an die sittliche Verantwortung jedes einzelnen und der Ablehnung komplizierter Determinationen."

[29] Am schärfsten hat wohl Jürgen Habermas in seiner Laudatio anläßlich der Verleihung des "Demokratiepreises 1997" an Daniel Goldhagen "die rhetorische Wirkung des Buches" herausgearbeitet: "Die Frage ist nicht, wer von den Zeithistorikern die Aufmerksamkeit einer breiten Leserschaft verdient hätte, sondern wie die ungewöhnliche Aufmerksamkeit interessierter Bürger zu bewerten ist, die das Buch von Daniel Goldhagen tatsächlich gefunden hat ... Goldhagens Untersuchungen sind genau auf die Fragen zugeschnitten, die unsere privaten wie öffentlichen Diskussionen seit einem halben Jahrhundert polarisieren ... Heute begegnen sich beide Parteien mit wechselseitigen Motivunterstellungen: Der Diagnose der Verleugnung steht der Vorwurf selbstgerechter Moralisierung gegenüber. Dieser heillose Streit verdeckt die zugrundeliegende Frage: Was bedeutet überhaupt eine retrospektive Zurechnung von Verbrechen, die wir heute zum Zwecke einer ethisch-politischen Selbstverständigung unter Bürgern vornehmen? Goldhagen gibt einen weiteren Impuls zum Nachdenken über den richtigen öffentlichen Gebrauch der Historie. In Diskursen der Selbstverständigung, die durch Filme, Fernsehserien und Ausstellungen ebenso wie durch historische Darstellungen oder 'Affären' angeregt werden, streiten wir uns nicht über kurzfristige Ziele und Politiken, sondern über Formen des erwünschten politischen Zusammenlebens, auch über die Werte, die im politischen Gemeinwesen Vorrang haben sollen". - Die Laudatio ist unter dem Titel "Geschichte ist ein Teil von uns. Über den öffentlichen Gebrauch der Historie" abgedruckt in: Die Zeit vom 14. März 1997.

und unglaubwürdig werdenden Betroffenheitskult ebenso im Wege, wie sich die Komplexität der Vielzahl von möglichen und zusammenstimmenden Erklärungen der Versuchung einer vorzeitigen Historisierung entzieht. "Sich erinnern", heißt es in der Süddeutschen Zeitung, meint "mehr, als akribisch nach dem realgeschichtlich korrekten Datennetz zu fahnden. In den diversen Formen der Erinnerung schwingt bekanntlich eine Deutung des Vergangenen mit, die ihren eigenen Sinn hat. Je geringer die Zahl der Menschen wird, die als Überlebende vom Holocaust Zeugnis geben könnten, desto dringlicher scheint die Reflexion darüber, wie erinnert werden soll."[30] Kollektive Erinnerungsdebatten sind also so etwas wie "Haftpunkte der Erinnerung", an denen sich individuelle wie kollektive Trauerarbeit miteinander verschränken, um sich einer progressiven Verharmlosung des Geschehens entgegenzustemmen und den Vorwurf der Verdrängungsneigung nachhaltig zu dementieren, der andauernd wie ein Damoklesschwert über der Befindlichkeit der Deutschen schwebt. Jedenfalls erscheint der Pauschalvorwurf, die "Unfähigkeit zu trauern" sei so etwas wie ein symptomatisches Nationalmerkmal der Deutschen, angesichts der geschilderten Entwicklung im höchsten Maße begründungsbedürftig.[31]

Immer wieder entzündet sich an solchen Debatten der Versuch einer Auseinandersetzung, einer Ausbalancierung zwischen öffentlicher Deutung und individueller Anverwandlung. Authentizität und Bedeutung solcher nahezu regelmäßig wiederkehrenden Debatten, wie sie neuerdings wieder exemplarisch in der Auseinandersetzung um Daniel Goldhagens Buch "Hitlers willige Vollstrecker" durchdekliniert wurden, stellen sich denn auch erst jenseits des Sachgehaltes ihrer Auslösemomente ein: Schon der allgemeine Kontext der politischen Auseinandersetzung, der bis heute u.a. etwa auch in dem Gerangel um das Berliner Holocaust-Denkmal einen Ausdruck gefunden hat[32], verdeutlicht hinreichend, daß die umstrittenen Thesen Goldhagens allein noch nicht die Resonanz solcher Debatten erklären, sondern deren sich ständig darin aktualisierende Funktion selbst weist auf den Sachverhalt einer "unerlösten Trauer", die offenbar immer wieder solcher Erinnerungsschübe bedarf, um dem Euphemismus und auch der Euphorie zu entgehen, die nicht selten vom Glauben an die erlösende Kraft eines beständigen Dialoges zwischen - wie immer verstandener - Täter- und Opferseite getragen und beflügelt werden. Ein Zustand allgemeiner "Versöhnung" stellt sich öffentlich jedenfalls nicht automatisch dadurch ein, daß der Weisheitssatz der jüdischen Tradition, das Geheimnis der Erlösung heiße Erinnerung, zur politisch korrekten Maxime erhoben wird.

---

[30] A. Orzessek, Grab in den Lüften, a.a.O. (Anm. 2)
[31] Vgl. etwa Tilmann Moser, Die Unfähigkeit zu trauern: Hält die Diagnose einer Überprüfung stand? Zur psychischen Verarbeitung des Holocaust in der Bundesrepublik, in: Psyche Nr.5, 46 (1992), 389-405.
[32] Vgl. hierzu M. Zimmermann, Jenseits der Schuldzuweisungen, a.a.O.

Nicht also die Exaktheit ihres Aussagegehaltes und nicht die Differenziertheit ihrer Aufklärungsabsicht, auch nicht die vorhandene oder mangelnde Präzision der dargelegten Analyse entscheiden über die Art und Weise der Resonanz und Rezeption solcher immer häufiger, sporadisch auftretenden öffentlichen Debatten, sondern ihre Bedeutung als eine Art Anschubkraft zu lebensgeschichtlicher Auseinandersetzung selbst. Es geht um die Einordnung von moralischen, biographischen Erlebnisschichten, nicht unbedingt vorrangig um die Erweiterung intellektueller Erkenntnisse. Sie sind zwar kontroverse, aber eben darin auch komplexitätsreduzierende, auf Identifikation zugeschnittene Haftpunkte der Erinnerung - und zwar jenseits ihrer wissenschaftlichen Qualität: Fixpunkte der Gedächtnisorientierung, Magnetfelder oder Brennpunkte lebensgeschichtlicher und kollektiver Rekonstruktion, in der unerlöste Trauer gleichsam auf Dauer gestellt und immer wieder aufs Neue vergegenwärtigt wird. Goldhagens Resonanz beruht nicht auf der Tatsache, daß er die richtigen Antworten liefert, sondern verdankt sich dem Umstand, daß er die richtigen Fragen vor einem anschaulichen und eindrücklichen Hintergrund aufgeworfen hat. Die Ungeheuerlichkeit des Grauens und Betrauerten bedarf offensichtlich immer wieder solcher schlaglichtartigen Veranschaulichung, freilich nur für zeitlich umgrenzte Momente, ohne in diesen zugleich jeweils aufgehen zu können. Die Komplexität denkbarer Ursachen erfährt ihre momentan mögliche Reduktion, damit das Unsagbare aussprechbar, artikulierungsfähig wird. Auf diese Weise mutiert die öffentliche Meinung in den Modus einer "Geschichtsstunde": Die öffentliche Artikulation der Wahrheit erleichtert gegen jede Strategie des Vergessens oder jede Art der *ars oblivionis*[33] den Umgang mit den überkommenen Schwierigkeiten und Belastungen der Vergangenheit.

Gerade diese Institutionalisierung der Trauer im sich immer wieder regenerierenden Diskurs der Erinnerungsdebatten, die sich an einzelnen Haftpunkten öffentlich entzünden, bringt zugleich à la longue die Unerlöstheit von Trauer zum Ausdruck. Denn Trauer ist keine Arbeit in dem Sinne, daß sie als Anstrengung zu einem abschließenden Resultat führen könnte. Sie ist für jeden Beteiligten zugleich immerwährende lebensgeschichtliche Rekonstruktion, permanente Abgleichung des Erinnerten an die Perspektiven gegenwärtiger Lebensorientierung; ein perennierender Versuch, in dem unwiederbringlicher Verlust als Teil der Lebensbemeisterung zu integrieren versucht wird, so daß sie zwar als schmerzlicher, aber doch irgendwie auch annehmbarer Teil der eigenen Lebensgeschichte erscheinen kann[34]. Die Beharrlichkeit dieses Pro-

---

[33] Vgl. hierzu etwa Hinderk M. Emrich, Gary Smith (Hg.), Vom Nutzen des Vergessens, Berlin 1996. - Harald Weinrich, Lethe. Kunst und Kritik des Vergessens, München 1997.

[34] Zum Gesamtzusammenhang vgl. Volker Drehsen: Lebensgeschichtliche Frömmigkeit, in: Walter Sparn (Hg.), Wer schreibt meine Lebensgeschichte? Biographie, Autobiographie, Hagiographie und ihre Entstehungszusammenhänge, Gütersloh 1990, 33-62; wiederabgedruckt in: V. Drehsen, Wie religionsfähig ist die Volkskirche? Sozialisationstheoretische Erkundungen neuzeitlicher Christentumspraxis, Gütersloh 1994, 147-173.

zesses bringt an den Tag, daß wir uns selbst von Trauer nicht erlösen, allenfalls nur gegenseitig mit Vorbehaltsklauseln dispensieren können: Versöhnung vielleicht, aber niemals Vergebung; Vergessen vielleicht notgedrungenermaßen, doch niemals auch Verzicht auf Erinnerung! Denn sie erst macht uns lebensfähig, geschichts- und gegenwartsfähig, ohne die Orientierungsleistung des Gedächtnisses einer drohenden Zukunftsbeschleunigung ausliefern zu müssen. Erinnerung stellt so etwas wie einen moralischen Appetitzügler gegen drohende Gegenwartsschrumpfung dar, wirkt wie eine Art mentales Prophylaktikum gegen krude Gegenwartssistierung und weist auf die Unabgeschlossenheit von identitätsbezogenen Bildungsprozessen hin, indem sie durch gegenläufige Differenzerfahrungen auf der moralisch gedeuteten Zeitachse kritische Distanz gegenüber allen Selbstidentifikationen evoziert, die ihrerseits immer wieder zur Selbstabschließung neigen[35].

Erinnerungsdebatten in Form von "Selbstverständigungsdiskursen" (Jürgen Habermas) werden nicht hinter undurchlässigen Schutzmauern der Fachidiotie geführt, was tatsächlich ja den Eindruck einer Vergangenheits*bemächtigung* hervorrufen könnte, den Eindruck einer Vergangenheits*bewältigung*, die dann womöglich in der Tat kurzerhand der Zuständigkeit kausalanalytischer Geschichtsentsorgung durch Spezialisten oder schuldzuschreibungswütiger Vergangenheitspolitik durch Ideologen überantwortet werden könnte. Goldhagens effektvolle Provokation besteht wohl gerade darin, daß er das vergangene Geschehen auf einen individuell-lebensgeschichtlich aneignungsfähigen Punkt der unmittelbar nicht mehr Selbstbetroffenen zugespitzt hat. Er selbst hat bekannt, er habe nicht aufstacheln, sondern den einzelnen Menschen und seine Entscheidungsfreiheit anstelle von Strukturen und Institutionen wieder in den Mittelpunkt der historischen Diskussion rücken wollen.[36] Im Hinblick auf die Resonanz, die er damit - gerade auch bei Angehörigen der jüngeren Generation[37] - gefunden hat, wird man zugeben müssen, daß ihm dies weitgehend gelungen ist. "Am Ende der Debatte", so titelte die Frankfurter Rundschau[38], "steht die Moral im Mittelpunkt", wenngleich nicht - wie zu hoffen ist - auch das andringliche Moralisieren! Vergangenheitsdiskurse fördern Fragmentaritätserfahrungen zutage und stellen dadurch morali-

---

[35] Vgl. Henning Luther, Identität und Fragment. Praktisch-theologische Überlegungen zur Unabschließbarkeit von Bildungsprozessen, in: Theologia practica 20 (1985), 317-338; wieder abgedruckt in: Ders., Religion und Alltag. Bausteine zu einer praktischen Theologie des Subjekts, Stuttgart 1992, 160-183.
[36] Vgl. den Bericht von Cornelia Bolesch, Historie oder Hysterie. Daniel Goldhagen begegnet seinen deutschen Kritikern, in: Süddeutsche Zeitung vom 6. September 1996.
[37] Vgl. hierzu Andreas Platthaus, Kinder im Strom. Was bedeutet jungen Leuten die Geschichte? Zu einer Umfrage, in: Frankfurter Allgemeine Zeitung vom 30. April 1997.
[38] Matthias Arning, Am Ende der Debatte steht die Moral im Mittelpunkt. Nach der Diskussion über Goldhagens Thesen fragen Forscher nach dem Zusammenhang von Holocaust und Moderne, in: Frankfurter Rundschau vom 26. Oktober 1996.

sche Integritätsbehauptungen ebenso in Frage wie überhaupt unerfüllbare Vollkommenheitspostulate.[39]

Der den Fachhistorikern in gleichsam betriebsblinder Apologetik verborgen gebliebene Wirkungszusammenhang der Goldhagen-Debatte weist hier in der Tat exemplarische Merkmalszüge auf: Gerade durch seine einseitig provokativen und populärwissenschaftlich vorgetragenen Thesen hat Goldhagen die moralischen und politischen Dimensionen des Geschehens diskursfähig gemacht, ohne daß dadurch für die Diskussion gleichzeitig auch ein Präjudiz zugunsten bestimmter Positionen geschaffen worden wäre. Im Gegenteil: Das Medium des öffentlichen Diskurses hat die Kontroversität ebenso angefacht, wie es die Nötigung zu Differenzierung erwiesen hat. Gerade die Anschaulichkeit und Eindringlichkeit der Goldhagenschen Schilderung hat - unbeschadet der Fragen nach den Möglichkeiten und Grenzen einer Darstellungsästhetik - angesichts eines solchen Sujets - die Gefahr der Abstraktheit fachwissenschaftlicher Auseinandersetzungen, das Datum der Unanschaulichkeit des Grauens und die drohende Indifferenz gegenüber unvergehbarer Vergangenheit suspendiert. Gerade die Heftigkeit der Debatte und das thematische Engagement haben ein generationsspezifisches Dementi des axiomatischen Glaubenssatzes von der "Gnade der späten Geburt" (Helmut Kohl) in den Vordergrund gestellt: die Anerkennung einer Betroffenheit und Verantwortlichkeit jenseits individueller Zurechenbarkeit im juristischen oder moralischen Sinne. Gerade der Mangel an autobiographisch zuschreibungsfähiger und darstellbarer Verantwortlichkeit verleiht den Erinnerungsdebatten den Charakter einer tentativen Erprobung der jeweils aneignungsfähigen Orientierungsrelevanz, die nicht zuletzt durch aktuelle Ereignisse wie beschämende Gewaltausbrüche gegen Fremde in der bundesrepublikanischen Gesellschaft nachhaltig zur Debatte gestellt wird. Gerade dieser Zusammenhang von aktuellem Erleben und aktualisierender Erinnerung verhindert leichtfertige Verdrängung als latente Präsenz des offensichtlich Irrationalen und Unkontrollierten.

Gerade in der "Aufdringlichkeit der Geschichte" zeigt sich eine Suche nach dem Nicht-Relativierbaren, nach einer Absolutheit des Verdammens, nach den Möglichkeitsbedingungen einer Ästhetik des Grauens, des Opferleidens, des Häßlichen[40]. Die kollektiven Erinnerungsdebatten bewegen sich hiermit auf einem Terrain, das allen Relativierungstendenzen (post-)modernen Wertewandels entzogen bleibt; sie bewegen sich - einer metaphorischen Beschreibung des amerikanischen Religionssoziologen Peter L. Berger zufolge - gleichsam "auf den Spuren der Engel": "Es handelt sich dabei um Erfahrungen, die unseren Sinn für das Menschenmögliche derartig überfordern, daß die einzige angemessene Reaktion nur ein "Fluch von übernatürlichem Ausmaß

---

[39] H. Luther, Identität und Fragment, a.a.O. (Anm. 35).
[40] Vgl. hierzu Ulrich Raulff, Herz der Finsternis. Daniel Jonah Goldhagens Ästhetik des Grauens, in: Frankfurter Allgemeine Zeitung vom 16. August 1996.

sein kann ... Die negative Form des Arguments bringt die eigentliche Intention des Sinns für Gerechtigkeit nur noch schärfer heraus. Denn auch er ist - und gerade im Negativ - ein Zeichen der Transzendenz, die über und jenseits aller Relativität steht ...: ein Fall ..., in dem Verdammung eine absolute, zwingende Notwendigkeit ist, ganz ungeachtet dessen, was man daran erklären oder welche praktischen Konsequenzen man ziehen kann. Die Weigerung, in diesem Falle zu verdammen, und zwar absolut, wäre nicht nur ein Prima-facie-Beweis für falsch verstandene Gerechtigkeit, sondern etwas viel Schlimmeres: eine verhängnisvolle Verletzung der *Humanitas* ... Das Element der Transzendenz manifestiert sich hier in zwei Stufen. Erstens ist unser Urteilsspruch absolut und gewiß. Er läßt weder Zweifel noch Modifikation zu ... Mit anderen Worten: wir haben unserem Urteil den Status einer zwingenden und allgemeinen Wahrheit gegeben ... Zweitens scheint der Urteilsspruch seine eigentliche Intention in den 'Möglichkeiten' dieser Welt allein nicht zu erreichen. Taten, die zum Himmel schreien, schreien auch nach der Hölle. Dieser Punkt ist in den Debatten über Eichmanns Hinrichtung gründlich abgehandelt worden ... Keine Strafe von Menschenhand ist für solche monströsen Taten 'genug'. Die monströse Tat heischt nicht nur nach Verurteilung, sondern nach *Verdammung* - und zwar in der ganzen religiösen Befrachtung des Wortes. Das heißt: der Täter hat sich nicht nur aus der Gemeinschaft der Menschen ausgeschlossen. Er hat sich auch entgültig von einer moralischen Ordnung abgesondert, die diese Gemeinschaft der Menschen transzendiert. Damit hat er mehr als menschliche Vergeltung heraufbeschworen."[41]

Und schließlich: Gerade der Umstand, daß sich der Prozeß lebensorientierender Erinnerung über periodische Anregungen und lebensgeschichtliche Anlässe hinaus in öffentlichen Diskursen und Debatten vollzieht, bewahrt ihn vor den Versuchlichkeiten einer kollektiven Mythenbildung oder auch der individuellen oder gruppenspezifischen Einkapselung in ein esoterisches "Betroffenheitsinsel"-Dasein - Gefahren, die höchst akut wären, wenn wir die "Haftpunkte der Erinnerung" nur noch in den Zyklen kollektiver und individueller Festakte und Feiertage vorfänden. Darum vor allem konstituieren sich Erinnerungsdebatten unabhängig von der Art und Qualität ihres Anlasses oder Anstoßes öffentlich, publizistisch, diskursorientiert, kontrovers, weil sie in durchaus eigener Weise intentional-lebensgeschichtliche Potentiale in sich bergen. In ihnen kristallisieren sich Muster biographischer Grundorientierung heraus - Muster einer lebenspraktisch aneignungsfähigen Dialektik aus Sagbarem und Unsagbarem, von verfassungsprägender oder fassungsloser Lebensdeutung, Muster eines Spannungsumgangs mit dem eigenen Überlebenswillen einerseits und den objektiven Blockaden freier Lebensentfaltung andererseits. Die moralische und politische Dimensionierung des Geschehens in der Goldhagen-Debatte hat eben diese lebensgeschichtliche Aus-

---

[41] Peter L. Berger, Auf den Spuren der Engel. Die moderne Gesellschaft und die Wiederentdeckung der Transzendenz, Frankfurt/Main 1970, 95-99.

richtung zur Geltung gebracht: Auslotung der lebensgeschichtlichen Potentialität, der biographischen Möglichkeiten im Schatten eines unheilbaren Traumas, die Brisanz der individuell-biographischen Zuschreibbarkeit im aneignenden Prozeß der Auseinandersetzung, auch im Sinne des Abwägens von Verantwortlichkeit und Haftung, doch jenseits der objektiv-explanatorischen Alternative von politischer "Dämonologie" - nach der Devise: "Hitler war allein an allem schuld!" - und einer exkulpierenden Systemlogik, die alles in eine unentrinnbare Konstellation verschiedenster Entwicklungen und Strukturen auflöst. Die erinnerten Geschehnisse nach der einen oder anderen Seite allein hin auflösen zu wollen kann nur pathologischen Schmerz hinterlassen: eben die "Unfähigkeit zu trauern". "Unerlöste Trauer" hingegen bleibt das Kainsmal der Holocaust-Erfahrungen - jenseits von Obsession und Resignation. Gerade darum scheinen Erinnerung und Trauer immer wieder auch bestimmter, öffentlich-diskursiver, nicht zuletzt auch pädagogisch zu strukturierender, gerade weil nicht immer auch absehbarer "Haftpunkte der Erinnerung" bedürftig zu sein.

Anforderungen des konsequenten weltanschaulich/ religiösen Pluralismus an das öffentliche Bildungswesen

Eilert Herms

Die folgenden Zeilen entwickeln ein Gedankenexperiment im Anschluß an das vor einigen Jahren skizzierte Konzept "Pluralismus aus Prinzip"[1]. Seine Konsequenzen für das Verständnis von Recht und Staat konnte ich schon bei früheren Gelegenheiten andeuten. Dabei hatte sich gezeigt, daß dazu auch eine Neubesinnung auf die Verantwortung des Staates für das öffentliche Bildungswesen gehört, auf die Undelegierbarkeit dieser Verantwortung einerseits, auf ihre strikt einzuhaltenden Grenzen andererseits[2].

Freilich konnte so der Eindruck entstehen, als besäße das Konzept direkte Konsequenzen nur für das Verständnis von Recht, Politik und Staat, hingegen nur dadurch vermittelte indirekte Konsequenzen für das Verständnis von Bildung und ihrer sachgemäßen Organisation. Daher scheint es nützlich zu sein, auch einmal den umgekehrten Weg zu gehen und zu zeigen, welche direkten Konsequenzen sich aus der Anerkennung eines konsequenten weltanschaulich/religiösen Pluralismus für das Verständnis von Bildung und von der sachgemäßen Gestalt des öffentlichen Bildungswesens ergeben - einschließlich der darin dann beschlossenen Konsequenzen für den Staat und seine Verantwortung für das öffentliche Bildungswesen, für die *Notwendigkeit* solcher Verantwortung, für ihre *besonderen* Gegenstände und daher dann auch für ihre aufgabenspezifische *Grenze*.

1. Konsequenter weltanschaulich/religiöser Pluralismus. Der exemplarische Charakter seiner theologischen Artikulation

"Pluralismus" meint hier stets den weltanschaulich/religiösen Pluralismus, das gleichzeitige Bestehen und Wirksamsein verschiedener Weltanschauungen/Religionen im menschlichen Zusammenleben, nicht den Pluralismus von ausdifferenzierten Funktionssystemen mit ihren Organisationen.

Ferner ist dieser weltanschaulich/religiöse Pluralismus nicht im bloß empirischen, sondern im kategorialen Sinne gemeint. Artikuliert und diskutiert werden soll ein fundamentalanthropologischer Befund und seine Konsequenzen: nämlich die Tatsache, daß aus Gründen der Verfassung und Bestimmung des Menschseins, die in seinem Ur-

---

[1] E. Herms, Pluralismus aus Prinzip, in: ders., Kirche für die Welt, 1995, 467-485.
[2] E. Herms, Vom halben zum ganzen Pluralismus, in: ders., Kirche für die Welt, 1995, 388-431; ders., Was besagt die "weltanschauliche Neutralität des Staates". Ist sie praktizierbar? In: Protokolldienst der Ev. Akademie Bad Boll 7/1997, 144-155.

sprung gesetzt sind, menschliches Leben und Zusammenleben re vera nicht möglich ist, ohne die gleichzeitige Existenz und Wirksamkeit verschiedener weltanschaulich/religiöser Überzeugungen, ohne Rücksicht darauf, wie tiefgreifend diese Differenzen sein mögen und ob sie den Beteiligten unbewußt bleiben oder bewußt bearbeitet, vielleicht auch bewußt dissimuliert werden.

In dieser Verwendung bezeichnet der Ausdruck "Pluralismus" jedenfalls einen (und zwar hier: einen kategorialen) Theorie*gegenstand*. Er kann aber auch eine *Theorie* bezeichnen. Das tut er in der Wendung "konsequenter Pluralismus" und analogen Bildungen wie "prinzipieller Pluralismus", "positioneller Pluralismus" etc. "Konsequenter Pluralismus" bezeichnet eine Theorie, die behauptet, daß überhaupt keine theoretische Thematisierung des weltanschaulich/religiösen Pluralismus *möglich* ist, die nicht selbst unter seinen Bedingungen steht, also gebunden ist an eine vortheoretisch konstituierte weltanschaulich/religiöse Überzeugungsperspektive, neben der es stets andere, gleichermaßen bindende gibt; nicht für den Theoretiker selbst, wohl aber für seine Gesprächspartner.

Eine solche Theorie hat kraft ihres Gehaltes - Einsichten in und Aussagen über die universalen *Möglichkeits*bedingungen menschlicher Theoriebildung - kategorialen Status. Wie kategoriale Theoriebildung überhaupt möglich ist und warum die kategoriale Theorie des "konsequenten Pluralismus" stichhaltig ist, werden wir im nächsten Abschnitt sehen. Eine wichtige Schlußfolgerung kann aber schon hier vorweg gezogen werden: Die Theorie des "konsequenten Pluralismus" kann als kategoriale Theorie überhaupt nur konsistent vertreten werden, wenn sie auch für sich selbst die Abhängigkeit von einer vortheoretisch konstituierten Überzeugungsperspektive anerkennt. Sie besagt ja, daß *alle möglichen* menschlichen Aktivitäten, auch alle möglichen menschlichen Theorieaktivitäten, an solche Perspektiven gebunden sind. Auch der "konsequente Pluralismus" ist eine dieser möglichen Theorieaktivitäten. Folglich ist er, wenn er wahr ist, auch selber an die Perspektive einer solchen vortheoretischen Überzeugung gebunden.

Das muß keineswegs die Perspektive der christlichen Überzeugung, es kann auch die Perspektive irgendeiner anderen weltanschaulich/religiösen Überzeugung sein. Aber die Perspektive irgend*einer* solchen Überzeugung *muß* es sein. Keine derartige kategoriale Pluralismustheorie kann ohne das Zugeständnis der eigenen Bindung an eine solche Perspektive konsistent sein.

Jede derart perspektivengebundene Theoriearbeit hat exemplarischen Charakter. Auch die theologische Theorie des konsequenten Pluralismus. Sie manifestiert exemplarisch den unvermeidlich perspektivischen Charakter jeder möglichen Theorie des konsequenten Pluralismus. Durch Perspektivenfreiheit könnte ihr nur eine Theorie überlegen sein, die überhaupt keinen konsequenten Pluralismus vertritt, sondern mit der Möglichkeit zumindest eines Falles von Theoriebildung rechnet - nämlich des eigenen -, der selbst nicht an eine Perspektive vortheoretischer Überzeugung gebunden ist. Alles spricht dafür, daß das keine menschliche Möglichkeit ist.

Noch eine Bemerkung zu Ausdrücken, die analog zu "konsequenter Pluralismus" gebildet sind: Ich selbst habe früher von "prinzipiellem Pluralismus" bzw. "Pluralismus aus Prinzip gesprochen", W. Härle neuerdings von "positionellem Pluralismus"[3]. Diese Ausdrücke bezeichnen der Sache nach ebenfalls nichts anderes als die Anerkennung eines weltanschaulich/religiösen Pluralismus, die selbst innerhalb des Horizontes einer vortheoretisch konstituierten weltanschaulich/religiösen Überzeugung steht; und zwar im Falle des "Pluralismus aus Prinzip" im Horizont einer Überzeugung, zu deren Gehalten selbst schon das Wissen um die Unvermeidlichkeit des Auftretens verschiedener derartiger Perspektiven zählt und das Rechnen mit dem Gebundensein an sie. Der prinzipielle Pluralismus ist der konsequente.

Hier sollen seine direkten Konsequenzen für das Verständnis von Bildung und der sachgemäßen Einrichtung des öffentlichen Bildungswesens aufgezeigt werden. Das kann nicht in Gestalt der Analyse einer gegebenen bildungspolitischen Handlungssituation und mit dem Ziel geschehen, bestimmte Anweisungen zu ihrer Bewältigung zu geben. Dafür ist eine Vertrautheit mit der empirischen Bestimmtheit dieser Handlungssituationen erforderlich, die nur der pädogogische und bildungspolitische Praktiker besitzt[4]. Der Systematiker leistet weniger. Er vollzieht nur ein Gedankenexperiment. Das freilich muß nicht nutzlos bleiben. Es kann Folgen für das Verständnis und die Behandlung konkreter bildungspolitischer Handlungssituationen haben - sowohl, wenn es nachvollzogen und seine Ergebnisse anerkannt, als auch wenn sie abgelehnt werden. Jeder Umgang mit dem Besonderen lebt von kategorialen Perspektiven, die unterschiedlich genau bestimmt und unterschiedlich klar sind.

2. Weltanschauung bzw. Religion als Bedingungen der menschlichen Handlungs- und Interaktionsfähigkeit

"Weltanschauung" und "Religion" werden gelegentlich inhaltlich unterschieden: Erstere, sagt man, biete eine Deutung der Gesamtwirklichkeit ohne Transzendenzbezug, für letztere sei die Deutung der Gesamtwirklichkeit unter Bezugnahme auf transzendente Instanzen, "Götter", wesentlich. Diese Unterscheidung kann aber nicht durchgehalten werden. Ein Blick in die Geschichte der Ideen und Begriffe legt vielmehr nahe, die beiden Ausdrücke zu verstehen als aus unterschiedlichen kulturgeschichtlichen Zusammenhängen stammende[5] Bezeichnungen für einen Sachverhalt, der unter funktionalem Gesichtspunkt identisch ist. Beide bezeichnen Gewißheiten bzw. Überzeugungen über den Ursprung, die Verfassung und Bestimmung der Welt und des menschlichen Daseins in ihr, die innerhalb des menschlichen Lebens zielwahlorientierend fun-

---

[3] LuMo 1998, Heft 7, 21-24
[4] K. E. Nipkows Erfahrungen aus den Verhandlungen über die Neuordnung des Religionsunterrichts in den neuen Bundesländern vermitteln den Eindruck einer Komplexität der Gesamtlage, die zumal den Systematischen Theologen nur zum Verzicht auf jeden Rat veranlassen kann.
[5] "Weltanschauung" kommt erst im 19. Jh. auf, und zwar nachdem die Berufung auf "Religion" aus mannigfaltigen und verschiedenen Gründen in bestimmten Kreisen von Gebildeten schwierig geworden war.

gieren. Wegen dieser gemeinsamen Intension empfiehlt es sich, beide Ausdrücke als Bezeichnungen desselben zu verwenden. Dem entspricht auch ihre Nebeneinanderstellung und Gleichbehandlung im Recht[6].

Damit wird auch eine andere verbreitete Vorstellung fragwürdig, derzufolge besonders "Religion" ein akzidentelles, rein individuelles, bloß privates, irrationales, aber glücklicherweise auch marginales und vor allem schließlich überwindbares Moment im Zusammenhang des Lebens ist. Diese Sicht hat erstmals David Hume in seiner "Natural History of Religion" entwickelt[7]. Sie ist dann im Gefolge A. Comtes zu einer Selbstverständlichkeit in der Tradition des Vulgärpositivismus geworden, bis hin zu S. Freuds Schrift über "Die Zukunft einer Illusion" (1927). Als Gehalt der Religion wird dabei regelmäßig unterstellt einerseits ein vermeintliches Wissen über jenseitige Welten und andererseits die Abhängigkeit des irdischen Geschehens von Mächten, die magisch durch Gebet und kultische Praktiken beeinflußt werden können. Religion ist eine atavistische Form von Überzeugungen über die Gesetze des Weltgeschehens, faktisch schon weitgehend durch wissenschaftliche Einsicht ersetzt und dazu bestimmt, schließlich ganz durch sie ersetzt zu werden. Dieses Vorstellungssyndrom wird gegenstandslos, sobald unter Religion - wie vorgeschlagen - ein Inbegriff von vortheoretisch konstituierten kategorialen Überzeugungen über Ursprung, Verfassung und Bestimmung des menschlichen Daseins mit zielwahlorientierender Funktion verstanden wird. Denn dann bezeichnet "Religion", ebenso wie "Weltanschauung", einen Inbegriff von Gewißheiten, die für die Handlungsfähigkeit von Personen konstitutiv sind: Personsein heißt Freisein. Genauer: Personsein heißt, sich selbst erschlossen bzw. gegenwärtig zu sein - oder: sich selbst zu erleben - als leibhaftes Individuum, das sich bestimmt findet zur Selbstbestimmung im Lichte der jeweiligen Bildungsgestalt (Artikuliertheit und inhaltlichen Bestimmtheit) seiner Selbsterschlossenheit.

Diese Sicht des Personseins kann - weil zugänglich nur als Inhalt des Selbsterlebens von Personen - nicht bewiesen[8], sehr wohl aber verstanden werden. Drei Momente sind für sie wesentlich:

Erstens ein *formales* Element: das unmittelbare Erschlossensein von Personen für sie selber *als* solche. Personen sind ihres eigenen Seins *als* solche inne, sind sich *als* solche gegenwärtig, erleben sich *als* Personen. Das ist nicht zufällig und gelegentlich so, sondern durchgehend, sogar im Schlaf - wie die Träume zeigen, und die Tatsache, daß sie erlebt werden und

---

[6] z.B. Art 4 Abs. 1 GG.

[7] Vgl. dazu jetzt A. Wengenroth, Science of Man. Religionsphilosophie und Religionskritik bei David Hume und seinen Vorgängern, 1997.

[8] Exemplarisch kann das an William James' Kampf mit einem naturalistischen und deterministischen Verständnis seiner selbst und dessen schließlicher Überwindung abgelesen werden. Dazu vgl. E. Herms, Radical Empiricism. Studien zu Psychologie, Metaphysik und Religionstheorie William James, 1974; ders., W. James. Freiheitserfahrung und wissenschaftliche Weltanschauung, in: Josef Speck, Grundprobleme der großen Philosophen, 1991, 68-114.

daß in ihnen die Person für sich selbst szenisch präsent wird. Die Ausdrücke "sich selbst erschlossen sein als Person", "seiner selbst inne sein als Person", "sich selbst gegenwärtig sein als Person", "sich erleben als Person" bezeichnen also alle denselben Sachverhalt: die unmittelbare Reflexivität des Personseins, aufgrund dessen Personen in einem "vorprädikativen" (Husserl), "nichtthetischen" (Sartre) Selbstbewußtsein ("Selbstverständnis", "Daseinsverständnis": Heidegger) existieren, kraft dessen sie sich selbst zum Gegenstand ihrer reflektierenden - theoretischen und praktischen - Selbstbestimmung machen können. Die Ausdrücke bezeichnen dasselbe, was bei Schleiermacher "unmittelbares Selbstbewußtsein" heißt, bei Heidegger "Gelichtetsein des Daseins", bei Sartre (im Gefolge Hegels) "Für-sich-sein".

Zweitens ist für diese Sicht des Personseins ein *inhaltliches* Element wesentlich: Ihre unmittelbare Selbsterschlossenheit präsentiert den Personen sie selbst als je ein *besonderes* Exemplar aus dem Inbegriff - und d.h. auch unter den Bedingungen - aller *möglichen* gleichartigen Instanzen. Sie erleben sich als je eine kontingent individuelle Realisierung aus dem für sie und alle möglichen Instanzen ihresgleichen bestehenden Möglichkeitsraum des Personseins. Sie *finden* sich in diesem Möglichkeitsraum existierend. Aus den unübersehbar vielen möglichen Existenzen in diesem Raum finden sie die ihre gewählt, gesetzt. Dieses Gewählt- und Gesetzsein ist *für* ihr Sein konstitutiv. Es geschieht nicht *durch* sie. Weder der Möglichkeitsraum, aus dem sie sich gewählt und in dem sie sich existierend finden, noch ihre Existenz in diesem Möglichkeitsraum sind Gegenstände und Resultate ihrer eigenen Wahl. Beides ist Gegenstand und Resultat einer Wahl, durch die sie sich selbst gegenwärtig gemacht finden. Freilich gegenwärtig gemacht *als* jeweils selbst eine personale Instanz: d.h. als eine solche Instanz, die aus einem Inbegriff von eigenen Möglichkeiten des eigenen Seins durch eigene Wahl zu wählen hat und überhaupt nur im Durchgang durch dieses eigene Wählen aus eigenen Seinsmöglichkeiten sie selbst *sein* - und d.h.: *werden* - kann.

Drittens: Unter der Notwendigkeit dieses eigenen Wählens aus eigenen Seinsmöglichkeiten stehen Personen nur kraft ihrer Selbsterschlossenheit. Folglich können sie ihr auch nur *im Lichte* dieser ihrer Selbsterschlossenheit gehorchen. Das Existieren in dieser Selbsterschlossenheit ist für ihr Personsein konstitutiv. Das heißt: Es kommt nicht im Laufe ihres Personseins zustande, sondern liegt diesem immer schon zugrunde und begleitet es kontinuierlich bis zum Ende. Aber eben deshalb hat alles, was im Laufe ihres Lebens geschieht, Einfluß auf die *Gestalt* ihres Selbsterlebens[9]. Es verhilft dem Selbsterleben zu seiner artikulierten Gestalt (zur Ausdrücklichkeit), zu seiner formalen Differenziertheit und zu seinen Inhalten, kurzum zu dem, was im folgenden die "Bildungsgestalt" des Selbsterlebens genannt werden soll. Diese Bildungsgestalt des Selbsterlebens entscheidet darüber, welche Möglichkeiten des eigenen Seins der Person überhaupt zu demjenigen klaren Bewußtsein kommen, das sie zum Gegenstand einer möglichen bewußten, verantwortungsfähigen Wahl macht. Sie wird erreicht durch die Bildungsgeschichte der Person. In ihr vollzieht sich der Übergang von einer diffu-

---

[9] Die angedeutete Sicht unterstellt also, daß zwar alle Gestaltungen des Personseins genetisch aus dem Selbsterleben der Person in ihrer Auseinandersetzung mit Umwelt verstanden werden können, nicht aber die Möglichkeitsbedingung dieses Bildungsvorgangs: das Personsein als Existieren in Erschlossenheit für sich selbst als zur Selbstbestimmung bestimmtes Selbst. Unter dem Gesichtspunkt dieser Unterscheidung bedürfen die klassischen und einflußreichen genetischen Theorien der Person - etwa G. H. Meads, J. Piagets oder auch A. Gehlens - einer kritischen Relektüre.

sen Selbstbestimmungs*zumutung*[10] zu einer mehr oder weniger wohlkonturierten Selbstbestimmungs*fähigkeit*. So kommt durch die Bildungsgeschichte einer Person mit der Reifegestalt ihres Selbsterlebens sie selbst als individuelles innerweltliches Initiativzentrum, als der Inbegriff ihrer innerweltlichen Interaktionsmöglichkeiten, zustande.

Diese Bildungsgeschichte des Selbstbewußtseins vollzieht sich im Medium des Selbsterlebens. Deshalb geht alles in sie ein, was erlebbar ist; auch die je eigenen Wahlakte (Handlungen) des Menschen. Das heißt jedoch nicht, daß diese Bildungsgeschichte etwa zielstrebig durch eigene Wahlakte - oder durch die Wahlakte anderer Personen - hervorgebracht und gesteuert werden könnte. Vielmehr ergibt sich für jede Person das Resultat ihrer Bildungsgeschichte - die jeweils erreichte Bildungsgestalt ihres Selbstbewußtseins - als das Resultat ihres Selbsterlebens. Es bleibt ihr wie dieses unverfügbar. Sie hat es wie dieses zu erleiden. In ihrem Verlauf und Ergebnis ist die Bildungsgeschichte jeder Einzelperson für sie und alle anderen unvorhersehbar und nicht steuerbar.

Dennoch führen die Bildungsgeschichten des Menschen nicht zu beliebigen Resultaten. Sondern alle ihre möglichen Resultate bewegen sich in demjenigen Umkreis von Möglichkeiten, die schon in der ursprünglichen[11] Verfassung und Bestimmung des Personseins beschlossen liegen. Und das bedeutet:

a) Alle Gehalte des vorprädikativen, vorreflexiven Selbstbewußtseins sind dazu bestimmt, in reflexive, prädikative Gestalten überzugehen.

b) Zuvor sind aber schon auf der Ebene des vorprädikativen Bewußtseins die mit dem Ursprung des Personseins in der Selbsterschlossenheit gesetzten wesentlichen und gleichursprünglichen Lebensbeziehungen des Personseins - Selbstverhältnis, Verhältnis zur soziophysischen Umwelt, Ursprungsverhältnis (Gottesverhältnis) - erlebnismäßig auszudifferenzieren[12].

---

[10] A. Gehlen, Der Mensch, 11. Aufl. 1976, 57ff., 356ff., hat diese Lage eindrucksvoll unter dem Titel eines durch Bewußtseinsgestaltung ("Zucht") zu bewältigenden "Antriebsüberschusses" beschrieben.

[11] In der Wendung "ursprüngliche Verfassung und Bestimmung des Personseins" bedeutet der Ausdruck "ursprünglich" nie "früher einmal real, aber jetzt nicht mehr", sondern immer "im Ursprung gesetzt" und deshalb semper präsent.

[12] Vgl. dazu als früheste und gleichzeitig prägnanteste mir bekannte theoretische Darstellung der Notwendigkeit und des Verlaufs dieses Ausdifferenzierungsprozesses den § 5 in der 2. Aufl. von F.D.E. Schleiermachers Glaubenslehre. - Die tiefenpsychologische Klinik hat zwischenzeitlich den Ausfall einer oder verschiedener dieser Differenzierungsstufen als die tiefste Form von psychischen Schädigungen identifiziert: Narzißtische Störungen - mit dem für sie charakteristischen Schwanken zwischen Allmachts- und Ohnmachtsempfindungen ergeben sich stets aus dem Fehlen einer klaren erlebnismäßigen Differenz zwischen Selbst-, Umwelt- und Gottesverhältnis. Vgl. etwa H. Kohut, Narzißmus, 1971, dt. 1973; H.E. Richter, Der Gotteskomplex, 1979. In diesem Zusammenhang ist die Erinnerung an Martin Luthers Bestimmung der beiden Hauptgewißheiten des christlichen Glaubens wichtig: Was der Mensch kann - und was Gott kann, WA 18, 614, 15f.

c) Erst aufgrund dieser Ausdifferenzierung können und müssen sich dann die inhaltlichen Füllungen des Umwelt-, des Selbst- und des Gottesverhältnisses ergeben; wiederum zunächst auf der vorprädikativen, dann auf der prädikativen Ebene. Was nicht erlebt wurde, kann nicht gewußt und ausgesagt werden[13].

d) Schließlich ist ebenfalls schon auf der vorprädikativen - dann freilich auch auf der prädikativen - Ebene die Differenz zwischen der im Ursprung des Personseins gesetzten universalen Verfassung und Bestimmung des Personseins und den Besonderheiten seiner je gegenwärtigen empirischen Lage, ihrer faktischen Bestimmtheit und den ihren Wandel beherrschenden Gesetzen, zu setzen. Beide Arten von Daseinsgewißheiten sind in ihrer Unterschiedlichkeit und Gleichursprünglichkeit und folglich auch in ihrer Bezogenheit aufeinander auszubilden.

An der Ausdifferenzierung des Selbstverständnisses von Personen in diesen vier Richtungen hängt die Handlungsfähigkeit von Personen. Wenn das richtig ist, folgt aber:

Erstens: Es gibt keine Handlungsfähigkeit (Selbstbestimmungsfähigkeit) von Personen, die nicht einerseits ein empirisches Verständnis der je gegenwärtigen besonderen Handlungssituation und der in ihr herrschenden Wirkungsbedingungen sowie zugleich andererseits ein kategoriales Verständnis der universalen Verfassung und Bestimmung des Personseins, wie sie in dessen Ursprung gesetzt sind, umschlösse, und zwar stets gleichzeitig und in gegenseitiger Zuordnung. Die jeder Person qua Personsein zugemutete eigene Wahl eigener Seinsmöglichkeiten kann überhaupt nur vollzogen werden, wenn und soweit sich die Person im Lichte nicht nur eines Verständnisses ihrer empirischen Handlungssituation, sondern auch im Lichte eines Verständnisses der Bestimmung ihres eigenen Personseins im Horizont der Verfassung und Bestimmung des Personseins überhaupt bewegt. Denn erst dieses Verständnis ermöglicht ihr, das zu erfassen, worauf es in ihrem Wählen ankommt, worauf dieses Wählen zielt: diejenige eigene Seinsmöglichkeit, durch die sie ihrer Bestimmung entspricht. Ohne ein solches zielwahlorientierendes Verständnis von Ursprung, Verfassung und Bestimmung des Personseins ist keine Person handlungsfähig - wie immer dieses Verständnis inhaltlich bestimmt sein und welchen Grad reflexiver Ausdrücklichkeit auch immer es erreicht haben mag.

Zweitens: Eben dieses kategoriale, zielwahlorientierende Verständnis von Ursprung, Verfassung und Bestimmung des leibhaften Personseins wird hier "Weltanschauung" bzw. "Religion" genannt.

Dann gilt: Ohne Weltanschauung bzw. Religion ist keine Person handlungsfähig. Quod era monstrandum (Was zu zeigen war). So verstanden ist Religion nicht ein akzidentelles Moment im menschlichen Leben, sondern ein wesentliches - unbeschadet

---

[13] Auch das eigene Verstehen von Sachverhalten, die nur vom Hörensagen bekannt sind, hängt davon ab, daß sie in den Möglichkeitshorizont eingeordnet werden können, innerhalb dessen sich die selbsterlebte Realität bewegt.

der Tatsache, daß seine inhaltliche Ausgestaltung stets variabel ist. So verstanden ist Religion nicht etwas rein Individuelles, sondern ein sozialer Sachverhalt: ein Sachverhalt, der über die Beziehungen jeder Person zu ihrer Mitwelt entscheidet.

Deshalb hat Religion so verstanden auch nicht bloß private, sondern öffentliche Bedeutung: An der Religion ihrer Mitglieder entscheidet sich die Qualität und Zukunftsfähigkeit der gesamten gesellschaftlichen Öffentlichkeit. So verstanden ist Religion auch nichts Irrationales. Vielmehr ist sie als das immer schon vorprädikativ gegebene und wirksame Verständnis von der Verfassung und Bestimmung des Personseins, wie sie in ihrem Ursprung gegeben sind, das Fundament jeder vernünftigen Aktivität der Person: auch ihrer elaborierten Theoriebildungspraxis und deren Ergebnisse. Die Religionen der Menschen und ihre Differenzen sind das Fundament der mannigfaltigen Rationalitätsstile, die in der Geschichte begegnen.

3. Die Entstehungsbedingungen von weltanschaulich/religiösen Überzeugungen enthalten den Grund ihres irreduziblen Pluralismus

Das Auftreten von Weltanschauung/Religion in dieser Mannigfaltigkeit ihrer inhaltlichen Bestimmungen ist also kein Indiz ihres bloß akzidentellen Charakters, sondern ergibt sich aus der ursprünglichen Verfassung und Bestimmung des Personseins. Diese bringt durch sich selbst - eben durch die das Personsein konstituierende Erschlossenheit dieses Seins für sich selber - stets irgendein zielwahlorientierendes Verständnis ihrer selbst mit sich, stellt dieses aber auch durch sich selber unter die Notwendigkeit einer kontinuierlichen Bildungsgeschichte. Auch die Verlaufsbedingungen dieser Bildungsgeschichten sind durch die ursprüngliche Verfassung und Bestimmung des Personseins festgelegt. Aus ihnen ergibt sich, daß weltanschaulich/religiöse Überzeugungen unvermeidlich in einer pluralen Mannigfaltigkeit auftreten. Denn:

Erstens präsentiert sich jede bildungsgeschichtlich erreichte weltanschaulich/religiöse Überzeugung - exemplarisch die christliche - als Resultat ihrer Bildungsgeschichte. Für diese ist wesentlich, vorher andere Resultate erreicht zu haben. Diese waren bis zur Erreichung des neuesten Resultats für die betreffende Person so verbindlich, wie es die neueste jetzt ist. Jede weltanschaulich/religiöse Überzeugung lebt also als Resultat ihrer Bildungsgeschichte von vorangegangenen Überzeugungen, die als solche vorangegangenen - und d.h. kritisierten, konkretisierten, präzisierten etc. - gegenwärtig festgehalten sind. Jede weltanschaulich/religiöse Überzeugung weiß sich selbst verwiesen auf die Mannigfaltigkeit der Überzeugungen ihrer eigenen Werdegeschichte. Diese kennt sie nicht nur als solche, die sie selbst hinter sich hat, sondern auch noch als solche, mit denen sie in ihrer eigenen Umwelt zu rechnen und die sie dort zu respektieren hat.

Zweitens: Weil jede weltanschaulich/religiöse Überzeugungsposition das Resultat ihrer Bildungsgeschichte ist, sind in ihr auch stets ihre eigenen Entstehungsbedingungen mit präsent, und zwar jeweils als das Exemplar für die Entstehungsbedingungen weltanschaulich/religiöser Überzeugungen überhaupt. Das sind zumindest:

a) Das Selbsterleben in Auseinandersetzung mit der soziophysischen Umwelt. Nur in ihm kann es sukzessive zur erlebnismäßigen Ausdifferenzierung der gleichursprünglichen Existenzdimensionen Umweltverhältnis, Selbstverhältnis, Ursprungsverhältnis (Gottesverhältnis) kommen.

b) Die Zumutung einer reflexiven symbolischen Artikulation der erlebten Gehalte des vorprädikativen Bewußtseins, die Anleitung zu dieser Reflexionsleistung und das sukzessive Wachstum der eigenen Fähigkeit, sie zu erbringen. Hier kommt es darauf an, das semantische, syntaktische und pragmatische Regelwerk der gewordenen Sprache eigenständig zu handhaben: zur Artikulation eigener Erlebnis- und Gewißheitsinhalte.

c) Das inhaltliche Bestimmtwerden des Selbsterlebens in den drei wesentlichen Lebensbeziehungen zur Umwelt, zu sich selbst und zur Macht des Ursprungs. Dieses Bestimmtwerden vollzieht sich im Zusammenspiel von eigener Erfahrung und überlieferten Deutungen dieser Lebensverhältnisse. Hier ist entscheidend, daß zunächst einmal überlieferte Deutungen der drei Existenzrelationen in ihrem Eigensinn angemessen verstanden werden, was nur im Horizont eigener Sprachkompetenz und im Lichte eines eigenen Bezugs zur Sache (also eines eigenen erlebnismäßigen Kontakts zu den Phänomenen aller drei Existenzdimensionen) möglich ist, dann aber auch, daß der eigene Wahrheitsgehalt dieser überlieferten Deutungen erlebt und aufgrund dessen selbständig begriffen und artikuliert wird, schließlich, daß die evident gewordene Wahrheit bzw. Unwahrheit der überlieferten Deutung in Freiheit praktisch anerkannt wird.

In jeder dieser drei Hinsichten umfassen die Entstehungsbedingungen von weltanschaulich/religiösen Überzeugungen *gemeinsame* und *individuelle* Momente. Zu den erstgenannten zählt: die gemeinsamen Lebensverhältnisse, innerhalb deren die Person sich in Interaktion mit andern erlebt, zu den letzteren: das dadurch nur notwendig, aber nicht hinreichend bedingte (nicht festgelegte) Erleben dieser Interaktion durch das Individuum (ad a). Zu den erstgenannten zählt ferner: die gemeinsame Symbolwelt und Sprache; zu letzteren: der dadurch nur notwendig, aber nicht hinreichend bedingte (nicht festgelegte) Gebrauch, den jeder Einzelne von diesen Vorgaben macht (ad b). Schließlich zählt zu den erstgenannten: der gemeinsame Schatz überlieferter Deutungen der erlebten Realität des personalen Umwelt-, Selbst- und Ursprungsverhältnisses; zu den letzteren: das dadurch nicht festgelegte Verständnis, die Verifikation, die Aneignung dieses Überlieferungsgutes und dann seine Weitergabe am Ort der Einzelnen.

Ferner zeigt sich, daß auf jeder Seite - der gemeinsamen ebenso wie der individuellen, vor allem aber der letzteren - stets Momente der Unverfügbarkeit wirksam sind: die Spontaneität der einzelnen, die für alle anderen unverfügbar ist, und die Kontingenzen des Erlebens, die für jeden Betroffenen selbst nicht beherrschbar sind.

Diese Momente des Gemeinsamen und des Individuellen, des Regelbaren, Verfügbaren und des Kontingenten, sind zwar unterschieden, können aber nicht getrennt werden. Sie treten nur aneinander auf. Und eben das bedeutet: Die unter diesen Bedingungen stehende Überzeugungsbildung folgt einer ursprünglich und unüberwindbar pluralisierenden Dynamik. Erfolgreich kann nur eine Praxis sein, die diese Zusammenhänge durchschaut und anerkennt. Jeder Versuch, diese pluralisierende Dynamik der Überzeugungsbildung zu verleugnen und einzudämmen, ist zum Scheitern verurteilt.

Drittens: Natürlich kommt es unter diesen Bedingungen auch zu Traditionsketten. Überlieferte Formen des Zusammenlebens, Metainstitutionen wie Symbol- und Sprachsysteme, werden interaktionell fortgeschrieben, und auch überlieferte Deutungen der erlebten Wirklichkeit werden als wahr erlebt und deshalb dann auch als wahr bezeugt und weitergegeben. Auch kategoriale Deutungen von Ursprung, Verfassung und Bestimmung des Menschseins, Existenzverständnisse, Weltanschauungen bzw. Religionen, werden Inhalt von Traditionsketten. Manifest werden diese in dem generationenübergreifenden Fortleben einschlägiger äußerer Symbolbestände. Musterbeispiele sind die Traditionsketten der christlichen Kirchen, überhaupt der Weltreligionen, aber auch anderer Weltanschauungen, mit ihrem stabilen Kern von fixierten Symbolbeständen[14].

In unserem Zusammenhang ist wichtig, daß selbst unter diesen Verhältnissen von Traditionsketten, die sich durch fixe äußere Symbolbestände soziohistorisch identifizieren, die pluralisierenden Bedingungen der Überzeugungsbildung nicht haltmachen. Sie führen in diesen Fällen zu einer - mehr oder weniger großen - *internen Pluralisierung*, kräftiger ausgeprägt beispielsweise im Protestantismus als im Katholizismus, aber auch in letzterem unübersehbar. Auch hier sind die Gründe für die Pluralisierung dieselben, die in den vorigen Abschnitten benannt wurden. Zwar werden sie hier unter dem Vorzeichen der Wahrung äußerer Traditionsbestände wirksam, behalten aber innerhalb dieses Vorzeichens ihre grundsätzlich unbeherrschbare Dynamik.

4. Die Entstehungsbedingungen von weltanschaulich/religiösen Überzeugungen enthalten den Grund der Verantwortlichkeit für ihre Bildung

Das Auftreten von Traditionsketten macht aber nicht nur die grundsätzliche Unbeherrschbarkeit der Bildung weltanschaulich/religiöser Überzeugungen deutlich, es läßt auch gleichzeitig erkennen, daß ihre Entstehung ebenso von Bedingungen *mit* abhängt, die verantwortlich und zielstrebig gepflegt werden können und müssen.

Dazu zählen alle vorstehend genannten äußeren, institutionellen Bedingungen für das Eintreten von Gewißheit schaffenden Evidenzereignissen. Bildungserlebnisse sind

---

[14] Regelmäßig übersprachlicher Art, also neben Texten auch Bilder, Bauten, Riten etc. umfassend.

unverfügbar. Aber ihre notwendige Bedingung sind Institutionen des Interagierens, Bildungsinstitutionen. Und deren Pflege ist Aufgabe zielstrebigen Handelns.

Der Blick auf das eben umrissene Spektrum von Entstehungsbedingungen für Überzeugungen kann uns vor einem verengten Verständnis solcher Bildungsinstitutionen bewahren:

Fassen wir zunächst den in 3 a umrissenen Bereich in den Blick, die gemeinsamen Lebensverhältnisse, innerhalb deren alle Personen sich in Interaktion mit anderen erleben. *Dies Ganze muß als Bildungsinstitution verstanden werden, die verantwortlich zu pflegen ist.* Natürlich gehören zu diesen Bildungsinstitutionen auch diejenigen *besonderen* Institutionen und Organisationen, die eigens zum Zwecke der Kommunikation von zielwahlorientierenden, weltanschaulich/religiösen und technisch orientierenden empirischen Überzeugungen unterhalten werden. Das sind vor allem die Einrichtungen des weltanschaulich/religiösen Kultus (z. B. Gottesdienst, Theater[15] etc.), der Weitergabe erreichter und bewährter zielwahlorientierender und technisch orientierender Überzeugungen (allgemeinbildende Schulen), ihrer Kritik und Erweiterung (Universitäten) sowie der beruflichen Ausbildung. Aber alle diese besonderen Bildungsinstitutionen stehen im Kontext der gesellschaftlichen Gesamtordnung und der Lebenswelt, die durch sie geprägt ist; nur in diesem Kontext werden sie erlebt; und folglich wirken sie auch nur in und samt diesem Kontext bildend.

Wenn das richtig ist, dann ist es grundsätzlich abwegig, die Hoffnung zu nähren, negative Bildungseffekte einer pathogenen gesellschaftlichen Gesamtordnung könnten auf Dauer durch gegensteuernde Leistungen der speziellen Bildungsinstitutionen aufgefangen oder kompensiert werden, ohne daß die Ursachen der gesellschaftlichen Fehlordnung (etwa einer einseitigen Dominanz der Gesichtspunkte eines funktionalen Subsystems; gegenwärtig in den modernen Gesellschaften Europas, Amerikas und Asiens: des Funktionssystems Wirtschaft[16]) beseitigt werden. Und umgekehrt muß eingesehen werden: Die gesamtgesellschaftliche Ordnung und die durch sie geprägte Lebenswelt ist die erste und letzte Bildungsinstitution. Verantwortung für sie kann letztlich nur langfristig als Verantwortung für die Überwindung von Strukturmomenten der gesamtgesellschaftlichen Ordnung wahrgenommen werden, die der Etablierung und Reproduktion eines innengeleiteten Lebens aufgrund je eigener friedens- und koexistenzfähiger weltanschaulich/religiöser zielwahlorientierender Überzeugungen feindlich sind. *Dementsprechend ist das Kriterium gesamtgesellschaftlicher Wohlordnung:*

---

[15] Daß Gottesdienst und Theater "Parallelveranstaltungen" sind, die zur Konkurrenz neigen, wußte nicht nur die Antike, sondern erlebte schmerzlich noch der Weimarer Konsistorialpräsident J. G. v. Herder in seinen letzten Lebensjahren. Das Verhältnis ist real und wirksam, auch wenn es zu den Selbstverständlichkeiten des christlichen Bürgertums gehörte, es nicht mehr als ein Verhältnis der Konkurrenz, sondern der Ergänzung zu thematisieren.

[16] Dazu vgl. E. Herms, Kirche in der Zeit, in: ders., Kirche für die Welt, 1995, 231-317. Jetzt: J. Roß, Die neuen Staatsfeinde, 1998.

die Bildungskräftigkeit der Verhältnisse insgesamt. Die Wahrnehmung einer besonderen kurz- und mittelfristigen Verantwortung für die Pflege der besonderen Bildungsinstitutionen, die zu den notwendigen Bedingungen für das Zustandekommen von zielwahlorientierenden, weltanschaulich/religiösen Überzeugungen zählen, ist dadurch nicht ausgeschlossen, vielmehr gerade verlangt. Sie kann aber selbst nur innerhalb des gesellschaftlichen Gesamtrahmens - im Blick auf ihn und im Bewußtsein der Verantwortung für ihn - wahrgenommen werden.

Das entscheidende Problem bei der Ordnung dieser besonderen Bildungsinstitutionen ist, die *faktische* Kollusion mit den problematischen Tendenzen der Gesamtordnung zu vermeiden. Das ist dann besonders schwer, wenn die Interessen, die den problematischen Tendenzen der Gesamtordnung zugrunde liegen, gleichzeitig erheblichen Einfluß auf die Ausgestaltung der besonderen Bildungsinstitutionen (Schulen, Universitäten) nehmen können (wie z. B. im Falle der staatlichen Schulträgerschaft unter Bedingungen eines faktisch rein auf wirtschaftliche Ziele programmierten politischen Systems).

Ebenso zählen zu den äußeren, institutionellen Bedingungen für das Zustandekommen nicht nur von technisch orientierenden empirischen Überzeugungen, sondern auch von zielwahlorientierenden weltanschaulich/religiösen Überzeugungen die Metainstitutionen der gemeinsamen Symbolwelt und Sprache (vgl. o. 3 b). Auch sie sind verantwortlich, zielbewußt und zielstrebig zu pflegen. Dabei kommt es besonders auf den Zusammenhang zwischen vorsprachlichen, sprachlichen und übersprachlichen Codes an sowie auf die Förderung der Fähigkeit, sich in diesem Zusammenhang selbständig zu bewegen. Fundierung und Umbruch der zielwahlorientierenden weltanschaulich/religiösen Überzeugungen setzen, weil sich im Medium des Erlebens vollziehend, auf der vorsprachlichen Ebene des Miterlebens und Erinnerns von Szenen an[17], können aber ihre zielwahlorientierende Kraft in der Interaktion nur voll entfalten, wenn ihr Sinn und ihre Wahrheit verstanden und kommunizierbar werden, was nur im Medium der Sprache und des Denkens möglich ist.

Schließlich zählt auch die öffentliche Präsentation artikulierter Zeugnisse von Daseinsverständnissen, die als wahr und verpflichtend durchschaut worden sind, zu den äußeren, institutionellen Bedingungen, deren Erfüllung für das Zustandekommen von zielwahlorientierenden weltanschaulich/religiösen Überzeugungen notwendig ist (vgl. o. 3 c). Auch die Präsenterhaltung solcher Zeugnisse und Texte ist eine Institution. Als solche muß sie zielbewußt und zielstrebig gepflegt werden. Exemplarisch hat darauf

---

[17] Das belegt vor allem das für das christliche Daseinsverständnis grundlegende Erleben des Bildes des Kreuzes. - Die allgemeine Verbreitung dieses Sachverhalts belegt exemplarisch der sich bei H. Krüger, Das Zerbrochene Haus. Eine Jugend in Deutschland, 1976, 179, findende Bericht über das Miterleben einer standrechtlichen Erschießung. - Zum ganzen vgl. E. Herms, Die Sprache der Bilder und die Kirche des Wortes, in: ders., Offenbarung und Glaube, 1992, 221-246.

schon die Reformation hingewiesen, indem sie auf der Unabdingbarkeit der Weitergabe des "äußeren Wortes" des biblischen Wahrheitszeugnisses insistierte.

Grundsätzlich erstreckt sich diese Verpflichtung aber auf die öffentliche Präsenterhaltung von Zeugnissen artikulierten Daseinsverstehens überhaupt, nicht nur christlicher. Wenn Menschen nicht mehr durch die Konfrontation mit solchen Zeugnissen menschlichen Daseinsverstehens aus Kunst, Philosophie und religiöser Tradition veranlaßt werden, sich mit ihnen auseinanderzusetzen, fehlt eine notwendige Bedingung für die Ausbildung eines eigenen weltanschaulich/religiösen Lebensverständnisses mit zielwahlorientierender Kraft[18].

Von besonderer Wichtigkeit ist dabei die öffentliche Präsenthaltung von derartigen Zeugnissen mit "klassischem" bzw. "kanonischem"[19] Rang. Nur durch sie kommt es in der Geschichte zu generationenübergreifenden Traditionsketten mit institutioneller Identität. Diese aber sind ihrerseits eine notwendige Bedingung dafür, daß Bestände zielwahlorientierender weltanschaulich/religiöser Überzeugungen mit einer durch ihre äußeren Entstehungskontexte gestützten Ähnlichkeit zeitlich und räumlich eine Verbreitung erfahren, die hinreicht, um die langfristigen Prozesse der Bildung von gesellschaftlichen Gesamtzuständen zu beeinflussen.

Daß diese gemeinsamen äußeren, institutionellen Bedingungen für die Entstehung von zielwahlorientierenden Gewißheiten Gegenstand verantwortlicher Pflege sind, heißt nicht, daß diese Verantwortung selbst unabhängig von überzeugungsschaffenden Evidenzereignissen und ihrer Unbeherrschbarkeit wahrgenommen werden könnte. Schon das Motiv für die Wahrnehmung solcher Verantwortung können ja selbst wiederum nur Überzeugungen sein, die sich frei und unverfügbar Geltung verschafft haben. Und auch das "Produkt" dieser verantwortlichen Institutionenpflege fällt nur dann sachgemäß aus, wenn der gemeinsame äußere Rahmen bewußt auf seine spezifisch eingeschränkte Rolle hin gestaltet wird, lediglich die notwendigen Bedingungen für das Platzgreifen von selbst unbeherrschbaren Evidenzereignissen und unterschiedlichen individuellen Bildungseffekten zu sein. Die verantwortliche Gestaltung von Bildungsinstitutionen steht also auf dem Boden von unverfügbaren Bildungserlebnissen und zielt selbst auf solche. Dem hat sie bewußt Rechnung zu tragen. Aber dadurch wird sie nicht als verantwortlich wahrzunehmende Aufgabe hinfällig, sondern erhält sie gerade ihr sachliches Profil. Die Evidenz von Wahrheit kann nur erlitten werden, aber aufgrund dessen können und müssen dann die notwendigen Bedingungen ihrer Kommunikation aktiv gestaltet werden.

---

[18] Folgen dieses Ausfalls deuten sich bereits bei den nachwachsenden Eliten in Wirtschaft und Jurisprudenz, auch in der Medizin, an, die weder in der Schule noch in ihrer Ausbildung mit derartigen Zeugnissen konfrontiert werden.

[19] Zu dem hier angesprochenen funktionalen Kanonsverständnis vgl. E. Herms, Was haben wir an der Bibel. Versuch einer Theologie des christlichen Kanons, in: JBTh 12 (1997), 99-152, dort bes. 99-109.

5. Verantwortung für die Bildung von weltanschaulich/religiösen Überzeugungen kann nur auf dem Boden weltanschaulich/ religiöser Überzeugungen wahrgenommen werden

Diese aktive Gestaltung von Bildungsinstitutionen auf allen erforderlichen Ebenen ist also selbst nur möglich auf dem Boden von bestimmten positiven zielwahlorientierenden weltanschaulich/religiösen Überzeugungen. Sie steht immer im Horizont eines für den Pädagogen bzw. Bildungspolitiker verbindlichen kategorialen Verständnisses von Ursprung, Verfassung und Bestimmung des menschlichen Lebens und Zusammenlebens. Sie wird immer von deren Religion und Weltanschauung getragen.

Die Gründe dafür ergeben sich aus den obigen Erwägungen: Für die Handlungsfähigkeit von Personen sind immer irgendwelche zielwahlorientierenden weltanschaulich/religiösen Überzeugungen konstitutiv. Folglich wirken diese sich auch in allen wirklichen Interaktionen von Personen aus - also auch in denjenigen, die der Einrichtung und Unterhaltung von Bildungsinstitutionen dienen. Diese Aktivitäten können nicht weltanschaulich/religiös neutral sein[20].

Weiterhin sorgen, wie wir gesehen haben, die in der conditio humana liegenden Entstehungsbedingungen von zielwahlorientierenden weltanschaulich/religiösen Überzeugungen dafür, daß diese Überzeugungen nur in unterschiedlicher Gestalt auftreten können. Das gilt auch für den Fall von langlebigen Traditionsketten mit eigener Organisation. In diesem Falle ist das Nebeneinanderbestehen verschiedener solcher Traditionen natürlich (es kann nur künstlich für begrenzte Zeiträume durch homogenisierende Maßnahmen vermieden werden) und innerhalb jeder derartigen Tradition das Auftreten von mehr oder weniger weit verbreiteten Variationen des traditionsspezifischen Überzeugungshofes.

Auch das gilt wiederum für alle Interaktionen, also auch für die Einrichtung und Unterhaltung von Bildungsinstitutionen aller Ebenen[21]. Für sie ist nicht nur wesentlich, daß sie sich überhaupt *in* einem Horizont leitender weltanschaulich/religiöser Überzeugungen bewegen, sondern auch, daß diese Interaktion grundsätzlich von einer *Mannigfaltigkeit unterschiedlicher* Positionen *innerlich* geleitet ist.

Diese Abhängigkeit der Einrichtung und Unterhaltung von Bildungsinstitutionen von einer Pluralität zielwahlorientierender weltanschaulich/religiöser Überzeugungen ist nicht ein empirischer Befund, der nur für einzelne geschichtliche Zeiten oder Räume gilt. Sie ist nicht ein Merkmal von Zuständen vor der Aufklärung. Sie ist aus Gründen der conditio humana unvermeidbar, sie ist immer anzutreffen - unbeschadet

---

[20] Ich wiederhole damit ein Argument im Blick auf die Unterhaltung von Bildungsinstitutionen, das ich bei früherer Gelegenheit bereits in vorläufiger Gestalt im Blick auf den das gesamte Rechtsleben unterhaltenden Interaktionszusammenhang vorgetragen habe. Vgl. o. Anm. 2.

[21] Vgl. o. Ziffer 3.

der Tatsache, daß dieser Pluralismus schwächer oder stärker ausgebildet sein kann und daß er sowohl milde als auch antagonistische Spannungen in sich bergen kann. Die innere Prägung allen Bildungshandelns - aller erzieherischen und aller bildungspolitischen Aktivitäten - durch einen Pluralismus von weltanschaulich/religiösen Leitüberzeugungen ist unvermeidbar, weil sie in der conditio humana selbst begründet ist.

Dieselben fundamentalanthropologischen Gegebenheiten entscheiden dann aber nicht nur über die Grundlage für die Wahrnehmung von Bildungsverantwortung, sondern auch über den Zusammenhang ihrer Gegenstände und seine Schwerpunkte. Sie entscheiden über das Ganze des jeweils zu entwerfenden und zu durchlaufenden Curriculums. Darum muß auch innerhalb diesem der Bildung weltanschaulich-religiöser Überzeugungen besondere Aufmerksamkeit zukommen.

6. Die Verantwortung für die Bildung weltanschaulich/religiöser Überzeugungen im Rahmen der Bildungsverantwortung insgesamt

Verantwortung für die Bildung erstreckt sich auf die gemeinsamen äußeren, institutionellen Bedingungen für das Zustandekommen all der handlungsleitenden Gewißheitsbestände und Haltungen, die das menschliche Zusammenleben und Interagieren auf seiten aller Beteiligten von innen heraus steuern.

In formaler Hinsicht gilt, daß diese Gewißheitsbestände ganz verschiedene Reflexionsgrade umfassen - sie reichen von der durch Erleben unmittelbar gestifteten affektiven Gewißheit bis zu argumentativ begründeten Zustimmungen zu Theorien und methodisch gewonnenen Überzeugungen von Fakten - und daß sie eine elementare praktische Gewandtheit in der selbständigen Erarbeitung und Umsetzung solcher Überzeugungen mit einschließen ("skill"). Insofern könnte man in einem weiten und grundsätzlichen Sinne sagen: Bildungsverantwortung richtet sich auf die Pflege all derjenigen Institutionen, welche die notwendige Bedingung für das Zustandekommen von "Tugend" im klassischen Sinne sind: für gewißheitsgestütztes Können[22] als Fundament einer innengeleiteten, selbständigen und verantwortungsfähigen Teilnahme am Ethos (am Zusammenleben, an Interaktion)[23].

---

[22] In früheren Zusammenhängen habe ich denselben Sachverhalt durch Benutzung des Begriffs der "Kompetenz" angesprochen, so in E. Herms, Was heißt "theologische Kompetenz"?, in: ders., Theorie für die Praxis, 1982, 35-49. Vgl. auch W. Hassiepen/E. Herms (Hg.), Grundlagen der theologischen Ausbildung und Fortbildung im Gespräch (Reform der theologischen Ausbildung Bd. 14), 1993. Diese Begriffswahl erscheint mir immer noch angemessen und deutlich zu sein.

[23] Auch Schleiermacher hat mit der "Gesinnungsbildung" ein wesentliches Moment dessen zum Erziehungsziel erklärt (vgl. ders., Erziehungslehre, hg. v. C. Platz, SW III/9, 3, 136ff., 165ff.), was er als Tugend begreift (vgl. ders., Über die wissenschaftliche Behandlung des Tugendbegriffs, in: SW III/ 349-378). - Zur neuen Besinnung auf die Gehalte des Tugendbegriffs vgl. E. Herms, Vir-

In inhaltlicher Hinsicht gilt für diese Gewißheitsbestände, die die Handlungs- und Verantwortungsfähigkeit einer Person konstituieren, daß sie, wie gezeigt, jedenfalls in zwei gleichursprüngliche, irreduzible und inseparable Gruppen zerfallen: in Gewißheiten über den Ursprung, die Verfassung und Bestimmung des Möglichkeitsraums personalen Lebens, innerhalb dessen jede besondere Lage personalen Lebens mit ihren konkreten faktischen Zügen als individuelle Variation gegenwärtig ist und *als* solche verstanden werden kann, also in kategoriale, weltanschaulich/religiöse Gewißheiten mit zielwahlorientierender und in empirische, wissenschaftliche Gewißheiten mit technisch orientierender Funktion.

Die Verantwortung für das Bildungsgeschehen richtet sich auf die Pflege derjenigen Institutionen, welche die notwendige Bedingung für das Zustandekommen *aller* dieser formalen und inhaltlichen Wesensmomente von gewißheitsgestütztem Können, von Tugend, sind: Erlebnisfähigkeit, Affektbestimmtheit, Reflexions- und Methodenfähigkeit, "skill", zielwahlorientierende Gewißheiten, technisch orientierende Gewißheiten. Tatsächlich hat die allgemeine Pädagogik die Pflege der institutionellen Bedingungen für das Zustandekommen genau dieser Gesamtheit von Aspekten des Gebildet- und Handlungsfähigseins als Gegenstände ihrer Verantwortung eingeschärft.

Über diesen Konsens hinaus ist jedoch zu fragen, ob zwischen den genannten formalen und inhaltlichen Aspekten des Gebildetseins nur reziproke oder auch *asymmetrische* Abhängigkeitkeitsbeziehungen bestehen, die ggf. zu *Stufungen* der Verantwortung führen.

Dies ist tatsächlich der Fall im Verhältnis zwischen den zielwahlorientierenden weltanschaulich/religiösen und den technisch orientierenden empirischen Gewißheiten. Letztere gibt es nur im Horizont der ersteren. Die zielwahlorientierenden kategorialen Gewißheiten sind zwar nicht ein für alle mal fix und fertig. Sie stehen selbst im Werden, durchlaufen eine Bildungsgeschichte, durch die sie erst ihre jeweilige inhaltliche Bestimmtheit und Klarheit erlangen. Aber in jeder auf diese Weise erreichten Gestalt sind es diese zielwahlorientierenden Gewißheiten weltanschaulich/religiöser Art, die über das Wollen und die Richtung *aller* Aktivitäten von Personen entscheiden, über die Richtung ihres gesamten aktiven Erkenntnisstrebens ebenso wie über die Richtung ihres gesamten aktiven Strebens nach Gestaltung der Welt. Sie sind es, die Richtung und Stil der Teilnahme der Einzelnen am Zusammenleben in jeder Hinsicht und in jedem Moment fundieren. Darum gilt auch, daß die inhaltliche Ausrichtung und Eigenart des Zusammenlebens selber - also das, was man in einer herkömmlichen, problematischen, aber doch verständlichen Weise den "Geist" des Zusammenlebens nennen kann - da-

---

tue. A neglected concept of protestant ethics, in: ders., Offenbarung und Glaube, 1992, 124-137, und K. Stock, Grundlegung der Protestantischen Tugendlehre, 1995.

von abhängt, von welchen zielwahlorientierenden weltanschaulich/religiösen Gewißheiten die relevanten[24] Einzelnen und Gruppen von innen heraus geleitet sind.

Es können zwar in der Geschichte von Gesellschaften Situationen auftreten, in denen der Wunsch mächtig wird, diese Abhängigkeit von zielwahlorientierenden Gewißheiten weltanschaulich/religiöser Art los zu werden, und der Eindruck sich durchsetzt, das sei auch möglich, etwa durch vorrangige Orientierung an empirischen Gewißheiten[25]. Aber bei genauer Betrachtung erweisen sich solche Hoffnungen und Annahmen als unrealistisch. Die explizite Orientierung an zielwahlorientierenden Gewißheiten weltanschaulich/religiöser Art kann immer nur verabschiedet werden zugunsten einer dann einsetzenden verdeckten, ebenso unkontrollierbaren wie unkritisierbaren Orientierung an undurchschauten weltanschaulich/religiösen Überzeugungen.

Diese Einsicht hat erhebliche Folgen für das Verständnis und die Wahrnehmung von Bildungsverantwortung:

Offenbar gilt *erstens*: Indem Verantwortung für die notwendigen institutionellen Bedingungen des Zustandekommen der genannten vielen Aspekte des Gebildetseins - gewißheitsgestützten Könnens - übernommen wird, wird letztlich immer Verantwortung für *eines* wahrgenommen: für die notwendigen Bedingungen des Zustandekommens von zielwahlorientierenden Gewißheiten weltanschaulich/religiöser Art, die den Lebensstil der einzelnen und des Ganzen bestimmen.

Zweitens: Diese zielwahlorientierenden Gewißheiten entwickeln sich nur zusammen mit all den anderen genannten formalen und inhaltlichen Aspekten des Gebildetseins und an ihnen. Folglich *kann* die Verantwortung für die institutionellen Bedingungen für das Zustandekommen zielwahlorientierender Gewißheiten nur wahrgenommen werden als Verantwortung für Institutionen, die zugleich notwendige Bedingungen für das Zustandekommen *all der andern* genannten Aspekte des Gebildetseins sind. Verantwortung für die notwendigen institutionellen Bedingungen für das Zustandekom-

---

[24] Es wäre unrealistisch, diesen Gesichtspunkt der Relevanz von Einzelnen und Gruppen für die Gestalt des Zusammenlebens nicht ausdrücklich zu thematisieren. Gemeint sind die tatsächlich bestehenden Unterschiede im Einfluß, den Einzelne und Gruppen auf die Gestalt und Entwicklung des Zusammenlebens ausüben. Mit einem solchen Einflußunterschied muß gerechnet werden, auch wenn der Illusion einer Gestaltbarkeit der Verhältnisse aus einem Zentrum heraus ein für alle Mal der Abschied zu geben ist. Was faktisch herrscht, ist ein Polyzentrismus konkurrierender ungleichgewichtiger Initiativzentren. Diese Ungleichgewichte ergeben sich aus der unterschiedlichen Verortung der Initiativzentren im Gefüge der ausdifferenzierten Funktionssphären der Gesellschaft und der in diesen Sphären bestehenden Organisationen.

[25] Eine solche Situation scheint für die Generation gegeben gewesen zu sein, die das Ende des Zweiten Weltkriegs im Alter der "jungen Erwachsenen" erlebt hat und den Zusammenbruch aller ihr aus ihrer Sozialisation vertrauten nationalen (wenn nicht direkt: nationalsozialistischen) Ideale als Anlaß, prinzipielles Denken und eine praktische Orientierung an "Idealen" überhaupt zugunsten irgendeiner Art von grundsätzlichem Empirismus und Pragmatismus zu verabschieden. Vgl. etwa das Selbstzeugnis Eberhard und Helga v. Brauchitschs (SZ-Magazin 1991, Nr. 50, 10-17) oder Odo Marquardts (Abschied vom Prinzipiellen, 1984, 4-22).

men von zielwahlorientierenden Gewißheiten kann nicht *vorbei* an der Verantwortung für die notwendigen institutionellen Bedingungen für das Zustandekommen jener anderen Aspekte des Gebildet- und Handlungsfähigseins wahrgenommen werden, sondern nur zugleich mit ihnen.

Drittens: Ebenso unmöglich ist es jedoch auch umgekehrt, Verantwortung für die notwendigen institutionellen Bedingungen für das Zustandekommen jener anderen Aspekte des Gebildetseins - Erlebnisfähigkeit, konstruktive Affektlagen, "skill", technisch orientierende Gewißheiten - zu übernehmen, ohne daß schon damit ipso facto jeweils zugleich institutionelle Bedingungen für das Zustandekommen von zielwahlorientierenden Gewißheiten gestaltet werden: bewußt oder unbewußt, verantwortungsfähig oder verschleiert. Im Klartext: Auch das Bereitstellen von Institutionen musischer, sprachlicher oder naturwissenschaftlich-technischer Bildung ist in sich selbst das Bereitstellen von institutionellen Bedingungen für das Zustandekommen von zielwahlorientierenden Gewißheiten weltanschaulich/religiöser Art und muß auch als solche verantwortet werden.

Viertens: *Gebildetsein*, gewißheitsgestütztes Können, hat also unbeschadet seiner vielen irreduziblen Aspekte so etwas wie eine *einheitliche Pointe*: Das Wirklichwerden der Fähigkeit zu einer konstruktiven Teilnahme am Zusammenleben, die durch Orientierung an einer kontinuierlich reifenden[26] zielwahlorientierenden Gewißheit ihre individuelle Kohärenz und Identität gewinnt[27]. Ebendeshalb hat dann aber auch die aktiv wahrzunehmende *Bildungsverantwortung*, die Verantwortung für die institutionellen Bedingungen des Zustandekommens von gewißheitsgestütztem Können, eine *einheitliche Pointe*: Sie kann sich nur vollziehen in einer *konkreten* - d. h. die eben genannten *komplexen Bedingungen* umfassenden - Wahrnehmung der Verantwortung für die Pflege der notwendigen institutionellen Bedingungen für das Zustandekommen zielwahlorientierender Gewißheiten. Nur wenn sie dies als die Spitze aller ihrer Bemühungen anerkennt - also auch schon ihrer allgemeinen Bemühungen um Erlebnisfähigkeit, konstruktive Affektbestimmtheit, Reflexions- und Methodenfähigkeit, "skill", Gewinnung empirischer Regel- und Faktenkenntnisse -, trägt sie den durch die conditio humana tatsächlich gestellten Aufgaben wirklich Rechnung. Nur so kann wirklich

---

[26] Krisenhafte Schritte, u. U. mit dramatischer Tönung, sogar extreme Anfechtungen, gehören in ein realistisches Verständnis von "Reifung" hinein.

[27] Es wurde absichtlich so formuliert, daß die Bildungsgeschichte von zielwahlorientiernden Gewißheiten mit allen ihren Peripetien in dieses Verständnis von Kohärenz und Identität des Lebens mit hineingenommen ist. Daß diese Wandlungen die Kohärenz und Identität des Lebens nicht zerstören, hat seinen Grund darin, daß auch die Bildungsgeschichte der zielwahlorientierenden Gewißheiten von Personen einschließlich aller zu ihr gehörenden Wandlungen eine Einheit bildet - und zwar von ihrem Grunde her. Die Theologie begreift dieses Grundmysterium des Bildungsgeschehens theologisch, nämlich in der Pneumatologie, in ihrem Verständnis vom Wirken des Heiligen Geistes als des Grundes der Einheit und Identität des Lebens und Zusammenlebens endlicher Personen.

werden, worauf sie zielt: ein gewißheitsgestütztes, selbständiges Können der einzelnen; deren Fähigkeit zu innengeleiteter Partizipation am Zusammenleben.

Aber *wer* hat nun diese Bildungsverantwortung wahrzunehmen?

7. Das Zusammenspiel zwischen familialer (privater) und gesamtgesellschaftlicher (öffentlicher) Wahrnehmung der Bildungsverantwortung und ihre lebensweltliche Vermittlung

Aus Gründen, die wiederum in der ursprünglichen, universalen Verfassung und Bestimmung des menschlichen Personseins liegen, ist die elementare institutionelle Bedingung für die formale Strukturierung und inhaltliche Bestimmung der menschlichen Selbsterschlossenheit das Gefüge der Institutionen je einer *Familie*[28]. Deshalb liegt auch die erste und elementare Verantwortung für Bildungsinstitutionen bei den jeweiligen Eltern bzw. Familienvorständen[29]. Deren Bildungsverantwortung umfaßt - auch solange sie noch die einzige ist - das gesamte oben (Ziffer 3) skizzierte Institutionenspektrum. Und sie bleibt auch in den späteren Phasen der Bildungsgeschichte menschlicher Personen bestehen, in denen neben der familialen Bildungsverantwortung die *öffentliche* wirksam wird.

Daß der Öffentlichkeit überhaupt eine Bildungsverantwortung zukommt, ergibt sich wiederum aus den ursprünglichen Bedingungen des Menschseins: "Familien" können nur in umfassenderen Öffentlichkeiten existieren - wie immer letztere geschichtlich ausgestaltet sein mögen[30], und alle einzelnen Gesellschaftsmitglieder sind zu irgendeiner Art von Mitwirkung in und an diesem öffentlichen Leben bestimmt. Folglich bedarf es über die familialen Bildungsinstitutionen hinaus solcher, die die notwendigen Bedingungen dafür bereitstellen, daß die Mitglieder der nachwachsenden Generation das gewißheitsgestützte Können gewinnen, das ihnen eine konstruktive Teilnahme am öffentlichen Leben ermöglicht. Dies ist Aufgabe der öffentlichen Bildungsinstitutionen[31], die - innerhalb der allgemeinen Öffentlichkeitsstruktur und ihrer Bildungswirkung - als besondere Bildungsinstitutionen zu unterhalten sind. Die Bedingungen da-

---

[28] Das ist meistens die für den jungen Menschen um seine natürlichen Eltern zentrierte primäre soziale Umwelt. Sie kann aber auch um soziale Eltern zentriert sein, die nicht seine natürlichen Eltern sind.

[29] Wiederum ein Ausdruck für eine perenne Funktion, die in der Geschichte unterschiedlicher sozialer Ausgestaltungen fähig ist.

[30] Der Satz gilt also auch dort, wo die Gesamtgesellschaft noch kaum oder nur schwache Züge funktionaler Ausdifferenzierung, also selbst quasi familiale Strukturen aufweist. Auch in diesem Fall ist zwischen der Öffentlichkeit der Großfamilie (Clan, Stamm etc.) und ihren kleineren Einheiten zu unterscheiden.

[31] Diese Begründung der Notwendigkeit und der wesentlichen Aufgabe des öffentlichen Bildungswesens folgt der m. E. nach wie vor zutreffenden Theorie Schleiermachers, vgl. ders., Erziehungslehre (o. Anm. 23), 355ff.

für, daß sie wirklich die Funktion öffentlicher Bildungsinstitutionen erfüllen, sind: Ihr Besuch muß für alle Glieder der Gesellschaft nicht nur möglich sein, sondern Pflicht; sie müssen äquivalente Bildungschancen eröffnen[32]; für ihre Einrichtung, Unterhaltung und die Gewährleistung ihrer Funktionstüchtigkeit sind Sachwalter des Gemeinwesens zuständig. Aus ähnlichen Gründen, aus denen für das Rechtswesen seine Einheitlichkeit eine Bedingung seiner Funktionsfähigkeit ist, ist auch für das öffentliche Bildungswesen seine Einheitlichkeit in den genannten formalen Hinsichten eine Bedingung seiner Funktionsfähigkeit. Die aber kann nur durch das Gemeinwesen und seine Sachwalter gewährleistet werden.

In offenen, den weltanschaulich/religiösen Pluralismus anerkennenden und angemessen gestaltenden Gesellschaften, die als solche zugleich einerseits die Notwendigkeit des *Verzichts auf eine gemeinweseneinheitliche zielwahlorientierende Gewißheit* anerkennen und damit ipso facto andererseits die Unverzichtbarkeit und gesamtgesellschaftliche Relevanz von Institutionen der Tradition *verschiedener* friedens- und koexistenzfähiger weltanschaulich/religiöser Überzeugungen, schiebt sich aus der Natur der Sache heraus zwischen die familiale und die gesamtgesellschaftliche Öffentlichkeit mit ihren Bildungsinstitutionen die Öffentlichkeit der weltanschaulich/religiösen Traditionsgemeinschaften ("Kirchen", Religionsgemeinschaften) mit ihren Bildungsinstitutionen. Für diese Bildungsinstitutionen tragen nicht die Familienvorstände und nicht die Sachwalter des Gemeinwesens direkte Verantwortung[33], sondern die Sachwalter dieser Traditionsgemeinschaften.

Sowohl die für die familialen als auch die für die öffentlichen Bildungsinstitutionen (des Gemeinwesens und der anerkannten weltanschaulich/religiösen Traditionsgemeinschaften) Zuständigen nehmen ihre Verantwortung nur sachgerecht wahr, wenn sie die jeweils wirksamen Kontexte in Rechnung stellen: Die familialen Bildungsinstitutionen gewinnen und entfalten ihre realen Bildungschancen auf Dauer nur im Kontext der - in sich selbst bildungsrelevanten - Gesamtstruktur des Zusammenlebens und der durch sie geprägten Lebenswelt, zu denen auch die Institutionen des öffentlichen Bildungswesens (des Gemeinwesens und der Traditionsgemeinschaften) gehören. Auch die öffentlichen Bildungsinstitutionen (des Gemeinwesens) gewinnen und entfalten ihre realen Bildungschancen nur im Kontext der bildungsrelevanten gesellschaftlichen Gesamtordnung und Lebenswelt, zu der auch die familialen Bildungsinstitutionen und die der Traditionsgemeinschaften gehören. Und ebenso gewinnen und entfalten die öffentlichen Bildungsinstitutionen der Traditionsgemeinschaften ihre realen Bildungschancen

---

[32] Nach allem vorher Gesagten ist es angemessener, die Bildungsinstitutionen auf die Bereitstellungen von Bildungschancen zu verpflichten als auf die Erbringung von Bildungsleistungen.

[33] Ihnen kommt höchstens eine indirekte Verantwortung zu, insofern sie (als Sachwalter des Gemeinwesens) über die rechtlichen Rahmenbedingungen für die gesellschaftliche Existenz der Traditionsgemeinschaften und deren Bildungsinstitutionen bzw. (als Familienvorstände) über die Zugehörigkeit zu diesen zu entscheiden haben.

nur in ihren Kontexten. Dazu gehören einerseits die familialen Bildungsinstitutionen, andererseits die Bildungsinstitutionen des Gemeinwesens.

Alle diese in unterschiedlicher Zuständigkeit zu pflegenden Bildungsinstitutionen werden in der jeweils einheitlichen Bildungsgeschichte der sie durchlaufenden einzelnen wirksam. Wie wird dieses Zusammenspiel sichergestellt?

Jedenfalls nicht durch die für die Bildungsinstitutionen in den verschiedenen Bereichen Zuständigen. Es gibt keine Superzuständigkeit für die Koordination des Zusammenwirkens dieser Bildungsinstitutionen verschiedener Öffentlichkeitssphären (Familie, Traditionsgemeinschaft, Gemeinwesen). Denn weil und indem sich der Bildungseffekt dem Zugriff menschlicher Aktivität entzieht, entzieht sich ihm auch die Koordination der Wirkungen dieser verschiedenen Bildungsinstitutionen. Sie stellt sich in einer dem Zugriff entzogenen Weise auf zwei Wegen her:

– einerseits über die Handlungs- und Erlebnis-, also Bildungsmöglichkeiten der Lebenswelt, in der die Bildungsinstitutionen aller unterschiedenen Öffentlichkeitsbereiche füreinander jeweils wirksame Kontexte sind, und
– andererseits über die Geschichte der aus der Interferenz der verschiedenen institutionellen Angebote resultierenden faktischen Bildungserlebnisse aller einzelnen.

Soviel zu den Instanzen, die für die Wahrnehmung von Bildungsverantwortung (d.h. für die Einrichtung und Unterhaltung besonderer Bildungsinstitutionen) zuständig sind.

Im Rückblick auf das in den früheren Abschnitten Gesagte gilt: Alle diese Instanzen *können* - aus Gründen der conditio humana - ihre Verantwortung nur auf dem Boden jeweils eines bestimmten Bestandes von zielwahlorientierenden Überzeugungen weltanschaulich/religiöser Art wahrnehmen (Ziffer 5); und sie können sie sachgemäß nur so wahrnehmen, daß sie der einheitlichen Pointe des gesamten Bildungsgeschehens Rechnung tragen, eben dem Wirklichwerden zielwahlorientierender Überzeugungen. Diese Einsichten geben Kriterien für eine sachgemäße und eine unsachgemäße Wahrnehmung der Bildungsverantwortung an die Hand.

8. Unsachgemäße Formen der Wahrnehmung von Verantwortung für das öffentliche Bildungswesen

Ohne Anspruch auf Vollständigkeit und unter Beschränkung auf die beiden Ebenen des *öffentlichen* Bildungswesens (Traditionsgemeinschaften und Gemeinwesen) sind jedenfalls folgende Weisen der Wahrnehmung von Bildungsverantwortung als unsachgemäß zu durchschauen:

1. Der Ausfall der grundsätzlichen Differenz zwischen der originären Bildungsverantwortung des Gemeinwesens und der Traditionsgemeinschaften. Vielmehr muß der konsequente weltanschaulich/religiöse Pluralismus unter Hinweis auf die in der condi-

tio humana liegenden Entstehungsbedingungen von zielwahlorientierenden weltanschaulich/religiösen Überzeugungen darauf insistieren, daß zwischen den Zuständigkeiten des Gemeinwesens und einzelner Traditionsgemeinschaften stets unterschieden wird, auch dann, wenn alle Glieder des Gemeinwesens einer oder nur wenigen Traditionsgemeinschaften angehören.

Denn nur so wird der in der conditio humana selbst begründeten *Möglichkeit* Rechnung getragen, daß in der Einheit eines Gemeinwesens unterschiedliche Kulturen (jeweils fundiert in unterschiedlichen zielwahlorientierenden weltanschaulich/religiösen Gewißheiten) existieren können[34]. Und nur so wird die ebenfalls in der conditio humana begründete Notwendigkeit respektiert, daß diejenigen Formen von Einheitlichkeit, die für die Einheitlichkeit des Gemeinwesens als solche konstitutiv sind, auch auf diejenigen Aspekte des Lebens beschränkt bleiben, die für die Einheit des Gemeinwesens tatsächlich konstitutiv sind, und nicht etwa auf andere Lebensaspekte ausgedehnt - in einer ipso facto der Natur des Menschseins widersprechenden, antihumanen Weise.

Nun sollte es *die* Lehre der europäischen Moderne[35] sein, daß nur totalitäre Gemeinwesen von der Art des Leviathan darauf angewiesen sind, bei allen Bürgern eine - wenn auch nur im Kern - einheitliche zielwahlorientierende weltanschaulich/religiöse Gewißheit zu verlangen, die dann als Staatsreligion bzw. -weltanschauung in dieser inhaltlichen Einheitlichkeit zu pflegen wäre[36]. Für jedes menschengerechte, freiheitliche Gemeinwesen ist hingegen nichts anderes und nicht mehr erforderlich, als daß alle unterschiedlichen zielwahlorientierenden weltanschaulich/religiösen Überzeugungsbestände, die in ihm öffentlich vertreten und anerkannt werden können, in einem Prozeß der kontinuierlichen Verständigung über die jeweils notwendigen Belange des Gemeinwesens zusammenbestehen und aufgrund einer solchen kontinuierlichen Verständigung kooperieren.

Diese Einsicht in die derart reduzierten Anforderungen an innere weltanschaulich/religiöse Einheitlichkeit schließt aber die andere ein, daß gerade dieser Vielzahl von verschiedenen weltanschaulich/religiösen Überzeugungspositionen und Traditionsgemeinschaften samt und sonders eine konstitutive Bedeutung für den Bestand des Gemeinwesens und für die Entwicklung seiner Struktur zukommt. Deshalb gehört es zu den durch das Gemeinwesen und seine Sachwalter selber zu garantierenden konstitutiven Bedingungen des Gemeinwesens, daß die Verantwortung für die Erhaltung der Möglichkeit einer generationen- und familienübergreifenden, also öffentlichkeitswirksamen Kommunikation und Regeneration zielwahl-

---

[34] Zu dieser Konzeption einer Vielzahl von Kulturen in einer Gesellschaft vgl. E. Herms, Kirche in der Zeit, in: ders., Kirche in der Welt, 1995, 231-317, bes. 254-261; und ders., Die Theologie als Wissenschaft und die theologischen Fakultäten an der Universität, in: J. Henkys, B. Weyel, Einheit und Kontext, FS P. C. Bloth, 1996, 165-185, bes.155-177.

[35] Bzw. spätestens der europäischen Postmoderne. - Zu deren Grundzug: offene Anerkennung der Tatsache, daß Vernunft ihr geschichtliches Leben ausschließlich in einer Vielzahl unterschiedlicher Gestalten besitzt, vgl. Wolfgang Welsch, Unsere postmoderne Moderne, 1987; vgl. auch ders., Vernunft. Die zeitgenössische Vernunftkritik und das Konzept der transversalen Vernunft, 1996.

[36] Vgl. Th. Hobbes, Leviathan (1651). - Von derselben totalitären Grundtendenz ist das in Rousseaus "Gesellschaftsvertrag" gezeichnete Modell. Unter dem hier interessierenden Gesichtspunkt sind ein Staatschristentum (Hobbes, Leviathan Teil III) und eine Zivilreligion (Rousseau, Gesellschaftsvertrag IV/8) gleich negativ zu bewerten.

orientierender Gewißheiten nicht ausschließlich den Familien überlassen bleibt, sondern von weltanschaulich/religiösen Traditionsgemeinschaften übernommen wird.

2. Unsachgemäß wäre es, wenn das Gemeinwesen und seine Sachwalter nicht ihre *originäre und undelegierbare Verantwortung* für das öffentliche Bildungswesen und seine notwendige Einheit wahrnehmen würden.

Dabei liegt es in der Natur der Sache, daß die Institutionen des öffentlichen Bildungswesens zwei Anforderungen gleichzeitig erfüllen müssen: Einerseits müssen sie der einheitlichen Sachpointe Rechnung tragen, die für alle Bildungsinstitutionen als solche gilt, nämlich insgesamt letztlich Chancen für die unverfügbare Entstehung und Reifung zielwahlorientierender Überzeugungen zu bieten. Gleichzeitig müssen sie andererseits die Erfüllung der Pflicht zur Benutzung des öffentlichen Bildungswesens möglich machen, also die Einrichtungen des öffentlichen Bildungswesens für alle zugänglich halten und das Angebot äquivalenter Bildungschancen und Abschlüsse in allen Einrichtungen des öffentlichen Bildungswesens garantieren. Unsachgemäß sind alle Maßnahmen, die gegen eine dieser beiden Forderungen verstoßen.

Erstens sind also unsachgemäß alle Zustände, die die Zugänglichkeit der Pflichtinstitutionen unvertretbar unterschiedlich gestalten und nicht die faktische Äquivalenz der Angebote und der abschließenden Zertifikate garantieren. Von hier aus ergeben sich evidente Gleichbehandlungspflichten für alle zu beteiligenden Träger von Institutionen des öffentlichen Bildungswesens.

Diese Gleichbehandlungspflichten brauchen hier nicht im einzelnen aufgezählt zu werden. Aber ein Punkt sei ausdrücklich erwähnt: Punktuelle Optimierungen von Bildungschancen im öffentlichen Bildungswesen durch Einsatz von Privatvermögen, die nicht zur gleichen Steigerung in allen Einrichtungen führen, sind unzulässig (etwa Konzentration überdurchschnittlich befähigter Lehrkräfte durch Zahlung höherer Gehälter). Private Mittel dürfen über öffentliche Mittel hinaus nur so eingesetzt werden, daß dieser Einsatz zur Hebung des Angebots des öffentlichen Bildungswesens im ganzen beiträgt[37]. Unterschiedliche Aufwendungen der Familien für die Optimierung der familialen Bildungsinstitutionen stehen auf einem anderen Blatt; sie zu unterbinden hieße, in die familialen Zuständigkeiten einzugreifen, unsachgemäßerweise.

Zweitens sind unsachgemäß Einrichtungen, die die einheitliche Pointe *aller* Bildungsinstitutionen, also auch der des öffentlichen Bildungswesens, verfehlen. Unsachgemäß sind alle Einrichtungen, die den Gesamtbestand der Fächer einteilen in solche, die scheinbar für die Entstehung und Entwicklung von zielwahlorientierenden Überzeugungen *irrelevant* sind, und daneben in solche, die nur diesem Ziel dienen sollen. Soweit sie von dieser irrigen Unterscheidung lebt, ist z. B. die Einrichtung von Unterricht in Ethik, Religion oder LER *neben* dem Unterricht in den übrigen angeblich neutralen Fächern - also solchen, die angeblich für die Entstehung eines zielwahlorientierenden Daseinsverständnisses irrelevant sind - gleichermaßen unsachgemäß. Dabei wird immer verkannt einerseits, daß die Bildungschancen dieser explizit auf Lebenssinn bezogenen Fächer von ihrer Einbettung in den Kontext der ande-

---

[37] Beispielsweise durch absetzbare Beiträge zu öffentlichen Stiftungen.

ren abhängen[38] (bzw. im negativen Fall just von ihrer Ausgegrenztheit aus ihm), und andererseits, wie tiefgreifend diese anderen Fächer ihrerseits die Entstehung und Entwicklung von zielwahlorientierenden Überzeugungen mitbedingen.

Genau so unsachgemäß wäre natürlich der Versuch, das öffentliche Bildungswesen überhaupt von der Pflicht zu entlasten, Chancen für die Entstehung zielwahlorientierender Gewißheiten institutionell zu pflegen.

Unsachgemäß wäre weiterhin eine Gestaltung der Einrichtung des öffentliche Bildungswesens, die zwar dieser einheitlichen Pointe des Gesamtunternehmens - Ermöglichung der Gewinnung und Reifung zielwahlorientierender Überzeugungen - Rechnung trägt, aber dabei übersieht, daß eben dies nur auf dem Boden von je eigenen derartigen Gewißheiten geschehen kann.

Unsachgemäß ist ferner eine Praxis, die zwar dies anerkennt, aber dennoch dem Gemeinwesen und seinen Sachwaltern als solchen die Zuständigkeit für die inhaltliche Ausgestaltung des Bildungsangebots zuspricht. Das kann nur auf die faktische Inanspruchnahme der Zuständigkeit des Gemeinwesens und seiner Sachwalter für die Gewinnung zielwahlorientierender Gewißheiten hinauslaufen, wenigstens für einen einheitlichen Kern solcher Gewißheiten. Und eben das ist unsachgemäß.

Unsachgemäß wäre aber ebenso auch die Überlassung dieser Zuständigkeit an die einzelnen Lehrkräfte mit ihren privaten Überzeugungen. Einzelpersonen mit ihren privaten Überzeugungen haben ihren genuinen Wirkungsort in familialen Institutionen. Hingegen gehört es zu den originären Obliegenheiten der Sachwalter des Gemeinwesens, dafür Sorge zu tragen, daß im öffentlichen Bildungswesen zwar für eine Mehrzahl von unterschiedlichen Lebensverständnissen die Möglichkeitsbedingungen ihrer Aneignung sichergestellt werden, aber nicht für beliebige, sondern nur für anerkannt friedens- und koexistenzfähige.

Unsachgemäß ist schließlich die Behauptung, daß das Gemeinwesen und seine Sachwalter wegen der angedeuteten originären Verantwortung für das öffentliche Bildungswesen auch der naturgegebene Normalträger aller seiner einzelnen Institutionen seien[39]. Vielmehr ist die originäre, undelegierbare Zuständigkeit des Gemeinwesens und seiner Sachwalter für das öffentliche Bildungswesen eine durchaus beschränkte; nämlich beschränkt auf die Wahrung der formalen Einheitlichkeit des öffentlichen Bildungswesens. Diese Verantwortung ist undelegierbar. Sie muß jedoch so wahrgenommen werden, daß dabei zugleich den Einsichten und Bedingungen des konsequenten weltanschaulich/religiösen Pluralismus Rechnung getragen wird.

Unsachgemäß ist drittens auf jeden Fall die *Überlassung* der Zuständigkeit für das öffentliche Bildungswesen an Private. Das liefe - wie nicht weiter ausgeführt werden muß - auf die Einreißung der Differenz zwischen familialem und öffentlichem Bildungswesen hinaus.

Dann könnte man viertens schließlich noch an die *Überlassung oder Abtretung* der Zuständigkeit für das öffentliche Bildungswesen an die im Gemeinwesen anerkannten Traditionsgemeinschaften denken. Tatsächlich haben diese ja auch eine Zuständigkeit für öffentliche Bildungsinstitutionen - etwa den öffentlichen Kultus.

---

[38] So wäre z. B. zu prüfen, ob nicht die Sonderregelungen und die Sonderstellung des sog. "ordentlichen" Lehrfachs Religion systematisch zur erlebnismäßigen Fundierung der Gewißheit geführt haben, daß für Religion Öffentlichkeitsrelevanz bloß behauptet wird, während sie in Wirklichkeit und praktisch eben doch "privat" und ins Belieben des Einzelnen gestellt ist.

[39] Daß also die Schulen dem Staat "gehören" müßten - wie sich die Begründung des Kruzifixbeschlusses des BVerfGs ausdrückt.

Dies ist jedoch keine Zuständigkeit für dasjenige öffentliche Bildungswesen, dessen Benutzung für alle Glieder des Gemeinwesens als solche Pflicht ist. Für das öffentliche Bildungswesen in diesem Sinne besitzen die Traditionsgemeinschaften keine originäre Zuständigkeit, und sie können eine solche aus der Natur der Sache heraus auch nicht besitzen. Ihre originäre Zuständigkeit ist auf die Zuständigkeit für die Öffentlichkeit der jeweiligen Traditionsgemeinschaft eingeschränkt. Nur für sie können - und müssen - sie kraft eigener Zuständigkeit Bildungsinstitutionen unterhalten, die in dem Sinne öffentlich sind, daß ihre Benutzung nicht nur für jedes ihrer Mitglieder möglich, sondern Pflicht ist (etwa Konfirmandenunterricht, Gottesdienstbesuch).

Die Überlassung oder Abtretung der originären Zuständigkeit des Gemeinwesens und seiner Sachwalter für das öffentliche Bildungswesen an derartige Traditionsgemeinschaften ist also unsachgemäß. Eine solche Preisgabe der originären Zuständigkeit des Gemeinwesens und seiner Sachwalter würde die grundsätzlich erforderliche Differenz zwischen Öffentlichkeit des Gemeinwesens und Öffentlichkeit *einer* - oder weniger - Traditionsgemeinschaften im Grundsatz kollabieren lassen.

Unsachgemäß ist ebenso die Behauptung einer *originären* Zuständigkeit einer oder der anerkannten Traditionsgemeinschaften für das Ganze oder für Teile des öffentlichen Bildungswesens. Eine solche gibt es nicht - auch und gerade aus christlicher Sicht nicht.

9. Bedingungen einer sachgemäßen Wahrnehmung von Verantwortung für das öffentliche Bildungswesen

Die vorstehenden Überlegungen scheinen vor allem das Gemeinwesen und seine Sachwalter in eine Aporie zu führen: Einerseits gibt es eine originäre und undelegierbare Zuständigkeit des Gemeinwesens und seiner Sachwalter für das öffentliche Bildungswesen. Andererseits scheint aber nicht absehbar zu sein, wie diese Zuständigkeit praktisch so wahrgenommen werden kann, daß dabei den Einsichten und Grundsätzen des konsequenten weltanschaulich/religiösen Pluralismus Rechnung getragen wird.

Eine praktikable Lösung kommt jedoch in Sicht, wenn der Sachverhalt scharf in den Blick gefaßt wird, daß die originäre und undelegierbare Verantwortung des Gemeinwesens und seiner Sachwalter für das öffentliche Bildungswesen eine auf spezifische Leistungen *begrenzte* ist, und wenn die Konsequenzen dieses Sachverhalts bedacht werden.

1. Sachgemäß ist es, wenn das Gemeinwesen und seine Sachwalter - *in Wahrnehmung,* nota bene: nicht unter Abtretung ihrer originären und undelegierbaren, aber begrenzten Verantwortung für die Einheitlichkeit des öffentlichen Schulwesens - geeignete Instanzen in der Gesellschaft damit beauftragen, ja dazu verpflichten, nach ihren Grundsätzen, aber im Rahmen einer verpflichtenden Gesamtordnung, die im Namen des Gemeinwesens von dessen Sachwaltern erlassen und überwacht wird, öffentliche Bildungsinstitutionen so einzurichten und zu unterhalten, daß dabei die oben genann-

ten Essentials des öffentlichen Bildungswesens - Zugänglichkeit für jedermann, Äquivalenz der Angebote und Abschlüsse - gewahrt bleiben.

Sachgemäß wäre also ein Verfahren, das von einer Unterscheidung lebt; nämlich von der Unterscheidung zwischen

- der originären und undelegierbaren Verantwortung des Gemeinwesens und seiner Sachwalter für die Errichtung, Finanzierung und Überwachung einer die wesentliche Einheitlichkeit des öffentlichen Bildungswesens wahrenden Gesamtordnung und
- der Einrichtung, der Unterhaltung und dem Betrieb einzelner Bildungsinstitutionen innerhalb und nach den Grundsätzen dieser Ordnung, die als Pflicht auferlegt wird *dafür geeigneten* Instanzen, die innerhalb des Gemeinwesens leben und wirken, aber nicht mit ihm identisch sind, und als solche Pflicht natürlich auch überwacht wird.

Welche Instanzen sind in diesem Sinne "geeignet"? Jedenfalls solche, die als Betreiber von Bildungsinstitutionen im Rahmen des öffentlichen Bildungssystems und nach seiner Ordnung wirken können, ohne dabei durch die Wahrung jener einheitlichen Sachpointe jeder Bildungsinstitution - insgesamt und letztlich die notwendigen Bedingungen für die Entstehung und Reifung eines zielwahlorientierenden Lebensverständnisses bereitzustellen - in einen Widerspruch zu ihrem eigenen Wesen zu geraten; die aber gleichzeitig auch zur Erfüllung der einheitlichen Ordnung des öffentlichen Bildungswesens verpflichtbar, dazu fähig und darin überwachbar sind, weil sie ohnehin innerhalb des Gemeinwesens und durch es anerkannt sind als ex officio mit der Pflege von Bedingungen für die Entstehung, Reifung und Reproduktion von zielwahlorientierenden Gewißheiten befaßt; und die schließlich ihrerseits durch Anerkennung dieser ihnen zuteilgewordenen Anerkennung beweisen, daß letztere mit ihrem Selbstverständnis in Einklang steht. Geeignet sind also in erster Linie die innerhalb des Gemeinwesens lebenden und wirkenden, durch es anerkannten weltanschaulich/religiösen Traditionsgemeinschaften. Es wäre durchaus denkbar, daß die öffentliche Anerkennung solcher Traditionsgemeinschaften innerhalb des Gemeinwesens von ihrer Bereitschaft und Fähigkeit zur Übernahme solcher Aufgaben im öffentlichen Bildungswesen und nach dessen Ordnung abhängig gemacht wird.

Auf diesem Wege ist jedenfalls das Grunddilemma des Gemeinwesens sachgemäß gelöst. Von der originären und undelegierbaren Verantwortung für die Einheit des öffentlichen Bildungswesens ist durch dessen einheitliche Ordnung und Finanzierung nichts preisgegeben; gleichzeitig ist den Anforderungen des konsequenten Pluralismus dadurch Rechnung getragen, daß das Gemeinwesen und seine Sachwalter mit der - auf die Wahrung der Einheitlichkeit (und Gerechtigkeit) des öffentlichen Bildungswesens konzentrierten - Begrenztheit ihrer Zuständigkeit Ernst machen, indem sie auf das eigene Betreiben von Bildungsinstitutionen verzichten und statt dessen anerkannte Traditionsgemeinschaften damit beauftragen, die einzelnen Institutionen des öffentlichen Bildungswesens zu betreiben in konsequenter Ausrichtung auf deren einheitliche

Sachpointe: Ermöglichung der Entstehung und Reifung eines zielwahlorientierenden Lebensverständnisses.

2. Das Einrücken der Traditionsgemeinschaften in diese Mandatsposition ist in keinem Betracht unsachgemäß: Die Durchführung dieser Aufgabe trägt zunächst der Bedingung Rechnung, daß Bildungsverantwortung nur selbst auf dem Boden solcher Gewißheit wahrgenommen werden kann. Auf solchem Boden leben und arbeiten alle diese Traditionsgemeinschaften ipso facto - und genießen darin öffentliche Anerkennung - also Anerkennung auch von Andersglaubenden und -denkenden.

Das Verfahren ist auch darin sachgemäß, daß solche Anerkennung nicht beliebigen Überzeugungen zuteil werden kann, sondern nur solchen, die kraft ihres eigenen Gehaltes friedens- und koexistenzfähig sind. Wie weit dieser Kreis der im Gemeinwesen anzuerkennenden Überzeugungspositionen zu ziehen ist, ob und wie die Anerkennung ggf. abzustufen ist, das sind dann im zweiten Schritt zu behandelnde Fragen.

Das Verfahren würde die Traditionsgemeinschaften unter zwei Bildungsaufgaben stellen, die scharf zu unterscheiden sind. Einerseits würden sie Bildungsaufgaben innerhalb der eigenen Binnenöffentlichkeit erfüllen. Hier besitzen sie eine originäre eigene Zuständigkeit. Andererseits würden sie gleichzeitig eine Aufgabe innerhalb des öffentlichen Bildungswesens erfüllen. Dies täten sie *nicht* aufgrund einer *originären Zuständigkeit*, sondern kraft Auftrags, unter Aufsicht und nach der Ordnung des Gemeinwesens, wohl aber kraft einer ihnen in der Tat eignenden *originären Fähigkeit* zum Betrieb derartiger Bildungsinstitutionen.

Würden bei diesem Verfahren innerhalb der einzelnen Bildungsinstitutionen (Schulen, Universitäten) notwendig unsachgemäße Zustände eintreten? Müßten die am Curriculum beteiligten Fächer ihre sachgemäße Selbständigkeit einbüßen? Würde zwangsläufig - oder auch nur wahrscheinlich - die Freiheit und Unverfügbarkeit der tatsächlichen Überzeugungsbildung eingeschränkt?

Nein. Das Verfahren widerspräche lediglich einer Autonomie der einzelnen Fächer, die für jedes Fach ein eigenes Daseinsverständnis in Anspruch nimmt. Ein solcher Widerspruch wäre befreiend. Im übrigen würde nur bestätigt und zur Erfahrung gebracht, daß es einen Unterschied macht, ob Mathematik und Physik, Erdkunde und Geschichte etc. im Horizont eines im Unklaren bleibenden oder im Horizont eines offengelegten, im Horizont eines christlichen oder eines marxistischen etc. Daseinsverständnisses traktiert werden. Nicht etwa, weil die Rechnungen anders ausfielen oder die Experimente andere Ergebnisse brächten oder weil Geschichtszahlen konfessionsspezifisch variierten - wohl aber, weil das *Verständnis* und die *Einschätzung* des jeweiligen Faches *im ganzen* horizontabhängig unterschiedlich ausfällt. Und eine solche Fähigkeit zur Einordnung und Einschätzung aller einzelnen Fächer und ihrer Inhalte in einem Gesamtzusammenhang ist für Gebildetsein, selbständige, innengeleitete Handlungsfähigkeit, unabdingbar.

Den Orientierungshorizont für den Betrieb einer Bildungsinstitution wird jeweils diejenige zielwahlorientierende Lebensperspektive bilden, die in den klassischen und verbindlichen Dokumenten der beauftragten Traditionsgemeinschaft enthalten ist. Das beeinträchtigt nicht ipso facto die Freiheit der individuellen Überzeugungsbildung. Jedenfalls dann nicht, wenn die offene Auseinandersetzung mit diesen Dokumenten, ihre offene Befragung und Kritik für alle Beteiligten möglich ist, und wenn im Falle völliger Unverträglichkeit der Wechsel in ein Milieu unter anderem Vorzeichen möglich ist. Das hat die Ordnung des Gemeinwesens zu gewährleisten.

Offenbar endet der skizzierte Weg nicht in lauter Ungereimtheiten und Unsachgemäßheiten.

10. Zum Umgang mit der empirischen Diskussionslage

Nicht zu verkennen ist jedoch seine große Distanz zu den herrschenden Verhältnissen und zu eingeschliffenen Selbstverständlichkeiten. Eine solche Selbstverständlichkeit ist etwa, daß das Gemeinwesen und seine Sachwalter nicht nur der natürliche Garant der formalen Einheitlichkeit, Effektivität und Gerechtigkeit des öffentlichen Bildungswesens sei, sondern auch der nicht nur faktische, sondern natürliche Betreiber aller einzelnen Institutionen des öffentlichen Bildungswesens. Tatsächlich ist dies jedoch nur eine kontingente - freilich in ihrer Kontingenz auch historisch in etwa verständliche - empirische Konstellation. Anderes ist denkbar und möglich. Freilich ist es nie erreichbar, wenn nicht die durch die herrschende Lage gewahrten berechtigten Interessen als solche erkannt und in einer veränderten Gesamtkonstellation ebenso sicher gewahrt sind.

Diese Interessen sind Interessen aller Beteiligten: der Sachwalter des Gemeinwesens, der Eltern, der Lehrkräfte, der Nachwachsenden. Es müßte gezeigt werden, daß der skizzierte neue Weg diese Interessen ebenso gut oder besser befriedigt als die bestehenden Verhältnisse. Das ist angesichts der offenkundigen Probleme der bestehenden Situation - und angesichts der an der Natur der Sache ausgewiesenen Sachgemäßheit der skizzierten Alternative - nicht ausgeschlossen.

Ein Hauptmerkmal des skizzierten Verfahrens ist, daß die weltanschaulich/religiösen Traditionsgemeinschaften mit öffentlichen Aufgaben betraut würden. Sie würden zu Normalbetreibern der Institutionen des öffentlichen Bildungswesens im Auftrag des Gemeinwesens, nach seiner Ordnung und unter der Aufsicht seiner Sachwalter. Das wäre zwar alles andere als das alte Modell einer geistlichen Schulaufsicht, ja sogar sein gerades Gegenteil. Denn jenes verkehrte Modell stellte das öffentliche Bildungswesen unter die Aufsicht der Sachwalter von bestimmten Traditionsgemeinschaften, und zwar unter der Voraussetzung, daß diese vom Gemeinwesen selbst als sein Eigentum betrachtet und eingesetzt werden können. Demgegenüber geht der hier skizzierte Weg von der grundsätzlichen Trennung des Gemeinwesens und aller in ihm lebenden und wirkenden Traditionsgemeinschaften sowie vom Unterschied ihrer originären Zuständigkeiten aus, schlägt eine diese Voraussetzungen wahrende Beauftragung der Traditionsgemeinschaften vor und die Ordnung und Überwachung der Durchführung dieses Auftrags durch Sachwalter des Gemeinwesens. Dennoch wüchse auf diesem Weg den Traditionsgemeinschaften ein öffentlicher Einfluß zu, den sie jetzt nicht besitzen.

Das ist der provozierendste Zug des durchgeführten Gedankenexperiments. Denn unter den Gebildeten ist die Meinung verbreitet, die herrschenden freiheitlichen Verhältnisse seien im wesentlichen dem freiheitsfeindlichen Einfluß der Kirchen abgetrotzt und folglich in der Substanz gerade dadurch - aber auch nur solange - garantiert, wie die Kirchen und ihre Sachwalter von der Wahrnehmung öffentlicher Verantwortung grundsätzlich ausgeschlossen sind. Als Beleg und warnendes Beispiel wird seit 1978 auf den Iran hingewiesen, neuerdings auch auf Afghanistan.

In all dem zeigt sich nun freilich, daß diese Abneigung gegen das kirchlich verfaßte Christentum weithin gar nicht mehr auf eigenen Erfahrungen mit dieser geschichtlichen Wirklichkeit aufruht, daher auch Schwierigkeiten hat mit den hier fälligen Unterscheidungen - zwischen evangelischen und römisch-katholischen Kirchen, zwischen Christentum und Islam etc. - und gerade wegen dieser mangelnden realen Kenntnis ihres Gegenstandes hartnäckig ist. Das muß anerkannt, verstanden und geduldig ertragen werden. Besserung kann eintreten, sobald eigene Erfahrungen positiver Art zur Urteilsbasis werden.

Ich gebe zu: Jede wohlwollende Erwägung des skizzierten Weges hängt davon ab, daß man den Traditionsgemeinschaften und Kirchen etwas zutraut. Wo ein solches Zutrauen unerschwinglich ist, kann der skizzierte Weg nur auf Ablehnung stoßen.

Und so fragt sich abschließend: Wie steht es mit diesem Zutrauen bei den Sachwaltern und Mitgliedern der Kirchen und Traditionsgemeinschaften selbst?

Religion als Horizont und Element der Bildung

Wilfried Härle

Bildung ist - egal ob man dabei eher an informelle oder an institutionalisierte Prozesse denkt - eine Investition der Gesellschaft im ganzen, nicht bloß der Kirchen oder gar nur der Theologie. Deswegen ist es wichtig, auch beim Nachdenken über Religion als Horizont und Element der Bildung die gesamtgesellschaftliche Perspektive der Bildungsthematik mit in den Blick zu nehmen.

Würde man im Rahmen einer demoskopischen Untersuchung hierzulande die Frage stellen: "Was würde Ihrer Meinung nach der Erziehung und Bildung in Familie und Schule fehlen, wenn in ihr die Frage nach Gott nicht mehr vorkäme?", dann müßte man wohl mit sehr unterschiedlichen Antworten rechnen. Ich würde zumindest die folgenden erwarten: "Es fehlt ihr ..."
- "...nichts Wesentliches"
- "...ein wichtiges Stück unseres kulturellen Erbes"
- "...die Möglichkeit, eine religiöse Identität auszubilden"
- "...nichts Wertvolles, sondern nur eine der irreführenden Fragen, durch die Menschen lange genug vernebelt und von den wichtigen Problemen abgelenkt wurden"
- "...ein spezielles Bildungsangebot für religiös Interessierte"
- "...die Erziehung zum christlichen Glauben"
- "...die Orientierung an grundlegenden Normen und Werten".

Ich wage keine Prognose, welche anderen Antworten noch auftauchen würden und wie die Häufigkeitsverteilung zwischen diesen Antworten wäre. Mit Sicherheit darf man aber wohl erwarten, daß ein regional sehr unterschiedliches, in jedem Fall aber in sich diffuses Gesamtbild entstünde. In diesem (vermuteten) Kontext ist die Frage nach der Religion als Horizont und Element der Bildung in der heutigen Bundesrepublik Deutschland zu reflektieren.

Ich möchte dies in drei Schritten tun, indem ich zunächst aus meiner Sicht zu beantworten versuche, was der Bildung ohne die Frage nach Gott fehlen würde. Sodann will ich erwägen, ob nicht auch andere Begriffe und Zugangsweisen an die Stelle der Gottesfrage und der Religion treten und deren Funktion(en) übernehmen könnten. Schließlich möchte ich einige Folgerungen zur Diskussion stellen, die sich m.E. aus dem in Abschnitt I und II Gesagten im Blick auf die Frage nach der "Religion als *Element* der Bildung" ergeben.

Zuvor jedoch noch eine kurze aber, wie ich denke, unerläßliche Vorbemerkung zu dem von mir verwendeten *Religionsbegriff*. Welche Religion ist bei alledem gemeint? Die christliche? Ja, vor allem, aber nicht nur. Die jüdische, islamische und die anderen sogenannten Weltreligionen? Ja, auch, aber nicht nur. Denn ich möchte auch die bunte, manchmal skurril wirkende Vielfalt religiösen Suchens und Experimentierens nicht ausschließen, sondern ausdrücklich einbeziehen, wie sie z. B. in den sog. Patchwork- oder Cafeteriareligionen nicht nur Jugendlicher, sondern auch einer großen Zahl von Erwachsenen zum Ausdruck kommt. Ich beziehe das nicht deswegen ein, weil ich der Meinung wäre, im Bereich der Religion sei alles gleich-gültig, und jeder müsse eben - gut Fritzisch - "nach seiner Façon selig werden", sondern weil ich der Überzeugung bin, daß die auf diesem Feld nötigen *Ab*grenzungen nicht durch *Aus*grenzungen, sondern nur durch argumentative *Auseinandersetzungen* gelingen können. Dazu muß man sich aber erst einmal auf die Phänomene einlassen. In diesem Sinne nun zum ersten angekündigten Schritt:

Was würde der Bildung fehlen, wenn in ihr die Frage nach Gott nicht mehr vorkäme?[1]

Es geht also um das, wofür das Wort "Gott" steht, was es zu denken gibt und worauf es verweist. Damit will ich aber noch nicht vorentscheiden, ob nicht manches, was traditionell mit der Frage nach Gott verbunden ist, auch anders Ausdruck finden könnte; deshalb füge ich zunächst das Wort "möglicherweise" ein. Vier Antworten möchte ich geben und jeweils kurz entfalten

Es fehlte möglicherweise die Kommunikation über den *Sinn* des Lebens und der Welt.

Wilhelm Weischedel, der Philosoph, der sich selbst als konsequenter Skeptiker verstand, ist in seinem Werk "Der Gott der Philosophen"[2] intensiv dem Zusammenhang zwischen der Sinnfrage und der Gottesfrage nachgegangen und hat dabei folgenden Gedankengang entwickelt: Die Frage nach dem Sinn von irgend etwas läßt sich generell nur beantworten durch Verweis auf etwas Sinngebendes. So besteht der Sinn eines Füllfederhalters im Schreiben, der Sinn des Schreibens in der Kommunikation, der Sinn der Kommunikation im zwischenmenschlichen Austausch, der Sinn dieses Austauschs im menschlichen Dasein usw. Das jeweils als zweites Genannte ist nach Weischedel das "Sinngebende", von dem her das jeweils Erstgenannte, als das "Sinnhafte", seinen Sinn empfängt, *wenn* das Sinngebende selbst sinnhaft ist. Da aber liegt, wie Weischedel auf eine leicht nachvollziehbare Weise zeigt, das Problem. Denn das

---

[1] Mit der Frage, was den Menschen und der Gesellschaft fehlen würde, wenn das Reden von Gott verschwände, habe ich mich grundsätzlich und ohne explizite Bezugnahme auf die Bildungsthematik beschäftigt in dem Aufsatz: Welchen Sinn hat es, heute noch von Gott zu reden? In: Marburger Jahrbuch Theologie II/1988, 43-68.

[2] Darmstadt 1972. Ich beziehe mich auf Bd. II, 165-174. dieses Werkes. Die im folgenden Text in Anführungszeichen gesetzten Begriff entstammen diesem Abschnitt.

Sinngebende empfängt seinen Sinn ja wiederum von einem Sinngebenden, und die Glieder dieser "Sinnkette" werden immer umfassender, bis zuletzt in jedem Fall ein nicht mehr zu erweiternder, universaler "Sinnzusammenhang" erreicht ist, den Weischedel als "Wesen des Daseins" bezeichnet. Woher aber empfängt dieser universale Sinnzusammenhang seinerseits seinen Sinn?

Der skeptische Philosoph kennt natürlich die religiöse Antwort, die im Verweis auf Gott (als den Schöpfer) besteht, aber er kann sie sich als Skeptiker nicht zu eigen machen, weil sie Glauben voraussetzt. Er muß und will deshalb die Beantwortung der Sinnfrage offenlassen und in der Schwebe halten. Aber er anerkennt, ja er weist geradezu nach, daß erst auf der Ebene der Frage nach Gott die Frage nach dem Sinn des Ganzen beantwortet werden kann, und zwar dadurch, daß das Ganze als verstehbar, gerechtfertigt und fraglos begründet erscheint. Und nun das Entscheidende bei Weischedel: Wenn die Sinnfrage nicht in diesem universalen Horizont gestellt und beantwortet wird, dann kann sie auch im Blick auf kein einzelnes Wesen, Ereignis oder Ding beantwortet werden. Mit dem Sinn des Ganzen, steht der Sinn alles einzelnen auf dem Spiel. Hat das Dasein keinen Sinn, dann auch nicht das Menschenleben, dann auch nicht die Kommunikation etc.

Weischedel will hier ganz konsequent sein, und deshalb lehnt er eine naheliegende Lösung ab, die darin bestünde, auf irgendeine Erfahrung zu verweisen, die man als unmittelbar sinnvoll empfindet, z.B. die Geburt eines Kindes, das Lesen eines Gedichtes oder das Feiern eines Festes, um dann zu folgern: Wenn es so etwas Sinnvolles im einzelnen gibt, dann muß auch angenommen werden dürfen, daß das Ganze der Wirklichkeit sinnvoll ist. Weischedels Einwand gegen dieses Argument lautet: Das unmittelbare Empfinden von Sinnhaftigkeit kann kein gültiges Kriterium für die Beantwortung der Sinnfrage sein; denn dieses Empfinden wird immer wieder in Frage gestellt durch die Erfahrung von Sinnlosem. Und darum muß die Sinnfrage im Horizont des Gesamtsinnes, also im Horizont der Gottesfrage gestellt und beantwortet oder, wenn da keine Antwort gefunden werden kann, muß die Sinnfrage offengelassen werden. Und damit muß dann offenbleiben, ob überhaupt irgend etwas in unserem Leben und in dieser Welt sinnvoll oder ob nicht alles sinnlos ist, also der Nihilismus recht hat. Für diese grundlegende Perspektive steht die Frage nach Gott. Soviel zur ersten Antwortmöglichkeit.

Es fehlte möglicherweise das Bewußtwerden dessen, woran wir unser *Herz hängen*[3].

Habe ich mich bei der ersten Antwort ganz an den skeptischen Philosophen Weischedel gehalten, so orientiere ich mich nun an Luthers Auslegung des 1. Gebots im Gro-

---

[3] S. dazu meinen Aufsatz: Woran du dein Herz hängst ... , Hanns-Lilje-Stiftung, Hannover 1996.

ßen Katechismus⁴, die vermutlich vielen bekannt ist. Luther fragt dort: "Was heißt, einen Gott haben, oder was ist Gott?", und er antwortet überraschenderweise nicht, indem er das Glaubensbekenntnis entfaltet oder auf einen allgemeinen Gottesbegriff verweist, sondern indem er sagt: "Woran du dein Herz hängst und worauf du dich verläßt, das ist eigentlich dein Gott". Die vertraute Beziehung zwischen Gott und Glaube wird damit umgekehrt: Nicht ist da erst (ein) Gott, an den der Mensch glauben soll, sondern das, woran ein Mensch glaubt, woran er sein Herz hängt, das ist sein Gott, ja, das "macht" er damit zu seinem Gott⁵.

Diese Umkehrung, die Luther immer wieder ganz bewußt vollzogen hat, ist in mehrfacher Hinsicht von kaum zu überschätzender Bedeutung. Ich konzentriere mich in unserem Zusammenhang auf einen einzigen Punkt. Wenn der Glaube, also das lebensbestimmende Vertrauen eines Menschen etwas für ihn zum Gott macht, dann ist es zum Verstehen der eigenen Person (vielleicht auch zum Verstehen der Gesellschaft, in der wir leben) geradezu unerläßlich, sich zu fragen: Gibt es eigentlich etwas, an das ich mein Herz hänge (an das wir unser Herz hängen), und was ist das? Habe ich also einen Gott und - wenn ja - was für einen? Das wäre dann ja zugleich die Instanz, von der ich - vielleicht ganz unbewußt - abhängig bin, für die ich gerne Zeit und Geld "opfere", für die ich mich ereifere und engagiere. Und wenn es eine solche Abhängigkeit gibt, dann ist es doch ein immenser Gewinn, sich ihrer bewußt zu sein oder zu werden. Und eben für dieses Bewußtwerden ist die Frage nach Gott ein entscheidender, vielleicht unentbehrlicher Zugang.

Es fehlte möglicherweise die ethische Orientierung, die dem Leben das *rechte Maß* gibt.

Noch stärker als bei der vorigen Antwort ist hier über den Einzelmenschen hinaus die Gesamtgesellschaft im Blick, denn bei der Frage nach der ethischen Orientierung und dem rechten Maß geht es auch und sogar vorwiegend um diejenigen Normen, Werte und Verhaltensweisen, durch die Menschen miteinander verbunden sind und durch die ihr gegenseitiges sowie ihr gemeinsames Tun und Lassen bestimmt wird. Die Frage nach Gott steht - wenn ich recht sehe: in fast allen Religionen - immer auch für die ethische Orientierung an solchen für das Leben und Zusammenleben der Menschen grundlegenden Normen und Werten, genauer gesagt: für die *Verbindlichkeit und die unverfügbare Gültigkeit* solcher Normen und Werte.

---

[4] Der Text findet sich gleich am Beginn des Katechismus. Der klassische Fundort ist BSLK 560-567, bes. 560, 5-24.
[5] Vgl. unten Anm. 12.

Am 19. Mai 1994 hat im Niedersächsischen Landtag eine bemerkenswerte Debatte stattgefunden[6], in der es um die nachträgliche Einfügung einer Präambel in die Landesverfassung ging, die den Wortlaut haben sollte (und dann auch bekam): "Im Bewußtsein seiner Verantwortung vor Gott und den Menschen hat sich das Volk von Niedersachsen durch seinen Landtag diese Verfassung gegeben." Einer der Parlamentarier brachte damals das Anliegen, um das es ging, auf den Punkt, indem er sagte: "Die Befürworter des Gottesbezugs in der Verfassung wollen ... ausgedrückt wissen, daß auch die Verfassung als das höchste von Menschen gesetzte Recht für die sittliche Verantwortung des Menschen nur die vorletzte und nicht die letzte Instanz sein darf."[7] Im Blick auf dieses Anliegen standen sich die Befürworter und die Gegner des Gottesbezugs nicht fern. Der Streit entzündete sich insbesondere an der Frage, ob der Verweis auf die Verantwortung vor Gott in unserer pluralistischen Gesellschaft eine geeignete und auch Atheisten zumutbare Form sei, um die Unverfügbarkeit der Menschenwürde und die unverbrüchliche Geltung der Menschenrechte anzuerkennen und sicherzustellen, zu denen Art. 3 der Landesverfassung sich bekennt[8]. Diese Frage wird uns im zweiten Teil noch einmal beschäftigen. Hier ging es zunächst nur um die These, daß die Frage nach Gott jedenfalls für die Verbindlichkeit und Unverfügbarkeit der ethischen Orientierung steht und daß deshalb mit ihrem Wegfall auch diese Orientierung, insbesondere aber ihre Verbindlichkeit und Unverfügbarkeit verlorengehen könnte.

Zuvor möchte ich aber noch kurz begründen, warum ich hier nicht nur von ethischer Orientierung, sondern zusätzlich vom "*rechten Maß*" spreche[9]. Die Rede von ethischen Normen in Verbindung mit der Frage nach Gott hat etwas durchaus Zwiespältiges, weil damit auch die Vorstellung von Gott als dem Gesetzgeber und Richter festgeschrieben wird, die schon bei vielen Menschen schweren Schaden angerichtet und das Gottesbild nachhaltig belastet hat. Diese Gefahr ist weitaus geringer, wenn die Frage nach Gott in Verbindung gebracht wird mit dem für den einzelnen Menschen und für die menschliche Gesellschaft bekömmlichen, rechten Maß, das einerseits bewußt macht, welche Grenzen wir um unser selbst und um unserer Nachkommen willen nicht überschreiten dürfen, sondern beachten und behüten sollten, und das andererseits dem menschlichen Leben eine innere Mitte und ein Orientierungszentrum gibt, von dem her

---

[6] Der volle Wortlaut der Debatte ist veröffentlicht in dem vom Präsidenten des Niedersächsischen Landtags herausgegebenen Heft: "Die Debatte des Niedersächsischen Landtages zur Verfassungspräambel am 19. Mai 1994", Hannover 1994.

[7] So der Abgeordnete Bruns, a.a.O., 10003.

[8] Art. 3 (1) der Niedersächsischen Verfassung lautet: "Das Volk von Niedersachsen bekennt sich zu den Menschenrechten als Grundlage der staatlichen Gemeinschaft, des Friedens und der Gerechtigkeit" (Verfassungen der deutschen Bundesländer, München ⁵1995, 438).

[9] Die Anregung dazu habe ich empfangen aus Rundfunksendungen der Marburger Religionspädagogin Sigrid Glockzin-Bever.

die Dinge und Anforderungen in unserem Lebens in das rechte, uns guttuende Verhältnis zueinander gebracht werden. Das könnte verlorengehen, wenn die Frage nach Gott in der Bildung nicht mehr vorkommt - so lautet meine dritte Vermutung.

Es fehlte möglicherweise die Erkenntnis dessen, was für uns *unverfügbar* ist.

Der Begriff "Unverfügbarkeit" tauchte bereits im vorigen Abschnitt mehrmals auf, und zwar dort, wo es um die Sicherung der Menschenwürde und der Grundrechte gegenüber der Entscheidungskompetenz des Parlaments und um die Verbindlichkeit ethischer Orientierung ging. Bei genauerer Betrachtung kann man sogar sagen, daß auch der Sinn des Lebens und der Welt zu dem Unverfügbaren gehört, denn ihn können wir nicht machen oder herstellen, sondern nur entdecken und anerkennen oder ignorieren bzw. bestreiten. Ja, selbst dasjenige, das so unser Vertrauen weckt, daß wir daran unser Herz hängen, ist letztlich etwas uns Unverfügbares. Damit wird sichtbar, daß die Frage nach Gott in allen bisher genannten Aspekten (und ich vermute sogar in allen denkbaren Aspekten) mit dem zu tun hat und auf das verweist, was für uns als Menschen unverfügbar ist. Bevor wir weiterfragen, was denn für uns überhaupt unverfügbar ist, sind zwei Differenzierungen im Blick auf den Begriff "Unverfügbarkeit" erforderlich, die zugleich den Charakter von Präzisierungen haben.

Einerseits gibt es an dieser Stelle eine merkwürdige, nachdenklich machende *Asymmetrie*: Wir können über viel mehr "Dinge" negativ verfügen als positiv. D.h.: Wir können viel mehr zerstören, als wir schaffen können. Das eklatanteste Beispiel ist das eigene Leben[10], das wir uns zwar nicht geben, wohl aber nehmen können. Aber darauf ist das negative Verfügenkönnen nicht (mehr) beschränkt. Es reicht heute bereits bis zur Möglichkeit der ökologischen oder militärischen Zerstörung der Lebensbedingungen auf der Erde. Entscheidend ist freilich im Blick auf unsere Fragestellung die Erkenntnis, daß solch negatives Verfügen - sei es aus Gedankenlosigkeit, Leichtfertigkeit oder Zynismus - als solches zugleich das Ende alles Verfügen-Könnens darstellt. In negativer Hinsicht gibt es also zwar ein Verfügen-Können das nur durch ein Nicht-Verfügen-Dürfen begrenzt ist; aber dieses negative Verfügen-Können hat selbstzerstörerischen Charakter und hebt sich deshalb selbst auf, wenn es praktiziert wird.

Die zweite Differenzierung, die hier erforderlich ist, bezieht sich darauf, daß keine Beziehung, in der wir existieren, ausschließlich rezeptiv ist, sondern jede Beziehung auch *produktive* Elemente enthält - und seien sie noch so unscheinbar. Hier könnte man einwenden: Das gelte zwar möglicherweise für alle innerweltlichen Beziehungen, aber gerade nicht für die Beziehung zu Gott; denn diese Beziehung habe den Charakter der schlechthinnigen Abhängigkeit. Dieser Einwand ist außerordentlich gewichtig,

---

[10] Genau genommen gilt dies natürlich auch für jedes fremde Leben - auch das der eigenen Kinder. Auch deren Leben können wir nicht erschaffen, sondern nur zeugen oder empfangen. Und darum sind wir eben auch nicht die Schöpfer unserer Kinder, sondern nur ihre Eltern.

aber durchschlagenden Charakter hat er m. E. nur dann, wenn man einen konsequenten (religiösen) Determinismus vertritt, also jedes menschliche Tun und Lassen ausschließlich als von Gott gewirkt versteht. Sieht man den Menschen aber als antwortfähiges und zur Verantwortung gerufenes Geschöpf Gottes, dann muß man wohl einräumen, daß es auch in der Beziehung zum Unverfügbaren produktive Elemente gibt. Luther hat das - zur Freude von Ludwig Feuerbach - immer wieder zum Ausdruck gebracht durch die berühmte Formel: "Wie du glaubst, so hast du"[11] oder sogar durch die kühne These, der Glaube sei ein Schöpfer der Gottheit, wobei er freilich hinzufügt: "nicht in (seiner) Person, sondern in uns"[12]. Insofern und in dieser Hinsicht gibt es also tatsächlich so etwas wie eine menschliche Einwirkung auf das uns prinzipiell Unverfügbare. - Soweit die beiden Differenzierungen. Nun die vorerst zurückgestellte Frage: Was ist in diesem Sinne unverfügbar?

Grundsätzlich gilt: Das Unverfügbare zeigt sich an den *Voraussetzungen* und an den *Grenzen* unseres Handelns. Und deshalb haben wir es mit dem Unverfügbaren permanent zu tun, und zwar in Gestalt der natürlichen und der geschichtlichen Rahmenbedingungen unseres Handelns (z. B. Naturgesetze, Herkunft, geschichtlicher Ort), aber auch und vor allem in der Art und Weise, wie die Wirklichkeit sich uns zeigt, wie in uns die lebensbestimmenden Überzeugungen und Gewißheiten (einschließlich der Zweifel und Unsicherheiten) entstehen, nämlich daß sie uns zuteil werden[13]. Oft besteht die Gefahr, daß das Unverfügbare übersehen wird, aber nicht deswegen, weil es so selten in unserem Leben vorkäme, sondern weil es allgegenwärtig ist und uns gerade deswegen erst bewußt gemacht werden muß. Das ist eine entscheidende Funktion der Frage nach Gott.

Mit alledem läßt die Frage nach Gott den *Horizont* erkennen, in dem wir uns immer schon bewegen und orientieren, den wir bei allem Planen und Handeln voraussetzen und notwendigerweise in Anspruch nehmen, der aber eben deshalb nicht durch unser Planen und Handeln gesetzt oder geschaffen wird. Die äußerste Möglichkeit ist auch hier die Negation, die der Religionskritiker Nietzsche beschreibt als das Wegwischen des Horizonts durch die Ermordung Gottes[14]. Wer sich diese Deutung Nietzsches nicht

---

[11] So z. B. WA 2, 249,7 und 8, 8,18.
[12] So WA 40/I,360,5: "Fides est enim creatrix divinitatis, non in persona, sed in nobis".
[13] Das hat E. Herms, dessen Arbeiten ich viele Anregungen auch für diesen Vortrag verdanke, in eindrucksvoller Weise in seiner Predigt über Hebr 11,1 - 12,4 gezeigt, die im Marburger Jahrbuch Theologie VIII/1996, 139 - 148 veröffentlicht ist.
[14] So in: Die fröhliche Wissenschaft, 3. Buch, Nr. 125 (1882/87), in: Nietzsche Werke, KGA, Bd.V, 2, Berlin/New York 1973, 158f.: "Der tolle Mensch sprang mitten unter sie und durchbohrte sie mit seinen Blicken. 'Wohin ist Gott? rief er, ich will es euch sagen! *Wir haben ihn getödtet* - ihr und ich! Wir Alle sind seine Mörder! Aber wie haben wir diess gemacht? Wie vermochten wir das Meer auszutrinken? Wer gab uns den Schwamm, um den ganzen Horizont wegzuwischen? Was thaten wir, als wir diese Erde von ihrer Sonne losketteten? Wohin bewegt sie sich nun? Wohin bewegen wir uns? Fort von allen Sonnen? Stürzen wir nicht fortwährend? Und rückwärts, seit-

zu eigen machen kann, wird eher davon sprechen, daß der dem Menschen gegebene und vorgegebene Horizont von ihm ignoriert werde und er statt dessen immer neue Versuche unternehme, sich das Unverfügbare doch verfügbar zu machen.

Es ist die - möglicherweise unersetzliche - Bedeutung von Religion, auf die Dimension der Wirklichkeit hinzuweisen, oder sagen wir es vorsichtiger: nach der Dimension der Wirklichkeit zu fragen, die - als Sinn des Daseins, als das, was uns unbedingt angeht, als ethisches Orientierungszentrum für das rechte Maß des Lebens und als das allgegenwärtig Unverfügbare - den Horizont bildet, in dem wir uns immer schon bewegen, auch wenn uns das gar nicht bewußt ist und wir ihn als solchen nicht wahrnehmen.

Aber bedarf es dazu tatsächlich der Frage nach Gott bzw. der Religion? Kann diese Aufgabe nicht auch von anderen Begriffen und Zugangsweisen übernommen und erfüllt werden?

Ist die Frage nach Gott bzw. ist die Religion unersetzlich?

Es scheint sich um eine einzige Frage zu handeln, wenn hier von der "Frage nach Gott" bzw. von der "Religion" die Rede ist. Geht man von Luthers vorhin genanntem Gottesverständnis aus, dann ist das auch richtig, denn dann ist ja alles, woran ein Mensch im religiösen Sinn des Wortes glaubt, "Gott". Aber dieses Gottesverständnis Luthers können wir in der allgemeinen Kommunikation unserer Gesellschaft nicht voraussetzen. Da verstehen die meisten Menschen unter "Gott" ein jenseitiges vollkommenes Wesen, das mit personalen Eigenschaften ausgestattet ist und zu dem man als Mensch eine Beziehung aufnehmen kann oder nicht.

Im Blick auf ein solches, sog. theistisches Gottesverständnis kann man nun aber nicht sagen, es sei ein notwendiges Element von Religion. Es gab in der Geschichte und es gibt auch heute viele Menschen, die von sich sagen können, sie seien religiös, aber sie stünden gleichwohl dem Glauben an Gott oder an "einen Gott" reserviert, wenn nicht sogar ablehnend gegenüber.

Macht man sich bewußt, daß alle unsere Begriffe, Vorstellungen und Bilder, die wir von Gott haben, nur menschliche Versuche sind, die für uns unfaßbare Wirklichkeit Gottes zu umschreiben und zu benennen, dann ist der Schritt nicht groß, auch dort Gemeinsamkeiten und Verständigungsmöglichkeiten zu sehen, an die sich anknüpfen läßt, wo Menschen nicht von"*Gott*" sprechen, sondern z.B. vom "Absoluten", von der

---

wärts, vorwärts, nach allen Seiten? Giebt es noch ein Oben und ein Unten? Irren wir nicht wie durch ein unendliches Nichts? Haucht uns nicht der leere Raum an? ... Gott ist todt! Gott bleibt todt! Und wir haben ihn getödtet! Wie trösten wir uns, die Mörder aller Mörder? Das Heiligste und Mächtigste, was die Welt bisher besass, es ist unter unseren Messern verblutet, - wer wischt diess Blut von uns ab? ... Ist nicht die Grösse dieser That zu gross für uns? Müssen wir nicht selber zu Göttern werden, um nur ihrer würdig zu erscheinen? ...'".

"Transzendenz", von der "Natur", vom "Leben", vom "Schicksal" oder heute besonders oft von der "Kraft des Guten". D.h. freilich nicht, daß jedes Wort oder Bild (in jeder Zeit) geeignet wäre, um von der Wirklichkeit Gottes zu sprechen[15]. Dabei kann es geradezu ein Prüfstein für die Eignung sein, ob auch mit solchen anderen Worten und Bildern das zur Sprache gebracht werden kann, was im ersten Abschnitt als die spezifische Funktion und Bedeutung der Frage nach Gott beschrieben wurde

Wichtig ist aber m.E., daß von denen, die das Wort "Gott" bewußt verwenden, die Offenheit und Weite und die kommunikative Leistungsfähigkeit des Gottesbegriffs entdeckt und neu zur Geltung gebracht wird. Von seiner langen Geschichte in Religion und Philosophie her eignet dem Reden von Gott eine Bedeutungsvielfalt und ein Verständigungspotential, auf das wir nicht verzichten sollten, sondern das wir für die dringend anstehende öffentliche Kommunikation über die weltanschaulich-religiösen Voraussetzungen und Grundlagen unseres Handelns in allen Bereichen des gesellschaftlichen Lebens - nicht zuletzt in der Bildung - nutzen könnten.

Hierfür scheint mir aber die beiderseitige Öffnung und ein Prozeß des Sich-aufeinander-zu-Bewegens erforderlich zu sein, in dem es zu einer Vermittlung zwischen dem Reden von Gott und den anderen religiösen Worten und Bildern für das Göttliche kommt. Man kann sich hierfür durchaus Luthers Grundsatz zu eigen machen: "Rem [also: die Sache] mussen wir behalten, wir redens mit Vocabln, wie wir wöllen."[16]

Aber was ist die Sache, die es hier zu "halten" gilt? Diese Sache wird mit dem Begriff des Unverfügbaren m. E. am genauesten beschrieben; denn Religion läßt sich geradezu definieren als "Ausrichtung auf das Unverfügbare"[17]. Sie unterscheidet sich damit von all dem, was wir als Menschen beherrschen und machen können, was wir methodisch oder technisch bewältigen oder bewältigt haben und auf das wir in unserem Leben permanent angewiesen sind. Es kann deshalb übrigens nicht darum gehen, das Verfügen (-Wollen) des Menschen generell zu ächten oder verächtlich zu machen, wohl aber seine Grenzen zu erkennen und es vom Religiösen deutlich zu unterscheiden. Gerade damit aber stoßen wir heute nicht auf breite Zustimmung, sondern eher auf Unverständnis und Widerstand. Denn was neuerdings unter der Überschrift "Religion" angeboten wird, bezieht zu einem Gutteil seine Faszination und Attraktivität gerade aus dem Versprechen, methodisch erlernbar und technisch machbar zu sein. Gewissermaßen als Trainingsprogramm unter der Überschrift: "Religiös in 30 Tagen".

Aber solche ethischen, psychologischen oder psychosomatischen Lern- und Trainingsprogramme überspielen gerade die grundlegende religiöse Einsicht, daß dem Menschen wirksame Hilfe, die den Charakter von Befreiung, Versöhnung, Orientie-

---

[15] So ist m. E. z. B. das Wort "Vorsehung" - zumindest in Deutschland seit 1933 - noch für lange Zeit als mögliche Gottesbezeichnung disqualifiziert.
[16] WA 39/II, 305,22f.
[17] So im Anklang an Paul Tillichs Definition von "Religion" als "Richtung auf das Unbedingte" (Ders., Religionsphilosophie [1925], in: MW/HW Bd.4, Berlin/New York 1987, 134).

rung oder Heilung haben kann, zuteil werden muß und nicht von ihm selbst hervorgebracht werden kann, weil er dazu schon ein befreiter, versöhnter, erleuchteter oder geheilter Mensch sein müßte. Jedoch: Wie kann er das werden, und was kann Bildung dazu beitragen?

Religion als *Element* der Bildung

Eine der Bildungsaufgaben im Blick auf Religion, wie sie in Familie, Schule und Kirche heute zu bewältigen sind, besteht m. E. darin, Sensibilität zu wecken und zu erhalten für das Unverfügbare, gerade weil unsere von der Machbarkeit aller Dinge überzeugte Zeit sich besonders schwertut, das auszuhalten und sich dem auszusetzen, was für uns unverfügbar ist und was gleichwohl die Grundlage und den Horizont des Daseins bildet. Diese Aussage erscheint möglicherweise als ein Dilemma oder sogar als ein Widerspruch: Wie kann es eine Bildungs*aufgabe*, also etwas zweifellos für Menschen *Verfügbares* und von ihnen *zu Leistendes* sein, Sensibilität zu wecken und zu erhalten für das *Unverfügbare*? Diese Frage ist nicht leicht zu beantworten, auch wenn sie auf eine Problemkonstellation verweist, die schon seit Jahrtausenden[18] bekannt ist und immer wieder reflektiert wurde.

Es würde sich bei dem eben Gesagten tatsächlich um einen Widerspruch handeln, wenn die These hieße: Ziel der Bildungsarbeit in religiöser Hinsicht sei es, Menschen Religion beizubringen oder sie zu religiösen Menschen zu machen. Diese These halte ich jedoch aus mehreren Gründen für falsch, um nicht zu sagen: für unsinnig. Sie ließe sich zwar scheinbar mit den Erziehungszielen in Einklang bringen, wie sie z.B. die Verfassung des Landes Nordrhein-Westfalen vorgibt: "Ehrfurcht vor Gott, Achtung vor der Würde des Menschen und Bereitschaft zum sozialen Handeln zu wecken, ist vornehmstes Ziel der Erziehung"[19], aber schon da ist nur davon die Rede, daß solche Ehrfurcht vor Gott durch die Erziehung geweckt werden solle. Sie ist offenbar als etwas Schlafendes oder latent Vorhandenes schon da. Und man kann doch tatsächlich kaum bestreiten, daß die religiösen Fragen nach Ursprung und Ziel der Welt, nach Tod und Leben, nach Diesseits und Jenseits schon im Kindesalter aufbrechen und zwar aus

---

[18] Ich denke dabei einerseits an die Platonischen Dialoge über die Möglichkeit von (begrifflicher) Erkenntnis, andererseits an die biblischen Aussagen über das (erleuchtende) Wirken des Heiligen Geistes, schließlich an die reformatorische Verhältnisbestimmung von äußerer und innerer Klarheit, wie sie sich etwa in Luthers "De servo arbitrio" (WA 18, 609,6-14) oder als Unterscheidung von äußerem Wort und Heiligem Geist in CA V findet.

[19] So in Art. 7 (1) der Verfassung für das Land Nordrhein-Westfalen vom 28. Juni 1950, zuletzt geändert durch Gesetz vom 24. November 1992, in: Verfassungen der deutschen Bundesländer, München ⁵1995, 470.

den Kindern selbst[20]. D. h. aber, die Quelle, aus der die Frage nach Gott und die anderen religiösen Fragen entspringen, ist im Menschen vorhanden und braucht nicht erst geschaffen oder ihm durch Bildung vermittelt zu werden. Aber wenn diese Quelle nicht gefaßt wird, erzeugt sie, wie jede ungefaßte Quelle, eine Sumpf[21]. Auf die damit angedeutete Aufgabe von Bildungsarbeit will ich gleich zurückkommen.

Zuvor aber sei auf den zweiten Grund hingewiesen, warum der religiöse Bildungsauftrag nicht darin bestehen kann, Menschen Religion beizubringen (wie man ihnen z. B. eine Fremdsprache beibringen kann): Mit einer solchen Zielsetzung würden die Erziehenden bzw. Lehrenden hoffnungslos überfordert. Das wäre ja nur möglich, wenn nicht nur die Planung und Initiierung von Bildungsprozessen, sondern auch ihr Gelingen und damit ihr Erfolg in die Verantwortung der Pädagogen fiele. Aber gerade das ist nicht der Fall. Hier meldet sich mitten in der Bildungsarbeit selbst das religiöse Element der Unverfügbarkeit an. Das kann man als Enttäuschung oder gar als Kränkung, man kann es aber auch als große Entlastung erleben, weil damit auch die Bildungsaufgabe ihr menschliches und dem Menschen bekömmliches Maß[22] erhält.

Sogar wenn es möglich wäre, Menschen psychologisch, pädagogisch, medikamentös oder genetisch so zu konditionieren, daß sie so etwas wie religiöse Verhaltensweisen zeigen, wäre dies doch aus sachlichen, d. h. im Wesen des Menschen und im Wesen der Religion liegenden Gründen strikt abzulehnen. Religion ist mit Indoktrination oder Zwang unvereinbar. Positiv formuliert: Religion kann nur in einer Atmosphäre der Freiheit gedeihen.

Welchen Sinn und welche Aufgabe hat dann aber die Bildung im Bereich der Religion? Was heißt es also, daß Religion nicht nur der Horizont, sondern auch ein Element der Bildung sei? Ich knüpfe nun wieder an das Bild von der Quelle an, die gefaßt werden muß, damit sie nicht zum Sumpf verkommt. Meine diesbezüglichen Überlegungen fasse ich abschließend in drei Thesen zusammen:

Religion ist als Element der Bildung notwendig, damit Menschen in religiöser Hinsicht *sprachfähig* werden.

Bei Schleiermacher kann man lernen, daß religiöse Bildung Sprachbildung[23] ist. Es wäre freilich ein Mißverständnis Schleiermachers und eine sachliche Engführung,

---

[20] Erich Kästner, der m.E. wirklich etwas vom Kindsein verstanden hat, soll dies einmal so formuliert haben: "Daß Kinder erwachsen werden, merkt man daran, daß sie anfangen, Fragen zu stellen, die man beantworten kann."

[21] Diesen Gedanken habe ich aus der kleinen aber gehaltvollen Glaubenslehre von Rolf Schäfer übernommen (Der Evangelische Glaube, Tübingen 1973, 1).

[22] S. o. 252f.

[23] Vgl. Die christliche Sitte, hg. v. L. Jonas, in: Friedrich Schleiermacher's sämmtliche Werke I, Bd. 12, Berlin 1884, 400, wo Schleiermacher konstatiert, daß die Kirche "selbst die populäre Form der

wenn bei "Sprache" nur an die Sprache der Worte und nicht auch an die Sprache der Bilder, Töne, Gesten und Gebärden gedacht würde. Sprachbildung in diesem umfassenden Sinn dient als solche der religiösen Kommunikation wie der davon zu unterscheidenden - sei es privaten, sei es öffentlichen - Kommunikation über Religion. Erst durch (eine) Sprache kann das religiöse Gefühl oder Empfinden zum Ausdruck kommen, mit anderen ausgetauscht und gedanklich geklärt werden.

Es stellt einen häufig beklagten Mangel unseres Bildungssystems dar, daß die schulische wie die kirchliche religiöse Bildung vieler Menschen während oder kurz nach der Pubertät endet, genauer gesagt: abbricht, und daß deswegen ihr Sprachvermögen in religiösen Dingen nicht oder nur ansatzweise erwachsen werden und mitreifen kann[24].

Dieser Mangel wirkt sich sowohl im Blick auf die Fähigkeit bzw. Unfähigkeit zur öffentlichen Kommunikation über Religion aus, als auch in einer zumindest stark eingeschränkten Befähigung zur religiösen Erziehung im familiären Bereich. Hier zeigt sich, daß die törichte - oder jedenfalls überwiegend törichte - Formel: "Religion ist Privatsache" sich selbst insofern langfristig ad absurdum führt, als sie mit der Bestreitung der öffentlichen Relevanz von Religion dieser genau die Bildungsvoraussetzungen, und d. h. auch: die Kommunikationsbedingungen entzieht, die für ihr Wirksamwerden und ihre Entfaltung im privaten Bereich unerläßlich sind und deshalb dort benötigt werden.

Wir stehen heute vor dem Dilemma, daß wir die Befähigung zur dringend notwendigen[25] öffentlichen Kommunikation über Religion von einem Bildungssystem erwarten und erhoffen müssen, das seinerseits im Zeichen der Privatisierung und Marginalisierung von Religion "gebildet" worden ist. In dieser Situation muß von den Kirchen

---

Sprache nicht der Familie allein überläßt, sondern auch dafür einen vom Hauswesen unabhängigen gemeinschaftlichen Unterricht anordnet und denselben nur denen anvertraut, die sich ihr dazu als besonders bewährt empfohlen haben, d. h. als solche, die auch in der Sprache so durchgebildet sind, daß sie als tüchtige Organe zur Bildung der reinen christlichen Sprache dienen können". Den Hinweis auf diesen wichtigen Gedanken Schleiermachers und die Formulierung der These: "Religiöse Bildung ist Sprachbildung" verdanke ich Johannes Dittmer, Duisburg.

[24] Vgl. zu dieser Problematik den wichtigen analytischen und konstruktiven Beitrag von K. E. Nipkow, Erwachsenwerden ohne Gott? Gotteserfahrung im Lebenslauf, München 1987. Nipkow bezieht sich auf Kindheit, Jugend- und Erwachsenenalter, greift also über die Thematik dieses Aufsatzes erheblich hinaus. Zur Thematik dieses Aufsatzes insgesamt vgl. das grundlegende Werk von Nipkow: Bildung als Lebensbegleitung und Erneuerung, Gütersloh (1990) 1992^2.

[25] Diese Notwendigkeit ergibt sich, wie bereits oben angedeutet, aus der Tatsache, daß alles individuelle wie gesellschaftliche Handeln (in Politik, Recht, Wirtschaft, Wissenschaft, Publizistik etc.) von weltanschaulich-religiösen Voraussetzungen abhängt, die dadurch, daß sie nicht bewußt gemacht, offengelegt und zum Gegenstand der Kommunikation gemacht werden, zwar nicht verschwinden, wohl aber den in Anm. 21 genannten "Sumpf" erzeugen (können). Darauf beharrlich und mit dem ihm zu Gebote stehenden Nachdruck hingewiesen zu haben und immer wieder hinzuweisen, ist eines der großen Verdienste von E. Herms. (Vgl. dazu insbesondere seine Aufsatzbände: Gesellschaft gestalten, Tübingen 1991, und: Kirche für die Welt, Tübingen 1995).

und ihren Bildungseinrichtungen ein deutlicher, die allgemeine Kommunikation anregender und eröffnender Beitrag erwartet werden. Ob ein solcher Beitrag freilich, wenn er kommt, aufgenommen werden wird, bleibt erst noch abzuwarten.

Religion ist als Element der Bildung notwendig, damit Menschen in religiöser Hinsicht *urteils- und kritikfähig* werden.

Nicht alles, was an Gefühlen und Empfindungen in einem Menschen aufsteigt, und nicht alles, was in religiöser Hinsicht in unserer Gesellschaft angeboten wird, dient der Orientierung und Reifung des Menschen. Und das gilt nicht nur für außerchristliche Elemente, sondern auch für solche, die im christlichen Traditionszusammenhang stehen. Deswegen ist es erforderlich, das zu prüfen, was mit dem Anspruch von Vertrauenswürdigkeit und Verläßlichkeit begegnet, um den Glauben vom Aberglauben, die Wahrheit vom Irrtum und von der Täuschung zu unterscheiden.

Diese Einübung der Urteils- und Kritikfähigkeit in Fragen der Religion ist ihrerseits eine Konsequenz aus der Einsicht, daß Religion nur in einer Atmosphäre der Freiheit, also auch der Freiheit des Denkens und Prüfens gedeihen kann. Gegenüber dem verbreiteten Mißverständnis, Glaube sei eine "blinde" Übernahme von Lehrmeinungen oder gar eine Zustimmung zu kirchlichen Lehrsätzen gegen die eigene Überzeugung, muß immer wieder darauf hingewiesen werden, daß Glaube - jedenfalls im christlichen Sinn des Wortes - ein lebensbestimmendes Vertrauen ist, das die vernünftige Reflexion und kritische Prüfung der Vertrauenswürdigkeit des Geglaubten nicht ausschließt, sondern im Gegenteil sogar voraussetzt[26]. Deswegen hat der Glaube auch keinen Grund, die öffentliche Kommunikation zu scheuen, sondern er kann sie sogar bewußt suchen - nicht nur im Sinne der öffentlichen Bezeugung, sondern auch im Sinne der kritischen Selbstprüfung und Bewährung.

Religion kommt als Element der Bildung nur dann zur Geltung, wenn in ihr neben und mit dem Reden *über Religion* auch das *religiöse Reden* selbst Raum hat.

Religiöse Bildung berührt sich mit religionskundlicher Bildung im Sinne einer möglichst objektiven, neutralen Information über Religion und Religionen, aber religiöse Bildung ist mit solcher religionskundlichen Bildung nicht identisch und geht nicht in ihr auf. Das ergibt sich schon aus dem, was über die gefühlsmäßige Verwurzelung und die je individuelle Prägung von Religion gesagt wurde. Es ergibt sich aber auch - so meine ich - aus allgemeinen pädagogischen Überlegungen. Würde man die religiöse Bildung auf Religionskunde beschränken, so wäre das so, als würde man den Eng-

---

[26] Der klassische biblische Beleg hierfür ist die paulinische Aufforderung: "Prüfet aber alles, und das Gute behaltet" (1 Thess 5,21). Vgl. auch Röm 12,2 und Phil 1,10.

lischunterricht auf die Beschäftigung mit der Grammatik und den Musikunterricht auf die Behandlung von Musiktheorie reduzieren, auf keinen Fall aber im Unterricht selbst englisch sprechen oder Musik hören geschweige denn selbst singen und musizieren.

Daß es zwischen diesen Fächern und dem Religionsunterricht nach allgemeiner Überzeugung einen kleinen, aber entscheidenden Unterschied gibt, nämlich die angeblich unhintergehbare Privatheit des Religiösen, ist mir wohl bewußt. Aber genau das stelle ich dann in Frage, wenn damit mehr und etwas anderes gemeint ist als das Recht jedes Menschen, seine religiösen Überzeugungen ganz für sich zu behalten und sein religiöses Verhalten (im Rahmen der für alle geltenden Gesetze) frei zu wählen. Dieses Grundrecht der negativen und positiven Religionsfreiheit ist wie ein Heiligtum zu hüten und zu achten. Aber daraus folgt keineswegs, daß die religiöse Sprache selbst nicht Bestandteil öffentlich verantworteter Bildungsprozesse sein dürfte.

Zu akzeptieren ist allerdings der Einwand, daß die Funktion insbesondere des schulischen Religionsunterrichts heute vor allem darin bestehe, "religiösen Schutt", d. h. Verstehenshindernisse, die einem Zugang zur Religion im Weg stehen, beiseite zu räumen, bevor es in ihm selbst - behutsam - um religiöse Kommunikation gehen könne. Aber gerade diese Aufräumungsarbeiten geschehen doch im Interesse der Freilegung eines solchen Zugangs, sind also selbst so etwas wie religiöse (und nicht nur religionskundliche!) Propädeutik.

Rudolf Bultmann[27] hat vor über 70 Jahren der Theologie eingeschärft, daß man von Gott nur sinnvoll reden könne, wenn und indem man vom Menschen, genauer: von sich selbst redet, weil die Wirklichkeit Gottes mit Sicherheit verfehlt werde, wenn die Redenden versuchen, abstrakt *über* Gott zu reden, statt aus persönlicher Betroffenheit *von* Gott zu reden.

Wenn die Argumentation Bultmanns stimmig ist, dann zeigt das nicht nur das prinzipielle Defizit jedes bloß "distanziert-informierenden" Religionsunterrichts, sondern dann gilt auch, daß man, um vom Menschen zu reden und ihn zu verstehen, offenbar auch - sei es mit diesem Wort oder mit einem anderen - von *Gott* reden muß, oder sagen wir's bescheidener: daß etwas Wesentliches am Menschen noch nicht in den Blick gekommen oder diesem Blick wieder entschwunden ist, wenn die Frage nach Gott nicht (mehr) vorkommt. Und nicht zuletzt deshalb ist Religion ein *notwendiges* Element der Bildung.

---

[27] Welchen Sinn hat es, von Gott zu reden? (1925), in: Ders., Glauben und Verstehen, Bd. I, Tübingen ⁵1964, 26ff.

Geistgabe und Bildungsarbeit
Zum Weltbegriff der Theologie[1]

Oswald Bayer

Was macht theologische Wissenschaft zur Theologie? Was macht sie zur Wissenschaft? Vor allem aber soll im folgenden nach der Unterscheidung des Schulbegriffs der Theologie von ihrem Weltbegriff und nach der Zuordnung beider Begriffe gefragt werden - und damit nach dem, was theologische Wissenschaft mit jeder menschlichen Bildungsarbeit verbindet.

Die notwendige Rechenschaft soll in einer fundamentaltheologischen Reflexion einer kurzen Tischrede Luthers gegeben werden. Ihre Aufzeichnung (Nr. 3425; WA TR 3, 312,11-13) lautet: "Quae faciant theologum: 1. gratia Spiritus; 2. tentatio; 3. experientia; 4. occasio; 5. sedula lectio; 6. bonarum artium cognitio."

Gewiß nennt diese Liste zunächst nur jene Merkmale, die in der Spannung von göttlicher Geistgabe (1.) und menschlicher Bildungsarbeit (6.) allein den Theologen ausmachen. Bei näherer Betrachtung aber wird sich zeigen, daß sie zugleich auch Religion, Bildung und Lebensgeschichte eines jeden Christen, ja eines jeden Menschen bezeichnen. Dies gilt auch im Blick auf Luthers berühmte drei Regeln des Theologiestudiums: Oratio, Meditatio, Tentatio (WA 50, 658-660; dazu Bayer 1994, 55-106); sie sind in dem größeren Zusammenhang, wie er durch die sechs Merkmale der im Folgenden zu bedenkenden Tischrede markiert ist, aufgehoben.

Quae faciant theologum?

"Was macht den Theologen aus?" Die Frage richtet sich auf den Theologen und die Theologin, nicht etwa auf die Theologie. Wir sind gewohnt zu fragen: Was ist Theologie? Luther fragt zu Recht zuerst nach dem Theologen, also nach genauer lebensgeschichtlicher Personalität, Lokalität und Individualität. Die Wer-Frage hat Vorrang vor der Was-Frage; sie umgreift sie.

Diese These ist in einem sehr grundsätzlichen Sinne gemeint, nämlich in einem ontologisch-schöpfungstheologischen Sinn - des näheren: in einem durch und durch *personalen* Seins- und Wirklichkeitsverständnis. Wollen wir der Frage "Wer ist Theolo-

---

[1] Karl Ernst Nipkow hat sich in besonderer Weise um die Erhellung des Zusammenhangs von Religion, Bildung und Lebensgeschichte verdient gemacht und sich dabei mehrfach auf Martin Luther bezogen. In diese Perspektive stellt sich die folgende Erörterung; der jüngere Kollege möchte mit ihr seinen Dank für viele Anregungen zum Ausdruck bringen, die er vom Jubilar seit drei Jahrzehnten empfangen hat.

ge?" auf den Grund gehen, müssen wir sie in die folgende Frage transformieren: *Wer bist du?*

Die Antwort kann nur lauten: Ich bin der, der von Gott angeredet, ins Leben gerufen ist. Mein Sein verdanke ich Gottes Zusage und Hingabe - dem, der sich mir samt allen Kreaturen ganz und gar gegeben hat. Was bist du, das dir nicht gegeben wäre (vgl. 1 Kor 4,7)? So bin ich Gottes poiema (Eph 2,10); er ist mein poietés, wie es das nizäno-konstantinopolitantische Glaubensbekenntnis bekennt: mein Poet, der mich samt allen Kreaturen geschaffen hat und noch erhält und der mich so geschaffen hat, daß er mich *an*geredet hat; sein Werk ist ein *sprechendes* Werk - wie sein Sprechen ein *wirksames* Sprechen, verbum efficax ist. Er spricht mich nicht nur so an, daß ich dabei vorausgesetzt wäre, sondern er spricht mich, indem ich mein Sein erst empfange, indem er mich spricht; er erzählt mich, er schreibt meine Lebensgeschichte und rezensiert sie auch - als der letzte Richter. Die Frage "Wer bin ich?" kann angemessen und zutreffend nur beantwortet werden, indem ich von Gott als dem Autor meiner Lebens- und der Weltgeschichte rede - von meinem und aller Welt Poeten, zunächst freilich: nicht *von* ihm rede, sondern *zu* ihm, ihm antwortend. Dies geschieht im Gebet, in der oratio: im Lob und in der Klage - im Reden des Herzens mit Gott in Bitte und Fürbitte, Dank und Anbetung.

Wer bist du? Antwort: Ich bin der, dem gesagt ist: Ich bin der Herr, dein Gott. Ich bin der, der durch dieses Wort geschaffen ist.

Was nun besagt es für die Was-Frage, wenn die Wer-Frage in der bezeichneten Weise zu beantworten ist, wenn ich auf die Frage "Wer bist du?" nur antworten kann: Ich glaube, daß mich Gott geschaffen hat samt allen Kreaturen?

Innerhalb des besagten Lebens- und Zeitraums, der durch die Anrede des Schöpfers geschaffen ist und zu dem die Antwort des Geschöpfes gehört - der Glaube oder aber der Unglaube -: in diesem Raum hat dann die Was-Frage ihr Recht. An und für sich nämlich ist die Was-Frage immer mit Abstraktionen verbunden, was vor allem die angelsächsische Sprachanalyse deutlich gemacht hat. Die Was-Frage verführt zur Annahme einer quasidinglichen Gegenständlichkeit. So ließe sich denken, daß die Frage nach dem "Wesen" der Theologie - Was ist Theologie? - gestellt wird, ohne daß das *Personale* in den Blick käme. Das Personale aber ist konstitutiv. Von "Theologie" kann nur deshalb die Rede sein, weil einer oder eine zum Theologen, zur Theologin konstituiert ist: nämlich durch Gottes Anrede, der mich samt allen Kreaturen ins Leben gerufen hat - so, daß ich antwortend, als Antwort, existieren darf, meine Existenz dem mich anredenden Schöpfer verdankend und damit wie jeder Mensch zur Schöpfungsordnung der Kirche, zur Kirche als Schöpfungsordnung gehörend - zum status ecclesiasticus, der freilich durch und durch korrumpiert ist.

gratia Spiritus

Das erste der sechs Merkmale der Tischrede steht für diese schöpfungstheologische, fundamentalanthropologische Konstitution des Theologen. Was macht den Theologen zum Theologen? Zunächst: die "gratia Spiritus" als die Gnade des Spiritus creator. Keine Selbstermächtigung, auch keine Selbstvergewisserung oder Selbsterinnerung macht den Theologen zum Theologen, sondern die allein durch Gottes Geist, d.h. durch sein Wort geschehende creatio ex nihilo, in der wir durch den göttlichen Atem, den "Geist seines Mundes" (Ps 33,6), nicht zuletzt mit unserer menschlichen Sprachvernunft begabt werden (Gen 2,7; dazu Koch 1991).

Es ist wichtig, diese fundamentalanthropologische Situierung des Theologeseins zuerst in den Blick zu nehmen. Sonst hingen alle anderen Bestimmungen in der Luft. Deshalb steht "gratia Spiritus" zu Recht an erster Stelle. Denn nur so können die berechtigten Fragen nach der Subjektivität des Theologen, nach seiner lebensgeschichtlichen und lebensweltlichen Verfaßtheit eine theologisch angemessene Bearbeitung und Antwort finden.

Die gratia Spiritus steht des näheren für die Wiederherstellung des durch und durch korrumpierten status ecclesiasticus - für jene Geistgabe, die uns aus der Verkehrung unseres Geschöpfseins im kontingenten Ereignis der durch das äußere, leibliche Wort geschehenden inneren - unser Herz umwandelnden - Erleuchtung neu schafft, neu gebiert (2 Kor 4,6; 5,17; Joh 3). Als präzise Auslegung des ersten Merkmals darf man daher CA 5 und die darin implizierte Ekklesiologie nehmen. Dieser Hinweis ist nötig, damit dieses Merkmal nicht etwa im Sinne einer freischwebenden Spiritualität und Individualität verstanden und damit, wenn es denn um das Theologieverständnis Luthers geht, gewiß mißverstanden wäre. Die streng ekklesiologische - und im einzelnen genau explizierbare - Verfaßtheit von Luthers Theologieverständnis steht außer Frage (Bayer 1994, Hütter 1997).

Nur wer die bezeichnete fundamentalanthropologische Konstitution des Seins des Theologen - seines Geschaffen-, Korrumpiert- und Neugeschaffenseins - fest im Blick hat, kann das letzte, das sechste Merkmal, die "bonarum artium cognitio", in seiner Bedeutung wirklich ermessen. Denn der im Gang durch die Artistenfakultät ausgebildete und dadurch zur akademischen quaestio und disputatio befähigte zünftige Theologe ist von einem anderen Christen, ja: von einem jeden anderen Menschen, dem ja ebenfalls die Sprachvernunft verliehen ist, nicht grundsätzlich verschieden. Ein wissenschaftlicher Theologe unterscheidet sich von anderen Christen, die als Christen immer schon begonnen haben, auch Theologen zu sein ("Omnes dicimur Theologi, ut omnes Christiani": WA 41, 11,9-13), nur dadurch - das ist sein besonderer Beruf -, daß er im Bezug auf sein Christsein in wissenschaftlichen Sätzen Rechenschaft geben können muß: d.h. in Sätzen, die den höchst möglichen Grad von Bestimmtheit erreichen.

Doch hat die Theologie nicht nur diesen ihren Schulbegriff. Sie hat auch - und zwar zuerst und grundlegend - ihren Weltbegriff.

Mit der Unterscheidung von "Schulbegriff" und "Weltbegriff" folge ich einem Sprachgebrauch, wie er sich bei Kant findet (Logik, 446-450). Der Schulbegriff in der Philosophie wird von der Schule, der Akademie, der Universität zünftig ausgearbeitet - in einer eigens kultivierten Fachterminologie. Das entsprechende Sprachspiel, die *Schul*sprache, kann nur in einem relativ esoterischen Kreise gelernt und verstanden werden und gehört zu einer besonderen Lebensform (Hadot 1991). Es sind Professionelle, die Schule (schola) halten; sie pflegen das scholastische Moment, die Kultur der quaestio, des Fragens. Der *Welt*begriff der Philosophie dagegen bezieht sich auf das, was jeden Menschen als Menschen betrifft, was ihn *un*bedingt angeht; er bezieht sich auf den Endzweck des Menschen, auf seinen Ort in der Welt, auf seine Bestimmung: Was ist der Mensch? Wozu bin ich überhaupt da auf dieser Welt? Was ist meine ewige Bestimmung in der Zeit?

Auch die Theologie hat, so lautet meine These, nicht nur ihren Schulbegriff und mit ihm Regeln, Methoden - wie historisch-kritische, empirische, ideologiekritische; sie bewegt sich in der seit Jahrtausenden kultivierten quaestio: dem Fragen, Prüfen und Entscheiden, wie es seit dem Hochmittelalter mit der theologischen Fakultät der Universität fest institutionalisiert ist. Von diesem Zunftbetrieb und seiner Lebensform, vom Schulbegriff der Theologie, zu unterscheiden ist ihr Weltbegriff. Er bezieht sich - wie der philosophische Weltbegriff - auf das, was jeden Menschen als Menschen angeht.

Was jeden und jede betrifft, das sind Grundbewegungen - wie die des Staunens und der Klage -, die elementares Fragen implizierten und zu ihm provozierten. Es ist jenes elementare Fragen, das letztlich begründet ist in Gottes Selbstvorstellung "Ich bin der Herr, dein Gott!" und in der damit gegebenen faktischen Strittigkeit, angesichts derer gesagt werden muß: "Du sollst keine anderen Götter neben mir haben!" Aus dieser primären Strittigkeit von Wort und Glaube ergibt sich die sekundäre Strittigkeit, die wissenschaftliches Fragen bewegt.

Der Weltbegriff der Theologie hat also jenen Grund im Blick, von dem aus die Wer-Frage - Wer bin ich? - ihre Antwort erhält, von dem aus deutlich wird, weshalb und in welchem Sinn jeder Mensch ein Theologe ist.

Um den Weltbegriff der Theologie im Unterschied und in der Zuordnung zu ihrem Schulbegriff weiter zu verdeutlichen, ist es hilfreich, zwischen Monastischem und Scholastischem zu unterscheiden (Bayer 1994, 27-31).

Diese Unterscheidung von Monastischem und Scholastischem samt der damit gegebenen Orientierung läßt sich ebenfalls von Luther lernen, vor allem von seinen schon genannten drei Regeln des Theologiestudiums; die Trias von Oratio, Meditatio, Tentatio benennt Luthers Fassung des Monastischen kurz und prägnant. *Danach ist ein Theologe, wer, von der Anfechtung getrieben, betend in die Heilige Schrift hineingeht und von ihr ausgelegt wird, um sie andern Angefochtenen auszulegen, so daß sie ebenfalls - betend - in die Heilige Schrift hineingehen und von ihr ausgelegt werden.*

Mag diese Trias nicht nur für den zünftigen Theologen, sondern für jeden Christen gelten, so leuchtet nicht sofort ein, daß und inwiefern sie verallgemeinert werden und für jeden Menschen gelten kann, inwiefern sie also zum Weltbegriff der Theologie taugt.

Doch ist insbesondere Luthers Begriff der Meditation, was sich genauerer Betrachtung zeigt (Bayer 1994, 83-95), so weit, daß er keineswegs nur die theologische Existenz und Tätigkeit des zünftig ausgebildeten und "ordentlich berufenen" Pfarrers betrifft, der "in der Kirche öffentlich lehren oder predigen oder Sakrament reichen soll" (CA 14), sondern jeden Christen, ja schlechthin jeden Menschen. Wenn gilt, daß wir solche Geschöpfe sind, mit denen Gott in Ewigkeit und unsterblich reden will, sei es im Zorn, sei es in der Gnade (WA 43, 481,23-35), dann lebt jeder Mensch in der Meditation: im Umgang mit Gottes Wort. Oder aber er lebt in der *Verkehrung* dieses Umgangs - in statu corruptionis; er lebt in verkehrter, fehlgreifender 'Meditation', die mit Gott "Blinde Kuh" spielt, wie es Luther drastisch und anschaulich in seiner Auslegung von Jona 1,5 ("Da schrieen die Leute im Schiff, ein jeder zu seinem Gott") sagt: Jeder Mensch fragt nach Gott - im Wissen um Gott, aber ohne gewissen Gott. Mit Gott "Blinde Kuh" spielend, tappt er dahin, wo Gott nicht ist; er nennt das Gott, was in Wahrheit Gott nicht ist (WA 19, 206, 31 - 207,13). Vor allem am *Kreuz* vertut er sich, weil er da Gott nicht erwartet.

Damit ist gesagt: Es gibt keinen Menschen, der nicht zur Kirche als Schöpfungsordnung gehörte. In dieser Zugehörigkeit ist das Menschsein des Menschen begründet; in ihr liegt sein Geschöpfsein. Weil aber diese Schöpfungsordnung durch des Menschen Undankbarkeit, durch seine Sünde so korrumpiert ist, daß keiner seinen Schöpfer lobt, auch nicht einer (Röm 1,18 - 3,20), bedarf es des Gesetzes zur Aufdeckung der Sünde und des Zuspruchs des Evangeliums zu ihrer Überwindung und also des besonderen, christlichen Gottesdienstes im Bezug auf den allgemeinen Gottesdienst, der mit der Schöpfungsordnung der Kirche identisch ist (Bayer 1994, 395-403).

Luthers Verständnis der Meditatio, um jetzt nur bei dieser einen seiner drei Regeln zu bleiben, ist so gefaßt, daß jenem Auseinandertreten gewehrt ist, das unsere neuzeitliche Situation bestimmt: dem Auseinandertreten in wissenschaftliche Theologie, in professionalisierte öffentliche Religion und verstummende private Frömmigkeit. Was damit in der Neuzeit auseinandertritt, ist in Luthers Meditationsbegriff zusammengehalten. Es lohnt, sich auf diesen Meditationsbegriff einzulassen und ihn im Streitgespräch mit der Moderne neu zur Geltung zu bringen - "postmodern" sozusagen, wobei die sich einstellende oder angestrebte "Postmodernität" nur als ernsthafte Metakritik der Neuzeit in Frage kommt.

tentatio

Der Weltbegriff der Theologie faßt, wie wir gesehen haben, jenen Grund in den Blick, von dem aus die Frage "Wer bin ich?" ihre Antwort erhält und zugleich deutlich wird, daß und in welchem Sinn jeder Mensch als durch die gratia Spiritus konstituiertes Sprachwesen ein Theologe ist. Entsprechendes gilt auch für das zweite Merkmal, die "tentatio".

Zwar sind die Christen in besonderer Weise angefochten; und die zünftigen Theologen bleiben ohne Anfechtungen "nur speculativi Theologi", die mit nichts anderem als ihren bloßen "Gedanken umgehen und mit ihrer Vernunft allein spekulieren" (WA TR 1, 117,11-13; Nr. 352). Doch betrifft auch die Anfechtung *jeden* Menschen. Dies geschieht, indem ihm nicht nur durch Unrecht, Entehrung und Krankheit, sondern oft aus ganz geringfügigem Anlaß eine feindliche Macht widerfährt, die ihn in Angst und Verzweiflung stürzt, ihm den Boden unter den Füßen wegzieht und alles, was ist, sinnlos und nichtig zu machen sucht. Sie will nicht nur in der Anklage menschlicher Schuld, sondern umfassend und durchdringend "das Leben verklagen" (EG 124,3), das Urteil des Mephistopheles vollstrecken: "besser wär's, daß nichts entstünde" (Goethe, Faust 1341) - mithin die Schöpfung zunichte machen und den Schöpfer negieren.

Anfechtung und Versuchung - die Bedeutung dieser beiden Wörter läßt sich theologisch stichhaltig nicht unterscheiden, zumal die griechische wie die lateinische Bibel für sie nur ein einziges Wort kennt (peirasmos, tentatio) - haben ihren letzten Ernst darin, daß dem Neuen Testament und mit ihm dem Christentum die entsetzliche Möglichkeit einer endgültigen, jedoch kein Ende nehmenden Vernichtung vor Augen steht, die noch schrecklicher ist als die Vernichtung von Weltall und Menschheit: ewiger Tod als ewige Gottesferne, das Zerbrechen der Gottesgemeinschaft, die Scheidung von Gott, privatio boni - sich des schlechthin Guten zu berauben und seiner beraubt zu werden als des Bösen schlechthin.

Anfechtung ist also mächtiger als der radikalste intellektuelle Zweifel, mächtiger als beispielsweise das cartesische Gedankenexperiment einer annihilatio mundi, das dem Auffinden und Innewerden eines nur erkenntnistheoretischen fundamentum inconcussum dient, oder die radikale Skepsis eines David Hume, tiefgreifender als die Furcht vor der Erschütterung der Fundamente des Seins, tiefgreifender auch als die Erfahrung der Gefährdung und des Verlustes des Selbst- und Weltvertrauens. Sie führt in die Situation, in der „alles verschwindet / und ich mein Nichts und Verderben nur seh" (EG 373,5), in der ich mir selber zum Feind werde und die ganze Welt mir zum Feind wird, ja Gott selbst mich anficht, indem er mir als der widerfährt, der sein Wort bricht und sich selbst widerspricht (Gen 22, dazu Luthers Auslegung: WA 43, 200-205).

In dieser Situation gilt es, gegen die eigenen „Gedanken, die sich untereinander verklagen oder entschuldigen" (Röm 2,15), gegen den Spruch des eigenen Gewissens, gegen die Infragestellung der "sehr guten" Schöpfung (Gen 1,31) durch Krankheit, Entehrung, Unrecht, Leid, Schmerz und Tod, am bittersten Ende aber gegen den sich widersprechenden und darin schrecklich verbergenden Gott, der tut, „als frag er nichts nach dir" (EG 361,9), zu dem Gott hin zu fliehen, der nicht nur nach dir fragt, sondern für dich spricht und eintritt - zu dem Vater, der durch den Sohn im Heiligen Geist die Güte und Gerechtigkeit seiner Schöpfung außer allen Zweifel setzt: die Anfechtung in jeder Gestalt überwunden hat und überwindet, indem er Gewißheit des Heils schafft (Röm 8,26-39).

Heilsgewißheit ist mehr als kognitives Wissen. Wenn Luther die "tentatio" hervorhebt, dann geht es ihm um den Mehrwert der Gewißheit des Gewußten gegenüber dem Gewußten in dessen propositionalem Gehalt, anders gesagt: der Erfahrung gegenüber dem Wissen. Denn die Anfechtung "lehrt dich nicht allein wissen und verstehen, sondern auch erfahren, wie recht, wie wahrhaftig, wie süß, wie lieblich, wie mächtig, wie tröstlich" nicht etwa dein Glaube, sondern "Gottes *Wort* ist" (WA 50, 660,1-3). Dem entspricht Luthers Übersetzung von Jes 28,19: "Denn allein die Anfechtung lehrt aufs Wort merken". In einer Tischrede heißt es (WA TR 2, 470,23-28; Nr. 2460): "So groß ist die Gnade in Christo, daß ohne Anfechtungen und Ängste sie nicht erfahren noch erkannt noch wahrgenommen werden kann. Wenn ich nicht angefochten würde von Tyrannen und falschen Brüdern, würde ich in meiner Begabung nichts als hochmütig. Mit meinem großen Können führe ich zum Teufel. Ich würde sie meinen eigenen Kräften zuschreiben, nicht Gott und nicht der Gnade; ich würde nicht beten. Deshalb werde ich mit Fäusten geschlagen" (vgl. 2 Kor 12,7).

experientia

Mit "Erfahrung" meint Luther primär keine actio, sondern eine passio: nicht die Erfahrung, die ich mache, sondern die ich erleide. Es ist - zugespitzt - die Erfahrung, die in der Anfechtung mir durch Gottes Wort zuteil wird - wie denn Luthers berühmte Sentenz "Sola experientia facit theologum" (WA TR 1, 16,13; Nr. 46) ihre Pointe, die ihr freilich meist abgebrochen wird, darin hat, daß nicht die Erfahrung als solche den Theologen macht, sondern die Erfahrung der Heiligen Schrift.

So ist das Merkmal "Erfahrung" nicht in einer diffusen Allgemeinheit zu verstehen. "Erfahrung" wird vielmehr durch eine bestimmte Textwelt konstituiert, die freilich nicht eng, sondern äußerst weiträumig ist. Die ihr Bedeutungsfeld markierenden Begriffe finden sich allesamt im Proömium von "De libertate christiana" beieinander: "experimentum", "probare", "tribulationes", "tentationes" (WA 7, 49,7-19). Wer sich die griechischen Äquivalente und ihren Gebrauch in den neutestamentlichen Schriften vergegenwärtigt, wird in eine ganz bestimmte Welt-, Selbst- und Gotteswahrnehmung hineingeführt, die sich vor allem durch ein bestimmtes Zeitverständnis auszeichnet, das kaum anders als "apokalyptisch" genannt werden kann; die Erfahrung geschieht im "Zeitenbruch" (Bayer 1997).

Die Existenz eines Christen und damit auch eines zünftigen Theologen, ja eines jeden Menschen, sofern ihm - in welcher Gestalt auch immer - Anfechtung widerfährt, ist ein Weg der Erfahrung, den zu gehen Zeit braucht. Deshalb ist der Gesichtspunkt der Zeit für das Verständnis des dritten Merkmals wesentlich; es gilt, ihn ausdrücklich zu beachten. Angesichts der Ungeduld eines Descartes, die nur das wahr sein läßt, was in der zeitlosen Gegenwart des klar und bestimmt Erkannten erscheint, ist die Geduld und ständige Erwartung, der Luther das Wort redet, nicht selbstverständlich. Nicht einmal die reformatorische Wende in Luthers Leben und Theologie geschah "ad unum intuitum", sie geschah vielmehr dem "Tage und Nächte Meditierenden" (WA 54, 186,3; vgl. Ps 1,2). Ganz im Sinne der bemerkenswerten Zeitwahrnehmung, wie sie mit seinem Meditationsverständnis verbunden ist, betont Luther, er sei einer "von jenen, die, wie Augustinus von sich schreibt, durch Schreiben und Lehren Fortschritte gemacht haben, nicht einer von jenen, die aus dem Nichts mit einem Schlage die Größten werden, obwohl sie doch nichts sind, weder sich abgemüht noch Anfechtung erlitten haben noch erfahren sind, sondern mit einem einzigen Blick [ad unum intuitum] auf die Schrift deren ganzen Geist ausschöpfen" (WA 54, 186,26-29, übersetzt; vgl. Augustin, Epist. 143,2; MPL 33, 585).

Hat die Zeit für die Erfahrung eine solche Bedeutung, dann sprengt ein entsprechendes Wissenschaftsverständnis den Luther überkommenen aristotelischen Wissenschaftsbegriff. Nach diesem ist wissenschaftlicher Erkenntnis uneingeschränkte Notwendigkeit zuzuschreiben; alles aber, "was mit uneingeschränkter Notwendigkeit existiert, ist ewig, und das Ewige ist ungeworden und unzerstörbar" (Eth.Nic. 1139b 22-24). Es stellt deshalb der Sache nach einen ungeheuren Affront dar, wenn Luther die zeitliche, kontingente, geschichtliche Bibel in der Sinnlichkeit ihrer Affekte "principium primum" nennt (WA 7, 97,28.31). Die darin liegende Paradoxie sollte denn auch keiner übersehen, der vom reformatorischen "Schriftprinzip" redet. Dieses Wort ist nur sinnvoll, wenn es als Bezeichnung eines Konfliktes verstanden wird - jenes Konfliktes, in dem sich theologische Wissenschaft bzw. wissenschaftliche Theologie nicht nur für Luther, sondern bis heute bewegt und in der Geschichte bewegen wird. Wer vom "Schriftprinzip" redet, kann dies nur in radikaler Kritik eines Wissenschaftsbegriffs tun, dem es um ein zeitlos reines Apriori geht. Er wird stattdessen ein unreines historisches Apriori geltend machen und als Theologe einer Wahrheit nachdenken, die a priori zufällig, a posteriori aber notwendig ist. Damit gibt die Theologie auch anderen Wissenschaften zu denken.

occasio

Mit dem Gesichtspunkt der Zeit, auf den wir eben geachtet haben, ist schon das vierte Merkmal bezeichnet. Es verdient besondere Aufmerksamkeit. Denn es hilft uns bei unserer Suche nach einer Antwort auf die Frage nach dem Recht und der Notwendigkeit einer "kontextuellen" Theologie, wie sie sich beispielsweise am südafrikanischen "Kairos-Dokument" (1985) entzündet hat.

Luther, der auch sonst in den Tischreden auf die "occasio" als Merkmal der theologischen Existenz zu sprechen kommt (bes. WA TR 6, 358-360; Nr. 7050), dürfte beim Gebrauch des Wortes vor allem vom Zeitverständnis Kohelets, des Predigers, bestimmt sein, den er 1526 in der Vorlesung ausgelegt hatte (WA 20, 1-203). Kohelet redet von der mir jeweils zukommenden, zugeteilten, mir beschiedenen Zeit: Alles hat seine Zeit; nicht hat alles gleichzeitig seine Zeit. Wichtiger noch als die genaue Lokalität, Personalität und Individualität sei, betont Luther, das zeitliche Moment (WA TR 6, 359,14f). Aber "das Wort Tempus ist zu general. Ich halte, die Etymologia sey a cadendo, als spreche man, ein Zufall" (Z. 16f.). Die "occasio" ist die mir "zufallende" Zeit als günstige Gelegenheit, die ich mir nicht selber besorgen und erarbeiten kann, die mir vielmehr kontingent gewährt wird und zugleich den Ruf in sich trägt: "Gebrauch der Stunde, und was die Stunde mitbringet" (Z. 19), "Carpe diem" (Horaz, Oden I, 11,8)! Wer die Gelegenheit nicht beim Schopfe packt, wer den Kairos, den Jüngling, nicht kurz entschlossen bei seiner Stirnlocke ergreift, hat das Nachsehen auf seinen kahlen Hinterkopf: "Fronte capillata post haec occasio calva" (WA TR 6, 358,33; zitiert ist Cato Dionysius). "Die Occasio grüßet dich, und reicht dir die Haar, als sollte sie sagen: Siehe, da hast du mich, ergreife mich! O! denkst du, sie kömmt wol wieder. Wolan, spricht sie, willt du nicht, so greif mir (mit Züchten) in den Hintern" (Z. 31-34)!

Es gilt also, den gewährten Augenblick, das "Stündelein" (WA 19, 226,20; 51, 212,36; 54, 118,28; WA DB 10 II, 11,1), wahrzunehmen - im doppelten Sinn dieses Zeitworts: die Gelegenheit zu sehen und geistesgegenwärtig tätig zu ergreifen.

Besonders eindrucksvoll ist von der "occasio" in der Schrift "An die Ratherren aller Städte deutsches Lands, daß sie christliche Schulen aufrichten und halten sollen" (1524) die Rede:

"Liebe Deutsche, kauft, solange der Markt vor der Tür ist, sammelt ein, solange die Sonne scheint und gutes Wetter ist, macht Gebrauch von Gottes Gnade und Wort, solange es da ist. Denn das sollt ihr wissen: Gottes Wort und Gnade ist ein fahrender Platzregen, der nicht wiederkommt, wo er einmal gewesen ist. Er ist bei den Juden gewesen - aber hin ist hin: Sie haben nun nichts. Paulus brachte ihn nach Griechenland. Hin ist auch hin: Nun haben sie den Türken. Rom und das lateinische Land hat ihn auch gehabt - hin ist hin: Sie haben nun den Papst. Und ihr Deutschen braucht nicht zu denken, daß ihr ihn ewig haben werdet, denn der Undank und die Verachtung wird ihn nicht bleiben lassen. Darum greife zu ..." (WA 15, 32,4-13; Text modernisiert). "Greif zu, weils Zeit ist. Nunc, nunc, dieweil das Nunc da ist" (WA TR 6, 359,36f.)!

Die Dringlichkeit, die occasio wahrzunehmen, spitzt sich aufs Äußerste zu angesichts des Evangeliums (vgl. 2 Kor 6,2). Dessen Kairos wird ergriffen in der unbeschadet des Wirkens des Heiligen Geistes riskanten Aneignung des zugeeigneten Wortes und in der selbstverantwortlichen Weitergabe des Empfangenen. Eine aktualisierende Auslegung ist stets eine Neuerung, weil sie auf die jeweilige Zeit und Situation hin geschieht. Das Evangelium ist immer wieder neu zu sagen, ohne daß etwas Neues - etwas Anderes - gesagt wird, weil ja jenes Neue neu zu sagen ist, das nie wieder alt wird. Deshalb muß das Evangelium zwar immer wieder neu ausgelegt werden; es läßt sich aber - im Unterschied zum Mythos - nicht fortschreiben, ohne seine eschatologische Eigenart zu verlieren.

Das Evangelium bleibt nur dann Evangelium, wenn es vom Gesetz unterschieden wird. Theologe ist nur, wer erkennt, was an der Zeit ist: ob es tempus legis oder tempus euangelii ist (WA 40 I, 209,16-23; 526,21-31; 527,21-27). So spitzt sich die Wahrnehmung der "occasio" im entscheidenen darauf zu, den Unterschied von Gesetz und Evangelium konkret zu treffen.

Die Erkenntnis des Unterschieds von Gesetz und Evangelium läßt sich nicht durch eine heilsgeschichtliche Konstruktion sicherstellen. Die Unterscheidung konkret zu treffen, ist in keiner Weise methodisierbar, vielmehr ein mir zufallendes Glück, weil allein das Werk Gottes selbst ist, das Werk des heiligen Geistes (WA TR 2, 4,7-16; Nr. 1234; WA 36, 13,22-27) - eine Kunst (WA 40 I, 526,15; WA 36, 9,28f; WA TR 6, 142; Nr. 6716) als Gunst, als Gunst der Stunde Gottes.

Das Erfassen der occasio, des Kairos, ist also keine selbstmächtige Deutung der Zeichen der Zeit, sondern im entscheidenen ein Erleuchtetwerden durch den Heiligen Geist. Daher muß das vierte Merkmal, die occasio - wie alle andern Merkmale - vom ersten, der gratia Spiritus, her ausgelegt werden. Um das Kommen des Heiligen Geistes aber kann ich nur beten. So gilt es auf die erste jener drei Regeln zurückzukommen: auf die oratio.

sedula lectio

Wenn das Entscheidende, die Erleuchtung des verfinsterten Herzens, die Umwandlung der Existenz - die interna claritas scripturae (WA 18, 609,4-12) - als Wirkung der gratia Spiritus durch das Evangelium in der Unterscheidung vom Gesetz nur erbeten werden kann, was erreicht dann die "sedula lectio": das planvolle, methodisch ins Werk gesetzte, eifrig und sorgfältig durchgeführte lebenslange Studium der Heiligen Schrift?

Unübersehbar meldet sich jetzt, im Blick auf die beiden letzten Merkmale, die schon eingangs bezeichnete Spannung von göttlicher Geistgabe und menschlicher Bildungsarbeit.

Das erbetene, erwartete und nicht durch Verdienst menschlicher Arbeit und Bildung geschehende Werk des Heiligen Geistes und mit ihm des dreieinen Gottes selber schließt menschliche Anstrengung und Aufmerksamkeit nicht etwa aus; sie setzt sie vielmehr gerade frei. Die gratia Spiritus - als neuschaffende Gnade, die den korrumpierten status ecclesiasticus wiederherstellt - befreit die menschliche Sprachvernunft zu ihrem schöpfungsgemäßen Gebrauch: zur weltlichen Herrschaft, zum dominium terrae (Gen 1,28), im Bebauen und Bewahren (Gen 2,15), zur Bildung und Arbeit, zur Gestaltung der Bereiche des weltlichen Lebens, die Luther mit seiner Ständelehre bedenkt.

Grundlegend für diese menschliche Bildungsarbeit, zu der die göttliche Geistgabe freisetzt, ist das Wort: das Hören und Reden, das Leben und Schreiben; "kein kräftiger noch edler Werk am Menschen ist als das Reden, da der Mensch durchs Reden [Gen 2,19f.] von andern Tieren am meisten geschieden wird, mehr als durch die Gestalt oder andere Werke" (WA DB 10 I, 101,13-15). So meint die "sedula lectio" zunächst zwar gewiß das tägliche Tun - nulla dies sine linea! - des "ordentlich berufenen" Theologen, der "in der Kirche öffentlich lehren oder predigen oder Sakrament reichen soll" (CA 14); sie meint den beständigen aufmerksamen Umgang mit den biblischen Texten, die lebenslang geübte sorgfältige Textmeditation - "das ist: nicht allein im Herzen, sondern auch äußerlich die mündliche Rede und das buchstabische Wort im Buch immer treiben und reiben, lesen und wiederlesen, mit fleißigem Aufmerken und Nachdenken, was der Heilige Geist damit meint" (WA 50, 659,22-25). Doch ist solche sedula lectio für jeden Christen notwendig. Ja, sie steht - unbeschadet der Notwendigkeit, zwischen dem Wort und Buch des ewigen Lebens und den Büchern für dieses weltliche Leben zu unterscheiden - dafür, daß das Sein eines jeden Menschen durch einen Hör- und Leseraum konstituiert ist: Er ist angeredet und wird angeschrieben, so daß er antworten - reden und lesen - kann, aber auch muß. Deshalb gilt: "Linguarum notitia omnibus est utilis, militibus et mercatoribus, ut etiam cum exteris possint conversari und nit allein der Deutschen Bruder bleiben" (WA TR 4, 216,23 - 217,1; Nr. 4317).

Luthers leidenschaftliches Plädoyer - besonders in der Schrift "An die Ratherren..." -, für den Sprachunterricht Sorge zu tragen, hat fundamentalanthropologische und fundamentalethische Bedeutung; darin stimmt er mit den Humanisten überein (Junghans 1996). Von fundamentaler Bedeutung sind die Sprachen nicht nur für das geistliche und ewige Leben, sondern auch für das weltliche und zeitliche; sie sind nicht nur nötig, "um die Heilige Schrift zu verstehen", sondern auch, "um die weltliche Herrschaft auszuüben" (WA 15, 36,17f.).

bonarum artium cognitio

Am wenigsten gehört das sechste Merkmal zum Weltbegriff der Theologie - nur in dem Maße, in dem Sprachvernunft jedem Menschen zukommt und, so oder so, ausgebildet wird. Das Gewicht liegt am Ende der Liste nun ganz auf dem Schulbegriff der Theologie. Ohne die Kenntnis und Übung ("cognitio") der nach dem Trivium (Grammatik, Dialektik, Rhetorik) und Quadruvium (Arithmetik, Geometrie, Musik, Astronomie) gegliederten septem artes liberales, der sieben freien Künste, ist der Theologe zu seinem zünftigen Beruf unfähig.

Was Luther in dem von der Antike her überlieferten Bildungskanon klar und deutlich hervorhebt, ist die Kompetenz in den Sprachen (dazu bes.: WA 15, 36,6 - 43,18). So ist denn die Kontamination von "bonae litterae" und "artes liberales" in der Bezeichnung dieses letzten Merkmals nicht zufällig, sondern für die Intention aufschlußreich. Es gilt, mit der Kunst der Grammatik, Dialektik und Rhetorik den Textsinn der Heiligen Schrift zu erheben, zur Kenntnis zu nehmen und ihn in der Schule und Hochschule weiterzugeben - damit der claritas scripturae "externa in verbi ministerio posita" (WA 18, 609,5) dienend.

Im Trivium gibt Luther der Grammatik den Vorzug: "Inter omnes scientias humanitus inventas praecipue est ad propagandam theologiam utilis grammatica" (WA 6, 29,7f)"; "primo grammatica videamus, verum ea Theologica" (WA 5, 27,8). In Luthers Wertschätzung folgt auf die Grammatik die Rhetorik samt den "Poeten und Historien" (WA 15, 46,18); Grammatik und Rhetorik sind ihm wichtiger als die Dialektik (ebd. Z. 19-21), die ohne Sprache und Geschichte leer läuft und in die Irre führt. Deshalb besteht Luther darauf, die Grammatik und Rhetorik vor der Dialektik zu lernen und zu beachten. Es hat nämlich "die Sophisten betrogen die unzeitige Logica, das ist, sie haben die Grammatica oder Redekunst nicht zuvor angesehen. Denn wo man will Logica wissen, ehe man die Grammatica kann und eher lehren als hören, eher richten als reden, da wird nichts Rechtes daraus folgen" (WA 26, 443,8-12). Unter Voraussetzung und im Zusammenhang der Grammatik und Rhetorik aber ist die Kenntnis und Übung der Dialektik samt ihrer Bewährung in der akademischen Disputation zur Klärung theologischer Kontroversen unverzichtbar. Luther selbst hat die Disputationskunst meisterhaft geübt und sogar eigens - für seinen Sohn Hans - eine "Dialektik" geschrieben (WA TR 4, 647-649; Nr. 5082b; WA 60, 140-162).

habitus θεόσδοτος

Die Reihenfolge der sechs Merkmale ist sachgemäß. Sie beschreibt den Spannungsbogen von göttlicher Geistgabe und menschlicher Bildungsarbeit. Zwei völlig verschiedenartige Bewegungen, der Weg der durch Gottes Geist geschenkten Gabe und der Weg der vom Menschen erworbenen Bildung, sind in einer Einheit zusammengehalten. Dementsprechend hat Johann Gerhard dem Theologen paradoxerweise einen "habitus θεόσδοτος" zugeschrieben (Loci theologici [1610-1622], Prooemium: de natura theologiae § 31), d.h. einen von Gott geschenkten Habitus. "Habitus" ist ein Begriff der aristotelischen Ethik und meint die durch methodische Übung erworbene Fertigkeit, in deren Ausbildung sich der Mensch selbst ins Werk setzt, sich selbst verwirklicht. Die Provokation, die in Gerhards paradoxer Bestimmung liegt, ist nicht zu überhören. Sie ist aber nicht nur mit dem Schulbegriff der Theologie gegeben, sondern auch mit ihrem Weltbegriff. Denn jede menschliche Bildungsarbeit lebt, selbst per nefas, aus göttlicher Geistgabe.

Literatur

O. BAYER, Theologie (HST 1), Gütersloh 1994.

ders.: Zeitenbruch. Luthers Aktualität; in: LUTHER. Zeitschrift der Luther-Gesellschaft, 1997, 55-67.

P. HADOT, Exercices spirituels et philosophie antique, Paris (1981) ²1987 (= Philosophie als Lebensform. Geistige Übungen in der Antike, Berlin 1991).

J. HENKYS, Quae faciant theologum. Zur theologischen Existenz nach Luthers Tischreden, in: ZdZ 37, 1983, 243-248.

R. HÜTTER, Theologie als kirchliche Praktik. Zur Verhältnisbestimmung von Kirche, Lehre und Theologie (BEvTh 117), Gütersloh 1997.

H. JUNGHANS, Die Worte Christi geben das Leben, in: Wissenschaftliches Kolloquium "Der Mensch Luther und sein Umfeld" (2.-5.5.96 auf der Wartburg), hg. von der Wartburg-Stiftung Eisenach (Wartburg-Jahrbuch, Sonderband 1996), Eisenach 1996, 154-175.

I. KANT, Logik, in: Ders., Schriften zur Metaphysik und Logik (Werke in 10 Bänden, hg. v. W. Weischedel, Bd. 5), Darmstadt 1968.

K. KOCH, Der Güter Gefährlichstes, die Sprache, dem Menschen gegeben... Überlegungen zu Gen 2,7; in: Ders., Spuren des hebräischen Denkens, Beiträge zur alttestamentlichen Theologie (Ges. Aufs. Bd. 1), hg. v. B. Janowski und M. Krause, Neukirchen 1991, 238-247.

M. LUTHER, Werke, Weimar 1883ff. (WA; WA TR = Tischreden; WA DB = Deutsche Bibel).

Aus religionspädagogischer Sicht

Religion unterrichten in der staatlichen Schule in den USA: Aussichten und Möglichkeiten[1]

Richard R. Osmer

Zum Stand der Probleme

Anders als in manchen europäischen Ländern wie beispielsweise Deutschland wird Religion in den öffentlichen (vom Staat unterhaltenen) Schulen in den Vereinigten Staaten derzeit nicht unterrichtet. Dabei handelt es sich um eine ziemlich neue Entwicklung, die nicht ohne Probleme ist. Am Anfang der amerikanischen Geschichte gab es keine klare Unterscheidung zwischen öffentlichen und privaten Schulen. Religiöse Inhalte, d.h. die Glaubensüberzeugungen und moralischen Prinzipien der protestantischen Christenheit, waren in der Regel Teil des Curriculums und flossen auch in das Gesamtethos der Schulen ein. Beispielsweise wurde der *New England Primer* überall in den amerikanischen Kolonien als Schulbuch benutzt, auch noch in der Frühzeit des amerikanischen Nationalstaats. Zu diesem Buch gehörte die kürzere Form des Westminster-Katechismus, und bei Rechtschreibübungen bezog es sich auf die Heilige Schrift. Darüber hinaus waren in vielen Fällen Sonntagsschulen, die von fahrenden Predigern oder evangelistischen Organisationen gegründet wurden, überhaupt die ersten Schulen, die in den Gemeinden entlang der amerikanischen Westgrenze eingerichtet wurden (Lynn/ Wright 1971).

Erst mit dem Aufstieg des Public-Education-Movement im 19. Jahrhundert und der Begründung eines ausgedehnten öffentlichen Schulwesens, das staatlich finanziert war, wurde der Religionsunterricht zu einer wichtigen politischen Frage[2]. Parallel mit dem allmählichen Erfolg dieser Bewegung wurde das Verfassungsprinzip der Entstaatlichung von Religion so interpretiert, daß es "sektiererischen" Religionsunterricht aus den öffentlichen Schulen verbanne. Obwohl Religion daraufhin aus dem expliziten Curriculum entfernt wurde, blieben die Verhältnisse jedoch einigermaßen beweglich. Auch weiterhin boten viele Lehrer ihren Klassen Morgenandachten an, mit Gebet und Auslegung biblischer Geschichten.

Im Laufe des 20. Jahrhunderts hat dann eine Reihe von Gerichtsentscheidungen selbst diese beschnittenen Formen des religiösen Ausdrucks und Unterrichts als illegal erklärt. Der Höchste Gerichtshof legte die Entstaatlichungsbestimmung in der amerikanischen Verfassung so aus, daß jede Darstellung und jeder Ausdruck von Religion

---

[1] Übersetzt v. Friedrich Schweitzer.
[2] Anmerkung des Übersetzers: Im folgenden wird "public education" in der Regel mit "öffentliche Bildung" wiedergegeben.

an offiziellen, mit der Regierung verbundenen Orten gegen das Gesetz verstößt. Entsprechend wurden Gebet und gottesdienstliche Handlungen aus der öffentlichen Bildung verbannt, gemeinsam mit den Weihnachtskrippen auf dem Rasen vor öffentlichen Gebäuden. Während dies dazu führte, daß in den letzten Jahren das Beten in öffentlichen Schulen und das System der Bildungsgutscheine, das die staatliche Finanzierung auf private Schulen (einschließlich religiöser Schulen) ausdehnen soll, zu heiß umstrittenen politischen Fragen geworden sind, wurde der komplexeren Frage nach dem Religionsunterricht im Curriculum der öffentlichen Schule weit weniger Aufmerksamkeit zuteil. Der vorliegende Beitrag nimmt diese Frage auf und untersucht die Aussichten und Möglichkeiten von Religionsunterricht in der öffentlichen Bildung in den USA.

Religion in der Modernisierungstheorie - Auswirkungen auf die Gestaltung öffentlicher Bildung

Der Wandel der Rolle von Religion unter dem Einfluß der Moderne ist eine Geschichte, die von Soziologen und Historikern schon oft erzählt wurde. Im allgemeinen werden dabei zwei Thesen vertreten, die auf die eine oder andere Art und Weise dargestellt werden können: die *Differenzierungsthese* sowie die *These vom Rückgang der Religion* (vgl., auch zum folgenden, Casanova 1994). Der ersten These zufolge stellt die Differenzierung sozialer Systeme die treibende Kraft des modernen Lebens dar. Besonders betont werden dabei die Ausdifferenzierung der Ökonomie im Verhältnis zur Familie sowie die Herausbildung des Nationalstaates, die dann beide als getrennt von der "Gesellschaft" beschrieben werden. In dieser Sicht haben zwar auch viele andere Systeme (z.B. Kunst, Recht, Massenmedien) in diesem Zeitraum ebenfalls relativ differenzierte Formen ausgebildet, aber im allgemeinen wird doch angenommen, daß Ökonomie und Nationalstaat mit ihren großangelegten, bürokratischen Organisationsformen den Rahmen des modernen Lebens bestimmen.

Üblicherweise beschreibt die Differenzierungsthese Religion so, daß sie im Kontext der komplexen und differenzierten Form sozialer Systeme, die für die Moderne charakteristisch ist, eine neue Rolle annimmt. Häufig wird dann behauptet, daß Religion dabei die Integrationsfunktion verliere, die sie zu früheren Zeiten in der Geschichte ausgeübt hat. Sie sei jetzt ein System unter vielen und in erster Linie in der Privatsphäre angesiedelt. Ihre Aufgabe bestehe hier darin, die existentiellen und auf den Lebenszyklus bezogenen Bedürfnisse von Individuen und Familien aufzunehmen, indem sie ihnen ein Grundgefühl von Sinn und orientierende moralische Werte verfügbar macht sowie eine wichtige Möglichkeit für persönliche Gemeinschaft in einer Welt, die zunehmend unpersönlich werde. Die öffentliche Rolle von Religion wurde weithin als indirekt verstanden - als Ausdruck der moralischen Verpflichtungen für einzelne Mitglieder, wenn diese sich an anderen gesellschaftlichen Bereichen beteiligen.

Neben der Differenzierungsthese entwickeln zahlreiche Beschreibungen von Religion im Kontext der Modernisierung auch die These vom *Rückgang der Religion*. Diese These beschreibt die Moderne als einen bedingungslosen Prozeß des Religionsverlusts. Religiöse Glaubensweisen und Praktiken werden als längst überholter Rest vormoderner traditioneller Lebensformen angesehen, die durch den wachsenden Einfluß von Wissenschaft und anderer Formen moderner Rationalität in der Gesellschaft überlagert werden. In verschiedener Gestalt findet sich diese These bei klassischen Soziologen wie M. Weber (1922) und E. Durkheim (1933) sowie, heute, bei zeitgenössischen Sozialphilosophen wie J. Habermas (1979, s. auch i.f.). Habermas' sozialevolutionäre Theorie der Moderne identifiziert Religion mit traditionellen Weltbildern, die mit der "Versprachlichung des Heiligen" und mit der modernen Öffnung für die (weithin unrealisierte) Möglichkeit verschiedener Formen kommunikativen Handelns in der Lebenswelt überholt sind (Habermas 1987, bes. Kap.V)[3].

Warum ist es wichtig, diese beiden Thesen, die im Zentrum der meisten bedeutenden Beschreibungen von Modernisierung stehen, an dieser Stelle in Erinnerung zu rufen? Diese Thesen bieten uns nicht nur eine weitgreifende Beschreibung von Modernisierung, in deren Rahmen wir die Entstehung des öffentlichen Bildungswesens verstehen können; sie geben vielmehr auch Einsicht in die *Rhetorik* der bedeutendsten Theoretiker und populären Führungsfiguren des Public-Education-Movement. Mit "Rhetorik" meine ich hier nicht nur Fragen von Stil und Darbietung, die in der mündlichen und schriftlichen Kommunikation gebraucht werden. Es geht mir um etwas Grundlegenderes: Die Tatsache, daß alle Formen der Rationalität auf einer persuasiven Anziehungskraft fußen, die von der gemeinsamen Sprache, expressiven Genres, Standards der Beweisführung und Formen der Argumentation einer bestimmten Gemeinschaft geleitet werden (zur "rhetorischen Wende" vgl. Simons 1990, Nelson u.a. 1987, Schrag 1992). Die Vernunft als solche ist in sich selbst rhetorisch.

Im vorliegenden Zusammenhang ist die Anerkennung der rhetorischen Natur von Rationalität in zweifacher Hinsicht bedeutsam. Erstens verweist sie auf die Notwendigkeit, den Einfluß der beiden Thesen der Modernisierungstheorie auf die Rhetorik populärer Führungsfiguren und Theoretiker des Public-Education-Movement zu untersuchen[4]. Zweitens erlaubt sie, die Modernisierungstheorie als ein heute an uns gerich-

---

[3] Neuerdings scheint er die Möglichkeit von Formen von Religion anzuerkennen, die sich nicht nur an das unrealisierte Projekt der Moderne anpassen, sondern die auch positiv zu diesem beitragen; vgl. seine Bemerkungen im letzten Kapitel von Browning/ Schüssler Fiorenza (1992).

[4] Sozialhistoriker und Soziologen, die die "Wende" zur Rhetorik ernst nehmen, gehen inzwischen davon aus, daß eine scharfe Unterscheidung zwischen Hoch- und Populärkultur in die Irre führt. Die intellektuelle Arbeit der Hochkultur spiegelt die Populärkultur wider und beeinflußt diese wiederum. Theorien als solche werden als reflexive Tätigkeit angesehen, die die linguistischen und metaphorischen Kategorien der weiteren Kultur sowohl widerspiegelt als auch verändert, wobei diese Kategorien selbst als Ausdruck der "härteren" Strukturen des wirtschaftlichen und sozialen Lebens gelten; vgl. LaCapra 1985, Kap. 1.

tetes Argument aufzunehmen - ein Argument, das uns von einer bestimmten Sicht von Religion überzeugen möchte. Im folgenden soll unsere Aufmerksamkeit besonders auf diesen zweiten Punkt gerichtet sein. Nur im Vorübergehen kann hier darauf hingewiesen werden, daß die Rhetorik der Ausdifferenzierung und des Rückgangs von Religion das Public-Education-Movement bereits vor ihrer explizit theoretischen Ausformulierung tief durchdrungen hat. So war die Ausdifferenzierung der öffentlichen Bildung gegenüber der Kontrolle "sektiererischer" religiöser Institutionen beispielsweise bereits bei Horace Mann im 19. Jahrhundert ein wichtiges Thema in der Rhetorik des Public-School-Movement (vgl. Culver 1929). Nach der Entstehung der modernen Soziologie wurde dies dann in reflektierter Form von führenden Theoretikern der öffentlichen Bildung wie etwa J. Dewey aufgenommen und von einflußreichen Religionspädagogen wie G.A. Coe wiederholt (vgl. u .a. Dewey 1916, Coe 1927).

Übereinstimmend waren Dewey und Coe der Meinung, daß die öffentliche Bildung gegenüber religiösen Institutionen autonom sein sollte. Als Einrichtung des Staates, so argumentierten beide, sollte sie sich auf pädagogische Ziele konzentrieren, die mit dem Gedeih aller Bürger übereinstimmen, nicht nur mit dem der religiösen Mitglieder. In ihrem Umgang mit der These vom Rückgang der Religion gingen sie jedoch verschiedene Wege. Wie zu erwarten übernahm Dewey diese These ohne Vorbehalt und vertrat die Auffassung, daß die öffentliche Bildung in die Lücke eintreten sollte, die durch den Rückgang der Religion entsteht, und daß sie die von dieser zuvor erfüllte Integrationsfunktion übernehmen sollte. So schrieb er der öffentlichen Bildung die Aufgabe zu, einen "gemeinsamen Glauben" (common faith) zu schaffen, der zu den sozialen Bindungen paßt, die von einer modernen demokratischen Nation benötigt werden (Dewey 1960). Ähnlich waren seine pädagogischen Entwürfe von der Hoffnung gespeist, daß in den öffentlichen Schulen eine popularisierte Form der wissenschaftlichen Rationalität gelehrt werden könnte, durch die ältere "dogmatische" Arten des Denkens auf der Grundlage religiöser Autorität und Tradition ersetzt würden. Im Gegensatz dazu hielt Coe die These vom Rückgang der Religion nur unter der Voraussetzung für eine zutreffende Beschreibung der Zukunft von Religion, daß dieser eine Anpassung an die Moderne mißlingen würde, weil sie sich gegenüber den intellektuellen und sozialen Herausforderungen sperrt. Wenn die Religion tatsächlich den von Dewey vorhergesehenen Weg des Niedergangs nehmen würde, so Coes Argument, würde aber etwas sehr Bedeutsames verlorengehen: das Potential der Religion, eine idealisierte Vision des Lebens zu entwerfen, die als Grundlage einer Kritik der gegenwärtigen sozialen Ordnung dient und die unausgeschöpften Möglichkeiten der Moderne neu zugänglich macht. Auch Coe akzeptierte jedoch eine bestimmte Spielart der Differenzierungsthese, weshalb er sich dafür einsetzte, alle Formen der religiösen Erziehung aus der öffentlichen Schule zu entfernen. Religiöse Erziehung gehörte für ihn in die Verantwortung der Religionsgemeinschaften, nicht einer vom Staat unterhaltenen Einrichtung.

Die Rhetorik sowohl der populären Führungsfiguren als auch der Theoretiker des Public-Education-Movement war, so können wir zusammenfassen, durchdrungen von Elementen der beiden Thesen von der Ausdifferenzierung und vom Rückgang von Religion. In dieser Rhetorik spiegeln sich nicht nur Entwicklungstendenzen, die sich in Amerika mit der Entfaltung der Moderne verbanden - diese Rhetorik beeinflußte auch die Art und Weise, in der die öffentliche Bildung auf diese Tendenzen reagierte. Im großen und ganzen wurde Religion aus dem Curriculum der öffentlichen Schulen verbannt. Ihr eigentlicher Platz wurde in der Privatsphäre gesehen sowie in der Provinz der Religionsgemeinschaften, denen sich die Individuen in freier Weise anschlossen. In manchen Fällen kam es allerdings auch dazu, daß die These vom Rückgang der Religion in subtiler Form in Fächer wie Geschichte und Politik Eingang fand. Bei Darstellungen der amerikanischen Geschichte und Kultur wurde dann Religion ignoriert, wurde ihre Rolle heruntergespielt oder nur negativ beschrieben. So erhielten beispielsweise die Hexenprozesse der Puritaner in Neuengland eine prominente Stellung, während der Beitrag der puritanischen Föderaltheologie zur amerikanischen Verfassung gänzlich ignoriert wurde.

Das Bild von Religion in der Modernisierungstheorie auf dem Prüfstand

Wir wenden uns nun der zweiten Ebene zu, auf der der Rhetorik des Public-School-Movement und ihrer Darstellung von Religion im Kontext der Moderne zu antworten ist: ihrer Anrede an uns als lebende Gesprächspartner. Wie überzeugend sind ihre Argumente heute noch für uns? Halten die Thesen von der Ausdifferenzierung und vom Rückgang der Religion dem heutigen Verständnis von Modernisierung stand? Unsere Antwort auf diese Fragen wird auch unser Verständnis davon bestimmen, welchen Platz Religion in der öffentlichen Bildung einnehmen soll. Aufs ganze gesehen sind von zeitgenössischen Sozialwissenschaftlern weitreichende Einwände gegen beide Thesen erhoben worden.

Einwände gegen die Ausdifferenzierungsthese

Die Einwände gegen die Ausdifferenzierungsthese sind verhältnismäßig moderat. Es gibt fast keinen einflußreichen Sozialwissenschaftler von Rang, der die allgemeine Richtung dieser Interpretationsweise bestreiten würde. In den verschiedenen Modernisierungstheorien gibt es eine Art Konsens (Berger 1988), daß die Herausbildung einer großen Zahl relativ autonomer Sozialsysteme ein Kennzeichen der Moderne darstellt. Kritisch gefragt wird jedoch, ob die Art und Weise, in der die Differenzierungsthese die relative Bedeutung verschiedener Sozialsysteme sowie die Funktion von Religion innerhalb dieser Systeme beschreibt, auf Dauer angemessen sei. Um der Kürze willen können diese Einschränkungen der Differenzierungsthese mit Hilfe von zwei Unterthesen zusammengefaßt werden. Ohne Zweifel ließen sich dem aber noch weitere Aspekte hinzufügen.

1. Die Ausdifferenzierung der Ökonomie im Verhältnis zum Haushalt und ihre daran anschließende Bindung an den Nationalstaat unterliegt mit der Herausbildung globaler Systeme von Kommunikation, Transport und wirtschaftlichem Austausch einem dramatischen Wandel. Wenn eines der kennzeichnenden Merkmale der Moderne in der Herausbildung des Nationalstaats bestand, so hat sich die Rolle dieser Institution unter dem Einfluß der Globalisierung in weitreichendem Maße verändert. Dieser Wandel ist beispielsweise daran abzulesen, wie aus der nationalen eine multinationale Korporation geworden ist (Reich 1991). Die frühen Stufen des Industrialisierungsprozesses brachten Korporationen hervor, deren Verwaltungs-, Forschungs-, Produktions-, Transport- und Kommunikationssysteme ihre Gestalt weithin im Kontext des Nationalstaates gewannen. Hingegen ging die Globalisierung der Ökonomie in den letzten Jahrzehnten Hand in Hand mit einer Umformung dieser Korporationen zu Einheiten, deren Grenzen nicht in erster Linie national sind. Derzeit finden Herstellung, Forschung, Finanzierung, Management und Marketing einer einzelnen Korporation in vielen verschiedenen Ländern gleichzeitig statt. Regierungen können den grenzüberschreitenden Fluß von Kapital, Technologie und Information nicht mehr kontrollieren.

In gewissem Sinne ist der Differenzierungsprozeß in eine neue Phase eingetreten. Wirtschaftliche und politische Systeme sind nicht mehr so eng miteinander verbunden wie in der Vergangenheit. Die globale Ökonomie ist heute zum allumfassenden Kontext aller anderen Sozialsysteme geworden. So ist es nicht mehr möglich, Differenzierung ausschließlich im Horizont einer einzelnen Gesellschaft oder in Verbindung mit dem Nationalstaat begrifflich zu fassen. Und dies wiederum schließt wichtige Implikationen für unser Verständnis öffentlicher Bildung ein. Ursprünglich war die öffentliche Bildung in den Vereinigten Staaten wie auch in anderen westlichen Nationalstaaten nachhaltig von der Aufgabe bestimmt, eine tragfähige nationale Identität zu schaffen und Menschen auf die Teilhabe an nationalen Ökonomien vorzubereiten. Es liegt auf der Hand, daß keine dieser beiden Aufgaben dem sich herausbildenden globalen Kontext mehr voll und ganz entsprechen kann. Bildung muß nun auf die Begegnung mit "kulturell anderen" vorbereiten. Sie muß die nachteiligen Auswirkungen des globalen Marktplatzes, der Medien und globaler Transportsysteme bekämpfen, weil die lokalen Formen der Gemeinschaft von diesen untergraben werden (vgl. Appadurai 1996, Giddens 1991). Kurz gesagt müssen ältere Darstellungen des Differenzierungsprozesses, die den Nachdruck ganz auf den Nationalstaat und die Ökonomie legten, neu überdacht werden, was wichtige Implikationen für die öffentliche Bildung einschließt.

2. Die Funktion von Religion im Rahmen differenzierter sozialer Systeme läßt sich nicht ausschließlich im Blick auf ihre Fähigkeit, die existentiellen und auf den Lebenszyklus bezogenen Bedürfnisse von Individuen und Familien aufzunehmen, beschrei-

ben. Mit dieser Unterthese nehmen wir bereits Einwände gegen die These vom Rückgang der Religion vorweg, auf die wir später noch eingehen werden. Im vorliegenden Zusammenhang geht es um die Rolle, die der Religion in einer differenzierten Gesellschaft üblicherweise zugeschrieben wird. Diese Rolle wird in erster Linie in der Privatsphäre angesiedelt. Einwände gegen diese These berufen sich sowohl auf empirische als auch auf normative Gründe.

Empirisch gesehen trifft es nicht zu, daß moderne Religion ausschließlich in der Privatsphäre verbleibt. Mit Recht spricht J. Casanova (1994) von der "Entprivatisierung" (deprivatization) von Religion im modernen Leben. Auf der Grundlage von Fallstudien zum modernen Spanien, Polen, Brasilien und den Vereinigten Staaten weist er in einer empirischen Untersuchung der Rolle von Religion nach, daß Religion bei zahlreichen Gelegenheiten nachhaltig auf politische, wirtschaftliche und kulturelle Bereiche des Lebens gewirkt hat. In ähnlicher Weise stellen die öffentliche Rolle des Islam in der arabischen Welt, der sich erneuernde Hinduismus in Indien sowie die Christliche Rechte und die Civil-Rights-Bewegung in den Vereinigten Staaten weitere Beispiele dafür dar, wie Religion am öffentlichen Bereich beteiligt war.

Dieser empirische Einwand führt weiter zu einer normativen Neufassung der Differenzierungsthese. In den Vereinigten Staaten verweist ein wichtiger Teil der Sozialphilosophie zunehmend auf die wichtige Rolle der Zivilgesellschaft für das gesunde Funktionieren demokratischer Kulturen (Taylor 1990, Shils 1991, Walzer 1991, Bell 1989). J. Cohen und A. Arato (1994, IX) definieren die Zivilgesellschaft folgendermaßen: "Wir verstehen unter 'Zivilgesellschaft' eine Sphäre der sozialen Interaktion zwischen Ökonomie und Staat, die sich vor allem aus der Intimsphäre (besonders der Familie), der Sphäre von Vereinigungen (besonders freiwilligen Vereinigungen), sozialen Bewegungen und Formen der öffentlichen Kommunikation zusammensetzt".

Zum Teil wurde das Interesse an der Zivilgesellschaft durch die Herausbildung junger Demokratien in Ländern, die zuvor unter der Kontrolle der Sowjetunion standen, angespornt. Die Bedeutung von Netzwerken von Institutionen und informellen Vereinigungen, die über den unmittelbaren Bereich von Familie und Freunden hinaus soziales Vertrauen aufbauen, die die Menschen in den Tugenden einer öffentlichen Begegnung mit Fremden unterrichten und die einen Fundus von "sozialem Kapital" aufbauen, ist in Ländern, die unter dem kommunistischen Regime solche Formen der Vereinigung nicht entwickeln durften, mehr als offenbar geworden. Die Wurzeln demokratisch-politischer Prozesse wachsen nicht nur von oben. Sie brauchen vielmehr demokratische Kulturen, die auf lebendigen Zivilgesellschaften beruhen.

Das Interesse an diesem Thema erwächst allerdings auch aus der zunehmenden Sorge, daß die Zivilgesellschaft in Ländern wie den Vereinigten Staaten bedroht ist. Diese Sorge wurzelt in der Auffassung, daß die Gemeinschaften auf vielen Ebenen des Lebens schwächer werden und auseinanderdriften. Beispielsweise erhöhte sich die Scheidungsrate in den Vereinigten Staaten in den 90er Jahren auf mehr als 50%. Die

Wahlbeteiligung ging seit den 60er Jahren um 25% zurück, und die Beteiligung an freiwilligen Organisationen ist noch stärker geschwunden (beispielsweise liegt die Beteiligung an den Eltern-Lehrer-Vereinigungen bei 50% der entsprechenden Rate von 1964, beim Roten Kreuz bei 39% der Rate von 1970, und bei Gewerkschaftsorganisationen sind es 48% der Rate von 1975; vgl. Wuthnow 1996, 15). Die gleichzeitige Zunahme von "Haßgruppen" in den Vereinigten Staaten und die verbreitete Wahrnehmung, daß die amerikanische Politik zunehmend von harten Tönen bestimmt wird, die häufig als eine Art von "Kulturkrieg" beschrieben werden (Hunter 1991), war für manche Theoretiker Anlaß dazu, auf die Bedeutung "präpolitischer" Vereinigungen im gesellschaftlichen Bereich aufmerksam zu machen. Hier nämlich, so ihr Argument, werde soziales Vertrauen aufgebaut und werden diejenigen öffentlichen Tugenden erworben, die für das Funktionieren einer demokratischen Gesellschaft unerläßlich sind.

Die theoretische Begründung der Bedeutsamkeit von Zivilgesellschaft - zwischen Staat und Ökonomie, unter Einschluß der Privatsphäre, aber auch über diese hinaus - hat dazu geführt, daß auch die Stellung und Funktion von Religion in differenzierten Gesellschaften neu überdacht werden. Zunehmend wird Religion als eine wichtige, zwischen Öffentlichkeit und Privatsphäre angesiedelte "Vermittlungsstruktur" in der Zivilgesellschaft angesehen (Berger/ Neuhaus 1977). Ihr Beitrag zum gesamten Gedeih der Gesellschaft ergibt sich aus ihrem Potential, persönliche Gemeinschaften zu entwickeln, die soziales Vertrauen und soziale Unterstützung aufbauen und die zugleich auf ein Gefüge moralischer Werte verpflichten - im Sinne des Engagements für das Gemeinwohl. Um nur einige wenige Beispiele für den Nutzen religiöser Beteiligung, wie er in neueren Untersuchungen belegt wird, zu nennen: (1) Abmilderung der schädlichen Wirkungen von Scheidung, die - empirischen Untersuchungen zufolge - einen Abbruch des Schulbesuchs im High-School-Alter wahrscheinlicher, den Erfolg in High-School und College hingegen unwahrscheinlicher machen und vielfach zu weniger Selbstbewußtsein bei den Kindern führen (McLanahan/ Sandefur 1994); (2) Verringerung von Drogengebrauch, Suizid und sexueller Promiskuität bei Teenagern, die allesamt als wichtige Risikoindikatoren in diesem Altern anzusehen sind (Vgl. Healthy Youth 1993); und (3) zunehmende Wahrscheinlichkeit der Beteiligung an kleinen Gruppen, die mit einem höheren Maß sozialer Aktivitäten korrelieren (Wuthnow 1994). Für jeden dieser Aspekte kann eine indirekte Wirkung auf Fragen von öffentlicher Bedeutung behauptet werden.

Sozialwissenschaftler, deren Auffassungen entsprechend offen sind, haben darauf aufmerksam gemacht, daß Religion in der Lage ist, neue soziale Bewegungen zu stärken (z.B. die Bewegungen für bürgerliche Rechte und für das Leben [pro-life]), den in der amerikanischen Gesellschaft so stark ausgeprägten Individualismus zu beeinflussen, Vertrauensbeziehungen mit Personen und Gruppen über die geschäftlichen und persönlichen Bekanntschaften hinaus aufzubauen sowie Menschen darin zu unterweisen, wie Probleme in einer für öffentliche Situationen angemessenen Art und Weise erörtert und diskutiert werden können (Bellah u.a. 1985)[5]. Zwar wird keineswegs die Auffassung vertreten, daß Religion unausweichlich diesen Nutzen hat - in vielen Fällen wirkt sie sich sogar gegenteilig aus -, aber die Anerkennung des wichtigen Beitrags, den sie potentiell zu leisten vermag, hat bei Sozialwissenschaftlern doch zu einem neuen Verständnis ihrer Rolle geführt. Religion wird nicht mehr als ausschließlich in der Privatsphäre angesiedelt verstanden, sondern mit einem Standort zwischen den öffentlichen und privaten Welten und mit einem bedeutsamen Beitrag zur Zivilgesellschaft.

Zwei Modifikationen der Differenzierungsthese, so können wir zusammenfassend sagen, werden also angeboten: Die Differenzierungsthese wird so erweitert, daß sie globalisierte Systeme, die die Rolle des Nationalstaates als primärem Ort von Differenzierung und Reintegration verändern, einschließen kann. Daneben wird die Rolle von Religion in einer komplexen, differenzierten sozialen Umwelt neu gefaßt, unter Einschluß ihres möglichen Beitrags zur Zivilgesellschaft. Diese Herausforderungen stellen Modifikationen der Differenzierungsthese dar, die dadurch freilich nicht widerlegt ist.

Einwände gegen die These vom Rückgang der Religion

Dies kann im Blick auf die Einwände gegen die zweite These, die wir hier untersuchen, nicht gesagt werden. Denn hier sind die Einwände ernsthafter und führen zu einer grundlegenden Neuformulierung. Der These vom Rückgang der Religion zufolge ist Religion angemessen als Überrest einer früheren Lebensform zu begreifen, der mit dem Fortschritt der Moderne im Dunkel verschwinden wird. Hält diese These dem heutigen Verständnis stand? Bei der Erörterung der Entprivatisierung von Religion haben wir bereits einen der wichtigsten Einwände gegen diese These erörtert. In einer Fallstudie nach der anderen wird empirisch belegt, daß Religion nicht in einen dunklen Winkel der Privatsphäre verbannt worden ist. Im Blick auf die gesamte Welt gewinnt die öffentliche Rolle von Religion an Gewicht - sie ist keineswegs im Nachlassen begriffen. Diese Beobachtung wird von zwei Unterthesen begleitet:

1. Die Globalisierung von Transport-, Kommunikations- und ökonomischen Austauschsystemen hat die Bedeutung von Religion im Blick auf die Unterstützung kultureller und zivilisatorischer Identitäten verstärkt. Eine der abträglicheren Wirkungen der Globalisierung besteht in der Erosion traditionserfüllter Gemeinschaftsformen und der sie begleitenden kulturellen Identitäten. In einer weltweiten Perspektive ist unbestreitbar, daß ein Zusammenbruch lokaler Gemeinschaftsformen - angefangen bei den Dörfern bis hin zu überlasteten städtischen Zentren - in hohem Maße zu individueller Belastung, wirtschaftlicher Unsicherheit und kultureller Konfusion geführt hat. In diese

---

[5] Vgl. dazu auch D. Tracys (1992) Kritik an Habermas' Beschreibung von Religion; Tracy verweist auf die Möglichkeit einer Erneuerung durch Religion im modernen Leben.

Bresche ist Religion gesprungen. Auf der ganzen Welt haben religiöse Reformbewegungen versucht, den genannten Tendenzen zu begegnen, indem sie politische Prozesse beeinflussen, neue Formen der Gemeinschaft und der persönlichen Identität für Menschen anbieten, die ihre Heimat verloren haben, und indem sie Interpretationsmöglichkeiten entwickeln, mit deren Hilfe sich die Veränderungen deuten lassen. So wird in sozialwissenschaftlichen Analysen weithin festgestellt, daß Religion in der Spätmoderne eine zunehmend wichtige Rolle spielt und gerade keinen Rückgang erfährt (vgl. McNeill 1992, Robertson 1992, Barber 1995, Huntington 1996). Angesichts dieser Tendenz wird zunehmend offenbar, daß die These vom Rückgang der Religion auf bestimmten antireligiösen "Mythen" der Aufklärung beruhte, die von den Theoretikern der Modernisierung in unkritischer Weise übernommen wurden (s. Casanova 1994, Kap.1).

2. Zahlenmäßig ist kein Rückgang von Religion unter dem Einfluß der Moderne festzustellen. Die in F. Wahlings Religion in Today's World (1987) gesammelten Angaben belegen, daß die meisten religiösen Traditionen seit dem Zweiten Weltkrieg entweder zugenommen haben oder ihren zahlenmäßigen Bestand wenigstens halten konnten. In den Vereinigten Staaten stellen sich bei Umfragen immer wieder die Stabilität bei der Beteiligung an religiösen Gemeinschaften und ein hohes Maß an Religiosität auch bei solchen Personen heraus, die derzeit nicht aktiv an einer religiöser Gemeinschaft beteiligt sind[6].

Zusammengenommen bedeuten diese beiden Unterthesen eine erhebliche Herausforderung für Säkularisierungstheorien, die einen unausweichlichen Rückgang von Religion im Fortschreiten der Modernisierung beschreiben. Es liegt jetzt offen zutage, daß eine Verallgemeinerung des Rückgangs von Religion in Westeuropa sich nicht mehr als Ausgangspunkt dafür eignet, die Zukunftsaussichten von Religion in anderen Teilen der Welt zu beurteilen. Verschiedene Länder und Regionen reagieren auf die Kräfte der Modernisierung offenbar in sehr unterschiedlicher Art und Weise. Der westeuropäische Pfad der Modernisierung ist nicht notwendig auch der Pfad, der von anderen Regionen begangen wird. In vielen Teilen der Welt wird ja gerade gezielt versucht, zwischen Modernisierung und Verwestlichung zu unterscheiden, und dies häufig so, daß die Bedeutung indigener Religion als einer Quelle antiwestlicher kultureller Identität hervorgehoben wird. Darüber hinaus kann selbst in hochmodernen Ländern des Westens wie den Vereinigten Staaten nicht mehr behauptet werden, daß Modernisierung und Säkularisierung Hand in Hand gehen.

In der Folge wurde die These vom Rückgang der Religion von manchen Sozialwissenschaftlern direkt zurückgewiesen und von anderen nachhaltig modifiziert. Am über-

---

[6] Über den bereits genannten Bericht von Whaling (1987) hinaus vgl. die Darstellungen: Church Membership 1995, Religion in America 1985, Church Attendance 1990 sowie Greeley 1995.

zeugendsten finde ich die Perspektive von Autoren wie R. Wuthnow (1988, 1989, 1993) und J. Casanova (1994). Beide verweisen auf die Bedeutung historisch-spezifischer Interpretationen von Säkularisierung, die diese in ihrem unterschiedlichen Verlauf in verschiedenen Teilen der Welt - gemäß der Umstände und der Geschichte der jeweiligen Region - beschreiben. Weiterhin bejahen beide den Teilaspekt der Säkularisierungsthese, der sich auf die Differenzierung von Institutionen im Verhältnis zu Religion konzentriert. Zumindest in modernen westlichen Demokratien hat die Modernisierung eine große Zahl sozialer Systeme hervorgebracht, die auf der Grundlage von Normen und Praktiken, die nicht von einer religiösen Rechtfertigung abhängig sind, funktionieren. Darüber hinaus beschreiben beide die Funktion von Religion mit Hilfe tendenziell offener und beweglicher Kategorien. Religion kann in der Zivilgesellschaft und im öffentlichen Leben eine wichtige Rolle spielen, aber dies ist nicht automatisch der Fall. Die Selbstreferentialität der meisten Sozialsysteme in einer differenzierten Welt machen es der Religion tatsächlich schwer, andere Lebenssphären entweder direkt durch politische Beteiligung oder indirekt durch den religiös-motivierten Einfluß einzelner Mitglieder zu beeinflussen. Die Veränderungen des Lebens in hochkomplexen und differenzierten sozialen Systemen bringen jedoch, besonders unter der Voraussetzung globalisierter Schlüsselsysteme, auch eine Öffnung für eine neue und gewichtige Rolle für Religion in der Spätmoderne mit sich.

Religionsunterricht im öffentlichen Bildungswesen in den USA: Aussichten und Möglichkeiten

Was ergibt sich aus dieser Untersuchung der veränderten Rolle von Religion in der Spätmoderne? M.E. ist ein neues Verständnis des Verhältnisses zwischen Religion, öffentlichem Leben (oder Zivilgesellschaft) und öffentlicher Bildung erforderlich. Wie wir oben gesehen haben, war die Rhetorik des Public-School-Movement mit Elementen sowohl der Differenzierungsthese als auch der These vom Rückgang der Religion durchdrungen. Im Kern führte dies dazu, daß nicht nur ein konfessioneller Religionsunterricht aus der öffentlichen Schule verbannt wurde, sondern eben Religionsunterricht insgesamt. Es ist an der Zeit, dieses Vermächtnis angesichts der Kritik und der Modifikation dieser beiden Thesen, wie sie oben beschrieben wurden, neu zu bedenken. Um der Kürze willen soll dies in Form einer Reihe von Vorschlägen geschehen, die an anderer Stelle weiter auszuarbeiten wären.

1. Religion ist ein wichtiger Aspekt der Geschichte von Amerika und der westlichen Welt. Im Zuge des Globalisierungsprozesses spielt sie eine zunehmend wichtige Rolle. Dem entspricht eine ausführliche und ausdrückliche Behandlung im Curriculum der öffentlichen Bildung. Dieser Vorschlag ist ohne Verletzung der intellektuellen Redlichkeit schwerlich abzulehnen. Wenn die für den Lehrplan Verantwortlichen die positive und negative Rolle, die Religion in der Geschichte Amerikas und der westlichen Welt

gespielt hat, ignorieren, so läßt sich dies nur als Folge eines Vorurteils erklären (vgl. Vitz 1987). Darüber hinaus ist es auf Grund der heutigen Bedeutung von Religion sowohl in nationaler als auch in internationaler Hinsicht erforderlich, daß entsprechende Themen in Kursen beispielsweise der Sozialkunde (social studies) behandelt werden, die sich mit der amerikanischen Kultur der Gegenwart und mit Weltpolitik beschäftigen. Dem Thema Religion sollte in den auf Kultur bezogenen Anteilen des Lehrplans der öffentlichen Schule größerer Raum gegeben werden.

2. Weil Religion eine wichtige Rolle bei der Begründung kultureller und zivilisatorischer Identitäten spielt, ist sie auch bedeutsam für den Versuch, die öffentliche Bildung im Sinne multikultureller Zielsetzungen zu reformieren. Es ist dieser Zusammenhang - der Versuch, die öffentliche Bildung stärker multikulturell zu gestalten -, in dem ich die vielversprechendsten Aussichten für eine Rückkehr von Religion in die öffentliche Bildung in den USA sehe. In der amerikanischen Pädagogik ist die multikulturelle Reformbewegung recht vielgestaltig. Sie reicht von den ethnozentrischen Zielsetzungen derer, die die besonderen Bedürfnisse unterschiedlicher ethnischer und/oder rassischer Gruppierungen aufnehmen wollen, bis hin zu den auf Assimilation gerichteten Zielsetzungen derer, die auch weiterhin die Stärkung von nationaler Identität und Integration mit Hilfe eines erweiterten Kanons und pädagogischer Reformen als wichtig ansehen (einführende Darstellungen bei Banks 1994, Banks/Banks 1989). So gut wie alle Vertreter einer multikulturellen Erziehung stimmen jedoch darin überein, daß sie die Bedeutung von Wissen, Werten und Fähigkeiten, die Menschen zum Umgang mit in hohem Maße pluralistischen nationalen und globalen Kontexten befähigen, hervorheben.

Was in den Plädoyers für diese Ziele hingegen nur selten berücksichtigt wird, ist die wichtige Rolle von Religion bei der Begründung kultureller und zivilisatorischer Identitäten. M.E. ist dies aber sehr kurzsichtig. Es ist doch gar nicht möglich zu verstehen, was heute in der arabischen Welt vor sich geht, wenn nicht auch das sich verändernde Antlitz des Islam in diesem Teil der Welt begriffen wird. Und genausowenig kann man die amerikanische Politik in der Gegenwart verstehen, wenn man nicht den Einfluß des evangelikalen Protestantismus und des aktivistischen Römischen Katholizismus bedenkt. Ähnliches ließe sich über Israel und das amerikanische Judentum sagen, über die Hinduisierung der Politik in Indien oder über das Wiedererstarken der ursprünglichen Religion in Afrika und deren Auswirkung auf die Indigenisierung des Christentums.

Eine Anerkennung der Bedeutung von Religion in der gegenwärtigen Welt sollte Pädagogen mindestens dazu bewegen, sie zu einem wichtigen Gegenstand in solchen Kursen zu machen, die sich ausdrücklich auf multikulturelle Fragen beziehen - beispielsweise in den relativ neuen Kursen über Weltkultur und Weltgeschichte. Ebenso wichtig wäre es, Religion einen Platz in den Kursen zu kulturüberschreitender Kommunikation einzuräumen. Ganz zu Recht sollen die Schülerinnen und Schüler in diesen

Kursen lernen, mit Menschen zu kommunizieren, die aus einer anderen Kultur kommen, ohne durch unabsichtliche Botschaften die kulturellen Normen der Kommunikationspartner zu verletzen. Dies wird als Bestandteil des weiterreichenden Vorhabens einer Befähigung zur Begegnung mit kulturell anderen in der Zivilgesellschaft und zur Beteiligung an Auseinandersetzungen oder Diskussionen in pluralistischen sozialen Situationen angesehen. Was hingegen häufig übersehen wird, ist die religiöse Grundlage zahlreicher kultureller Normen. Beziehungen zwischen Mann und Frau, Körperkontakt und non-verbales Verhalten oder die Angemessenheit bestimmter Themen in öffentlichen Situationen beruhen häufig auf religiösen Überzeugungen und Praktiken. Die religiösen Überzeugungen anderer mit Sympathie zu verstehen und zu respektieren ist ein wesentlicher Teil multikultureller Erziehung.

3. Konfessioneller Religionsunterricht gehört zur Bildung der Öffentlichkeit und sollte deshalb in öffentlichen Schulen den Status eines Wahlfachs erhalten. Mit "konfessionellem Religionsunterricht" meine ich einen Unterricht in den Überzeugungen und Moralprinzipien einer bestimmten Religionsgemeinschaft, der aus einer für diese Gemeinschaft "internen" Perspektive erteilt wird. Dieser Vorschlag ist natürlich am stärksten kontrovers. Viele Fragen, die dadurch aufgeworfen werden, können an dieser Stelle nicht behandelt werden: Welchen Religionsgemeinschaften soll es gestattet sein, im öffentlichen Bildungswesen zu unterrichten? Wer soll die entsprechenden Kurse erteilen? Wieviele Angebote sollen für welche Altersstufen gemacht werden? Diese Art von praktischen Fragen lasse ich an dieser Stelle unbeantwortet, um statt dessen das grundlegendere Problem aufzunehmen: Sollte öffentliche Bildung so gestaltet sein, daß sie einem Unterricht besonderer Religionsgemeinschaften Raum gibt?

Der Schlüssel für eine bejahende Antwort auf diese Frage findet sich in einem Perspektivenwechsel von der "öffentlichen Bildung" zur "Bildung der Öffentlichkeit" (vgl. Seymour u.a. 1984). Letztere schließt alle pädagogischen Anstrengungen ein, die auf die Beteiligung am öffentlichen Leben vorbereiten - angefangen bei der Zivilgesellschaft bis hin zur Beteiligung an politischen Aktivitäten. Die öffentlichen Schulen sind für die so verstandene Bildung der Öffentlichkeit nicht allein verantwortlich. Familien, religiöse Gemeinden, Privatschulen und viele andere Institutionen vermitteln das Wissen, die Werte und die Fähigkeiten, die zur Beteiligung am öffentlichen Leben erforderlich sind. Die öffentliche Bildung spielt bei der Bildung der Öffentlichkeit jedoch eine besondere Rolle. Sie ist das eine Forum, auf dem im Horizont von Bildung geprüft wird, was verschiedene Mitglieder der weiteren Öffentlichkeit gemeinsam haben und worin sie sich voneinander unterscheiden.

In der amerikanischen Geschichte lag der Akzent größtenteils bei den Gemeinsamkeiten und nicht bei der Erkundung von Unterschieden. Dies kann darauf zurückgeführt werden, daß sich die öffentliche Bildung im Kontext des Nationalstaats durchgesetzt hat. Der staatlich unterstützten Bildung wurde weithin die Funktion übertragen, eine nationale Identität zu schaffen. Diese Funktion wurde auf der Grundlage der Standardisierung der Nationalsprache und mit dem Erschaffen einer Nationalliteratur erfüllt. Die Betonung einer gemeinsamen Identität war in den Vereinigten Staaten besonders notwendig, weil dieser Staat sich im wörtlichen Sinne selber von Grund auf erschaffen und eine vielfältige Bevölkerung integrieren mußte. Die sich wiederholenden Immigrationswellen ließen das "Schmelztiegel"-Bild der Assimilation zur wirkungsvollen Norm öffentlicher Bildung werden. Hand in Hand damit ging die Ausdifferenzierung der öffentlichen Bildung gegenüber Religion. Religion wurde als potentieller Trennungsfaktor angesehen. Sie galt als Frage individueller Wahlentscheidung, die in die Privatsphäre gehört. Das Ziel der öffentlichen Bildung hingegen bestand darin, eine Vielfalt von Menschen zusammenzubringen.

In der globalisierten Welt, in der wir leben, ist die enge Identifikation von öffentlicher Bildung mit den allein auf Assimilation bezogenen Zielen des Nationalstaates nicht mehr aufrechtzuerhalten. Dies gilt auch für den Ausschluß von Religion aus dem öffentlichen Leben und ihre Verbannung in die Privatsphäre. Von nun an ist öffentliche Bildung danach zu beurteilen, was sie zur Bildung der Öffentlichkeit beiträgt - einer Öffentlichkeit, die jetzt in ihrer ethnischen, rassischen, kulturellen und religiösen Vielfalt anerkannt wird. In den Lehrplänen Zeit und Raum zu finden, um diese Vielfalt wahrzunehmen, ist das zentrale Ziel multikultureller Erziehung. Zeit und Raum für einen konfessionellen Unterricht zu finden geht noch einen Schritt weiter. Diese Forderung gründet auf der Erkenntnis, daß die Unterstützung der von den Religionsgemeinschaften getragenen Bildung sich positiv auf eine in gesunder Weise gedeihende weitere Öffentlichkeit auswirken kann. Die Religionsgemeinschaften verfügen nur über eine sehr begrenzte Zeit außerhalb des verpflichtenden Lernens in der öffentlichen Schule. Eine Stunde am Samstag- oder Sonntagmorgen oder auch zwei Stunden am Mittwochnachmittag reichen nicht aus für die Art des Wissenserwerbs, der kritischen Reflexion und der Verbindung dieses Wissens mit heutigen Lebenssituationen, wie sie für ein angemessenes Programm konfessioneller Erziehung erforderlich ist.

Dem Unterricht über Religion, einschließlich des konfessionellen Religionsunterrichts, im Lehrplan der öffentlichen Schule Raum zu geben stellt für das derzeitige Denken in solchen Fragen eine enorme Herausforderung dar. Ein neues Denken ist hier jedoch längst überfällig. Es wird ja zunehmend deutlich, daß viele Religionsgemeinschaften sich von der öffentlichen Bildung - sehr zu deren Schaden - zurückziehen werden, wenn dem Unterricht in Religion im Lehrplan der öffentlichen Schule nicht größere Aufmerksamkeit geschenkt wird. Nur ein rigides dogmatisches Festhalten an veralteten Ideen könnte die öffentliche Bildung daran hindern, die damit verbundene Herausforderung aufzunehmen.

Literatur

A. APPADURAI, Modernity at Large: Cultural Dimensions of Globalization, Minneapolis 1996.
J. BANKS, An Introduction to Multicultural Education, Boston 1994.
C.M. BANKS/J. BANKS, Multicultural Education. Issues and Perspectives, Boston 1989.
B. BARBER, Jihad vs. McWorld, How Globalism and Tribalism are Reshaping the World, New York 1995.
D. BELL, American Exceptionalism Revisited: The Role of Civil Society, in: The Public Interest 95/ 1989, 38-56.
R. BELLAH u.a., Habits of the Heart: Individualism and Commitment in American Life, Berkeley 1985.
J. BERGER, Modernitätsbegriffe und Modernitätskritik in der Soziologie, in: Soziale Welt 39/ 1988, 224-236.
P. BERGER/J. NEUHAUS, To Empower People: The Role of Mediating Structures in Public Policy, Washington 1977.
D.S. BROWNING/F. SCHÜSSLER FIORENZA (Hg.), Habermas, Modernity, and Public Theology, New York 1992.
J. CASANOVA, Public Religions in the Modern World, Chicago 1994.
Church Attendance Unchanged as We Enter the 1990s, in: Emerging Trends, June 1990.
Church Membership continues to Show Remarkable Stability, in: Emerging Trends, March 1995.
G.A. COE, A Social Theory of Religious Education, New York 1927.
J. COHEN/A. ARATO, Civil Society and Political Theory, Cambridge/Mass. 1994.
R. CULVER, Horace Mann and Religion in Massachusetts Public Schools, New Haven 1929.
J. DEWEY, Democracy and Education, New York 1916.
E. DURKHEIM, The Division of Labor in Society, New York 1933.
A. GIDDENS, Modernity and Self-Identity: Self and Society in the Late Modern Age, Stanford, 1991.
A. GREELEY, The Persistence of Religion, in: Cross Currents, Spring 1995.
J. HABERMAS, Communication and the Evolution of Society, Boston 1979.
J. HABERMAS, The Theory of Communicative Action, Vol. II, Boston 1987.
Healthy Youth, Healthy Communities, Minneapolis 1993.
J. HUNTER, Culture Wars: The Struggle to Define America, New York 1991.
S. HUNTINGTON, The Clash of Civilizations and the Remaking of World Order, New York 1996.
D. LACAPRA, History & Criticism, Ithaca 1985.
R. LYNN/E. WRIGHT, The Big Little School: 200 Years of the Sunday School, Nashville 1971.
S. MCLANAHAN/G. SANDEFUR, Growing Up with a Single Parent: What Hurts, What Helps, Cambridge/Mass. 1994.
W. MCNEEL, Fundamentalism and the World of the 1990s, in: M. Marty/ S. Appleby (Eds.), Fundamentalism and Society: Reclaming the Sciences, the Family, and Education, Chicago 1992.
J. NELSON/A. MEGILL/D. MCCLOSKY (eds.), The Rhetoric of the Human Sciences: Language and Argument in Scholarship and Public Affairs, Madison/Wis. 1987.
R. REICH, The Work of Nations, New York 1991.
Religion in America, 50 Years: 1935 - 1985, in: The Gallup Report, May 1985, No. 236.
R. ROBERTSON, Globalization: Social Theory and Global Culture, London 1992.
C. SCHRAG, The Resources of Rationality: A Response to the Postmodern Challenge, Bloomington/Ind. 1992.
J. SEYMOUR/R. O'GORMAN/C. FOSTER, The Church in the Education of the Public, Nashville 1984.
E. SHILS, The Virtues of Civil Society, in: Government and Opposition 26/ 1991, No. 2, 3-20.

H. SIMONS (ed.), The Rhetorical Turn: Invention and Persuasion in the Conduct of Inquiry, Chicago 1990.
C. TAYLOR, Modes of Civil Society, in: Public Culture 3/ 1990, 95-118.
D. TRACY, Theology, Critical Social Theory, and the Public Realm, in: Browning/ Schüssler Fiorenza 1992, 19-42.
P. VITZ, A Study of Religion and Tradition. Values in Public School Textbooks, in: R. Neuhaus (ed.), Democracy and the Renewal of Public Education, Grand Rapids 1987.
M. WALZER, The Idea of Civil Society, in: Dissent 1991, 293-304.
M. WEBER, The Sociology of Religion, Boston 1922.
F. WHALING (ed.), Religion in Today's World: The Religious Situation of the World from 1945 to the Present Day, Edinburgh 1987.
R. WUTHNOW, The Restructuring of American Religion: Society and Faith Since World War II, Princeton 1988.
R. WUTHNOW, The Struggle for America's Soul: Evangelicals, Liberals, and Secularism, Grand Rapids 1989.
R. WUTHNOW, Christianity in the 21st Century, New York 1993.
R. WUTHNOW, Sharing the Journey: Support Groups and America's New Quest for Community, New York 1994.
R. WUTHNOW, Christianity and Civil Society: The Contemporary Debate, Valley Forge/Pa. 1996.

Zivilgesellschaft - Schule - Religion
Welchen Religionsunterricht braucht eine zivilgesellschaftliche Demokratie?

Friedrich Schweitzer

Das Interesse an Zivilgesellschaft und zivilgesellschaftlicher Demokratie hat in den letzten Jahren stark zugenommen. War die Diskussion über Zivilgesellschaft in der jüngeren Vergangenheit vor allem auf die USA bezogen und wurde sie auch fast ausschließlich dort - allerdings im Anschluß an die europäische Philosophie des 18. und 19. Jahrhunderts - geführt, so wird jetzt ausdrücklich nach der Zivilgesellschaft in Europa gefragt (vgl. Michalski 1991, Keane 1988, Bell 1989, Walzer 1995). Den Hintergrund dieser Ausweitung der Diskussion bilden dabei ebenso die Erfahrungen in den vormals sozialistischen Staaten Osteuropas wie die Herausforderungen des ökonomischen und politischen Einigungsprozesses im Rahmen der europäischen Gemeinschaft: In beiden Fällen scheint die nunmehr erreichte ebenso wie die noch ausstehende Demokratisierung von der Stärkung zivilgesellschaftlicher Strukturen abhängig zu sein (Diskussion bei Giddens 1997, 149ff.).

In pädagogischen und religionspädagogischen Zusammenhängen hat die Frage nach einer zivilgesellschaftlichen Demokratie demgegenüber bislang vergleichsweise wenig Beachtung gefunden (vgl. jedoch Osmer im vorliegenden Band). Dies ist insofern erstaunlich, als verschiedene Entwicklungen im Verhältnis von Staat und Schule sowie von Staat, Öffentlichkeit, Kirche und Religionsunterricht der Sache nach auf genau diejenigen Fragen verweisen, die heute im Zusammenhang der Zivilgesellschaft erörtert werden.

Im folgenden sollen zunächst diese Entwicklungen in der Diskussion über Zivilgesellschaft, Bildung und Religion in ihrer noch zu wenig beachteten Konvergenz aufgenommen werden. In einem zweiten Schritt kann dann gefragt werden, welche Anforderungen und Konsequenzen sich daraus für Religionsunterricht in der Zivilgesellschaft ergeben.

Bildung und Religion in der Zivilgesellschaft

Nicht nur das Verhältnis zwischen Bildung, Religion und Zivilgesellschaft ist klärungsbedürftig, sondern bereits der Begriff der Zivilgesellschaft selbst. Über die zahlreichen aktuellen, darin aber auch inhaltlich begrenzten Diskussionsbeiträge (besonders gewichtig: Shils 1991, Taylor 1990, Walzer 1991) hinaus erlauben jetzt besonders die umfassende Studie von Cohen/ Arato (1992) sowie die parallele Untersuchung von Seligman (1995) ein historisch und systematisch vertieftes Verständnis. Auf dieses

Verständnis werden wir uns im folgenden beziehen, weil dabei auch die Verbindung zur Bildungs- und Religionsthematik hervortritt.

Um noch immer naheliegende Mißverständnisse zu vermeiden, sei vorab daran erinnert, daß die Bedeutung des Begriffs *Zivilgesellschaft* gerade nicht den parallelen, heute ebenfalls vieldiskutierten Begriffen *Zivilreligion* oder *civic education* (staatsbürgerliche Erziehung und Bildung) entnommen werden kann. Der für die staatsbürgerliche Erziehung zentrale Aspekt, daß Kinder und Jugendliche ein engagiertes und auf Verantwortungsbereitschaft angelegtes Verhältnis zu Staat und Nation gewinnen sollen, ist für die Zivilgesellschaft nicht gleichermaßen bedeutsam. Wie sich im folgenden zeigen wird, soll die Zivilgesellschaft heute als kritisches Gegenüber des Staates verstanden werden. Zivilgesellschaftliche Erziehung und Bildung werden deshalb von vornherein weniger Wert auf eine Identifikation mit Staat oder Nation legen, als dies jedenfalls bei einer herkömmlichen staatsbürgerlichen Erziehung der Fall ist. Ähnliches ist auch im Blick auf die zweite Abgrenzung zu sagen: Anders als die Zivilgesellschaft gewinnt *Zivilreligion* ihre Bestimmung als bürgerliche Religion durch den Gegensatz zur "Religion des Menschen" einerseits und zur Religion der Kirche ("Priesterreligion") andererseits (so schon Rousseau 1762/1977, IV, 8). Damit ist die Zivil*religion* in grundlegender Weise an staatliche Interessen gebunden und kann nicht als Gegenüber des Staates fungieren.

Cohen/ Arato (1992, IXf.) bieten folgende "Arbeitsdefinition": "Wir verstehen die 'Zivilgesellschaft' als eine Sphäre der sozialen Interaktion im Zwischenraum von Ökonomie und Staat, die sich vor allem zusammensetzt aus der Intimsphäre (besonders der Familie), der Sphäre von Vereinigungen (besonders freiwilliger Vereinigungen), sozialen Bewegungen sowie Formen der öffentlichen Kommunikation". Diese noch sehr weitgefaßte Definition wird präzisiert durch den Ausschluß der direkt auf Staat und Ökonomie bezogenen "Parteien, politischen Organisationen und politischen Öffentlichkeiten (besonders Parlamenten)" einerseits und "Organisationen von Produktion und Distribution" andererseits. Auch soll nicht die gesamte "sozial-kulturelle Lebenswelt" zur Zivilgesellschaft gerechnet werden, sondern nur deren institutionalisierte Formen. Entscheidend ist also das Interesse an lebensweltlichen bzw. nicht-staatlichen Institutionen als "Sphären der Vermittlung, durch die die Zivilgesellschaft Einfluß auf die politisch-administrativen und ökonomischen Prozesse gewinnen kann".

Dieses Verständnis von Zivilgesellschaft läßt sich, wie Cohen/ Arato und Seligman (1995, 15ff.) zeigen, bis zur Reformation zurückverfolgen, insbesondere zum Calvinismus und seinem Bundesdenken, sowie zur davon beeinflußten schottischen Aufklärungsphilosophie. Von zentraler Bedeutung ist in dieser Hinsicht die religiös und moralisch bestimmte Grundlegung einer Gesellschaft, die an individueller Freiheit ausgerichtet ist und die doch zugleich die Solidarität zwischen den Menschen gewährleistet. Eben daraus - aus der für diese Tradition bezeichnenden Verschränkung von Freiheit und Solidarität auf einer christlich-ethischen Basis - ergebe sich heute allerdings, angesichts der religiösen und moralischen Pluralität moderner Gesellschaften, die Notwendigkeit, eine andere Grundlage für die Zivilgesellschaft zu finden. Seligman ist überhaupt skeptisch, daß sich die Idee der Zivilgesellschaft unter heutigen Voraussetzungen noch erneuern oder gar auf andere Länder, die nicht in einer westlichen Tradition stehen, ausdehnen lasse (168f.). Cohen/ Arato hingegen folgen hier der bekannten Auffassung von J. Habermas (1981), indem sie für eine "Rationalisierung der Lebenswelt" und damit auch der Zivilgesellschaft plädieren: Die Zivilgesellschaft soll von allen festliegenden normativen Ordnungen oder (religiösen) Weltbildern entkoppelt werden zugunsten einer durchweg "kritischen und reflexiven Beziehung zur Tradition" (434). Ihre Vision einer Zivilgesellschaft beruht auf diskursiven Strukturen. Da sie gleichzeitig aber nach Institutionen suchen, in denen sich Zivilgesellschaft lebensweltlich in politisch wirksamer Weise verkörpern kann, verweisen sie auf die neuen "sozialen Bewegungen" als institutionelle Träger. In diesen kann sich ihres Erachtens heute Zivilgesellschaft realisieren.

Ich will an dieser Stelle die praktischen und theoretischen, zum Teil (ideologie-)kritischen Einwände zu Begriff und Bewertung der Zivilgesellschaft nicht weiter verfolgen (überspitzt: Redaktion diskus 1992), sondern wende mich statt dessen der Frage nach *Bildung in der Zivilgesellschaft* zu. Für die weitere Argumentation setze ich voraus, daß die Zivilgesellschaft - vorbehaltlich der hier nicht diskutierten Einwände - als eine Form der Demokratisierung angesehen werden kann, die auf eine Stärkung von Vereinigungen in der Öffentlichkeit jenseits von Staat und Wirtschaft setzt. Von besonderem Interesse ist dabei die Frage, auf welchen religiösen oder ethisch bestimmten Grundlagen zivilgesellschaftliche Institutionen heute beruhen können und was dies für eine pluralistisch verfaßte Gesellschaft bedeutet. Wie kommt dabei Bildung in den Blick?

Ein erster Zusammenhang zwischen Bildung und Zivilgesellschaft wird beispielsweise in der gegenwärtigen Diskussion über die Rolle des Sozialstaats hergestellt. Im Rahmen seiner Erörterung notwendiger *Reformen des Sozialstaats* als Erneuerung der Zivilgesellschaft in Großbritannien entwickelt beispielsweise Green (1993) auch Perspektiven für das Bildungswesen und für dessen zivilgesellschaftliche Entwicklung. Zunächst das Ergebnis seiner kritischen Analyse des staatlichen Bildungswesens: Die Effektivität privater Schulen stehe angesichts der "rückläufigen Standards in Staatsschulen" außer Zweifel. Weiterhin wirke sich das jetzige System negativ auf die "Entwicklung moralischer, intellektueller und aktiver Fähigkeiten" aus. Schließlich minimiere das nationale Curriculum wünschenswerte "Unterschiede zwischen den Schulen" und erlaube kaum eine bewußte Wahl zwischen ihnen (138f.). Eine Lösung sieht Green in der Stärkung und Wiederherstellung "elterlicher Verantwortung", z.B. durch Steuersenkungen, sowie in einer Deregulierung der "Angebotsseite, um so die Gründung neuer Schulen zu ermutigen und die Macht lokaler Monopole" des Staates zu brechen (139). Den Unterschied zur neoliberalen Schulpolitik etwa der Thatcher-Regierung sieht er dabei darin, daß seine Vorschläge eine zivilgesellschaftliche Verfassung von Schule im Sinne echter Dezentralisierung stärken, während die Ansätze des Neoliberalismus letztlich doch nur die zentralistische Kontrolle des Staates verschärfen.

Green verbindet zivilgesellschaftliche und sozialreformerische Argumente, die für ihn in die Richtung von Schulvielfalt und freier Trägerschaft weisen. Zumindest bei der Forderung nach Schulvielfalt trifft er sich mit dem gegenwärtig in der Pädagogik weithin vertretenen Verständnis von *Schulentwicklung* und *Schulautonomie*, so daß von einer Konvergenz der Argumentationen gesprochen werden kann. Ohne daß dabei die Idee einer Zivilgesellschaft eine ausdrückliche Rolle spielt, werden in der Pädagogik von der Schulentwicklung her Forderungen nach Schulvielfalt, Dezentralisierung, Schulautonomie und zum Teil auch Deregulierung erhoben (vgl. bzw. Rolff 1993, Daschner u.a. 1995). Auch die Frage "Wieviel Staat braucht die Schule?" wird dabei ausdrücklich aufgeworfen (Badertscher/ Grunder 1995). Angestrebt wird eine *öffentliche Schule* - eine Schule, die einer "öffentlichen (nicht mit staatlich gleichzusetzenden) Verantwortung" untersteht. Dem entsprechen als zukunftsgemäße Leitgedanken "*Subsidiarität* und größtmögliche *Autonomie*" (Empfehlungen des Europäischen Kolloquiums 1995, 153f.). In vieler Hinsicht entspricht dies auch den in den Niederlanden entwickelten Formen von Schulentwicklung, bei denen die Entwicklungs- und Handlungsfreiheit der Einzelschule stark zunimmt und zugleich nach Möglichkeiten öffentlicher Verantwortung für Schule gesucht wird (vgl. Liket 1993): Größere Autonomie von Schule muß in dieser Sicht einhergehen mit einer verstärkten Transparenz der Einzelschule, die über ihre Arbeit öffentlich Rechenschaft leisten soll. Die öffentliche Verantwortung für Einzelschulen bedingt dabei auch eine Verlagerung der Ebene, auf der diese Verantwortung primär wahrzunehmen ist. Gemäß dem Prinzip der Dezentralisierung muß eine regionale oder sogar lokale Öffentlichkeit zum Ansprechpartner für die Schule werden.

Damit wird ein Zusammenhang zwischen Schule bzw. Bildung und Zivilgesellschaft gleich in doppelter Hinsicht erkennbar: Zum einen setzt die Verlagerung der Verantwortung für Schule vom Staat auf die Öffentlichkeit zivilgesellschaftliche Institutionen und Vereinigungen voraus, die eine solche Verantwortung auch tatsächlich wahrnehmen können. Und zum anderen stellt sich mit der Verschiebung von staatlich-zentraler zu dezentral-regionaler oder lokaler Wahrnehmung von Verantwortung für Schule die Frage, wer in der Region oder vor Ort in diese Funktion eintreten kann. Als erstes ist dabei, wie Greens o.g. Analyse zeigt, an die Eltern zu denken, sodann an die Lehrerinnen und Lehrer, in deren Hand die Schulentwicklung ja beispielsweise in der Sicht der Organisationsentwicklung vermehrt liegen soll. Das Interesse an einer "öffentlichen Schule" kann sich aber nicht auf die unmittelbar an der Schule Beteiligten beschränken, da eine solche Beschränkung nur ein geringes Maß an Demokratisierung erlaubt. Darüber hinaus ist eine Mitverantwortung zivilgesellschaftlicher Vereinigungen aller Art, die auch als außerschulische Partner mit der Schule kooperieren, heute auch aus anderen Gründen ("Öffnung der Schule", "Praktisches Lernen") ausdrücklich erwünscht (vgl. z.B. Projektgruppe Praktisches Lernen 1998). Im vorliegenden Zusammenhang schließt dies die Frage ein, ob und wie auch *Religionsgemeinschaften* vor Ort oder in der Region zu Partnern der Schule im Sinne einer zivilgesellschaftlichen Öffentlichkeit werden können.

Da bei einer Mitverantwortung der Kirche für die Schule schnell Ängste und schlechte Erinnerungen an die sog. kirchliche Schulaufsicht des 19. Jahrhunderts aufkommen, ist hier ausdrücklich auf die freiheitlich-demokratische Form zu verweisen, in der eine Bildungsmitverantwortung von Kirche von religionspädagogisch-theologischer Seite her gedacht wird (Nipkow 1990). Es geht um Kirche als Partner von Schule, nicht um Herrschaft über die Schule! Daß eine partnerschaftliche Beteiligung von Kirche und Religionsgemeinschaften an der Schule nicht bloß Utopie ist, zeigen Beispiele wie etwa die von Kirchen getragene Schüler-Kontakt-Arbeit als sozialpädagogisch-seelsorgerliches Angebot, die Zusammenarbeit zwischen kirchlicher Jugendarbeit und Schule oder auch andere Formen einer bewußten und aktiven Wahrnehmung der Nachbarschaft von Kirchengemeinde und Schule. Zudem spricht dafür auch das traditionell große Interesse der Kirchen an Erziehung und Bildung, das diese gerade auch in der Perspektive der Zivilgesellschaft in bedeutsamer Weise von anderen Vereinigungen oder Vereinen unterscheidet. Selbst humanitäre Vereinigungen z.B. im pflegerischen Bereich verfügen ja in aller Regel nicht über eigene Bildungstraditionen.

Die Frage nach Bildung in der Zivilgesellschaft besitzt also wichtige Implikationen für das Verhältnis zwischen Staat und Bildungswesen. Sie kann aber mit dem Verweis auf Schulentwicklung und -aufsicht oder auf die öffentliche Verantwortung für Schule allein noch nicht zureichend beantwortet werden. Bildung für die Zivilgesellschaft ist immer auch eine Frage nach der inhaltlichen Bestimmung des *Bildungsverständnisses*, das für die Schulen leitend sein soll. Trotz der Betonung von Schulvielfalt als dem angemessenen Audruck einer Zivilgesellschaft kann das Bildungsverständnis hier nur dann einen hoffnungslosen Selbstwiderspruch vermeiden, wenn es eine an gemeinsamer Verantwortung für das Gemeinwesen ausgerichtete ethische Bildung einschließt. Andernfalls wäre das Bildungsverständnis gegen eben diejenigen Normen und Werte gerichtet, auf deren Fortbestand es mit der Zivilgesellschaft doch selbst angewiesen bleibt.

Während die Auffassung, daß es zwischen Bildung und Zivilgesellschaft auch inhaltliche Entsprechungen geben müsse, als solche wohl nicht weiter kontrovers ist, gilt dies nicht in gleicher Weise für die konkreten Konsequenzen, die daraus für Schule und Erziehung gezogen werden. Bei einer kommunitaristischen Interpretation der Zivilgesellschaft beispielsweise soll die Schule der "Charakterbildung" dienen, indem sie die "zentralen Werte" der Gemeinschaft vermittelt (Etzioni 1998, 106). Bei einer stärker von der Sozialphilosophie der Frankfurter Schule bestimmten Sicht, wie Cohen/

Arato (1992) sie vertreten, soll anstatt solcher Werte die Diskursethik als Leitprinzip fungieren. Beide, die kommunitaristische und die diskursethische Interpretation, stehen dabei allerdings vor komplementären, in der Pädagogik bereits aus der Vergangenheit bekannten Schwierigkeiten. Die kommunitaristisch angestrebten "zentralen Werte" der Gemeinschaft gibt es in der gegenwärtigen Gesellschaft eben nur noch in kleinen Gemeinschaften unterhalb der gesamtgesellschaftlichen Ebene. Deshalb können solche Werte für die staatliche Schule nur noch beschworen werden - eine letztlich, wie der pädagogische Neokonservatismus in Deutschland seit dem Forum "Mut zur Erziehung" gezeigt hat (kritisch bereits Herrmann 1978), nicht mehr sehr erfolgversprechende Strategie, weil sie der realen Wertepluralität und dem Wandel der Werte nicht Rechnung zu tragen vermag; oder aber die entsprechenden Werte sollen so und so nur für die eigene begrenzte Gemeinschaft gelten - eine angesichts der ungelösten Probleme des Lebens und Überlebens im Weltmaßstab vor allem im Blick auf Bildung nicht zu rechtfertigende Beschränkung (vgl. Nipkow 1994, 144). Auch in der Sozialphilosophie werden heute ja gerade umgekehrt Möglichkeiten einer internationalen Zivilgesellschaft gesucht, die auch den nationalstaatlichen Horizont noch einmal überschreiten (etwa Beck 1997). - Eben dies verspricht ja auch das diskursethische Modell: internationale, weltweite, universelle Geltung ethischer Normen. Wenn heute auch in diesem Modell nicht ohne weiteres eine Antwort auf die pädagogische Frage nach Werten, die einer zivilgesellschaftlichen Demokratie angemessen sind, zu sehen ist, so deshalb, weil der diskursethische Universalismus abstrakt zu werden droht. Die inzwischen auch innerhalb der Diskurstheorie als - mögliche - Gefahr erkannte Ablösung universalistischer Normen von allen Lebenszusammenhängen, in denen sie doch verankert und von denen sie motiviert sein müssen, wenn sie diese prägen sollen, ist auch aus pädagogischer Sicht zu konstatieren (Schweitzer 1995). Für die Pädagogik verschärft sich das Problem der Abstraktheit universalistischer Normen dabei insofern noch zusätzlich, als ethische Orientierungen in Erziehung und Bildung nur über konkret gelebte Beziehungen aufgebaut werden können.

Die Frage nach einer inhaltlichen Bestimmung des Bildungsverständnisses in Entsprechung zur zivilgesellschaftlichen Demokratie verweist so auf die Perspektive einer gemeinschaftlich gelebten und von bestimmten Traditionen gespeisten Ethik, die zugleich die eigene Gemeinschaft überschreitet, weil sie sich der weiteren Gesellschaft - und letztlich der Menschheit im ganzen - verpflichtet weiß. Im vorliegenden Zusammenhang ist dabei an die christliche Ethik zu denken, die Anspruch auf eine solche Verschränkung von Tradition, Lebensform und weltweiter Verantwortung erheben kann. Damit soll nicht behauptet werden, daß ein zivilgesellschaftliches Bildungsverständnis allein auf christlicher Grundlage möglich wäre. Festzuhalten ist aber, daß Religion hier eine wichtige Bedeutung für Bildung gewinnen kann, eben weil die Verbindung von Freiheit und Solidarität zu den Grundanliegen vor allem der christlichen Ethik gehört.

Den Zusammenhang zwischen Religion bzw. Kirche und Zivilgesellschaft haben wir bislang vom Bildungsverständnis und von der Schulentwicklung her aufgenommen und haben uns dabei von einer pädagogischen Perspektive leiten lassen. Nun gibt es aber, ganz unabhängig von pädagogischen Zusammenhängen, eine bemerkenswerte neuere Diskussion über *Kirche und Öffentlichkeit*, die einen weiteren Zugang zu Fragen der Zivilgesellschaft von Kirche und Religion selbst her erlaubt. Dieser Zugang ist jetzt noch wenigstens in knapper Form aufzunehmen.

Im Zentrum steht hier die These, daß Kirche den ihr angemessenen Platz in der modernen Gesellschaft nur als öffentliche Kirche und als Institution der Zivilgesellschaft finden kann. Damit ist zum einen eine historische Ortsbestimmung gemeint: Weder die Staatskirche der Vergangenheit noch die Vorstellung einer mit der Bevölkerung nahezu identischen staatsnahen oder staatsähnlich verfaßten Volkskirche wird den heutigen Gegebenheiten noch gerecht. Die plurale, multikulturelle und multireligiöse Situation verlangt vielmehr eine Erneuerung des kirchlichen Selbstverständnisses sowie eine Neubestimmung des Verhältnisses zwischen Kirche und Staat. Die öffentliche Kirche als Institution der Zivilgesellschaft bietet sich dafür insofern an, als sie sowohl die Eigenständigkeit von Kirche als Vereinigung in der Gesellschaft als auch die Bereitschaft zu einer über die Kirche hinausreichenden Mitverantwortung für öffentliche Belange des Gemeinwohls sowie allgemein für eine Zukunft von Gesellschaft in Freiheit und Solidarität zum Ausdruck bringt.

Die konkrete Gestalt der öffentlichen Kirche kann dabei nicht immer gleich ausfallen. Die in den USA diskutierte "public church" (Marty 1981, Palmer 1981, Neuhaus 1984, Stackhouse 1995) besitzt andere Konturen als die in Deutschland entwickelten Bilder einer "offenen und öffentlichen Kirche" (Huber 1998, vgl. 1994), einer "Kirche im Pluralismus" (Welker 1995) oder eines "Christentums im Multikulturalismus" (Herms 1996, vgl. Preul 1997, 153ff.). Solche Unterschiede im Kirchenverständnis erwachsen mit Notwendigkeit aus den historischen Bedingungen, die der demokratischen Verfassung verschiedener Gesellschaften erst ihre konkrete Gestalt verleihen. Gemeinsam ist den verschiedenen Konzepten einer öffentlichen Kirche jedoch das bereits genannte Bestreben, Kirche als zivilgesellschaftliche Institution und als "Vermittlungsstruktur" ("intermediäre Institution") zwischen Staat und Individuum (Berger/ Neuhaus 1977, ähnlich Huber 1998) auszulegen. Daß hier eine neue Aufgabe und Chance für die Kirche der Zukunft zu sehen sei, wird im übrigen auch in der neueren Religionssoziologie im Zusammenhang der Globalisierungsdiskussion hervorgehoben (Beyer 1994, Casanova 1994). Empirisch besteht ein Zusammenhang zwischen Christentum und zivilgesellschaftlichen Werten (Wuthnow 1996).

Die Neubestimmung von Kirche als öffentliche Kirche schließt auch - bislang vor allem in den USA diskutierte - Konsequenzen für Bildung und Erziehung ein. Wie wir am nächsten Abschnitt noch sehen werden, wird dabei ein Zusammenhang zwischen öffentlicher Kirche und öffentlicher Bildung (paideia) hergestellt. Die öffentliche Kirche soll zivilgesellschaftliche Mitverantwortung für Bildung und Erziehung wahrnehmen.

Damit schließt sich der Argumentationskreis dieses ersten Abschnitts zu Bildung und Religion in der Zivilgesellschaft. Ohne daß die genannten Zusammenhänge hier im einzelnen hätten entfaltet werden können, sollte jedenfalls deutlich sein, was mit der eingangs formulierten These von der Konvergenz gesellschaftlich-politischer, pädagogisch-schultheoretischer und theologisch-kirchlicher Entwicklungen gemeint ist. Das gegenwärtig verstärkte Interesse an Zivilgesellschaft und zivilgesellschaftlicher Demokratie besitzt in den Bestrebungen einer "öffentlichen Schule" einerseits und einer "öffentlichen Kirche" andererseits eine Entsprechung, vor deren Hintergrund sich die Frage nach Religionsunterricht in der Zivilgesellschaft nun beantworten läßt.

Anforderungen an Religionsunterricht in der Zivilgesellschaft

Vor dem Hintergrund der Diskussion über Bildung und Religion in der Zivilgesellschaft läßt sich nun genauer bestimmen, welchen Anforderungen ein Religionsunterricht in der Zivilgesellschaft genügen muß. Dabei treten Reformerfordernisse hervor, die nicht nur die Religionspädagogik betreffen, sondern auch den Staat als Schulträger sowie die Kirche. Ein der Zivilgesellschaft angemessener Religionsunterricht läßt sich nur erreichen, wenn über die innere Ausgestaltung dieses Unterrichts hinaus der Staat in der von ihm getragenen Schule eine zivilgesellschaftliche Orientierung zuläßt und bejaht und wenn so eine Verbindung des Religionsunterrichts mit einer sich selbst als Institution der Zivilgesellschaft verstehenden Kirche vorstellbar wird.

Aus Gründen der leichteren Übersicht habe ich die im folgenden beschriebenen Anforderungen an Religionsunterricht auf vier Punkte verdichtet, die zum Teil wiederum eine ganze Reihe von Unteraspekten in sich fassen.

(1) *Religionsunterricht muß beitragen zur Zivilität von Religion*: Die Zivilität von Religion, verstanden als Bereitschaft, sich auf die Spielregeln einer modernen Demokratie einzulassen, versteht sich nicht von selbst. Fundamentalistische Strömungen und Gruppierungen stellen die Demokratie und damit auch die Zivilität immer wieder in Frage. Bei aller Anerkennung der zivilgesellschaftlichen Bedeutung von Religion und Christentum in den USA hebt deshalb beispielsweise der amerikanische Soziologe Wuthnow (1996, 41ff.) die Frage hervor "*Can Christians be civil?*" Dabei denkt er vor allem an die sog. "Kulturkriege", die in den USA zwischen liberalen und konservativen Gruppierungen um Fragen wie Abtreibung oder Werte in der Erziehung ausgetragen werden. Am Ende bejaht Wuthnow die Zivilität von Christen - freilich unter der Voraussetzung, daß diese zu angemessenen Formen des Handelns in Öffentlichkeit und Politik finden (70).

Gerade am Beispiel der USA, wo an staatlichen Schulen kein Religionsunterricht stattfindet, ist abzulesen, daß damit für die Schule auch jede Möglichkeit einer religiösen Bildung im Sinne der Zivilität entfällt. So ist es zumindest wahrscheinlich, daß ein - allerdings nicht monokausaler - Zusammenhang zwischen dem Fehlen von Religionsunterricht an der Schule und dem im Vergleich etwa zu Deutschland stärker ausgeprägten Fundamentalismus besteht. Die Herausforderungen einer religiös pluralen Gesellschaft bedeuten immer auch einen erhöhten Bedarf an Orientierungsfähigkeit: Der Umgang mit konkurrierenden Sinnsystemen ist kognitiv höchst anspruchsvoll (sog. trans-systemisches Denken, Kegan 1994). Die Abhängigkeit von allgemeiner, aber auch religiöser Bildung liegt auf der Hand und wird durch den seit langem bekannten Zusammenhang zwischen Bildung und kognitiver Entwicklung (z.B. Kohlberg 1984) auch empirisch bestätigt.

Ein Religionsunterricht, der zur Zivilität von Religion beitragen will, so ist zusammenfassend festzuhalten, wird in der Pluralitätsfähigkeit ein wesentliches Ziel besitzen müssen. Dazu gehört nicht zuletzt eine Unterstützung der kognitiven Entwicklung hin zu der Fähigkeit, mit konkurrierenden Sinnsystemen reflexiv und argumentativ umzugehen.

(2) *Vom Religionsunterricht ist eine inhaltliche (normative) Orientierung zu erwarten, die mit der Verschränkung individueller Freiheit und solidarischer Bindung den Anforderungen heutiger Zivilgesellschaft gerecht wird*: Als zentrale Schwierigkeit und Herausforderung jeder Erneuerung zivilgesellschaftlicher Demokratie hat sich die Notwendigkeit herausgestellt, individuelle Freiheit und soziale Verbundenheit im Sinne von Solidarität gleichzeitig zu fördern. Der Religionsunterricht kann zur Überwindung dieser Schwierigkeit beitragen, wenn er die in der christlichen Tradition enthaltene Verschränkung von Freiheit und Solidarität sowie von persönlichem Bekenntnis und Verständigung mit anderen (vgl. EKD 1994) pädagogisch wirksam werden läßt. Das Ziel des Unterrichts kann dann weder in der Stärkung bloß einer kirchlichen Gemeinschaft bestehen noch allein in einer individuell und privat gelebten Religiosität. Im Unterschied zu einem nur von der Kirche oder nur vom Staat veranstalteten Religionsunterricht kann ein von beiden gemeinsam getragener, in der staatlichen - oder besser - in der öffentlichen Schule angesiedelter Unterricht diesem Ziel am ehesten gerecht werden: Schon von seiner rechtlichen und institutionellen Anlage her entspricht dieser Unterricht dem zivilgesellschaftlich geforderten Ineinander von individueller Autonomie und Bindung an ein gemeinsames Ethos sowie der Rolle des Staates, der der Zivilgesellschaft einen Rahmen geben und sie unterstützen soll.

Daß eine bloß binnenkirchliche Erziehung weder den zivilgesellschaftlichen Anforderungen noch dem christlichen Bildungsverständnis auf Dauer genügen kann, zeigen exemplarisch die bereits erwähnten Bemühungen in den USA, unter den Voraussetzungen der radikalen Trennung von Religionsgemeinschaften und Schule den christlichen Beitrag zur öffentlichen Bildung wiederzugewinnen (vgl. Fowler 1989). In dieser Perspektive wird der sonst oft als Siegeszug gefeierte Auf- und Ausbau der Sunday-School als Instrument kirchlicher Erziehung kritisch daraufhin befragt, ob und wie dabei noch die christliche Mitverantwortung für öffentliche Bildung im Blick war (Seymour u.a. 1984). Für die Gegenwart ist das Bestreben leitend, die Existenz als Bürger (citizenship) mit der Existenz in der Nachfolge (discipleship) zusammenzudenken und pädagogisch zusammenzuführen (Boys 1989). Der doppelte Schwerpunkt einer Bildung für das religiöse und für das öffentliche Leben soll dazu beitragen, eine öffentliche Bildung (paideia) wiederherzustellen, die dieser Bezeichnung gerecht wird (Palmer/ Wheeler/ Fowler 1990).

(3) *Nach dem Ende des Staatskirchentums besteht die gesellschaftlich-demokratische Aufgabe des Religionsunterrichts in der institutionellen Stärkung der Zivilgesellschaft*: Einen wirksamen Beitrag zur Zivilgesellschaft kann der Religionsunterricht nur leisten, wenn er die Frage einer zivilgesellschaftlichen Demokratie selbst zum Thema macht und dabei auch deren institutionelle Dimension aufnimmt und stärkt. Unter den Voraussetzungen des Staatskirchentums - vor allem im preußischen Staat des 19. Jahrhunderts, aber auch noch in späterer Nachwirkung dieser Verhältnisse - wurde vom Religionsunterricht vor allem ein Beitrag zur Loyalitätssicherung erwartet (Nipkow 1975, 41ff.). Religion galt als vorzügliches Mittel, Gehorsam und Treue der Untertanen zu gewährleisten. Inzwischen wird in der Religionspädagogik demgegenüber vielfach - in bewußter Abkehr von dieser Tradition und in Aufnahme freiheitlicher Motive - die Auffassung vertreten, daß heute an die Stelle obrigkeitsstaatlicher Loyalitätsbildung das kritische und ideologiekritische Potential des Religionsunterrichts treten müsse. Für die ebenfalls notwendige konstruktive, auch auf die gesellschaftlichen Institutionen bezogene Aufgabe hat sich, trotz zahlreicher positiver Hinweise etwa auf die sog. neuen sozialen Bewegungen oder auf den Konziliaren Prozeß, ein ähnlich umfassender Horizont bislang nicht ergeben. M.E. könnte der Bezug auf die zivilgesellschaftliche Demokratie einen solchen Horizont bilden und damit dem Religionsunterricht einen neuen, auch institutionell bestimmten Ort bieten. Dabei stellt sich die Frage, an welche Institutionen der Gesellschaft zu denken ist und welche Bedeutung dabei der Kirche zukommt.

In der Diskussion über Zivilgesellschaft hat die Frage nach der zivilgesellschaftlichen Bedeutung von Kirche noch keine befriedigende Antwort gefunden. Während die einzelnen Kirchen und überhaupt christlich motivierte Gruppen und Vereinigungen ohne Zweifel zur Zivilgesellschaft zählen, ist dies für die Kirche als solche weniger deutlich: In den sozialphilosophischen Konzeptionen wird sie selten - und auch dann nicht in hervorgehobener Weise - erwähnt, und auch mit den oben erwähnten theologischen Auffassungen von Kirche als Institution der Zivilgesellschaft steht keineswegs schon fest, daß Kirche allgemein als eine solche Institution begriffen würde. Vielmehr handelt es sich erst um eine Forderung, die allerdings mit theologischen und religionspädagogischen Gründen vertreten werden kann. Wo die jenseits und diesseits des Atlantiks unternommenen Versuche, Kirche neu als "offene Kirche" und als pluralismusfähige sowie den Pluralismus fördernde Institution zu bestimmen, zum Tragen kommen, kann ein zivilgesellschaftliches Selbstverständnis von Kirche entstehen, auf das sich auch der Religionsunterricht beziehen kann.

Im Blick auf den schulischen Religionsunterricht liegt in dieser Entwicklung von Kirche zur Institution der Zivilgesellschaft ein wichtiges Argument für die vom Grundgesetz vorgesehene Form eines von den Religionsgemeinschaften mitbestimmten Religionsunterrichts. Mag diese Form ursprünglich - vor allem in der Weimarer Zeit, in der die heute als Art.7, 3 GG bekannte Bestimmung formuliert wurde, und zum Teil auch noch 1949 - von einer mehrheitlich christlichen Prägung der deutschen Gesellschaft ausgegangen und mag sie insofern veraltet sein; *heute* macht diese Bestimmung insofern wieder neu Sinn, als sie die Stellung der Religionsgemeinschaften gegenüber dem Staat und damit die Zivilgesellschaft stärkt. Diesem Argument kommt angesichts der Tatsache, daß der Staat gerade im Bereich von Schule und Bildungswesen nahezu über ein Monopol verfügt, eine kaum zu überschätzende Bedeutung zu.

(4) *Sein kritisches Potential kann der Religionsunterricht in der Zivilgesellschaft dadurch entfalten, daß er deren internationale, ökumenische und interreligiöse Dimension bewußtmacht und stärkt*: Vor allem kommunitaristische Konzeptionen leiden - wie deutlich geworden ist - zum Teil daran, daß die geforderten zivilgesellschaftlichen Vereinigungen, Gruppen und Orientierungen einen bloß lokalen, regionalen, gruppenspezifischen oder bestenfalls nationalen Gemeinsinn verkörpern. Demgegenüber ist zu Recht auf die Bedeutung internationaler Zusammenhänge und auf die Notwendigkeit weltweiter Solidarität verwiesen worden. In diesem Sinn wird dann auch von der internationalen oder globalen Zivilgesellschaft gesprochen und werden Möglichkeiten gesucht, sie zu institutionalisieren.

Für den Religionsunterricht verweist dies auf die Herausforderung ökumenischen und interreligiösen Lernens, die in den letzten Jahrzehnten eine zunehmend bedeutsame Rolle gespielt hat (zusammenfassend Koerrenz 1994, Goßmann u.a. 1995, van der Ven/Ziebertz 1994, Fischer u.a. 1996). Auch für die Theologie insgesamt hat die Diskussion über Globalisierung neue Anstöße für ökumenisches Denken erbracht (Meeks 1992). Mit der Aufnahme dieser Anstöße kann der Religionsunterricht einen eigenen Beitrag zur Bildung und zur Erneuerung einer zukunftsfähigen Zivilgesellschaft leisten - für eine freiheitliche Demokratie, deren Möglichkeiten sich im Weltmaßstab erst noch bewähren müssen.

Literatur

H. BADERTSCHER/H.-U. GRUNDER (Hg.), Wieviel Staat braucht die Schule? Schulvielfalt und Autonomie im Bildungswesen, Bern u.a. 1995.

U. BECK, Was ist Globalisierung? Irrtümer des Globalismus - Antworten auf Globalisierung, Frankfurt/M. 1997.

D. BELL, "American exceptionalism" revisited: the role of civil society, in: Public Interest 95/1989, 38-56.

P. BERGER/J. NEUHAUS, To Empower People: The Role of Mediating Structures in Public Policy, Washington 1977.

P. BEYER, Religion and Globalization, London 1994.

M.C. BOYS (Hg.), Education for Citizenship and Discipleship, New York 1989.

J. CASANOVA, Public Religions in the Modern World, Chicago/London 1994.

J.L. COHEN/A. ARATO, Civil Society and Political Theory, Cambridge/London 1992.

P. DASCHNER u.a. (Hg.), Schulautonomie - Chancen und Grenzen, Weinheim/München 1995.

EKD (Hg.), Identität und Verständigung. Standort und Perspektiven des Religionsunterrichts in der Pluralität. Eine Denkschrift, Gütersloh 1994.

Empfehlungen des Europäischen Pädagogischen Kolloquiums zur Neuorientierung der Schulaufsicht, in: Badertscher/Grunder 1995, 153-157.

A. ETZIONI, Die Entdeckung des Gemeinwesens. Ansprüche, Verantwortlichkeiten und das Programm des Kommunitarismus, Frankfurt/M. 1998.

D. FISCHER/P. SCHREINER/G. DOYÉ/C. T.SCHEILKE, Auf dem Weg zur Interkulturellen Schule. Fallstudien zur Situation interkulturellen und interreligiösen Lernens, Münster/New York 1996.

J.W. FOWLER, Öffentliche Kirche und christliche Erziehung, in: R. PREUL u.a. (Hg.), Bildung - Glaube - Aufklärung. Zur Wiedergewinnung des Bildungsbegriffs in Pädagogik und Theologie, Gütersloh 1989, 253-269.

A. GIDDENS, Jenseits von Links und Rechts. Die Zukunft radikaler Demokratie, Frankfurt/M. 1997.

K. GOßMANN/A. PITHAN/P. SCHREINER (Hg.), Zukunftsfähiges Lernen? Herausforderungen für Ökumenisches Lernen in Schule und Unterricht, Münster: Comenius-Institut 1995.

D.G. GREEN, Reinventing Civil Society: The Rediscovery of Welfare Without Politics, London 1993.

J. HABERMAS, Theorie des kommunikativen Handelns. Bd.2: Zur Kritik der funktionalistischen Vernunft, Frankfurt/M. 1981.

U. HERRMANN, "Mut zur Erziehung". Anmerkungen zu einer proklamierten Tendenzwende in der Erziehungs- und Bildungspolitik, in: Zeitschrift für Pädagogik 24 (1978), 221-234.

E. HERMS, Die Theologie als Wissenschaft und die Theologischen Fakultäten an der Universität, in: J. HENKYS/B. WEYEL (Hg.), Einheit und Kontext. Praktisch-theologische Theoriebildung und Lehre im gesellschaftlichen Umfeld. FS f. P.C. Bloth zum 65. Geburtstag, Würzburg 1996, 155-185.

W. HUBER, Öffentliche Kirche in pluralen Öffentlichkeiten, in: Evangelische Theologie 54/1994, 157-180.

W. HUBER, Offene und öffentliche Kirche. Von der staatsanalogen zur intermediären Institution, Vortragsmanuskript Evangelische Akademie Mülheim 5. März 1998.

J. KEANE, Democracy and Civil Society, London/ New York 1988

R. KEGAN, In Over Our Heads: The Mental Demands of Modern Life, Cambridge/ London 1994.

R. KOERRENZ, Ökumenisches Lernen, Gütersloh 1994.

L. KOHLBERG, The Psychology of Moral Development: The Nature and Validity of Moral Stages (Essays on Moral Development Vol. 2), San Francisco 1984.

T.M.E. LIKET, Freiheit und Verantwortung. Das niederländische Modell des Bildungswesens, Gütersloh 1993.

M.E. MARTY, The Public Church: Mainline - Evangelical - Catholic, New York 1981.

M.D. MEEKS, Globalization and the Oikoumene in Theological Education, in: R.E. RICHEY (Hg.), Ecumenical & Interreligious Perspectives: Globalization in Theological Education, Nashville 1992, 3-16.

K. MICHALSKI (Hg.), Europa und die Civil Society, Castelgandolfo-Gespräche 1989, Stuttgart 1991.

R.J. NEUHAUS, The Naked Public Square: Religion and Democracy in America, Grand Rapids 1984.

K.E. NIPKOW, Grundfragen der Religionspädagogik. Bd.2: Das pädagogische Handeln der Kirche, Gütersloh 1975.

K.E. NIPKOW, Bildung als Lebensbegleitung und Erneuerung. Kirchliche Bildungsverantwortung in Gemeinde, Schule und Gesellschaft, Gütersloh 1990.

K.E. NIPKOW, Theologie und Pädagogik: Ansätze und Linien für einen neuen Dialog. In: Comenius-Institut Münster (Hg.), Aufwachsen in der Pluralität. Herausforderungen für Kinder, Schule und Erziehung. Ein Gespräch zwischen Theologie und Pädagogik, Münster: Comenius-Institut 1994, 137-153.

P.J. PALMER, The Company of Strangers: Christians and the Renewal of America's Public Life, New York 1981.

P.J. PALMER/B.G. WHEELER/J.W. FOWLER (Hg.), Caring for the Commonweal: Education for Religious and Public Life, Macon 1990.

R. PREUL, Kirchentheorie. Wesen, Gestalt und Funktionen der Evangelischen Kirche, Berlin/New York 1997.

PROJEKTGRUPPE PRAKTISCHES LERNEN (Hg.), Bewegte Praxis. Praktisches Lernen und Schulreform, Weinheim/Basel 1998.

REDAKTION DISKUS (Hg.), Die freundliche Zivilgesellschaft. Rassismus und Nationalismus in Deutschland, Berlin 1992.

H.-G. ROLFF, Wandel durch Selbstorganisation. Theoretische Grundlagen und praktische Hinweise für eine bessere Schule, Weinheim/München 1993.

J.-J. ROUSSEAU, Vom Gesellschaftsvertrag oder Grundsätze des Staatsrechts (1762), Stuttgart 1977.

F. SCHWEITZER, Moralerziehung in der Pluralität. Schule, Staat und Gesellschaft zwischen Toleranzgebot und verbindlichem Ethos, in: Neue Sammlung 35/1995, 111-127

A.B. SELIGMAN, The Idea of Civil Society, Princeton 1995.

J. SEYMOUR u.a. (Hg.), The Church in the Education of the Public, Nashville 1984.

E. SHILS, The Virtue of Civil Society, in: Government and Opposition 26/ 1991, 3-20.

M.L. STACKHOUSE, Social Theory and Christian Public Morality for the Common Life, in: R.L. PETERSEN (Hg.), Christianity and Civil Society: Theological Education for Public Life, Maryknoll/ Cambridge 1995, 26-41.

C. TAYLOR, Modes of Civil Society, in: Public Culture 3/1990, 95-118.

J.A. VAN DER VEN/H.G. ZIEBERTZ (Hg.), Religiöser Pluralismus und Interreligiöses Lernen, Kampen/Weinheim 1994.

M. WALZER, A Better Vision: The Idea of Civil Society. A Path to Social Reconstruction, in: Dissent 1991, 293-304.

M. WALZER (Hg.), Toward a Global Civil Society, Providence/Oxford 1995.

M. WELKER, Kirche im Pluralismus, Gütersloh 1995.

R. WUTHNOW, Christianity and Civil Society: The Contemporary Debate, Valley Forge 1996.

Religion, Ethik und Philosophie in der Schule

Reiner Preul

Meinem Beitrag[1] habe ich aus zwei Gründen diesen Titel gegeben:
Erstens wird damit der aktuelle schulpolitische und bildungstheoretische Streit auf den allgemeinsten Nenner gebracht. Es geht nicht nur um das Daseinsrecht des herkömmlichen Religionsunterrichts oder auch eines ganz neuen Religionsunterrichts in der Schule, sondern immer zugleich auch um Ethik und Philosophie. Natürlich stehen auch die Interessen von Institutionen dahinter. Die Religionsgemeinschaften bzw. Kirchen möchten durch den Religionsunterricht vertreten sein. Von Seiten des Staates, etwa der Kultusministerien, werden - primär jedenfalls - ethische Erwartungen an die Schule herangetragen: sie solle Werte vermitteln und Tugenden, die in einer demokratischen Gesellschaft benötigt werden, Gemeinsinn etwa und Toleranz. Für Philosophie allerdings ist eine institutionelle Bezugsgröße - sieht man von Verbänden der Philosophielehrer ab - nicht so ohne weiteres ausfindig zu machen. Gelegentlich kommt ein solches Interesse an Philosophie in der Schule von Leuten, denen Ethik allein - gar Moral allein - aus guten Gründen zu wenig ist, die aber die christlich-biblische Tradition in einer pluralistischen Gesellschaft nicht mehr für grundlegungsfähig halten. Werterziehung und überhaupt schulische Bildung müsse auf eine breitere und allgemeinere Grundlage gestellt werden, und die sei am ehesten in der Philosophie zu finden[2]. Aber welche Position man auch einnimmt in diesem aktuellen Streit um Religion, Ethik, Philosophie und ob man sich dabei einer Institution verpflichtet weiß oder nicht: man muß doch stets irgendwie auf alle drei Größen Bezug nehmen.

Zweitens bin ich der Meinung, daß auch ganz abgesehen von dem aktuellen Streit - eigentlich handelt es sich ja um einen Dauerstreit, der nur aktuell besonders angeheizt wird - jede Schule diese drei Elemente enthalten muß, wie auch immer das dann fächermäßig zu organisieren ist. Jede Schule muß diese drei Elemente enthalten, auch eine solche, die wir uns frei ausdenken könnten, und zwar nicht nur aus Gründen äuße-

---

[1] Dem Aufsatz liegt ein Vortrag zugrunde, der am 12. November 1997 in Bünsdorf auf der Jahrestagung des Bundes evangelischer Lehrer in Schleswig-Holstein gehalten wurde. Den Redestil habe ich teilweise beibehalten.
[2] Etwa auf dieser Linie hat sich jüngst Hartmut von Hentig geäußert: Pflichtfach Philosophie. Kompromißvorschlag im Streit um den obligatorischen Religionsunterricht, in: Evangelische Kommentare 12/1997, 726ff. Von Hentig hat speziell die Situation in den neuen Bundesländern im Blick, in denen annähernd 70 Prozent der Bevölkerung als "religionslos" oder "andersgläubig" einzustufen sind, und möchte garantiert sehen, daß diejenigen Schüler, die den Religionsunterricht nicht wählen, gleichfalls mit den Grundfragen des Menschseins konfrontiert und in die Grundwerte der Gesellschaft eingeführt werden. Der Philosophieunterricht soll aber auch für diejenigen Schüler obligatorisch sein, die gleichzeitig am Religionsunterricht teilnehmen; denn beide Fächer könnten sich nicht gegenseitig ersetzen.

rer Vollständigkeit von Lernbereichen, sondern - wie später noch deutlich werden wird - aus Gründen der Bildung³. Eine auf Bildung ausgerichtete Schule *muß* Religion, Ethik und Philosophie - in welcher unterrichtsorganisatorischen Gestaltung auch immer - behandeln.

Mit den zwei Gründen sind auch zwei *Aufgaben* gestellt. Wir müssen uns in den aktuellen Streit hineinbegeben und dort eine Linie entwickeln, die wir vertreten wollen, eine Linie, die aber auch realistisch und unter den gegenwärtigen Bedingungen durchsetzbar ist. Wir müssen uns aber ebenso überlegen, was nach unserer Meinung in puncto Religion, Ethik und Philosophie in der Schule überhaupt wünschenswert und optimal wäre, unabhängig von allen einschränkenden Bedingungen. Die erste Überlegung ist pragmatischer Art, weil an Gegebenes anzuknüpfen ist, die zweite Überlegung ist konstruktiver Art. Man mag vielleicht fragen, ob eine solche grundsätzliche konstruktive Überlegung überhaupt nötig sei. Verführt uns das nicht zu einem Spekulieren an allen realen Gegebenheiten und Möglichkeiten vorbei? Sie ist nötig! Denn ohne eine solche Überlegung hätten wir gar keinen Maßstab für das, was wir unter den gegebenen Umständen für vertretbar halten. Nur wer mehr will, kann auch Kompromisse schließen. Die üblichen Stellungnahmen von seiten der Religionspädagogen und der pädagogisch-theologischen Institute mangeln in der Regel daran, daß sie überwiegend pragmatisch und taktisch argumentieren und eine grundsätzliche bildungstheoretische Position kaum mehr erkennen lassen.

Ich werde zunächst einige dieser pragmatischen Argumente, wie sie in gegenwärtigen Stellungnahmen verwendet werden, vorführen und kommentieren. Darauf folgen grundsätzliche Überlegungen zum Thema Religion, Ethik und Philosophie in der Schule. Und schließlich sind einige Konsequenzen für den aktuellen Streit zu ziehen: Was können wir vertreten? Woran müssen wir festhalten? Worauf können wir uns einlassen?

Argumente aus der gegenwärtigen Debatte

Pragmatische Argumente, auch taktische, werden sowohl von denen vorgebracht, die etwas ganz Neues wollen, etwa ein ganz neues Einheitsfach nach Brandenburger Modell oder auch einen Religionsunterricht für alle, neben dem es dann auch noch Philosophie oder Ethik geben mag, aber auch von denen, die die herkömmliche Gestalt des Religionsunterrichts verteidigen möchten. Uns interessieren vor allem die Argumente derer, die Neues wollen. Eine wahre Fundgrube ist hier die Broschüre "Religionsun-

---

[3] Es gibt nach allgemeinem Sprachgebrauch auch "Schulen", die gar nicht Bildung im Sinne haben, sondern nur wenige Gegenstände oder sogar nur einen einzigen Gegenstand lehren. Aber auch diese Schulen können nicht ganz auf die Bezugnahme auf wenigstens eine dieser drei Größen verzichten. Wer beispielsweise eine Fahrschule besucht, kommt nicht ohne ethische Belehrung über verantwortliches Verhalten im Straßenverkehr davon.

terricht für alle. Hamburger Perspektiven zur Religionsdidaktik", herausgegeben vom PTI Hamburg 1997[4].

Charakteristisch ist zunächst, daß die *multikulturelle und multireligiöse Situation* in großstädtischen Schulen, insbesondere in Hamburg, vorgeführt und mit Zahlen belegt wird. "Der Anteil getaufter Kinder an öffentlichen Schulen liegt deutlich unter 50 %. Zu ihnen gehören Kinder evangelischer, katholischer und orthodoxer Kirchen. Viele Schülerinnen und Schüler sind Muslime, z. T. Aleviten, einige Juden, wenige Buddhisten. Etwa 40 % gehören keiner Religion an." (124) Es wird weiter verwiesen auf den wachsenden Anteil von bikulturell aufwachsenden Schülern, etwa 20 % in Großstädten (149). Anschauliche Situationsschilderungen aus entsprechend zusammengesetzten Klassen mögen sich anschließen. Aus all dem müßten nun Konsequenzen gegen den herkömmlichen Religionsunterricht gezogen werden. Es kommt mir hier nicht darauf an, welche Zahlen und Prozentsätze in verschiedenen Gegenden der Republik gelten, etwa in den neuen Bundesländern im Vergleich zu den alten, sondern nur auf die Art des Arguments. Argumentiert wird mit neuen Quantitäten, mit einer gänzlich neuen religiösen und kulturellen Situation im Vergleich zu derjenigen Situation, in der der Satz, "Der Religionsunterricht findet in Übereinstimmung mit den Grundsätzen der Religionsgemeinschaften statt" in Bundes- und Länderverfassungen hineingeschrieben wurde. Es wird auch auf andere Länder in Europa verwiesen, in denen bezüglich des Religionsunterrichts an öffentlichen Schulen andere Regelungen gelten. Dem müsse im Zuge der Vereinigung Europas Rechnung getragen werden. Und schließlich wird im Zusammenhang der Situationsschilderung noch geltend gemacht, daß die meisten Schüler ohne jede religiöse Vorprägung in die Schule kommen. Auch die getauften Schüler seien gleichsam unbeschriebene Blätter. Daraus wird aber nicht der Schluß gezogen, daß man ihnen dann erst einmal die eigenen Grundlagen vermitteln müsse, vielmehr wird argumentiert, daß man ein Sensorium für religiöse Fragen überhaupt schaffen müsse, und das soll dann eben anhand der ganzen Breite dessen, was als Religion auftritt, geschehen.

Auffällig ist ferner die *selbstverständliche Vorordnung ethischer Zielsetzungen,* zu denen der Religionsunterricht einen Beitrag leisten und an denen er sich messen lassen müsse. Solidarität, Gemeinsinn, Achtung vor dem Fremden, Toleranz, Mitmenschlichkeit - vor allem diese Haltungen und Werte sollen befördert werden. Früher hätte man gesagt: Fleiß, Ehrlichkeit, Pünktlichkeit, Vaterlandsliebe, Pflichtbewußtsein, Disziplin,

---

[4] Vollständiger Titel: Religionsunterricht für alle. Hamburger Perspektiven zur Religionsdidaktik, hg. von Folkert Doedens und Wolfram Weiße, RUMS - Religion und multikulturelle Schule, Heft 2, 1997. Herausgeber: Pädagogisch-Theologisches Institut der Nordelbischen Kirche - Arbeitsstätte Hamburg - Teilfeld 2, 20459 Hamburg. Seitenzahlen in Klammern beziehen sich auf diese Veröffentlichung. Auf vollständigen Beleg wird aber verzichtet, zumal die im folgenden genannten Argumente auch in anderen Veröffentlichungen und Zusammenhängen immer wieder begegnen.

so wie sich kürzlich der Bundespräsident wieder auszudrücken getraut hat. Daß es im Religionsunterricht um das Thema Wahrheit des menschlichen Lebens geht, was immerhin die EKD-Denkschrift "Identität und Verständigung"[5] noch stark betonte, tritt gegenüber der moralischen Aufgabe des Religionsunterrichts deutlich zurück. Ebenso, daß er sich auf die Gottesfrage bezieht, was Schüler ja durchaus interessiert, wie etliche Umfragen zeigen[6]. Ebenso, daß die christliche Religion nicht nur aus lauter einzelnen Symbolen besteht, sondern daß sie ein in sich zusammenhängendes Wirklichkeitsverständnis bietet, nämlich als Welt-, Geschichts-, Selbst- und Gottesverständnis.

Zu den Voraussetzungen, die man nicht hinterfragt, sondern auf die man sich bezieht, gehören weiter die sogenannten *epochaltypischen Schlüsselprobleme,* wie sie Wolfgang Klafki formuliert hat[7] und wie sie sich nun überall in den Präambeln der Lehrpläne wiederfinden: die Friedensfrage, das Problem von Gerechtigkeit und gesellschaftlich produzierter Ungleichheit, die Umweltproblematik, die Technologiefolgen, die Gleichstellung von Mann und Frau. Mit diesem Pfund wird nicht ungeschickt gewuchert. Der Religionsunterricht, gleich welcher Art, hat es ja in der Tat vergleichsweise leicht, seinen Beitrag zu solchen und ähnlichen Menschheitsfragen deutlich zu machen. Was leistet denn der Chemieunterricht etwa zur Gleichstellung von Mann und Frau oder zum Problem gesellschaftlicher Gerechtigkeit? Trotzdem scheint die Akzeptanz des Religionsunterrichts nicht zu steigen. In Entsprechung zu den Schlüsselproblemen werden die Ziele des Religionsunterrichts formuliert. Sie bestehen in Problembewußtsein und in Kompetenzen. So benennt der vom PTI Hamburg entworfene, aber noch nicht in Kraft gesetzte Lehrplan für den Religionsunterricht in der Grundschule "personale und soziale Kompetenzen", "gesellschaftliche und politische Kompetenzen", "geschichtliche und kulturelle Kompetenzen" und "ökumenische und ökologische Kompetenzen" (23f) - ein ziemlich hochgesteckter, um nicht zu sagen: hochgestochener Zielkatalog für Zehnjährige -. Problematisch ist hier nicht, daß der Religionsunterricht etwas zu den Schlüsselproblemen beitragen soll, sofern es sich dabei

---

[5] Identität und Verständigung. Standort und Perspektiven des Religionsunterrichts in der Pluralität. Im Auftrag des Rates der Evangelischen Kirche in Deutschland hg. vom Kirchenamt der EKD, Gütersloh 1994, 30. Zur Würdigung und Kritik der Denkschrift vgl. Reiner Preul, Zur Bildungsaufgabe der Kirche. Überlegungen im Anschluß an die EKD-Denkschrift "Identität und Verständigung. Standort und Perspektiven des Religionsunterrichts in der Pluralität", in: Marburger Jahrbuch Theologie VIII/1996, 121-138.

[6] Diesen Sachverhalt hat verschiedentlich Karl Ernst Nipkow hervorgehoben, gewürdigt und hinsichtlich seiner didaktischen Konsequenzen und Chancen reflektiert, so besonders deutlich auf der Grundlage der von Robert Schuster durchgeführten und veröffentlichten Schülerbefragung (Was sie glauben. Texte von Jugendlichen, Stuttgart 1984) in seiner Schrift "Erwachsenwerden ohne Gott? Gotteserfahrung im Lebenslauf", München 1987, 43-92.

[7] Wolfgang Klafki, Grundzüge eines neuen Allgemeinbildungskonzepts. Im Zentrum: Epochaltypische Schlüsselbegriffe, in: ders., Neue Studien zur Bildungstheorie und Didaktik, Weinheim 1994^4.

auch um Bildungsprobleme, nicht nur um politisch zu lösende Aufgaben handelt - einen solchen Beitrag hat der Religionsunterricht auch schon immer erbracht, schon bevor ausdrücklich von Schlüsselproblemen die Rede war -, problematisch ist vielmehr das hier sichtbar werdende *Verfahren*. Man überläßt anderen, nämlich der allgemeinen Pädagogik und der staatlichen Ministerialbürokratie die Ausformulierung und Verbindlichmachung eines allgemeinen Bildungs- und Schulkonzeptes, ohne Beteiligung von Theologie und Religionspädagogik, und hofft dann, daß man innerhalb dieses allgemeinen Rahmens auch noch einen Platz findet, an dem man so oder so den Religionsunterricht unterbringen kann, ein Platz, der im Falle der Schlüsselprobleme auch ganz geräumig ausfällt. Aber mit Recht moniert die schon genannte EKD-Denkschrift, daß unter den Schlüsselproblemen selbst, die hier die Konturen von Allgemeinbildung abstecken, die Religion zunächst einmal ausgeklammert wird, ebenso das Pluralismusproblem und die ganze ethische Grundlagenproblematik[8]. Das Schema ist also: Andere machen die Bildungs- und Schultheorie, wir lassen uns einen Platz anweisen und versuchen den dann auszufüllen. Die Bildungsgesamtverantwortung der Kirche, genauer: ihre Mitverantwortung für das gesamte Bildungswesen, wie sie von der Denkschrift und von einzelnen Religionspädagogen, namentlich von Karl Ernst Nipkow[9], immer wieder geltend gemacht wurde, kommt so gerade nicht zum Zuge. Und daß der Religionsunterricht, wie es einst Gerhard Bohne formuliert hat, auch ein heilsamer Störfaktor und ein Korrektiv in der Schule sein könnte[10], kommt schon gar nicht mehr in den Blick. Man fügt sich in einen vorgegebenen Rahmen ein, der von einer angeblich religiös-weltanschaulich neutralen Position aus entwickelt sein soll.

Immer wieder wird von einem *vorausgesetzten Bildungsauftrag* oder *Erziehungsauftrag* der Schule her argumentiert. Diese Rede vom Bildungs- oder Erziehungsauftrag legt die Frage nahe, wer denn dabei eigentlich der Auftrag*geber* sei oder die Auftraggeber. Auf diese Frage bekommt man keine klare Antwort. Jedenfalls ist nicht mit der Antwort zu rechnen, die Kirche gehöre zu den Auftraggebern. Vielmehr wird man den Verdacht nicht los, Auftraggeber sei der Staat gleichsam als Kulturstaat oder Erziehungsstaat. In einem rechtlichen Sinne gilt das ja auch in gewisser Weise. Es handelt sich um die öffentliche Schule, über die der Staat nach Art. 7 (3) GG das *Aufsichtsrecht* hat. Aber mehr sagt das Grundgesetz auch nicht - glücklicherweise! Es spricht nur von der Aufsicht des Staates über das gesamte Schulwesen, wohl einschließlich der privaten Schulen. Es sagt aber nicht, daß der Staat in eigener Zuständigkeit die Bildungsziele bestimmt, die das Schulwesen dann zu realisieren hätte. Der Staat kann also nicht der Auftraggeber sein, jedenfalls nicht allein. Er kann sich allen-

---

[8] Identität und Verständigung, 32f.
[9] Bildung als Lebensbegleitung und Erneuerung. Kirchliche Bildungsverantwortung in Gemeinde, Schule und Gesellschaft, Gütersloh 1990.
[10] Gerhard Bohne, Das Wort Gottes und der Unterricht, 1929, 3. Aufl. Berlin 1964.

falls als Sachwalter gegebener Aufträge verstehen. Wer ist dann als Auftraggeber zu denken? Einerseits die Erziehungsberechtigten, die Eltern. Gerade in einer Demokratie, die sich den Menschenrechten verpflichtet weiß, darf der Wille der Eltern nicht beiseite geschoben werden. Andererseits kommen die verschiedenen gesellschaftlichen Institutionen als reale Auftraggeber für den Erziehungsauftrag der Schule in Betracht. Wir erziehen und lernen ja bekanntlich für das Leben. Dieses spielt sich aber in einer Welt von Institutionen ab, die daher auch ein moralisches Recht haben, Erwartungen an die schulische Erziehung und Bildung zu stellen. Zu diesen Institutionen gehört auch der Staat als eine unter mehreren, aber auch die Kirche bzw. die Kirchen, die religiösen Organisationen. Es gibt ein ganzes Spektrum von Institutionen, die berechtigte und je spezifische Erwartungen an das Bildungswesen haben: Institutionen der Herrschaft, des Rechts, der Wirtschaft, der Wissenschaft, des kulturellen und religiösen Lebens. Von hier aus fällt, nebenbei bemerkt, ein neues Licht auf den grundgesetzlich abgesicherten Einfluß der Kirchen nach Art. 7 (3). Diese Bestimmung ist nicht als ein Relikt und als ein Privileg zu verstehen, vielmehr ist hier nur der Bildungsanspruch *einer* Institution, gleichsam exemplarisch für analoge Ansprüche aller Institutionen, auch rechtlich klar anerkannt und geregelt. - Um diesen Punkt noch einmal deutlich zu machen: Statt sich klarzumachen, wer tatsächlich legitime Ansprüche an das Bildungswesen zu stellen hat, wem es also tatsächlich zustünde, den Bildungsauftrag der Schule inhaltlich zu bestimmen - nämlich einerseits die Erziehungsberechtigten, andererseits das Ensemble gesellschaftlicher Institutionen -, argumentiert man mehr oder weniger deutlich von einer kulturellen Allzuständigkeit des Staates aus. Die Kulturhoheit des Staates bzw. der einzelnen Länder ist aber, sofern damit mehr gemeint sein soll als eine formale organisatorische Reglungskompetenz, grundsätzlich in Frage zu stellen[11].

Wir sind dabei, die Prämissen aufzuzählen, von denen aus pragmatisch argumentiert wird. Das waren bisher: die geänderte faktische Situation, bestimmte ethische Postulate, ein an den epochaltypischen Schlüsselproblemen orientiertes Bildungskonzept und die Vorstellung vom Staat bzw. Kulturstaat als Träger des schulischen Bildungsauftrags. Dazu kommt nicht selten die Bezugnahme auf eine weltanschauliche Orientierungsgröße, die nur als solche nicht auffällt, weil sie ebenfalls als Konsens unterstellt wird. So spricht die Hamburger Broschüre immer wieder von "*aufgeklärter Humanität*" als Grundlage der Schule oder von den "Prinzipien aufgeklärter Humanität" (vgl. etwa 11, 91, 100, auch 13: "Leitvorstellungen aufgeklärter Humanität"), denen alle Schulfächer verpflichtet seien, also auch der Religionsunterricht. Natürlich wird sich niemand gegen aufgeklärte Humanität aussprechen. Man erfährt freilich nicht, was

---

[11] Diese Infragestellung hat Eilert Herms energisch vertreten und ausführlich begründet. Vgl. bes. seinen Aufsatz "Vom halben zum ganzen Pluralismus. Einige bisher übersehene Aspekte im Verhältnis von Staat und Kirche", in: ders., Kirche für die Welt. Lage und Aufgabe der evangelischen Kirchen im vereinigten Deutschland, Tübingen 1995, 388-431, speziell 406-425.

das nun genau ist[12], insbesondere nicht, was dabei das Beiwort "aufgeklärt" heißen soll. Man erinnert sich nur an Formulierungen des schleswig-holsteinischen Schulgesetzes, in denen in Paragraph 4 *neben* der humanistischen Überlieferung auch die christliche Überlieferung als Grundlage benannt wurde; noch in der neuesten Fassung ist von den die Menschenrechte begründenden "christlichen und humanistischen Wertvorstellungen" die Rede. Bleibt nun also allein der Humanismus als Grundlage und Legitimationsinstanz übrig, womit dieser gleichsam zu zivilreligiösem Rang erhoben wird?

Schließlich favorisiert man eine bestimmte Vorstellung, wie man diejenigen Probleme in den Griff bekommen könne, die durch den zunehmenden religiös-kulturellen Pluralismus geschaffen werden. Dabei wird als selbstverständlich vorausgesetzt, daß Toleranz, gegenseitige Wertschätzung, Dialogbereitschaft und Verständigung nur in einer *Schule für alle*, in der alle allen begegnen, zu befördern seien. Also müsse es auch einen Religionsunterricht für alle geben. Ich will nicht bestreiten, daß die Schule für alle und ein Religionsunterricht für alle hier tatsächlich bestimmte Chancen haben. Aber es ist keineswegs zu erwarten, daß sich der gewünschte Effekt gleichsam automatisch und zwangsläufig einstellt. Im Gegenteil: wo Unterschiedliches und Gegensätzliches auf engem Raum zusammenstößt oder zusammengedrängt wird, da ist auch damit zu rechnen, daß Konflikte zunächst einmal verschärft werden, daß Vorurteile und Abneigungen, weil nun mit eigenen Erfahrungen verbunden, erst recht gedeihen. Diese Gefahr muß natürlich didaktisch abgefangen werden, und das ist dann am leichtesten dadurch zu erreichen, daß Unterschiede und Gegensätze ausgeblendet oder für nebensächlich erklärt oder unter dem Titel "Fülle und Reichtum" schöngeredet werden und daß mehr Gemeinsamkeit, insbesondere in puncto Ethik, unterstellt wird als tatsächlich vorhanden. Daß die verschiedenen Religionen ein unterschiedliches Gottes-, Existenz- und Weltverständnis symbolisieren, wo man sich nur für das eine oder andere entscheiden kann, daß sie sich sogar gegenseitig kritisieren, so wie Jesus und Paulus das Gesetz kritisierten, das alles kann dann im Unterricht nicht mehr zur Sprache kommen, wie es auch tatsächlich in jenem Hamburger Lehrplan nicht vorkommt. Wer aber die Gesetzeskritik der Evangelien und des Paulus nicht zu Gesicht bekommt, wird nie verstehen, was der christliche Glaube ist. Die Gefahr besteht also, daß alles ad usum Delphini präpariert wird, so daß der Eindruck entsteht, die verschiedenen Religionen verhielten sich etwa so zueinander wie spanische Apfelsinen, griechische Trauben und tunesische Datteln - wo ja in der Tat nicht einzusehen wäre, warum man das nicht alles essen soll. Der Pluralismus, dem man sich stellen will, ist hier also gar nicht mehr der echte, harte Pluralismus, sondern ein didaktisch entschärfter und domesti-

---

[12] Abgesehen von dem Verweis auf die Grund- und Menschenrechte (91).

zierter Pluralismus, ein in die zivilreligiöse Klammer "aufgeklärter Humanität" gesetzter Pluralismus[13].

Bei denen, die einen ganz anderen Religionsunterricht wollen, kommt freilich ein Argument gar nicht zum Zuge, kann auch noch nicht zum Zuge kommen, solange alles noch Entwurf ist: die Erfahrung von Schülerinnen und Schülern. Diese Art von Evidenz steht aber den Verfechtern des herkömmlichen Religionsunterrichts zur Verfügung. Natürlich gibt es unterschiedliche Voten von Schülerseite. Es gibt auch berechtigte Kritik, die ernstzunehmen ist und die, wie die religionspädagogische Entwicklung der letzten Jahrzehnte zeigt, auch stets ernstgenommen worden ist. Aber es soll auch vorkommen, daß Schüler, die einen normalen evangelischen oder katholischen Religionsunterricht hatten, gehalten von einem Lehrer, der sich als Christ zu erkennen gab und das auch verteidigte, sagen: das war gut, das war lebendig und aufregend, das hat uns etwas gebracht, und von Enge und Indoktrination haben wir gar nichts gemerkt. Wenn es das aber gibt, dann stellt sich die Frage: warum nicht immer so? Ist vielleicht die ganze Rede von der Krise des Religionsunterrichts von außen an ihn herangetragen, ohne ernsthaften Anhalt an dem, was tatsächlich im Religionsunterricht geleistet wird oder wie er erlebt wird? Was hier als Reform vorgebracht wird, ist nur zu einem geringen Teil Konsequenz aus didaktischen Problemen, zum größten Teil aber Konsequenz aus einer Debatte, die nicht aus dem Religionsunterricht selbst entsteht, sondern über ihn hinweg und an ihm vorbei geführt wird.

Die Hamburger Broschüre enthält noch eine Reihe von zustimmenden Stellungnahmen zum Konzept eines Religionsunterrichts für alle bzw. eines interreligiösen Religionsunterrichts, nämlich von seiten der Konferenz der Muslime Hamburgs, des Tibetischen Zentrums e.V. Hamburg, des Alevitischen Kulturzentrums Hamburg e.V.; dazu kommt ein Diskussionsbeitrag der kirchlichen Seite der gemischten Kommission Schule/Kirche (es handelt sich um die evangelische Kirche). Es fehlen katholische und jüdische Stellungnahmen, wie auch die Mitgliederliste des "Gesprächskreises interreligiöser Religionsunterricht" (41) keine katholischen und keine jüdischen Vertreter aufführt.

Grundsätzliches zum Thema Religion, Ethik, Philosophie in der Schule

Ich sagte eingangs: keine Bildung ohne Religion, Ethik und Philosophie. Das ist nun in einem grundsätzlichen Sinne zu entfalten, also zunächst ohne Rücksicht auf unsere tatsächlichen schulischen Gegebenheiten. Anzusetzen ist bei dem Ausdruck "Bildung".

---

[13] Auffällig in diesem Zusammenhang ist auch, daß die Hamburger Broschüre beständig und offenbar im Sinne einer terminologiepolitischen Maßnahme von der abendländischen "jüdisch-christlichen Tradition" spricht, so als sei das eine einheitliche Tradition.

Mit "Bildung" meine ich nicht höhere Bildung, das, was die sogenannten gebildeten Kreise oder das "Bildungsbürgertum" für sich reklamieren. Ich meine Allgemeinbildung, Bildung, wie sie auch gelegentlich unter die Menschenrechte gezählt wird. Bildung ist sicher auch nicht das, was in bestimmten Spielshows wie Hopp oder Top oder Jeopardy abgefragt wird: eine Summe von Daten und Namen aus allen möglichen Gebieten, die jeder, ohne Experte zu sein, irgendwie mitbekommen haben könnte. Wenn wir fragen, was Bildung ist, können wir uns auch nicht am formalen Sprachgebrauch orientierten, nach dem wir von Bildungspolitik, Bildungsgängen, Bildungsabschlüssen oder auch vom Faktor Bildung reden, den man stärken müsse, um den Standort Deutschland zu sichern. "Bildung" heißt hier immer "erfolgreiches Lernen" in bezug auf irgendwelche Inhalte, Gegenstände und Methoden.

Bildung hat etwas mit dem *Wesen des Menschen* zu tun[14]. Wir benötigen also einen anthropologischen Grundbegriff, an dem wir Bildung auslegen können, an dem sich also zeigen läßt, was es heißt, *den Menschen* zu bilden. Dafür käme etwa in Frage: Sprache, Vernunft (der Mensch ist nach alter philosophischer Definition ein vernunftbegabtes Lebewesen: animal rationale) oder Handeln. Ich plädiere, ohne das hier ausführlich begründen zu können, für den Handlungsbegriff. Der Mensch ist das handelnde Wesen. Gewisse Formen von Sprache im Sinne von Verständigung finden wir auch bei Tieren; dasselbe gilt für ein gewisses Maß an Intelligenz. Aber das Tier handelt nicht. Es tut etwas, es verhält sich, es reagiert, aber es handelt nicht im eigentlichen Sinne. Handeln im eigentlichen Sinne heißt: einen gegebenen Zustand nach einer formulierbaren Zielvorstellung und unter Einsatz zweckmäßiger Mittel in einen anderen Zustand zu überführen, wobei sowohl das Handlungsziel als auch die Handlungsmittel unter jeweils mehreren gegebenen Möglichkeiten ausgewählt werden müssen. Wir handeln als endliche Wesen immer unter jeweils vorgefundenen Bedingungen, im Unterschied zum Schöpfer, von dem man sagen müßte, daß er unter selbstgesetzten Bedingungen handelt.

Würden wir nun weiter analysieren, was menschliches Handeln heißt, worin die Bedingungen, unter denen wir handeln, bestehen und welche Arten von Handeln es gibt, dann kämen wir auf das ganze Netz von Kategorien oder Grundelementen, in dem unser Sein in der Welt sich vollzieht: Leiblichkeit, Vernunft, Sprache, Freiheit, Wahrnehmung, Natur, Geschichte (unser Handeln steht ja immer in einem Handlungszusammenhang, an dem andere Menschen schon mitgewirkt haben), Raum, Zeit, Kontingenz, Kausalität und noch einiges mehr.

Gemäß diesem Ansatz beim Handlungsbegriff definiere ich Bildung als *Handlungsfähigkeit*, genauer: als *gesteigerte und über sich selbst aufgeklärte Handlungsfä-*

---

[14] Zu dem im folgenden skizzierten Bildungsverständnis vgl. meinen in Anm. 5 genannten Aufsatz sowie Reiner Preul, Kirchentheorie. Wesen, Gestalt und Funktionen der Evangelischen Kirche, Berlin/New York 1997, 313ff.

higkeit. Man ist nicht um so gebildeter, je mehr man weiß, sondern je mehr man handlungsfähig ist. Hätte ich beim Begriff der Sprache angesetzt, müßte ich Bildung primär als sprachliche Fähigkeit verstehen, was, wie man sieht, einseitig wäre. Würde ich bei der Vernunft ansetzen, wäre Bildung primär intellektuelle Bildung, was ebenfalls einseitig wäre. Da der Handlungsbegriff nicht nur Sprache und Vernunft, sondern auch alle weiteren Momente des menschlichen In-der-Welt-Seins einschließt, ist Bildung als gesteigerte und über sich selbst aufgeklärte Handlungsfähigkeit nicht einseitig bestimmt, sondern ein Ansatz, der auch den Zugang zu allen Wissens- und Lernbereichen eröffnet. Ich könnte von hierher also ein organisches Gesamtcurriculum entwickeln, das alle Schulfächer einbezieht und jedem Schulfach unter dem Gesichtspunkt seines Beitrags zur Handlungsfähigkeit ein bestimmtes Gebiet und eine klare Aufgabe zuweist. Ich deute das hier nur für den Fächerkomplex Religion, Ethik, Philosophie an und beginne mit der Philosophie.

Philosophie wird dadurch interessant und relevant, gewinnt dadurch eine bildende Funktion, daß ich die Fragen, mit denen Philosophen sich beschäftigen, und auch die Antworten, die sie geben, auf mich, auf meine Handlungssituation, auf meine Fragen und Einsichten beziehen kann. Philosophiegeschichte abgesehen von unserer Selbsterfahrung als handelnde Personen wäre nur intellektueller Sport und außerdem ein Faß ohne Boden. Schon mit unserer formalen Grundbestimmung, der Mensch sei ein handelndes Wesen, das unter je gegebenen Bedingungen handelt, und mit dem Hinweis auf das ganze Gefüge von Kategorien und Elementen des In-der-Welt-Seins, das damit zugleich aufgeboten wird, sind wir mitten in die Philosophie geraten, genauer: in existenzanalytische Überlegungen. Dieser These wäre weiter nachzugehen, sie wäre unter der Leitfrage "Was ist der Mensch?" zu entfalten, aber natürlich auch kritisch zu überprüfen. Auch die philosophische Frage nach den Voraussetzungen und Grenzen menschlichen Handelns und Erkenntnisvermögens ist zu stellen. Wie weit reichen die Mittel des exakten Denkens, wenn es um die Frage nach der *Bestimmung* des Menschen oder nach dem *Sinn* und *Zweck* von Mensch, Welt, Geschichte geht? Philosophie, methodisches Denken jedenfalls kann nur zeigen, *wie* wir in der Welt leben, nicht *wozu*. Sofern Philosophen darauf auch eine Antwort geben, was meistens der Fall ist, äußern sie sich bereits als religiöse bzw. als weltanschaulich optierende Individuen. Das reine Denken kann in Kombination mit der Phantasie wohl verschiedene Antwortmöglichkeiten auf die Wozu-Frage unterscheiden und einige ganz illusionäre Möglichkeiten aussondern, es kann auch zeigen, auf welche Antwortmöglichkeit sich etwa das Wirklichkeitsverständnis des christlichen Glaubens oder das einer anderen religiösen Position bezieht, muß aber die Entscheidung für oder gegen solche Positionen dem je einzelnen Menschen anheimstellen[15].

---

[15] Von Hentig fragt in seinem Plädoyer für Philosophie als Pflichtfach (s. Anm. 2) leider nicht nach den Grenzen der Leistungsfähigkeit von Philosophie als Philosophie. Damit bleibt aber auch seine

Damit ist auch schon eine Beziehung zwischen Philosophie und *Religion* deutlich geworden. Wo es um Bildung geht, muß jedenfalls beides präsent sein, wie auch immer diese Präsenz didaktisch zu organisieren ist. Die Philosophie analysiert das Wie unseres In-der-Welt-Seins und unterscheidet verschiedene Antwortmöglichkeiten auf die Wozu-Frage. Religion bezeugt tatsächlich gegebene Antworten auf diese Frage, nimmt aber dabei, jedenfalls im Falle christlicher Religion und Theologie, das daseinsanalytische Wissen und die Fragen der Philosophie auf. Auf die Frage, weshalb wir überhaupt leben und handeln können, wozu wir leben und handeln und wie wir unserer Bestimmung gemäß leben und handeln können, antwortet der christliche Glaube mit der Bezeugung des dreieinigen Gottes: des Vaters und Schöpfers, der uns samt allen Kreaturen geschaffen hat "aus lauter väterlicher göttlicher Güte und Barmherzigkeit" (wie Luther im Kleinen Katechismus sagt); des Sohnes, in dem Gott die Welt mit sich versöhnte und in dessen Leben, Sterben und Auferstehen das wahre menschliche Leben und sein Ziel sichtbar wurde; und des Heiligen Geistes, der unser Herz ergreift, uns erneuert und auf den Weg der Vollendung in Gottes ewigem Reich setzt. Die Antworten anderer Religionen auf die Wozu-Frage lasse ich hier unerörtert. Wir müssen nur dafür eintreten, daß auch diese die Möglichkeit haben, ihre Antworten zu geben, sei es in der öffentlichen Schule, sei es in den Medien. Ich weise in eigener Sache nur noch darauf hin, daß der bildungstheoretische Ansatz beim Handlungsbegriff auch einen unmittelbaren Zugang zu dem Zentralthema reformatorischer Theologie eröffnet, dem Verhältnis von Glaube und guten Werken. Die Rechtfertigungslehre, die dieses Verhältnis klärt, ist kein fremder Zusatz zur Bildungstheorie, sie ist gewissermaßen die theologische Bildungstheorie, denn sie sagt aus, worin die Wahrheit des menschlichen Lebens besteht, wie der Mensch zu dieser Wahrheit kommt, und welche Folgen das für sein Leben und Handeln hat. Für das Handeln folgt jedenfalls, daß der Mensch vor Gott nicht durch sein Handeln und seine Leistung gerecht wird.

Wie steht es schließlich mit der *Ethik*? Wo es um den Menschen als handelndes Wesen geht, um Handlungsziele und -mittel und deren Verantwortung, da ist natürlich Ethik gefragt. Und vielleicht sah es auch so aus, als liefe unser bildungstheoretischer Ansatz direkt auf Ethik als *das* Bildungsfach zu. Aber schon die Erinnerung an das reformatorische Grundthema Glaube und Werke weist darauf hin, daß es jedenfalls nach christlicher Einsicht keine Ethik gibt, die in sich selbst ruht, sich selbst genügt und für sich selbst schon klar genug zu sein scheint. Und so ist es auch grundsätzlich. Ethik kann auf Religion oder auf philosophische Lebens- und Weltanschauungen, die als solche aber auch schon wieder religiös sind, nicht verzichten. Ein reiner Ethikunterricht

---

an sich richtige These "Religionsunterricht und Philosophie oder deren (ungenügende) Teildisziplin Ethik können nicht eins für das andere eintreten. Es muß sie beide geben - und für alle, weshalb sie auf verschiedenen Unterrichtszeiten liegen müssen" (a.a.O. 726) ohne zureichende Begründung.

ohne theologische und philosophische Elemente könnte nur eine langweilige und überdies autoritäre Moralinstruktion sein: so und so hat man sich hierzulande zu benehmen. Der Schüler will aber nicht nur wissen, welche Normen und Regeln faktisch gelten, sondern *warum* sie gelten sollen, und da reicht auch der Hinweis auf das Grundgesetz oder auf die Menschenrechtskonvention der Vereinten Nationen nicht aus. Man kann es ja auch am Fach Ethik - ob nun Ersatzfach oder gleichberechtigtes Wahlpflichtfach - studieren: da will man zunächst die Theologen los sein, muß dann aber doch, sobald es um die Begründung von Ethik geht, wieder bei ihnen anklopfen. Ethik ist nicht isolierbar. Alle konkreten Normen, die ein bestimmtes Verhalten vorschreiben - du sollst dies tun und das lassen - sind, wenn sie nicht einfach für sakrosankt erklärt werden[16], bezogen auf übergeordnete Gesichtspunkte oder Prinzipien, an denen sie sich messen lassen müssen: ob sie also beispielsweise der Nächstenliebe dienen oder ob sie dem utilitaristischen Prinzip "das größte Glück der größten Zahl" oder auch der sogenannten goldenen Regel entsprechen[17]. Diese Prinzipien wiederum sind bezogen auf so oder so geartete Wertvorstellungen, Vorstellungen von gelungenem menschlichem Leben. Und diese schließlich sind eingebettet in umfassende, so oder so beschaffene Wirklichkeitsverständnisse religiös-weltanschaulicher Art, in denen Gott vorkommt oder ein Gottesersatz. Normen, Prinzipien, Werte, religiös-weltanschauliche Wirklichkeitsverständnisse: wir haben es immer mit dieser ganzen Kette zu tun. Noch einmal: das Ethische läßt sich nicht isoliert behandeln. Daher ist die Bezeichnung eines Schulfaches als "Ethik" an sich schon irreführend. Denn sofort stellt sich die populäre, aber auch in akademischen Kreisen weit verbreitete Vorstellung ein, es gäbe so etwas wie eine religions- und weltanschauungsfreie Ethik, die sich eigentlich von selbst verstehe, allgemeingültig sei und daher auch, etwa unter dem schönen Titel "aufgeklärte Humanität", der Schule für alle insgesamt zugrunde gelegt werden könne. Das aber ist eine ungeschichtliche Illusion. Zwar hat die Ethik der Nächstenliebe bestimmte Evidenzerfahrungen für sich - Beispiele von Nächstenliebe finden unmittelbaren Beifall, zumal wenn sie uns selbst widerfährt -, aber solche Evidenzerfahrungen können auch wieder vergessen, verleugnet, verdunkelt werden, und wenn eine Weltanschauung um sich greift, in der die Liebe gegen jedermann als Humanitätsduselei verunglimpft wird, dann fallen die Leute reihenweise um. Wir müssen uns mit dem Gedanken vertraut machen, daß Ethik genauso pluralistisch existiert wie Religion, Weltanschauung und Kultur. Deshalb ist Ethik in der Schule wohl zu lehren, aber nicht in splendid isolation.

---

[16] Ein solcher Kurzschluß ist regelmäßiges Kennzeichen fundamentalistischen Denkens.
[17] Auch survival of the fittest ist ein solches, für christliche Ethik freilich nicht akzeptables, Prinzip.

Konsequenzen für den aktuellen Streit um Religion, Philosophie und Ethik in der Schule

Woran ist festzuhalten? Was ist abzulehnen? Und worauf können wir uns einlassen? Ich möchte mich hier auf ein paar Bemerkungen beschränken.

Ich greife noch einmal das Stichwort *Pluralismus* auf. Einen sogenannten weichen Pluralismus, d.h. einen Pluralismus, der sich innerhalb einer gemeinsamen Klammer von Ethik und Zivilreligion entfaltet, bei dem also eine gemeinsame Substanz vorausgesetzt wird, die für alle wesentlichen Belange des Zusammenlebens erst einmal hinreichend wäre und die Verschiedenheiten als individuelle Zutaten erscheinen läßt, an deren Reichtum man sich nach Belieben erfreuen könne, einen solchen weichen, entschärften Pluralismus gibt es nicht. Er ist ein didaktisches Präparat, das der Wirklichkeit nicht entspricht. Der echte Pluralismus ist seinem Wesen nach ein harter, d.h. ein tiefgreifender Pluralismus. Es gibt eben ganz unterschiedliche Perspektiven auf das Leben, die von unterschiedlichen Lebensgewißheiten und deren Ausformulierung in Gestalt von mehr oder weniger deutlich symbolisierten Wirklichkeitsverständnissen geleitet werden. Und diese Perspektiven schlagen bis auf die Ethik durch und bis auf die Ordnung allen Faktenwissens durch Orientierungswissen und bis auf die Art, wie einzelne Ereignisse in der Welt erlebt werden. Es macht eben einen gewaltigen und folgenreichen Unterschied, ob ich die Welt wahrnehme als von Gott geschaffene und erhaltene Wirklichkeit oder als bloßes Spiel materieller Kräfte oder als pantheistisch beseelte Natur oder als polytheistisch bevölkertes und zerstückeltes Universum oder als mit sich selbst entzweiten Willen zum Leben und zur Macht. Das heißt nicht, daß es zwischen den unterschiedlichen Perspektiven nicht auch Berührungspunkte geben kann oder auch Überschneidungen und gemeinsame Schnittflächen. Aber diese Berührungspunkte und Schnittmengen sind *nicht vorab* zu ermitteln oder gar als das verpflichtende Gemeinsame zu verordnen.

Daraus folgt für eine Schule für alle, wenn es sie denn geben muß, daß all diese Perspektiven auch unverkürzt und in ihrem jeweiligen Eigenzusammenhang und zunächst miteinander unvermittelt zur Darstellung kommen müssen, jedenfalls soweit Angehörige der verschiedenen religiös-weltanschaulichen Positionen in der Schule anzutreffen sind und entsprechender Darstellungsbedarf geltend gemacht wird. Ob das in einem Fach "Religionsunterricht für alle" oder in einem Fach "Lebensgestaltung - Ethik - Religionskunde" didaktisch gelingen kann, ist mehr als zweifelhaft. Ich sehe nicht, wie unsere evangelisch-christliche Lehre in ihrer Grundgestalt da unverkürzt und unverbogen einzubringen wäre. Mir scheint, daß die grundgesetzliche Regelung, nach der der Religionsunterricht in Übereinstimmung mit den Grundsätzen der Religionsgemeinschaften zu erteilen ist, wonach also prinzipiell jede Religionsgemeinschaft die Möglichkeit hat, ihren Religionsunterricht in der Schule unterzubringen, dem Sachverhalt des prinzipiellen Pluralismus am ehesten entspricht[18]. Das schließt Kooperationsmöglichkeiten zwischen beispielsweise evangelischem und katholischem Religionsunterricht, wie sie weithin schon praktiziert werden, nicht aus, auch Kooperation zwischen Religionsunterricht und Philosophieunterricht ist möglich und wünschenswert. Aber solche Kooperation, wie sie sich jeweils nahelegt und empfiehlt, setzt das sachlich begründete Recht auf konfessionellen Unterricht nicht außer Kraft, sondern voraus. Die Kirchen *können* ihre Zustimmung zu gemeinsamem Unterricht geben, *müssen* es aber nicht. Es ist wesentlich, daß diese Freiheit zum Ja- und Neinsagen erhalten bleibt, und das ist nur auf der Basis der grundgesetzlichen Regelung, die den konfessionellen Religionsunterricht als Regelfall vorsieht[19], möglich. In manchen Fällen sollten die Kirchen auch nein sagen. Die Hamburger sind auf den Einfall gekommen, daß der interreligiöse Religionsunterricht für alle ja auf der Basis des Grundgesetzes möglich wäre, es müßten nur alle Religionsgemeinschaften, auch die nichtchristlichen, diesen interreligiösen Unterricht befürworten (39). Selbst wenn das formalrechtlich möglich sein sollte, womit freilich der Sinn von Art. 7,3 auf den Kopf gestellt würde, ist hier das Nein nach katholischem Vorbild geboten. Fazit: wir müssen gerade aus Gründen des Pluralismus, des echten Pluralismus, prinzipiell am konfessionellen Reli-

---

[18] Der Art. 7.3 GG, übernommen aus Art. 149 der Weimarer Reichsverfassung, ist als Ausdruck der Selbstzurücknahme des Staates bezüglich der religiösen Erziehung seiner Bürger zu verstehen. Der Staat will, daß Religion so vermittelt werden soll, wie sie nach Ausweis der Religionsgemeinschaften tatsächlich existiert, nicht, wie die jeweilige Staatsmacht sie vielleicht gern hätte. Damit ist auch die Möglichkeit eines kritischen Gegenübers zur Politik gegeben, das sich gegebenenfalls auch innerhalb des Bildungswesens auswirken könnte. Man sollte nicht vergessen, daß die Formulierung von Art. 149 WRV zeitlich mit dem Ende des landesherrlichen Kirchenregiments zusammenfiel.

[19] Der Ausdruck "konfessionell", der in den maßgeblichen Gesetzestexten gar nicht vorkommt, sich aber als Bezeichnung für den grundgesetzgemäßen Religionsunterricht eingebürgert hat, ist auslegungsbedürftig, da sich damit ganz unterschiedliche Vorstellungen verbinden lassen. Evangelische Theologie und Kirche vertreten weder ein positiv-dogmatisches, durch die Verpflichtung auf bestimmte kirchliche Lehrsätze charakterisiertes noch etwa ein konfessionalistisch-polemisches Konfessionalitätsverständnis. Auf die Frage, was man sich unter den Grundsätzen unserer Religionsgemeinschaft vorzustellen habe, kann mit dem Verweis auf die Präambeln evangelischer Kirchenverfassungen geantwortet werden. Als Beispiel sei die nordelbische Verfassung zitiert: "Die Nordelbische Evangelisch-Lutherische Kirche bekennt als ihre Grundlage das Evangelium von Jesus Christus, wie es im Zeugnis der Heiligen Schrift des Alten und Neuen Testament gegeben und in den altkirchlichen Bekenntnissen und den evangelisch-lutherischen Bekenntnisschriften ausgelegt und bezeugt ist." Also nicht irgendein Lehrgebäude ist die Bezugsgröße, sondern das Evangelium, das als solches nicht verordnet, sondern nur bezeugt, bekannt und in je individueller Zuständigkeit ausgelegt werden kann. Konfessioneller Religionsunterricht im evangelischen Sinne ist ein Unterricht, in welchem dem Schüler Gelegenheit gegeben ist, sich in der Begegnung mit dem biblischen Zeugnis sein eigenes Urteil auf dieselbe Weise zu bilden, wie Luther zu seiner Rechtfertigungserkenntnis gekommen ist. Normierend sind nicht inhaltliche Festlegungen, sondern solche hermeneutischen Regeln, die den intellektuell redlichen und damit die Chance der je eigenen Wahrheitserkenntnis offenhaltenden Umgang mit dem biblischen Zeugnis gewährleisten.

gionsunterricht festhalten, um auf dieser Grundlage dann gegebenenfalls auch sinnvolle religionspädagogische Bündnisse einzugehen.

Zur *Vermittlung* von Religion: Religion existiert primär nicht in Gestalt von Texten und Lehrsätzen oder auch von Festen, Riten und Gebräuchen, sondern in Gestalt von Personen, die ihre Religion leben und aus ihr handeln. Religiöse Bildung ist auf die Begegnung und lebendige Auseinandersetzung mit solchen Personen angewiesen. Das macht den Unterricht ja auch spannend und aufregend. Bei der Lektüre der Hamburger Broschüre ist mir aufgefallen, daß auf die Person des Lehrers bzw. der Lehrerin und ihre religiös-weltanschauliche Position nur selten[20] reflektiert wird[21]. Es wird zwar vorausgesetzt, daß sie eine Position haben, aber was das für den Unterricht bedeutet, wird nicht bedacht - übrigens auch nicht, welche Art von Ausbildung denn erforderlich ist. Das Bekenntnis oder Lebenszeugnis des Lehrers, der Lehrerin scheint also eher ein Störfaktor zu sein. Wenn so gedacht würde, vielleicht aus Angst vor Indoktrination, wenn also das Lebenszeugnis des Lehrers, der Lehrerin nicht zum Zuge kommen soll, dann wäre das in Wirklichkeit die schlimmste Art von Indoktrination, die sich die Schule leisten kann. Ohne Lehrerinnen und Lehrer, die sich in ihrer Position zu erkennen geben und diese Position mit redlichen Mitteln vertreten und verteidigen, wird der ganze schulische Bildungsprozeß zu einer langweiligen, künstlichen, verkrampften und lebensfernen Angelegenheit. Der Religion jedenfalls, die primär nicht in Texten, sondern in Personen präsent ist, kann der Schüler dann gar nicht begegnen. Wenn schon die Eltern weitgehend als lebendige Vermittlungsinstanzen ausfallen, dann muß wenigstens die Schule die Möglichkeit zur Begegnung mit solchen Personen bieten, die einen Glauben leben und vertreten.

Für die Organisation des Lehrens und Lernens von Religion in der Schule, aber auch des Lehrens und Lernens von Philosophie und Ethik, folgt daraus, daß der Schüler wissen können muß, was ihn erwartet, welche Art von Lehrer ihm begegnen wird. Auch die Eltern der noch nicht im gesetzlichen Sinne entscheidungsbefugten Schüler müssen es wissen können. Erforderlich sind also klar profilierte Kurse mit Lehrern, von denen man weiß, was sie für richtig halten. Es darf nicht sein, daß man die Katze im Sack kaufen muß, wie es ja wohl bei dem Brandenburger Einheitsfach der Fall ist[22]. Da ist mit allem zu rechnen: der Lehrer kann überzeugter Christ sein oder Agnostiker oder ein New Age-Apostel und so fort, nur - ausgerechnet - kein Marxist-Leninist. Diese

---

[20] So etwa im "Diskussionsbeitrag der Kirchlichen Seite der Gemischten Kommission Schule/Kirche", wo betont wird, man rede "keinesfalls einer bloßen Religions-'Kunde' das Wort". Wo "Grundsituationen und Grundfragen menschlicher Existenz lebendig zur Sprache kommen", seien immer Konfessionen und konfessorische Elemente im Spiel (19).

[21] Analoges gilt für alle Konzepte, die den grundgesetzgemäßen Religionsunterricht hinter sich lassen wollen.

[22] Das Hamburger Modell grenzt sich zwar betont von LER ab, kann aber an dieser Stelle die Differenz nicht deutlich machen.

Forderung nach einem klar erkennbaren Profil des Unterrichts und seines Lehrers, seiner Lehrerin gilt unabhängig davon, ob der Schüler die freie Wahl zwischen Kursen in evangelischer und katholischer Religion und Philosophie bzw. Ethik haben soll bzw. in welchem Maße er die Wahl haben soll.

Was schließlich die ganze *fächermäßige Gestaltung* von Religion, Philosophie und Ethik in der öffentlichen Schule betrifft, so wird man der pragmatischen Argumentation der EKD-Denkschrift "Identität und Verständigung" folgen können. Die Denkschrift plädiert für einen eigenständigen Fächerkomplex Religion/Ethik bzw. Philosophie mit klar profilierten Kursen, so daß also auch die Identität eines evangelischen Religionsunterrichts hier gewahrt werden kann, ferner mit weitgehenden Wahlmöglichkeiten der Schüler - wodurch das Fach Ethik bzw. Philosophie seinen Charakter als bloßes Ersatzfach verliert - und schließlich mit variablen Kooperationsmöglichkeiten, die den jeweiligen regionalen und schulischen Gegebenheiten entsprechend zu nutzen sind. So die Empfehlung für die öffentliche Schule, die nach Meinung von Karl Ernst Nipkow auch für Brandenburg eine akzeptable Lösung gewesen wäre[23].

Die Denkschrift erwähnt das wachsende Interesse an "alternativen Schulen" (aaO. 21) und streift damit auch den Gedanken an Schulen in freier, also auch in kirchlicher Trägerschaft, ohne diesen Gedanken weiter zu verfolgen[24]. Wir sollten diese Linie verstärken, nicht um die öffentliche Schule durch Schulen in privater Trägerschaft abzulösen - das wäre eine derzeit ganz unrealistische Zielvorstellung -, sondern um ihr exemplarisch gelungene Beispiele einer Alternative an die Seite zu stellen. Sollte sich zeigen, daß die öffentliche Schule die ihr durch den Pluralismus zugemutete Spannung nicht aushält und infolgedessen den christlichen Unterricht zugunsten eines alle Unterschiede vergleichgültigenden Unterrichts aus sich ausschließt, dann müssen wir verstärkt auf die Einrichtung von Schulen in kirchlicher Trägerschaft dringen[25]. Es gibt bereits gelungene Beispiele solcher Schulen, und es sollte mehr davon geben.

Festzuhalten ist am grundgesetzgemäßen Religionsunterricht als Voraussetzung jeweils sinnvoller Kooperation. Festzuhalten ist an der Forderung, daß das christliche Wirklichkeitsverständnis unverkürzt und unverbogen in der Schule zur Sprache kommen kann, dargestellt von Lehrerinnen und Lehrern, die ihre religiöse und theologische Position zu erkennen geben und entsprechend ausgebildet sind. *Einlassen* können wir uns auf das Konzept einer Fächergruppe Religion/Ethik/Philosophie mit klar profilier-

---

[23] Karl Ernst Nipkow, Die Herausforderung aus Brandenburg. "Lebensgestaltung - Ethik - Religionskunde" als staatliches Pflichtfach, in: ZThK 93/1996, 124-148, bes. 128f.

[24] Ausführlich zu den Stärken, aber auch zu den möglichen Problemen von Schulen in evangelischer Trägerschaft äußerst sich Karl Ernst Nipkow in dem in Anm. 9 genannten Werk, 496-554.

[25] Wohlgemerkt: in kirchlicher, nicht in evangelikal-fundamentalistischer Trägerschaft. Die volkskirchliche Offenheit ist eine notwendige Bedingung für eine moderne kirchliche Schule. Zur Frage, wie man Toleranz und Verständigung in einer solchen Schule lernen kann, vgl. Reiner Preul, Erziehung als "gutes Werk", in: Marburger Jahrbuch Theologie V/1993, 95-115, bes. 114f.

ten Kursen und flexiblen Gestaltungsmöglichkeiten. *Sympathie entwickeln* sollten wir gleichzeitig für die Idee einer Schule in kirchlicher Trägerschaft, in der der christliche Glauben zeigen kann, was er pädagogisch zu leisten vermag.

Religionsunterricht und Muslime in England
Entwicklungen und Grundsätze*

John M. Hull

Schätzungsweise 450 000 muslimische Kinder gehen in England und Wales zur Schule[1]. Alle Schulkinder erhalten regulär Religionsunterricht, solange ihre Eltern sie nicht davon befreien lassen; muslimische Kinder sind davon nicht ausgenommen. Darüber hinaus sind alle Kinder gesetzlich verpflichtet, an den täglichen Schulandachten teilzunehmen, solange ihre Eltern sie davon nicht befreien lassen. Die Lehrpläne für Religionslehre, erstellt von den lokalen Schulbehörden, wollen generell einen Zugang zu den Weltreligionen liefern und beinhalten Unterrichtsreihen über den Islam wie auch über andere Religionen, insbesondere über das Christentum.

Diese Regelungen funktionierten ziemlich gut, bis zu Beginn der neunziger Jahre Probleme auftraten. 1988 hatte die konservative Regierung unter Mrs. Thatcher neue Schulgesetze verabschiedet. Der "Education Reform Act" (ERA) von 1988 führte nicht nur das Nationale Curriculum ein, sondern betonte entschieden den Stellenwert von Religionslehre und Schulandacht. Erstmals mußten die Inhalte der Lehrpläne, obwohl weiterhin auf lokaler Ebene erstellt, einer gesetzlichen Vorschrift entsprechen, nämlich der, daß sie "den Umstand widerspiegeln, daß die grundlegende religiöse Tradition in Großbritannien überwiegend christlich ist, und daneben die Lehre und Praxis anderer, in Großbritannien vertretener, Weltreligionen berücksichtigt wird" (ERA 1988, Section 8.3). Gleichzeitig sollte die Schulandacht, welche zuvor nicht näher vorgegeben war, nun "gänzlich oder hauptsächlich christlichen Charakter im weiten Sinne" (Section 7) haben.[2]

Anfangs neigte die muslimische Gemeinde dazu, die neue Gesetzgebung zu billigen, aber als die Implikationen klarer wurden, kamen Anzeichen von Unzufriedenheit[3] auf. Dieser Artikel will zwei der vielen Vorfälle skizzieren, die während der letzten Monate und Jahre passierten, und die Bedeutung dieser Entwicklungen erläutern, sowohl für

---

* Ich bin dem St. Peters Saltley Trust in Birmingham dankbar, dessen großzügige Unterstützung es mir ermöglichte, diesen Artikel zu schreiben.
[1] Es waren keine verläßlichen Zahlen erhältlich. Die angegebene Zahl ist ein geschätzter Wert auf Grundlage der Frage nach der ethnischen Abstammung in der Volkszählung von 1991, ermittelt von C.T.R. Hewer.
[2] J. M. Hull, The Act Unpacked. The Meaning of the 1988 Education Reform Act for Religious Education, Isleworth 1989; Edwin Cox/Josephine Cairns, Reforming Religious Education. The Religious Clauses of The 1988 Education Reform Act, London 1989.
[3] A. Mabud, A Muslim Response to the Education Reform Act 1988, in: British Journal of Religious Education 14, 2 [Spring 1992], 88-98.

die Teilnahme von Muslimen am Religionsunterricht als auch für den Charakter und das Selbstverständnis der Religionslehre als Ganzes in England.

Ich beziehe mich auf diese beiden Vorfälle, nicht weil sie notwendigerweise typisch sind, sondern weil sie interessante Fragen aufwerfen. Ich könnte auch andere Fälle beschrieben haben, in denen Muslime sehr gut mit den beschlossenen Lehrplanvorgaben zurechtkamen. Insofern liefert dieser Artikel also keinen vollständigen Überblick über die Situation von Muslimen im britischen Religionsunterricht.

Der Kirklees-Vorfall: Abmeldungen

Der erste dieser Vorfälle geschah im Regierungsbezirk von Yorkshire in Englands Norden, auch bekannt unter dem Namen Kirklees. Im westlichen Teil von Yorkshire liegen Städte mit Namen wie Huddersfield, Dewsbury und Batley. Diese Gegend hat einen hohen muslimischen Bevölkerungsanteil, weil Menschen vom indischen Subkontinent von der Textilindustrie in den vergangenen Jahrzehnten angezogen worden waren, für die Yorkshire einmal bekannt war.

Ende 1995 wurden hunderte von muslimischen Kindern von den Grund- wie auch Sekundarschulen in Kirklees abgemeldet.[4] Diese Abmeldungen waren nicht gleichmäßig über die Gegend verteilt, Batley war am meisten davon betroffen. Bis zu einem gewissen Grad schien das Ausmaß der Abmeldungen abhängig von den Einstellungen der dortigen Moscheenleiter. Hauptursache waren dabei die neu beschlossenen Lehrpläne, die gerade veröffentlicht worden waren[5]. Sie beinhalteten einiges über den Islam als Unterrichtsinhalt und waren in Konsultation mit Vertretern der muslimischen Gemeinde erstellt worden[6]. Nichtsdestotrotz war die Stärke dieser Abmeldewelle auffällig. In einer der am stärksten betroffenen Sekundarschulen wurde etwa ein Drittel aller Kinder in den Stufen 7, 8 und 9 (Alter 11-13) abgemeldet. In der Praxis bedeutete das, daß die Kinder dieser Altersstufe zu ihrer religiösen Erziehung in drei Klassen aufgeteilt werden mußten, von denen zwei den normalen Unterricht nach Lehrplan erhielten, während die dritte aus den abgemeldeten muslimischen Kindern bestand. Diese Kinder erhielten keinerlei Religionsunterricht, sondern bekamen Arbeitsaufgaben aus anderen Fächern.

In den Grundschulen, die dieser Sekundarschule vorausgehen, sind die Hälfte der Kinder Muslime und dort gab es ähnliche, vielleicht sogar etwas stärkere Abmeldungsbewegungen.

---

[4] Erstmals berichtet The Times am 22. Januar 1996: "Muslims removed from RE lessons"; vgl. "Muslims boycott religious lessons" in der Ausgabe von The Guardian vom 22. Januar 1996, 7.

[5] "1995-2000 Kirklees Agreed Syllabus for Religous Education", Kirklees Metropolitan Council [September 1995].

[6] Kirklees Lehrplan, 77-96.

In den Stufen 10 und 11 (die Kinder sind etwa 14-15) können die Schüler einen kurzen G.C.S.E-Kurs "public examination in religious studies" wählen, dessen Lehrplan das Studium von Islam und Christentum umfasst.[7] Dieser Kurs war in keinster Weise von Abwahlen betroffen, sondern eher zu viele muslimische Schüler wollten diesen Kurs wählen. Die Religionslehrer dieser Schule hatten die Sorge, daß hier eine Tradition geschaffen wird, die es für selbstverständlich hält, daß muslimische Schüler in die Sekundarstufe I erst in den Schuljahren am Religionsunterricht teilnehmen, an deren Ende sie das Abschlußzeugnis (mittlere Reife [G.C.S.E.]) erwerben und auf jeden Fall alt genug sind für diese Thematik. Ende 1997 veröffentlichte Kirklees sein "Handbuch zum gemeinsam vereinbarten Lehrplan für den Religionsunterricht". Dieses bot nur sehr wenig zusätzliche Information über oder Hilfen für das Unterrichten von Lehrplaneinheiten mit dem Thema Islam.

Der Birmingham-Vorfall: Anpassung

Eine andere Situation entstand in einer der Grundschulen im Zentrum von Birmingham. Im Mai 1993 gab es eine Meinungsverschiedenheit in der Schulleitung. Militante Muslime verlangten, daß ihre Kinder eine eigene Schulandacht angeboten bekommen sollten. Womit sie nicht einverstanden waren, war nicht der tatsächliche Ablauf der Schulandacht, sondern der Umstand, daß das Gesetz verlangte, daß ihre Kinder an einer Andacht teilnehmen sollten, die "gänzlich oder hauptsächlich christlichen Charakter im weiten Sinne" (Education Reform Act [ERA] Section 7) hat. Dieses Schulgesetz von 1988 sieht vor, daß sich die Schulen für den Fall, daß diese Art gemeinsamer Andacht für einige oder alle Schüler unpassend scheint, an den "Standing Advisory Council on Religious Education (SACRE; Ausschuß für religiöse Unterweisung)" ihrer (unteren) Schulbehörde (Lokal Education Authority [LEA]) wenden.

Anfangs sträubten sich die Behörden und die Fachschaftsvorsitzenden, die gewünschte Regelung zu beantragen, mit dem Argument, daß dann die Schulen entlang religiöser Grenzen geteilt würden. Dennoch wurde später im Jahr 1993 ein Antrag an die Schulbehörde (LEA) gerichtet und genehmigt. Dies hatte zur Folge, daß es von da an täglich zwei unterschiedliche Schulandachten gab. Die eine war für die meisten muslimischen Kinder, während die andere weiterhin gänzlich oder hauptsächlich christlichen Charakter - in einem weiten Sinne - hatte.

Zu dieser Zeit waren etwa 70% aller Schüler Muslime, doch nicht alle muslimischen Kinder besuchten die muslimischen Schulandachten. Manche nahmen weiterhin an der allgemeinen Schulandacht teil, die, trotz ihres gesetzlichen Status als im weiten Sinne christlich, in der Praxis multikulturell gestaltet wurde, und so versuchte, aus allen in der Schule vertretenen geistlichen Traditionen zu schöpfen.

---

[7] G.C.S.E RE Short Courses [Input 6], Derby, Christian Education Movement (CEM) [April 1996].

Als das Problem mit der Andacht geklärt war, richtete sich die Aufmerksamkeit auf die Umsetzung des Religionsunterrichts. Es wurde beschlossen, daß die Eltern ihre Kinder nicht von dem im Lehrplan vorgesehenen Unterricht abmeldeten, wie es in Kirklees geschehen war, sondern daß muslimische Kinder aus unterschiedlichen Klassen gemeinsam lehrplangemäß unterrichtet würden von einem Lehrer, der - selber Muslim - extra dafür eingestellt werden sollte. Im September 1994 wurde dieser Lehrer eingestellt. So kam es, daß der lokale Lehrplan in zwei Formen unterrichtet wurde, in einer islamischen Form, nach der der muslimische Lehrer fast alle muslimischen Kinder unterrichtete, und in der ursprünglichen Form des gleichen Lehrplans, nach der der normale Klassenlehrer die anderen Kindern unterrichtete, die aus verschiedenen religiösen Traditionen kamen, darunter auch ein paar muslimische Kinder, deren Eltern nicht wollten, daß sie an dem muslimischen Unterricht teilnahmen.[8]

Diese Handhabung stieß auf Zustimmung bei der muslimischen Gemeinde, und der Prozentsatz muslimischer Schüler stieg stetig von 70% in 1994 auf 96% im Frühjahr 1998. Dieser Anstieg hat zur Folge, daß beinahe alle Kinder an diesem speziellem muslimischen lehrplanmäßigen Unterricht teilnehmen, während in den jeweiligen Klassenräumen zwei oder drei Kinder vom Klassenlehrer nach demselben Lehrplan, allerdings nicht aus speziell muslimischer Perspektive unterrichtet werden. Anstatt zu behaupten, daß diese Handhabung die Schule entlang religiöser Grenzen teile, könnte man treffender sagen, daß die speziellen Bedürfnisse der kleinen Gruppe von nicht-muslimischen Kindern bevorzugt bedient werden.[9] Wir werden nun die Bedeutung dieser Vorfälle diskutieren.

Muslimische Abmeldung vom Religionsunterricht

Was die muslimischen Eltern in Kirklees taten, war absolut legal. Das Gesetz gibt den Eltern das Recht, ihre Kinder vom Religionsunterricht abzumelden, und gestattet sogar das Anbieten alternativen Religionsunterrichts, wenn dieser von Eltern gewünscht wird, solange für die Schule keine zusätzlichen Kosten anfallen. Das Recht auf Abmeldung wurde in den letzten Jahren nicht sonderlich in Anspruch genommen. Eltern, die ihre Kinder abmelden, sind gewöhnlich Mitglieder christlicher Bewegungen wie der Zeugen Jehovas. Für diese Gruppen gehört die Abmeldung der Kinder vom Religionsunterricht zu ihrem generellen Streben nach sozialer Separation. Kinder, die nicht

---

[8] State School Agrees Separate RE for Muslim Children, in: The Times vom 5. Februar 1996.
[9] Die Schule möchte weitere Öffentlichkeit vermeiden und bat mich, sie nicht namentlich zu erwähnen. Mein Wissen der Situation entstammt teils eigenen Beobachtungen und teils Gesprächen mit dem Schulleiter und anderen. Für eine Beschreibung und eine Verteidigung der Situation in dieser Schule vergleiche M. Makadam, Religious Education and the Muslim Children at State Schools, in: National Muslim Education Council der UK, Religious Education - A Muslim Perspective, London 1997, 13-19.

solchen christlichen Gruppierungen angehörten, wurden nur ganz selten vom Religionsunterricht abgemeldet. Der Kirklees-Vorfall ist deshalb von Bedeutung, weil die Beteiligten Muslime waren und ein wesentlicher Teil - nicht nur ein oder zwei - der Eltern beschlossen hatten, ihre Kinder abzumelden.

Das Verhalten der Eltern der muslimischen Kinder war nicht nur legal, es war auch verständlich. Obwohl der christlich-rechte Flügel 1988 behauptete, daß Muslime gern das vorgeschlagene Gesetz akzeptierten trotz der bevorzugten Rolle, die dies dem Christentum und christlichen Andachten einräumt[10], wurde es den muslimischen Gemeinden bald klar, daß mit diesem Gesetz der Islam-Unterricht an den schulischen Rand gedrängt und unweigerlich die Position muslimischer Kinder in den Schulandachten verschlechtert würde.[11] Muslimische Kinder würden offensichtlich einen Religionsunterricht akzeptieren müssen, der den Schwerpunkt auf eine Glaubensrichtung legte, die nicht die ihre ist. Und schlimmer noch, sie stünden vor der Entscheidung, entweder an Andachten teilzunehmen, mit deren Grundrichtung sie nicht übereinstimmten, oder sie würden vom Mainstream der Schule abgesondert, entweder durch Abmeldung oder durch das oben beschriebene Verfahren per Antrag beim LEA. Verstärkte Proteste und Kritik von muslimischen Pädagogen waren die Folge.

Das Traurige daran ist, daß die Gesetzgebung von 1988 wirklich ziemlich flexibel war, viel stärker, als die Presse es herausstellte. Absatz 8.3 verlangt von neuen Lehrplänen, daß sie "den Umstand widerspiegeln, daß die grundlegende religiöse Tradition in Großbritannien vornehmlich christlich ist, und daneben die Lehre und Praxis anderer, in Großbritannien vertretener, Weltreligionen berücksichtigt wird". Ein Hinweis der juristischen Abteilung des damaligen Department for Education betonte 1990 die Interpretationsfähigkeit dieser Formulierung und die breiten Möglichkeiten für entsprechende Lehrpläne.[12] Bald nach der Verabschiedung des Gesetzes wurde darauf hingewiesen, daß in Schulen mit mehrheitlich muslimischen Schülern ein Religionslehrplan angebracht sei, der den Schwerpunkt auf den Islam lege.[13] Der Umstand, daß nach wie vor die grundlegende religiöse Tradition in Großbritannien vornehmlich christlich sei, würde dadurch widergespiegelt, daß selbst in mehrheitlich muslimischen Schulen das Christentum eine bedeutende, wenn auch untergeordnete Rolle spielt. Das Gesetz behauptet nicht, daß die christlichen Traditionen immer und überall die wesentlichen in

---

[10] Baroness Cox im House of Lords am 3. Mai 1988. Hansard, col. 504. Für die Hindergründe vor 1988 vgl. J.M. Halstead und A. Khan-Cheema, Muslims and worship in the maintained school, in: Westminster Studies in Education Vol. 10 (1987), 21-36.

[11] G. Sarwar, Education Reform Act 1988 - Compulsory Christian Collective Worship and Christian Religous Education (R.E.) in Schools: What can Muslims Do?, London: The Muslim Educational Trust, 1988.

[12] London Boroughs of Ealing and Newham, Agreed Syllabuses for Religous Education in Übereinstimmung mit Absatz 8.3 des Education Reform Act 1988: 12. Juni 1990, § 9 Abs. 5.

[13] Crescent may oust the Cross, in: Times Educational Supplement vom 20. September 1991, 12.

Großbritannien seien, sondern nur, daß es "vornehmlich" so sei. Das Gesetz berücksichtigt, daß in Teilen des Landes der christliche Glaube nicht die Weltreligion ist, und ist solchen Fällen gegenüber tolerant. Auch dies muß in angemessene Lehrpläne einfließen. Offensichtlich muß jeder neue Lehrplan den Islam mit einschließen aufgrund des zweiten Teils des vielzitierten Satzes, da der Islam ohne Zweifel eine der in Großbritannien vertretenen Weltreligionen ist und daher seine Lehre und seine Praxis unterrichtet werden müssen.

Damit ist klar, daß das Gesetz nicht verlangt, Muslime sollten immer einen Religionsunterricht erhalten, der vornehmlich christlich ist. Es erlaubt von Region zu Region unterschiedliche Regelungen. Es würde vielmehr der englischen Tradition entsprechen, wenn ein lokaler Lehrplan sich nach den Bedürfnissen der jeweiligen Schule richtet, und es gibt keinen Grund, weshalb der lokale Lehrplan, der sowieso den Islam thematisiert, in einer Schule mit mehrheitlich muslimischen SchülerInnen nicht besonders akzentuiert werden sollte.

Obwohl dieser Punkt wieder und wieder von Religionspädagogen betont wurde, fand die weite und flexiblere Auslegung des Gesetzes wenig oder gar keine Unterstützung bei der damaligen Regierung und in der Presse. Beide fuhren darin fort, der Öffentlichkeit den Eindruck zu vermitteln, daß durch dieses Gesetz England eine stärker christliche Basis erhalten sollte, indem man auf Religionsunterricht bestand, der hauptsächlich oder vorrangig christlich ist.[14] Die Regierungssprecher während dieser Jahre wie die Presseleute und Medien, die jene unterstützten, waren verantwortlich für die Mißverständnisse bezüglich dieses Gesetzes, die sie in vielen Fällen sogar noch mutwillig schürten. Sie haben die daraus resultierenden Belastungen im Verhältnis von muslimischen Gemeinden und Schulen zu verantworten. Der Kirklees-Vorfall ist ein Beispiel für eine Verschlechterung. Die muslimischen Eltern reagierten nachvollziehbar auf diese von vornherein irreführende Propaganda.[15]

Bemerkenswerterweise änderte die Parental Alliance for Choice in Education (PACE), eine der Gruppierungen im politisch rechten Spektrum, die zuvor darauf bestanden hatte, daß das neue Gesetz vorherrschend christlichen Religionsunterricht erzwingt, ihre Meinung. Sie begannen nun, das Gesetz von der anderen Seite her anzugreifen mit der Behauptung, daß die Muslime völlig zurecht ihre Kinder abmeldeten, da hier Multireligiösität eingefordert würde. Die politisch rechten Christen möchten voneinander getrennte religiösen Gemeinschaften, insbesondere in der Schule. Erst suchten sie dies zu erreichen, indem sie die christlichen Aspekte dieses Gesetzes be-

---

[14] Typische Beispiele dafür sind die Artikel: "Schools told to put emphasis on Christianity", in: The Times vom 23. März 1991 und "More Christianity to be taught", in: The Guardian vom 12. Oktober 1993, 22.

[15] Einen Überblick über die Propaganda gibt Robert Jackson, The Misrepresentation of Religious Education, in: M. Leicester/M. Taylor (Hg.), Ethics, Ethnicity and Education, London 1992, 100-113.

tonten[16] in der Hoffnung, damit die Lehrpläne zu beeinflussen und sie so christlich wie möglich zu machen. Als dies fehlschlug, weil die Interpretationsfähigkeit und Flexibilität des Gesetzes nicht mehr zu leugnen waren, begannen sie, es anzugreifen, weil es multikulturell sei. Von da an unterstützten und begrüßten sie religiöse Gruppen, die sich den Konsequenzen des Gesetzes durch Abwahl oder durch getrennten Unterricht entziehen wollten.[17]

Manche Muslime möchten wie auch manche Christen ihre Kinder getrennt von Angehörigen anderer Glaubensrichtungen unterrichtet sehen. Genauso wie es im Interesse der konservativen Christen lag, den christlichen Charakter dieses Gesetzes hervorzuheben, lag es in dem der konservativen Muslime, mit ihnen darin übereinzustimmen. Manche konservativen Muslime nutzten gern die Möglichkeit, die das Gesetz bot, ihre eigene Position als Anwälte eines reinen und kompromißlosen Islams zu stärken.

Wollen wir die Bedeutung des Kirklees-Vorfalls abwägen, müssen wir nicht nur zwischen legalem und nachvollziehbarem Verhalten unterscheiden, sonden müssen auch fragen, was gerechtfertigt scheint und was wünschenswert ist. Wir sahen, das Verhalten der muslimischen Eltern war legal. Wir erkannten ebenso, daß es leicht nachvollziehbar war, berücksichtigt man die Fehlinterpretationen des Gesetzes, die die Regierung und die Medien noch förderten. Allerdings ist weniger klar, ob die Abmeldungen gerechtfertigt waren. Wie bereits dargelegt, erlaubt das Gesetz, daß ein lehrplangerechter Unterricht dort, wo angemessen, im wesentlichen islamisch sein kann, und diese Aspekte des Lehrplans könnten in bestimmten Schulen bei Bedarf noch verstärkt hervorgehoben werden. Um entscheiden zu können, ob eine massenhafte Abmeldung der Kinder durch ihre Eltern gerechtfertigt war oder nicht, müßte man den in Kirklees gültigen Lehrplan untersuchen, und herausfinden, ob der muslimischen Gemeinde die Flexibilität des Gesetzes genügend bekanntgemacht worden ist. Außerdem müßte man herausfinden, ob die LEA die Schulen darauf hingewiesen hat, daß sie die Freiheit haben, die Besonderheiten ihrer jeweiligen Schülerzusammensetzung zu berücksichtigen.

Jedenfalls bildete die Ablehnung des Lehrplans nur einen der Gründe, die muslimische Eltern dazu brachten, ihre Kinder abzumelden. Einige wollten nicht, daß ihre

---

[16] Colin Hart/John Burn, The Crisis in Religious Education. Harrow, Educational Research Trust 1988; Colin Hart, Religious Education: From Acts to Action. Newcastle-upon-Tyne, CATS Trust 1991; ders., RE: Changing the agenda. Newcastle-upon-Tyne, The Christian Institute, 1994.

[17] Vgl. State School agrees separate RE for Muslim Children, in: The Times vom 5. Februar 1996. Als Beispiel für das Durcheinander der konservativen Überlegungen, das durch die Ereignisse in Kirklees und Birmingham verursacht wurde, vgl. das Editorial in The Times vom 23. Februar 1996, "Christians respect other faiths by strengthening their own". Vgl. auch die Analyse des konservativen Weltbildes und dessen islamfeindliche Wurzeln bei John M. Hull, A Critique of Christian Religionism in Recent British Education, in: Jeff Astley/Leslie J. Francis (Hg.), Christian Theology and Religious Education: Connections and Contradictions, London 1996, 140-164.

Kinder Informationen über oder Einblicke in andere Religionen erhielten.[18] Auch wenn das Gesetz einen Lehrplan oder die Modifizierung eines solchen durch die einzelnen Schulen gestattet, so daß der Islam im Vordergrund steht, würde das Gesetz keinem Lehrplan oder keiner Schule einen Unterricht ausschließlich über den Islam gestatten. Andersherum wäre es auch nicht möglich, ausschließlich über das Christentum zu unterrichten. Kein Schüler, der nach den Bestimmungen des Gesetzes von 1988 unterrichtet wird, kann nur über seine eigene Religion unterrichtet werden. Das ist eines der Kennzeichen, die dies zu einem *Schul*gesetz und nicht zu einem Religionspflegegesetz machen. Das bringt uns zu dem Punkt, an dem wir Sinn und Aufgaben des Religionsunterrichts in Großbritannien diskutieren müssen.

Sinn und Aufgaben von Religionsunterricht

An diesem Punkt kommen wir zu einer Frage von fundamentaler Bedeutung für den Religionsunterricht. Sinn und Aufgabe von Religionsunterricht werden in Großbritannien dahingehend verstanden, daß die Schüler Religionsunterricht erhalten mit dem Ziel, ein Verständnis für Religion an sich wie auch für die verschiedenen Religionen zu entwickeln und so in ihrer allgemeinen Entwicklung gefördert zu werden, insbesondere in ihrer geistlichen, moralischen und kulturellen. Dies hat Einfluß auf die Unterrichtsmethoden und Lehrplaninhalte. Methodisch heißt es, daß Religion unterrichtet wird, damit die Schüler sich gedanklich mit Religion auseinandersetzen. Religion kann niemals lediglich instruierend gelehrt werden. Vielmehr muß man zwischen dem Erziehungsauftrag der öffentlichen Schulen und der Glaubensunterweisung (religious nurture) in Moscheen und Kirchen klar unterscheiden. Diese beiden Funktionen sind zwar miteinander vereinbar, aber nicht identisch. Damit soll nicht unterstellt werden, daß der Glauben stärkende Prozeß in Moscheen und Kirchen nicht gleichermaßen ein nachdenkliches und kritisches Verständnis fördern könnte. Das kann durchaus, ja vielleicht sollte es passieren. Für die öffentlichen Schulen jedenfalls ist dieser kritische Ansatz essentiell.

Eine auf dem Gebiet der Religion und der Religionen gebildete Person zu sein bedeutet außerdem, auch einen Horizont zu haben, der über die eigene Tradition hinausgeht. Schadet solch ein erweiterter Horizont dem kindlichen Glauben? Manche behaupten dies, doch es gibt wenig oder keinen Hinweis, der diese Behauptung stärkt.[19] Sicher gibt es einen treffenden Präzedenzfall für die Behauptung, daß das Lernen von mehr als einer Religion Kinder verwirre. Weil Christen dies seit vielen Jahren selbst behaupten, können sie schwerlich Muslimen vorwerfen, daß diese der Überzeugung

---

[18] Vgl. Mohammed Amin von der Muslim Association of Batley, lt. Bericht "Muslims boycott religious lessons", in: The Guardian vom 22. Januar 1996, 7.

[19] Y. Zaki, The Teaching of Islam in Schools. A Muslim Viewpoint, in: British Journal of Religious Education (BJRE) 5, Nr. 1 (1982), 35.

sind, kleine Kinder sollten in ihrem eigenen Glauben sicher und gefestigt sein, bevor sie etwas über andere Religionen lernen.

Zur angeblichen Verwirrung, die das Lernen über verschiedene Religionen bei Schülern auslöst, fand ein Forschungsteam, das in der Universität von Birmingham zwischen 1985 und 1990 am Material für "Gift to the Child" arbeitete, heraus, daß es eher das Verständnis religiöser Identität vertieft als es zu verwässern oder zu verwirren, wenn Kinder in Berührung mit Material über eine andere Religion als die eigene kamen.[20] Zu ähnlichen Ergebnissen kamen Robert Jackson und seine Kollegen von der Universität Warwick bei ihrer Arbeit: Wenn überhaupt etwas Kinder verwirrt, sind es nicht die vielen Welten, in denen sie leben, sondern die verwirrenden Fragen von Lehrern, die darauf bestehen, daß sie zu einer der Weltreligionen gehören müssen, selbst wenn sie einer religiösen Gruppe angehörten, die etwa die Unterschiede zwischen Sikh und Hindu nicht anerkennt.[21] Letztendlich sind sich sogar Schulanfänger darüber sehr wohl im klaren, daß nicht jedermann eine Moschee oder Kirche aufsucht, und daß nicht alle Erwachsenen in gleicher Weise glauben oder sich verhalten. Wahrscheinlich reflektiert die Angst vor Verwirrung gleichermaßen das eigene Verständnis religiöser Identität wie Annahmen darüber, was mit der Identität der Kinder geschehen wird. Es gibt sowohl exklusive wie inklusive Ausprägungen religiöser Identität. Der exklusive Typ religiöser Identität wird wegen seiner zunehmenden Zentrierung auf die eigene Abstammung immer den Kontakt mit anderen Religionen fürchten. Erziehung dagegen muß zum Ziel haben, den inklusiven Typ religiöser Identität zu stärken. Wir diskutierten, ob es verständlich ist, daß muslimische Eltern ihre Kinder vom Religionsunterricht abmelden. Nun müssen wir betrachten, ob solche Abmeldungen wünschenswert sind.

Prinzipiell sind diese Abmeldungen nicht wünschenswert. Die Eltern von Kirklees entschieden sich dafür nach langen Überlegungen, wenn auch widerwillig. Britischer Religionsunterricht gründet in der Annahme, daß es im Interesse aller Kinder ist, wenn sie Religionsunterricht erhalten, der einer moralischen, kulturellen und geistlichen Entwicklung aller Kinder unabhängig von deren Religionszugehörigkeit zuträglich ist und der von gut ausgebildeten und kompetenten Lehrern mit Feingefühl und einem Bewußtsein für die Religionen unterrichtet wird, unabhängig von ihrer eigenen Religionszugehörigkeit. Das ist die professionelle Basis für die Aufnahme von Religionsleh-

---

[20] J. M. Hull, A Gift to the Child. A New Pedagogy for Teaching Religion to Young Children, in: Religious Education 91, No. 2 (Spring 1996), 172-188; ders., How Can We Make Children Sensitive to the Values of Other Religions Through Religious Education?, in: Johannes Lähnemann (Hg.), Das Projekt Weltethos in der Erziehung, Hamburg 1995, 301-314. Zur weiteren Diskussion der Bedeutung eines Unterrichts über Weltreligionen in der Grundschule vgl. Geoffrey Short/Bruce Carrington, Learning about Judaism. A contribution to the debate on multi-faith religious education, in: British Journal of Religious Education (BJRE) 17, No. 3 (Sommer 1995), 168-179, und Roger Harnan/Lorraine King, Mishmash and its Effects upon Learning in the Primary School, BJRE 15, No. 3 (Sommer 1993), 8-13.

[21] R. Jackson/E. Nesbitt, Hindu Children in Britain, Stoke-on-Trent 1993, 162-163.

re in den Pflichtfächerkanon, und ohne diese Basis wäre es unmöglich, diese Regelung beizubehalten. Diese Ansicht findet die Unterstützung führender Vertreter der Weltreligionen in Großbritannien. Zudem ist dies die fast einmütige Meinung der Lehrerschaft und der meisten Eltern, inklusive derer mit humanistischen Ansichten. Mit Blick auf die Reaktion der Muslime in Kirklees und anderswo sollten allerdings einige der entscheidenden Aspekte dieser Konzeption von Religionsunterricht neu überdacht werden.

Religionsunterricht und die lokalen religiösen Gemeinschaften

Obwohl die Gemeinden ein berechtigtes Interesse daran haben, was in den Schulen unterrichtet wird, hat dieses Interesse seine Grenzen. Die Ansichten der religiösen Gemeinschaften sind nur ein Faktor neben anderen, die bei der Entwicklung des Religionscurriculums berücksichtigt werden müssen.

Auch sind die lokalen religiösen Gemeinschaften nicht unbedingt typisch für die jeweilige Weltreligion. Manchmal weisen muslimische Wissenschaftler darauf hin, daß der Islam im britischen Lehrplan zu sehr von Muslimen vom indischen Subkontinent beeinflußt sei, der Islam aber eine weltweite Bewegung und nicht auf den indischen Subkontinent beschränkt sei. Das bringt uns zu dem Punkt, daß die Religionen nicht den religiösen Gemeinschaften in Großbritannien gehören; das Gegenteil ist der Fall - die Gemeinden gehören der Religion. Die Religion ist weiter und größer als die religiösen Gemeinschaften. Jede große moderne Religion bildet ein universales Selbstverständnis aus. Es wäre ein Verlust, wenn diese universale Vision auf das Eigeninteresse und Selbstbild der lokalen Gemeinden in Großbritannien verkürzt würde. In anderen Worten, der Islam ist nicht vorrangig für muslimische Kinder da. Der Islam dient allen Menschen. Alle Kinder können etwas von der Spiritualität des Islam lernen.

Wenn die Gemeinden in ihrem Glauben bestärkt werden, sie seien die Sponsoren des Religionsunterrichts in Schulen, werden Sinn und Aufgaben des Religionsunterrichts eingeengt. Sein Hauptanliegen wird dann eine möglichst korrekte Wiedergabe des Gemeindeselbstverständnisses sein.[22] So wichtig dies ist, es ist nicht genug. Religionsunterricht muß zur persönlichen, moralischen und geistlichen Entwicklung der Schüler beitragen, und kann sich nicht nur mit korrektem Verstehen zufrieden geben. Die korrekten Informationen müssen entsprechend den Entwicklungsaufgaben der Kinder vermittelt werden. Darin liegt das Zentrum der pädagogischen Aufgabe. Das ist auch der Grund, warum es Religionsunterricht (religious education) heißt und nicht Religionswissenschaft (religious studies).

---

[22] M. Grimmitt, The Use of Religous Phenomena in Schools: Some Theoretical and practical considerations, in: British Journal of Religious Education (BJRE) 13, Nr. 2 (Frühjahr 1991), 77-88.

Die religiösen Gemeinschaften neigen dazu, sich selbst für den einzig gültigen Ausdruck von Religion zu halten. Auf lokaler Ebene scheint das tatsächlich eher der Fall zu sein als bei internationalen Repräsentanten der Religionen. Auf höherer Ebene wird die Zusammenarbeit zwischen Religionen immer wichtiger.[23] Wenn der Religionsunterricht nun zur korrekten Darstellung der lokalen religiösen Gemeinschaften verkommt, wird die religiöse Bildung eingeschränkt. Religion wird dann zu einer Spielart von vielen Religionen,[24] und das religionspädagogische Dialogmodell wird durch das kommunitaristische Modell ersetzt. Es wird dann schwieriger für den Religionsunterricht, die geistliche und moralische Entwicklung der gesamten Schule zu leiten.

Religionsunterricht für alle

Wenn Kinder aus religiösen Familien vom gemeinschaftlichen Religionsunterricht abgemeldet würden, würde die große Mehrheit der Kinder, die aus nichtreligiösen Familien stammt, auf dem Trockenen sitzen. Dasselbe würde passieren, wenn der Religionslehrplan nur das Selbstverständnis der religiösen Gemeinschaften behandeln würde, die in dem den Lehrplan erstellenden Gremium vertreten sind. Zweifelsohne bietet solcher Religionsunterricht den Kindern viel, die diesen Religionsgemeinschaften angehören; was aber bietet er der Mehrheit der Kinder, die zu keiner Religionsgemeinschaft gehören? Die Religionsgemeinschaften können nicht unterstellen, daß sie als einziger Unterrichtsgegenstand für Kinder und Jugendliche interessant sind. Wäre das der Fall, dann wären die Mitgliederzahlen der Religionsgemeinschaften in Großbritannien etwas ermutigender. Religionsunterricht hat eine Verantwortung nicht nur für das ganze Kind, sondern auch gegenüber allen Kindern. Religiös und säkular erzogene Kinder brauchen einander.

Religionsunterricht als Dialog

Die Vorschriften für die Erstellung eines lokalen Lehrplanes sehen nicht vor, daß die Kinder in getrennte Religionsgruppen aufgeteilt werden. Darum haben wir einen Religionsunterricht, der mehr als eine Religon behandelt, den alle Kinder gemeinsam in einem Klassenraum erhalten sollten und der mehr als eine religiöse bzw. säkulare Weltanschauung vertritt. Wir können dies den allgemeinen oder inklusiven Aspekt des britischen Religionsunterrichts nennen.

---

[23] H. Küng/K.-J. Kuschel (Hg.), A Global Ethic: The Declaration of the Parliament of the World's Religions, London 1993. (dt.: diess. (Hg.), Erklärung zum Weltethos, München 1993.)

[24] J. M. Hull, Religion as a Series of Religions: A Comment on the SCAA Model Syllabuses, in: Vida Barnett et al. (Hg.), From Syllabuses to Schemes [World Religions in Education], London 1995, 11-16; Robert Jackson, Religous Education: An Interpretative Approach, London 1997.

In vielen Ländern ist der Religionsunterricht traditionell an die Konfessionen und sogar sektiererische Gruppen gebunden. Kinder aus verschiedenen religiösen Traditionen werden voneinander getrennt über ihre jeweilige Glaubensrichtung von Vertretern dieser Glaubensrichtung unterrichtet. Dies könnte man Parallelunterricht nennen. Es gibt keinen Nachweis, daß Parallelunterricht in irgendeiner Weise geeigneter wäre, Kinder im Glauben ihres familiären Hintergrunds zu erziehen, und er berechtigt auch nicht zu der Hoffnung auf eine erfolgreiche Begründung für einen modernen Ansatz von Religionsunterricht. Die religiösen Gruppen, die diese getrennte Unterrichtsform in ein paar australischen Staaten testeten, empfanden ihn allgemein als unbefriedigend.[25] Die britische Tradition eines allgemeinen Religionsunterrichts ist es wert, beibehalten zu werden.

Die Situation in den Grundschulen in Birmingham und ihre Implikationen für den Religionsunterricht

Wie wir sahen, wurde das Problem in dieser Schule in Birmingham auf andere Weise gelöst. Hier erhielten die Kinder weiterhin Unterricht nach dem Lehrplan der Stadt Birmingham, allerdings aus muslimischer Perspektive. So bekamen wir die Situation, daß derselbe Lehrplan auf zwei unterschiedliche Weisen unterrichtet wird. Dies stellt ein wesentlich komplexeres Problem dar als die relativ einfache Fragestellung, ob man sein Kind abmeldet oder nicht.

Die erste Frage ist, ob es angebracht und legal ist, Kindern den gemeinsamen Unterricht in nach religiöser Herkunft geteilten Gruppen zu erteilen. Obwohl das Gesetz dies nicht ausdrücklich verbietet, verstößt es sicherlich gegen Idee und Intention des Gesetzes. Religionsunterricht muß "dem Lehrplan entsprechend" (ERA Section 2.1a) angeboten werden, nicht der Religionszugehörigkeit oder dem Familienhintergrund entsprechend. Die Kinder sollen den Religionsunterricht als Teil ihrer Allgemeinbildung erhalten und weil sie nunmal die Schule besuchen. Ob sie auch außerhalb der Schule an Gottesdiensten teilnehmen oder einer bestimmten Religionsgemeinschaft zugehören, spielt für dieses Gesetz keine Rolle, und das Department für Education and Employment (DfEE) führt keine Statistiken über die Religionszugehörigkeit der Schüler. Schüler aus verschiedenen Klassen zusammenzusuchen, damit sie Instruktionen in Übereinstimmung mit ihrem jeweiligen religiösen Hintergrund erhalten, ist gewiß eine Innovation für britischen Religionsunterricht.

Außerdem widerspricht es dem professionellen Charakter und dem Status von Religonslehrern, daß der Glauben des Lehrers Gegenstand von Erkundigungen wurde. Of-

---

[25] J. G. Howells, Religious Education in Victoria Today, in: Learning for Living Vol. 17 (1978), Nr. 3, 118-122; Alan H. Ninnes, Religious Education in South Australia: Two Steps Forward, One Step Back, in: Learning for Living Vol. 17 (1978), Nr. 4, 145-148.

fensichtlich müßte in Grundschulen, in denen der Klassenlehrer Religionsunterricht gibt, die gesamte Lehrerschaft einem solchen Religionstest unterzogen werden; dies würde mit Recht auf harten Widerstand bei den Lehrervertretungen stoßen. In den Sekundarschulen, in denen Fachlehrer den Religionsunterricht erteilen, könnte ein solcher Test auf den ersten Blick plausibel erscheinen, würde aber genauso dem professionellen Charakter der Sekundarschullehrer widersprechen. Religionslehrkräfte werden in den Sekundarschulen von England und Wales nicht aufgrund ihres persönlichen Glaubens eingestellt, sondern aufgrund ihrer professionellen Ausbildung, Erfahrung und ihrer pädagogischen Fähigkeiten. Kurz, die Regelung in dieser Grundschule in Birmingham droht, den Religionsunterricht dahingehend zu verändern, daß jede Glaubensrichtung ihren eigenen Religionsunterricht veranstaltet, anstatt einen Unterricht auf pädagogischer Grundlage von allen und für alle anzubieten.

Diese Gegenargumente hätten ziemliches Gewicht gehabt, wenn die Situation dieser Schule in Birmingham unverändert geblieben wäre, auch nachdem die neue Regelung eingeführt wurde. So aber waren die neuen Regelungen für muslimische Eltern derart attraktiv, daß sich der Prozentsatz von Muslimen in der Schule bis zu dem Punkt erhöhte, an dem nur noch eine handvoll Kinder Nicht-Muslime waren. Dann noch Schüler nach religiöser Zugehörigkeit zu trennen schien nicht realistisch. Die Zahlen hatten der Argumentation die Grundlage entzogen.

Nichtsdestotrotz bleibt eine wichtige Frage offen. Ist es legitim, einen gemeinsamen Religionslehrplan von einem bestimmten religiösen Standpunkt aus zu unterrichten, selbst wenn beinahe alle Schüler diesen Standpunkt teilen?

Diese Möglichkeit zieht den gesamten Prozeß in Zweifel, in dem Religionspädagogen über dreißig Jahre lang versuchten, eine tragfähige pädagogische Basis für einen Religionsunterricht als Bestandteil des Pflichtfächerkanons zu legen. Die Arbeit von Religionspädagogen wie Colin Alves, Terence Copley, Edwin Cox, Raymond Holley, Jean Holm, Donald Horder, John Greer, Michael Grimmitt, Robert Jackson, Harold Loukes, Ninian Smart, W.C. Smith und vielen anderen hatte zum Ziel, einen religionspädagogischen Ansatz zu finden, der keine bestimmte Glaubensüberzeugung voraussetzte. Auf dieser Basis suchte der Religionsunterricht eine Begründung in der Phänomenologie, im Existenzialismus und der Ethnographie, um zu einer sozialwissenschaftlich fundierten Disziplin zu werden. Zwar waren neuere Bemühungen konservativer Christen wie Trevor Cooling dem Versuch gewidmet, diese Entwicklungen von einem christlichen Standpunkt her zu rechtfertigen wie zu kritisieren, sie schlugen allerdings keine Rückkehr zu dem vor, was in britischer Religionspädagogik allgemein als konfessioneller Ansatz bezeichnet wird.[26]

Dies ist nicht der Ort, um sich in Details dieses Grundsatzes zu verlieren, aber es muß doch darauf hingewiesen werden, daß unweigerlich der inklusive Charakter des

---

[26] T. Cooling, A Christian Vision for State Education, London 1994.

Faches in sich zusammenfällt, wenn Religionsunterricht diesen Grundsatz aufgeben und zum konfessionellen Ansatz zurückkehren wollte. Wenn ein konfessioneller Ansatz für Islam-Unterricht eingeführt wird, dann müßte es auch einen Unterricht für Hindukinder, jüdische Kinder und insbesondere (wegen ihrer großen Zahl) christliche Kinder geben. Dies wirft nicht nur die brennende Frage auf, was mit Kindern ohne religiösen Hintergrund geschehen soll, wie oben bereits angesprochen, sondern stellt auch die Finanzierung dieser Art Religionsunterricht aus öffentlichen Mitteln in Frage. Politiker, immer auf der Suche nach möglichen Einsparungen, würden schnell der Forderung zustimmen, diese Art von Unterricht dürfe nicht auf Kosten des Steuerzahlers erteilt werden. Muslime und Christen hätten doch ihre Moscheen und Kirchen. Sollten sie doch für ihren Glauben und den Glauben ihrer Kinder an diesen dafür angemessenen Orten eintreten.

Es ist nicht übertrieben zu behaupten, die Zukunft des Religionsunterrichts in Großbritannien hänge davon ab, daß das Birmingham-Experiment nicht von einer Großzahl anderer Schulen übernommen wird. Eine einzige Schule, nämlich die in Birmingham, hat diese Möglichkeit gewählt, und es gibt 30 000 weitere Schulen in England und Wales. Diese Behauptung soll nicht unterstellen, daß die gefundene Regelung nicht die geeigneteste war, um die Probleme dieser einen Schule in Birmingham zu lösen, allerdings wäre es nicht im Interesse der Kinder in diesem Land, wenn diese Regelung Schule machen würde. Schließlich ist das wirklich Interessante an anderen Religionen nicht, sie im Licht der eigenen Religion zu sehen, sondern sie so zu sehen, wie sie sich selbst sehen; und in diesem Licht Einblicke und Überblicke zu gewinnen, ist einer der essentiellen Aspekte von Schule.

Was gilt es zu tun?

1. Für eine flexiblere Interpretation der 1988 aufgestellten Rahmenregelungen für Lehrpläne sorgen

Der Wortlaut des Education Reform Act Section 8.3 von 1988, der verlangt, daß Lehrpläne "den Umstand widerspiegeln, daß die grundlegende religiöse Tradition in Großbritannien vornehmlich christlich ist, wobei die Lehre und Praxis der anderen in Großbritannien vertretenen Weltreligionen zu berücksichtigen sei", ist nicht gerade sehr feinfühlig. Es wäre besser gewesen, wenn die Lehrpläne einfach "die Lehre und Praxis der in Großbritannien vertretenen Weltreligionen beinhalten" müßten. Der Hinweis auf die christlichen Traditionen ermöglichte es Konservativen, das Christentum auf Kosten der anderen Weltreligionen hervorzuheben. Diese Überbetonung war autorisiert von dem berühmt-berüchtigten Departmental Circular 1/94, das selbst ein Jahr nach dem Regierungswechsel immer noch in Kraft ist. Ein neues Department Circular, das eine flexiblere Interpretation ermöglicht, wäre ein großer Fortschritt, um andere Religionen und ethnische Gruppen erkennen zu lassen, daß das Gesetz ihnen freundlich gesonnen ist und daß der Religionsunterricht wirklich für alle Kinder bestimmt ist.

2. Die Schulandacht ändern

Das Problem bei der Schulandacht geht tiefer als das Departmental Circular 1/94, obwohl es keine Zweifel gibt, daß das Circular die Situation verschlimmerte. So oder so liegt die Wurzel des Problems nicht in der Interpretation, sondern im Wortlaut des Gesetzes selbst (Absatz 7).

Die einzige wirkliche Lösung für dies Problem liegt in der Aufhebung dieses Absatzes. Es wäre möglich, die Schulandacht innerhalb der Schule wieder an ihren rechten Platz zu rücken, als das Zentrum für moralische und geistliche Entwicklung der Schüler, indem man die Aussage des vorausgehenden Absatzes 6 erweitert. Dieser schreibt Schulandachten vor, aber macht keine theologischen Vorgaben. Dieser Absatz könnte in der Weise erweitert werden, daß er Schülern den Besuch einer täglich oder zumindest häufig stattfindenden Versammlung vorschreibt, deren Hauptzweck wäre, zu der geistlichen und moralischen Entwicklung der Schüler beizutragen, als Schulandacht oder auf andere Weise. Ein solcher Wortlaut würde Schulandachten nicht verhindern, und ihre Ausprägung könnte auch lokal bestimmt werden. Gleichzeitig wäre anerkannt, daß die Schulandacht nur einer der Wege ist, auf denen man die moralische und geistliche Entwicklung der Schüler fördern kann. Es gibt keinen Grund, weshalb Muslime nicht zusammen mit anderen Mitgliedern der Schule und der Gemeinde an solchen Versammlungen teilnehmen sollten.[27]

3. Es bleibt die Frage, wieviel Vertrauen die Muslime der Schule und dem Religionsunterricht grundsätzlich entgegenbringen

Schließlich gab es schon erhebliches Unbehagen von muslimischer Seite, lange bevor das Gesetz von 1988 und dessen enge Interpretation die Lage verschlimmerten.[28] Wir brauchen mehr muslimische Lehrer in den Schulen, nicht nur um Religionsunterricht zu geben, sondern um das National Curriculum zu unterrichten, und auf diese Weise Jugendliche mit muslimischer Tradition und Gegenwart in Kontakt zu bringen. Auch

---

[27] In der neuesten Meinungsumfrage empfanden 23 von 28 befragten Organisationen und Religionsgemeinschaften die momentane Situation als unbefriedigend, und bewegten sich generell in Richtung der hier vertretenen Lösung. Vgl. Collective Worship Reviewed: Report of the 1997 Consultation, Albingdon, Culham College Institute 1998.

[28] Ich muß noch einmal betonen, daß dieser Artikel nicht ein allgemeines Bild, sondern zwei spezielle Fälle bearbeitet. Für eine neue Besprechung des Stellenwertes von muslimischen Schulproblemen vgl. Collective Worship Reviewed, Report of the 1997 Consultation, Albingdon, Culham College Institute 1998.

sollten die Lehrkräfte die besonderen Bedürfnisse ihrer muslimischen Schüler bewußter wahrnehmen und die Art verbessern, mit der der Islam im Religionsunterricht gelehrt wird. Bleibt die Frage, ob die Muslime eine islamische Grundlage für einen pädagogischen Religionsunterricht liefern können. Die islamische Tradition enthält gewiß Elemente von Selbstkritik, und es scheint keinen Grund dafür zu geben, weshalb nicht eine islamische Theologie entstehen könnte, die den Religionsunterricht als Unterricht einer Weltreligion versteht. Viele muslimische Pädagogen entwickelten bereits eine solche Erziehungsphilosophie;[29] diese könnte von Muslimen in Großbritannien leichter akzeptiert werden, wenn eine größere Toleranz in der gesamten britischen Gesellschaft die Muslime sicher sein ließe, daß ihre Traditionen respektiert werden und daß sie einen Platz im britischen Erbe haben. Denn schließlich ist der Islam heute eine britische Religion. Der Islam muß zur Gestaltung der britischen Gesellschaft beitragen, und diese Gesellschaft muß den Islam bereitwilliger aufnehmen.

Übersetzung: Jens Scheilke

---

[29] B. Bilgin, The Understanding of Religious Education in a Country where there is Separation of Religion and State: The Example of Turkey, in: BJRE Vol. 15, Nr. 2 (Frühjahr 1993), 36-43; M. Ibrahim, Mulitcultural Education: An Islamic Perspective, in: Issues in Islamic Education, London, The Muslim Educational Trust, 1996, 66-71; A. Sahin, Faith Development and its educational implications: An Islamic Perspective, unveröffentlichte M.Ed. Dissertation, Universität von Birmingham 1996.

Religionsunterricht als Erschließung der Gottesbeziehung

Albert Biesinger

Wenn es in schulischen Lehr- und Lernprozessen tatsächlich um die Erschließung der Wirklichkeit für die Person und um die Erschließung der Person für die Wirklichkeit geht (Klafki 1980), dann muß man klar und tiefgründig eruieren, um welche Wirklichkeit es denn im Religionsunterricht gehen soll.

Meine These: Es geht um die Erschließung der Wirklichkeit Gottesbeziehung (vgl. Biesinger/Schmitt 1998, 111-116; Biesinger/Hänle 1998).

Die Gottesbeziehung ist die zentrale Zusage der Bibel und des kirchlichen Glaubens – in den Konfessionen mit verschiedenen Schwerpunkten buchstabiert (Scheidler 1998a, 89-104; 1998b), aber auch mit vielen Konsensargumentationen wie etwa in der Rechtfertigungslehre. Die Bibel geht nicht von einem Lernkonzept aus, das distanziert objektivierend *über* Gott redet. Vielmehr wird aus den verschiedensten geschichtlichen und biographischen Situationen der Gebrochenheit heraus und in sie hinein die leidenschaftliche Beziehungsgeschichte Gottes mit den Menschen und der Menschen mit Gott – in Glaube, Hoffnung und Liebe – zugesagt. Indem der Religionsunterricht nach Artikel 7, Absatz 3 des Grundgesetzes der Bundesrepublik Deutschland in Übereinstimmung mit den Grundsätzen der Religionsgemeinschaften erteilt wird, sind die christlichen Kirchen staatskirchenrechtlich auch dafür verantwortlich, reflektiert und theologisch stimmig die Dimensionen dieses Lehr- und Lernprozesses zu konturieren und abzuwehren, daß der Religionsunterricht lediglich zu einer Rede *über* das "Projekt Gott" verniedlicht wird (vgl. Puza 1998, 147-163; Hollerbach 1998, 133-146). Die Gottes*frage* stellen auch die Philosophen. Im Religionsunterricht muß es jedoch darüber hinaus um die Hermeneutik der Gottes*beziehung* gehen. Religionspädagogisch plädiere ich gegen reduzierte Konzeptionen, die aus Gott ein für den Menschen verfügbares Objekt machen und ihn letztlich seiner Geheimnishaftigkeit und seiner Subjekthaftigkeit in der Beziehung der Menschen zu ihm berauben, auch wenn sie noch so präzise Katechismen sprechen lassen.

Die folgenden Überlegungen provozieren möglicherweise übliche Konzepte, die derzeit den Ist-Stand des Religionsunterrichts ausmachen. Es ist aber nicht Aufgabe des Religionspädagogen, lediglich den Ist-Stand zu stabilisieren und zu legitimieren. Immerhin stehen wir vor neuen Herausforderungen.

Die wissenschaftliche Auseinandersetzung um die Zukunft des Religionsunterrichts tritt durch die politischen Entscheidungen etwa im Kontext des Brandenburger Modells "Lebensgestaltung – Ethik – Religionskunde" (LER) in eine neue Phase (vgl. zur Auseinandersetzung mit diesem Konzept Biesinger/Hänle 1998). Die Frage nach der Unverwechselbarkeit des Religionsunterrichts als Pflichtfach in der Schule bekommt einen erfreulichen Anstoß von einer Seite, die eine solche Wirkung möglicherweise so gar nicht möchte. Der Religionsunterricht besinnt sich dadurch auf ein klareres Profil. Religionslehrerinnen und Religionslehrer werden realisieren, daß sie in der Zukunft der Schulen in der Bundesrepublik sehr wohl eine unverzichtbare Bedeutung einnehmen werden, wenn sie Konzepte wie LER inhaltlich überzeugend überbieten und damit im Theorie-Praxis-Zirkel sehr wohl Plausibilität und Akzeptanz bei Schülern und Eltern erreichen (vgl. Kirchenamt der EKD 1994; Sekretariat der Deutschen Bischofskonferenz 1996).

Im Gegensatz zu LER können Schülerinnen und Schüler im katholischen und evangelischen Religionsunterricht ihren eigenen religiösen Weg auf allen Lernebenen buchstabieren, von der anspruchsvollen theologisch-kritischen kognitiven Reflexion bis hin zur in anderer Weise beanspruchenden Ebene der Meditation und des Gebets. Ich bin deswegen davon überzeugt, weil ich diese Überlegungen nach vielen Unterrichtserprobungen im Theorie-Praxis-Zirkel an verschiedensten Schultypen (Gymnasium Oberstufe und Mittelstufe, Grundschule, Hauptschule, Berufliche Schulen mit Metzger- und Friseurinnen-Klassen) schreibe. Immer dann haben die Schülerinnen und Schüler besonders aufgehorcht und oft nach der Religionsstunde persönliche Rückmeldungen gegeben, wenn es um ihre eigenen religiösen Suchbewegungen, ihre Glaubenszweifel, um ihre persönliche Betroffenheit, um Provokation und Meditation ging.

Die mir oft entgegengehaltenen Behauptung, daß dieses anspruchsvolle Konzept von Religionsunterricht in der Schule nicht realisierbar sei, stimmt so undifferenziert nicht. Ich habe genügend Beispiele erprobt – selbst in Klassen mit 36 Schülern.

Ich entfalte meine These: Der schulische Religionsunterricht hat die Aufgabe, Schülerinnen und Schülern die Gottesbeziehung unter folgenden drei Gesichtspunkten zu erschließen: 1. die schulpädagogisch innovative Begründung, 2. die theologische Begründung und 3. didaktische Konkretionen und Perspektiven.

Die schulpädagogisch-innovative Begründung

Schulpädagogisch ist es entscheidend, in welcher Qualität die Erschließung der Wirklichkeit für die Schülerinnen und Schüler und die Erschließung ihrer Person für die Wirklichkeit verstanden wird.

Am unverfänglichen Beispiel des Biologieunterrichts läßt sich dies exemplifizieren: Wenn der Biologieunterricht objektiviert Fakten und Formeln über das Leben lehrt, ist das ein unverzichtbarer, wichtiger Aspekt. Die Lerndimensionen "Ehrfurcht vor allem Lebendigen"[1], Solidarität der Menschen untereinander in Notsituationen sowie Ehrfurcht vor dem Leben aller Menschen, sind dagegen schon erheblich anspruchsvoller.

---

[1] Vgl. Themenzentrierte Interaktion nach Ruth C. Cohn.

Obwohl es in der Oberstufe wichtig ist, durch die Vermittlung gentechnologischer Erkenntnisse, das Leben verstehbar zu machen, ist damit noch keine Ehrfurcht vor dem Leben gelehrt und gelernt.

Auf eine andere Qualität von Lernen verweist die Tatsache, daß viele Biologielehrerinnen und Biologielehrer in den letzten Jahren mit Schulklassen einen Schulteich angelegt haben, Verantwortung für Bäche oder kleine Flüsse in der Umgebung übernommen haben und mit ihren Schülern Bäume gepflanzt und gepflegt haben. Sportlehrerinnen und Sportlehrer versuchen ihre Schüler zu sportlicher Betätigung, zu konsequenter Bewegung integriert in den Alltag auch außerhalb des Unterrichts zu motivieren und belassen es auch nicht nur auf der Ebene eines Theorie-Unterrichts. Welcher Sportlehrer lehrt lediglich die Fußballregeln, weigert sich aber, im Sportunterricht Fußball zu spielen? Ebenso würde ein schulischer Musikunterricht wohl kaum länger Akzeptanz haben, wenn lediglich Partituren gelesen, diese aber nie im Gesang und Orchester hörbar werden. Allerdings: Wer sich – die biblische Botschaft verstehend – Gott zu nähern versucht, liest nicht nur eine Partitur; die biblische Botschaft will locken, das, was sie an Zusage und Wegweisung birgt, die Beziehung mit Gott, als Praxis wahrzunehmen und zu realisieren.

Der berühmte Tübinger Theologe Johann Baptist Hirscher, der 1835 seine "Katechetik" vorgelegt hat, formuliert es wissenschaftstheoretisch interessant: Katechetik hat die Aufgabe der "Mitteilung des Wortes", aber zugleich hat sie auch die Aufgabe der "Vollziehung des Wortes" (Hirscher 1831). Die von Gott angestiftete Beziehung (Mitteilung des Wortes) will die Individuen zur Antwort provozieren (Vollziehung des Wortes).

Hier werden manche einwenden, daß diese Konzeption zu anspruchsvoll sei, wenn man bedenkt, daß es um den Religionsunterricht im schulischen Kontext und die damit verbundenen Störungen, Einschränkungen, Bedingungen innerhalb eines geschichtlich gewordenen Fächerkanons innerhalb von 45-Minuten-Abschnitten geht. Dieses Argument ist sehr ernstzunehmen, wenn es *tatsächliche* Eingrenzungen und Beschränkungen des Lehr- und Lernprozesses sind. Die Frage aber, was innerhalb der 45 Minuten geschieht, hängt ja nicht allein vom Mathematikunterricht vorher und vom Französischunterricht hinterher ab. Zu fragen ist vielmehr: In welcher Qualität werden Lehr- und Lernprozesse vorbereitet und gestaltet? Wird der innerste Kern dessen, was den Religionsunterricht ausmacht, nämlich die Gottesbeziehung, thematisiert und darüber kommuniziert?

In der Regel sitzen im schulischen Religionsunterricht getaufte Schülerinnen und Schüler. Wenngleich sie verschiedene Biographien mit oder ohne religiöse Praxis mitbringen, haben sie das Recht, ihre Gottesbeziehung nicht nur theoretisch, sondern auch auf der Praxisebene zu verstehen und zu realisieren. Immerhin geht es bei der Erschließung der Gottesbeziehung nicht in erster Linie um distanzierte Begriffe und Formeln. Vielmehr ist das Subjekt in seiner ureigensten Betroffenheit herausgefordert, sich in der Gottesbeziehung wahrzunehmen, zu interpretieren und zu realisieren. In diesem Sinne ist eine schulpädagogisch auch für andere Unterrichtsfächer geforderte "innere Differenzierung" im Religionsunterricht unerläßlich, weil es um biographisch orientierte und die Schülerinnen und Schüler auch existentiell sehr deutlich angehende Lernsituationen geht, in denen Nähe und Distanz zu Gott eine wichtige Rolle spielen. Zu viele Bedenken sind hier m. E. allerdings nicht angebracht. Oft sind die Schüler untereinander bereits in einen regen Dialog über den Sinn des Lebens, über ihre Vorstellung von Himmel, Hölle, Fegefeuer, von Gott und seiner im Alltag offenbar nicht erlebbaren Nähe und Zuneigung verwickelt (vgl. Schweitzer/Nipkow/Faust-Siehl/Krupka 1995, 63-90; Schweitzer 1996, 37-41, 51-77).

K. E. Nipkow hat in seinem wichtigen Band "Erwachsenwerden ohne Gott?" (Nipkow 1987) für die religionspädagogische Diskussion der letzten zehn Jahre wichtige Anstöße gegeben. Die Auswertung der ergiebigen Befragung von Berufsschuljugendlichen in Württemberg (vgl. Schuster 1984) hat die Aufmerksamkeit darauf gelenkt, daß es letztlich elementare Beziehungsanfragen sind, die Schülerinnen und Schüler interessieren:

- Woher kommt die Welt? – Beziehung mit dem Schöpfer.
- Gibt es Gott überhaupt? – Gibt es überhaupt eine Gottesbeziehung?
- Kann Gott widersinnigem Leid einen Sinn geben? – Gottesbeziehung als Klage und Anklage.
- Was wird aus meinem Leben und was wird aus der Erde, wenn sie eines Tages untergeht? – Beziehung, die den Tod überdauert.

(Zur Weiterführung vgl. Nipkow 1998)

Die systematische Theologie reflektiert diese Fragen in den Traktaten Schöpfungslehre, Gotteslehre, Theodizee-Frage, Eschatologie. Religionspädagogisch müssen diese Traktate aber erst noch transformiert werden, damit sie den Schülerinnen und Schülern als Beziehungs- und Lebenswissen erschlossen werden können und es zur "Vollziehung" des Wortes kommen kann. Analog zum Lesen einer Partitur kann man die Lektüre eines Bibeltextes verstehen. Christoph Schmitt ist zuzustimmen, wenn er provozierend formuliert: "Man kann niemandes Hunger stillen, wenn man ihm lediglich seinen Verdauungsapparat erklärt". Aber so einfach ist es nicht im schulischen Handlungsfeld Religionsunterricht.

Hier ist auf K. E. Nipkows Aufsatz "Hermeneutisch-didaktische Pluralität" zu verweisen. Seine "Zwischenüberlegungen" sind von daher gerechtfertigt, daß er diejenigen Schülerinnen und Schüler in den Blick nimmt, die mit der christlichen Religion/ihrer Konfession nicht vertraut sind, und deren Einverständnis im Glauben in den Kategorien "Vertrautheit", "Gebrauch" und "Zustimmung" nicht vorausgesetzt werden darf. Das religiöse "Nicht-Verstehen" bzw. "Ganz-Anders-Verstehen" wäre also in die didaktischen Überlegungen zur Erschließung der Gottesbeziehung im Religionsunterricht miteinzubeziehen: Was ist, wenn der Religionsunterricht die Erst-Erschließung der Gottesbeziehung zur Aufgabe hat (vgl. Nipkow 1995)?

Jedoch ist davor zu warnen, meine Thesen zur Legitimation von Vereinnahmungsstrategien zu funktionalisieren. Kinder und Jugendliche müssen das Recht haben, Gott entgegenzuzweifeln. Gerade in solchen Lehr- und Lernprozessen verändert sich das "noch nicht gegebene Einverständnis" im Sinne eigener Entscheidung für oder gegen die christliche Gottesbeziehung.

Wer Gott entgegenzweifelt, ist sehr wohl in der Gottesbeziehung. Wer sich von Gott bewußt abwendet, trifft eben eine andere Entscheidung. Aber: Durch dieses Konzept "*Erschließung* und *Selbst-Erschließung* der Gottesbeziehung als Zuspruch und Anspruch" können Entscheidungen evoziert und selbst getroffen werden.

Ich selbst kann mich als Religionslehrer mit denen, die ihr Einverständnis zur Gottesbeziehung (noch) nicht gegeben haben, sehr gut verständigen.

Die theologische Begründung

Wenn man die schulpädagogische Fragestellung theologisch buchstabiert, muß geklärt werden, *welche* Wirklichkeit der Person erschlossen werden soll. In den einzelnen Unterrichtsfächern geht es immer um Teilaspekte, bzw. um Teilsinne der Wirklichkeit. Ich kann die Wirklichkeit unter chemischen Aspekten interpretieren, aber auch unter mathematischen, physikalischen oder biologischen, unter kommunikativen, sprachlichen oder ästhetischen Aspekten. Zu fragen bleibt, was die religiöse Interpretation der Wirklichkeit an "Sinnüberschuß" in Bildungsprozesse einbringt.

Kurz gesagt: Im Religionsunterricht geht es um den Gesamtsinn der Wirklichkeit. Im Religionsunterricht wird Wirklichkeit unter den großen Verheißungen Gottes, die in den von K. E. Nipkow skizzierten Fragestellungen bis heute auch bei Kindern und Jugendlichen höchste Lebensrelevanz haben, interpretiert. Letztlich geht es um die Entscheidung, ob sich Menschen als bereits in der Gottesbeziehung seiend wahrnehmen, wie ihnen dies bewußt werden kann, wie sie sich und ihr Leben daraufhin neu verstehen und deuten können und wie sie im Zusammenhang mit diesem Bewußtwerdungsprozeß zu einer sinnvollen Lebenspraxis kommen. Der Freiburger Religionspädagoge Günter Biemer und der heute in Berlin lehrende Erziehungswissenschaftler Dietrich Benner haben bereits in den siebziger Jahren eine solche wissenschaftstheoretische und handlungstheoretische Fundierung des Religionsunterrichts erarbeitet (vgl. Biemer/Benner 1973, 798-822 und die Weiterführung bei Biemer/Biesinger 1976, 11-33). Handlungstheoretisch gesehen enthält der Religionsunterricht im Vergleich zu den anderen Schulfächern einen "Sinnüberschuß", wenn wir Menschen uns als bereits in der Beziehung mit Gott vorfindlich interpretieren und von daher zu einer entsprechenden Lebenspraxis finden.

Meine These lautet: Es geht im Religionsunterricht nicht um Gott an sich, sondern um Gott mit uns und wir mit ihm. Dazu gibt es eine Fülle von Belegen in der jüdisch-christlichen Tradition. Ein Gott, der ein Gott für sich und ein Gott an sich ist, ist nicht der Gott der Bibel. In diesem Sinne kann es nur um die Gottes*beziehung* gehen, wenn wir die "Wirklichkeit", um die es bei der Erschließung der "Sache für die Person" und "der Person für die Sache" im Religionsunterricht gehen soll, genauer beschreiben wollen. Wir würden letztlich Schüler sublim – und womöglich auch noch mit einer gewissen religionspädagogischen Intelligenz – um das Eigentliche an Gott betrügen, wenn wir ihnen lediglich Grundkompetenzen für die Analyse und das Verstehen biblischer Texte vermitteln und deren Lebensrelevanz und Anspruch nicht thematisieren.

Daß der Religionsunterricht in der Leistungsschule selbstverständlich den Kriterien kognitiver Evaluation unterworfen wird und "abiturabel" sein muß, hat natürlich auch Konsequenzen. Im Abitur sind Kompetenzen etwa zur Interpretation eines biblischen Textes nach hermeneutischen Kriterien abfragbar. Ob die Schülerinnen und Schüler sich jedoch selbst in der Gottesbeziehung sehen und ihr Leben von den Deutekategorien des Christlichen – Glaube, Hoffnung und Liebe – her interpretieren können, ist nicht den Kriterien der Leistungsmessung unterwerfbar (Biemer/Biesinger 1976, 24-28). Schulpädagogisch geht es im Religionsunterricht aber nicht nur um das, was als Leistung gemessen werden kann, sondern auch um Persönlichkeitsbildung, um die begründete Einübung von ethischen und religiösen Grundhaltungen, um "haltungsbezogenes Wissen" ebenso wie um "wissensbezogene Haltung" (vgl. die theoretische Begründung dieser Option bei Benner 1973, 240).

Grundmuster der Gottesbeziehung bei Jugendlichen sind in der interessanten neuen Forschungsarbeit von Beile über Emotionalität und Religiosität (Beile 1998, 181-245) empirisch erörtert. Er untersucht in seiner empirischen Analyse folgende emotionale religiöse Beziehungsmuster: Gefühl der Nähe Gottes, Gefühl der Ferne Gottes, Vertrauen und Geborgenheit, Dankbarkeit und Freude, Angst, Wut, Zweifel, Sehnsucht, Stolz, Freundschaftsgefühl, Ehrfurcht, Schuld, Neid, Neugier und Trauer. Solche emotionale Beziehungsmuster haben – hoffentlich – immer auch eine kognitive Dimension. Auch für sie gibt es theologische Texte und Reflexionen. Das ist selbstverständlich; nicht selbstverständlich ist es aber, daß die emotionale Dimension dieser Beziehungsmuster in den schulischen Religionsunterricht integriert wird.

Kognitive emotionale und handlungsorientierende Lehr- und Lernprozesse sind als integrative Hermeneutik zu verstehen. Emotionale Intelligenz, haltungsbezogenes Wissen und wissensbezogene Haltung, Anleitung zur Selbstleitung, Störungen haben Vorrang, Authentizität und Selektivität[2] sind in Begriffe gegossene innovative Fragehorizonte einer solchen integrativen Hermeneutik. Meditatives Lernen kann erheblich dazu beitragen, neue religiöse Fragestellungen zu entdecken und zuzulassen (vgl. Biesinger

---

[2] Vgl. Fußnote 1

1981, 11-27). Eines der großen ungelösten religionspädagogischen Probleme ist die emotionale religiöse Entwicklung im integrativen Zusammenhang mit kognitiver religiöser Entwicklung (vgl. Beile 1998). Wenn die emotionale religiöse Entwicklung nicht beachtet wird, wirkt sich dies auf die kognitive Entwicklung hemmend aus.

Trinitätstheologisch ist es Konsens, daß Gott in sich Kommunikation ist und wir als seine Geschöpfe von vornherein in diese Kommunikation integriert sind. Wenn wir also von Gott sprechen, dann ist es sinnvoll, von der Kommunikation mit ihm zu sprechen, diese zu thematisieren und nicht zuletzt auch darauf abzuheben, daß wir es mit einer "Du"-Beziehung zu tun haben, also: sich auf Kommunikation mit *Gott* einlassen.

Wenn Gott Gott ist, dann durchkreuzt er die gesellschaftlichen Ideologien und kurzsichtigen Einstufungen unserer Existenz in Raum und Zeit. Wir werden an die Grenzen unserer Existenz verwiesen und es wird für alle Menschen die grundlegende Entscheidung herankommen: Gott oder Nicht-Gott (vgl. Moltmann 1972, 218). Wenn ich auf den Friedhöfen die Beerdigungsliturgie halte, wird mir immer wieder deutlich vor Augen gestellt: Dies ist die Stunde der Wahrheit, entweder rettet Gott – oder niemand rettet. Beides hat Konsequenzen. Nun wird uns Theologinnen und Theologen zurecht vorgehalten, daß wir uns schnell von den Grenzen her definieren, weil die Menschen in den Grenzsituationen des Lebens bisweilen tiefschürfender die Frage nach der Gottesbeziehung stellen. Wenn man aber schöpfungstheologisch argumentiert, dann sind wir in der Freude ebenso wie in Trauer und Verzweiflung in Beziehung mit Gott. In diesem Sinne gehören zu einer kompetenten Erschließung der Person für die Sache verschiedenste Erfahrungen, in denen wir die Beziehung zu Gott einerseits und uns selbst in dieser Beziehung andererseits interpretieren. Nun ist diese Sache aber eigentlich gar keine Sache, sondern eine Beziehung, nämlich die Gottesbeziehung. Ebenso gilt: Es kommt auf die Erschließung der Sache an, die eigentlich gar keine Sache, sondern eine Beziehung für die Person des Schülers und der Schülerin ist (vgl. Adam/Schweitzer 1996, 164-176; Biesinger/Hänle 1998, 119-132).

Schulpädagogisch macht es m. E. wenig Sinn, den Religionsunterricht auf Ansätze rein religionskundlicher Natur zu nivellieren, weil den Schülerinnen und Schülern damit die Interpretation der Wirklichkeit in einer konkreten Gottesbeziehung verbaut wird. Was christliche Interpretation der Wirklichkeit in schulischer Bildung an großen Perspektiven und an "Sinnüberschuß" in der Gegenwart und vor allem auch in der Zukunft einbringen kann, braucht nicht unter den Scheffel gestellt werden. Damit wird Ethik nicht in ihrer Eigenwertigkeit geschmälert; die Gottesbeziehung allerdings darf nach den biblischen Verheißungen nicht auf Ethik reduziert werden (Mieth 1998, 48-61). Auf die Gottesbeziehung hingegen kann, aber muß man sich nicht einlassen.

Didaktische Konkretionen und Perspektiven

Wenn es im Religionsunterricht darum gehen soll, die Person für die Sache und die Sache für die Person zu erschließen (Fremderschließung und Selbsterschließung), dann muß sich dies auch konkret ausweisen lassen. In der Zwischenzeit werden Stilleübungen, meditative und handlungsorientierte Ansätze in der schulpädagogischen Diskussion stärker rezipiert als in der Religionspädagogik. Wenn am Beginn des schulischen Religionsunterrichts in der Grundschule gebetet wird, ist dies für viele noch einsichtig. Daß aber die Gottesbeziehung als Gebet auch in den anderen Schulstufen bis hin zum Abitur integral zur Erschließung der Gottesbeziehung gehören müßte, ist in der Religionspädagogik neu zu buchstabieren. Ein konkretes Beispiel: In einer Berufschulklasse (Metzgerlehrlinge) wählte ich am Beginn jeder Religionsstunde bewußt eine Musikmeditation als Einstieg. Ich bat die Schülerinnen und Schüler, eine entspannte Haltung einzunehmen, die Musik zu hören und Gott leise all das zu sagen, was sie belastet. So sprachen sie am Beginn der Religionsstunde ihre eigenen Klagegebete – und diese Schülerinnen und Schüler haben Gott wahrlich genug zu klagen. Die Schülerinnen und Schüler protestierten sofort, als ich einmal ohne Musikmeditation und Klagegebet in die Religionsstunde einsteigen wollte.

Eine weitere Realisierungsmöglichkeit: Bei der Erarbeitung biblischer Texte stellt sich immer die Frage des Ansatzes. Wenn ich z. B. beim Thema "Exodus" in der Oberstufe des Gymnasiums lediglich damit beginne, die entsprechenden elementaren biblischen Texte zu lesen, werde ich weniger erreichen, als wenn ich mit der existentiellen Fragestellung einsteige, die mit dem Thema "Exodus" verknüpft ist: "Wovon möchte ich mich von Gott befreien lassen?" Eine solche Fokussierung des Themas "Exodus" führt die Schülerinnen und Schüler in die Problematik der Gottesbeziehung hinein. Es ergeben sich intensivere Möglichkeiten für das Verstehen der Exodustexte, als wenn man lediglich textorientiert einsteigt. Eine distanzierte, theologiekundliche Behandlung des Thema "Exodus" ist für die meisten Schülerinnen und Schüler weitgehend uninteressant. Sie nehmen diese Texte zwar objektivierend und unverbindlich wahr, aber die Texte bekommen kaum Relevanz für ihre eigene Interpretation der Wirklichkeit.

Eine dritte Möglichkeit der Konkretisierung wäre, daß der Religionsunterricht sich nicht unbedingt auf die 45 Minuten in der Schule beschränken muß. Bei entsprechend langfristiger Organisation können für Schülerinnen und Schüler auch Besinnungstage interessant werden. Eine repräsentative empirische Untersuchung des Instituts für Demoskopie Allensbach, bei der die Erinnerungen von Schülerinnen und Schülern an ihren früheren Religionsunterricht erfragt wurden, hat gezeigt, daß sie sich im Abstand von zehn Jahren nicht mehr an konkrete Inhalte des Religionsunterrichts, aber sich gut an die Lehr- und Lernprozesse von Besinnungstagen erinnern (vgl. Allensbach 1989). Auch hier zeigt sich, daß der kommunikativen Hermeneutik von Emotionalität und Kognition für die Religiosität eine entscheidende Bedeutung zukommt.

Zur Erschließung der Gottesbeziehung gehören auch Akte der Verehrung, der Hingabe und Verbundenheit. Ebenso Akte der Wahrnehmung von Geborgenheit, Umfassungserfahrungen (Martin Buber) und nicht zuletzt auch eine Wahrnehmungsförderung. Die Gottesbeziehung kompetent zu erschließen, impliziert "Anleitung zur Selbstleitung"[3], die nicht nur theologiekundliche Erschließung des Christentums, sondern auch die Erschließung der spirituellen Fundierungen und Tiefendimensionen ist. Dazu gehören Dankbarkeit, Umkehrbereitschaft, Versöhnungsfähigkeit, Solidarität als strukturelle Nächstenliebe im befreiungstheologischem Sinn, individuelle Befähigung zur Stille und zum Beten. So gesehen dürfen Lehrpläne für einen anspruchsvollen Religionsunterricht nicht vorwiegend auf die kognitive Lerndimension ausgerichtet sein. Kognitive Ansprüche sind angesichts der notwendigen Leistungsmessung im Religionsunterricht unabdingbar, können jedoch u. U. von einer spirituellen und meditativen Hermeneutik her leichter verstehbar und wahrnehmbar werden. Leider sind die entsprechenden Einsichten zur emotionalen Intelligenz in der Religionspädagogik noch kaum rezipiert.

Der Philosoph Heinrich Rombach hat schon vor 30 Jahren auf die Dringlichkeit von neuen Lerndimensionen hingewiesen und eine intensivere Beachtung der meditativen Ebene für die Weiterentwicklung des Lernbegriffes gefordert. Im Religionsunterricht ist dies entsprechend der Entwicklungsphase der Schülerinnen und Schüler verschieden einzulösen. In der Grundschule ist auf Malmeditation, auf meditative Gesänge, auf Identifikation mit biblischen Personen, Stille-Übungen und Klassengottesdienste wert zu legen. In der Mittelstufe gilt es, Lernwege zu finden, die den Schülerinnen und Schülern Gelegenheit geben, Gott entgegenzuzweifeln, die Infragestellung ihrer kindlichen Gottesbilder zu begleiten und den eigenen Lebensweg zu malen und zu reflektieren, Ausblicke anzuregen, wohin die von Gott zugesagte Gestalt des eigenen Lebens führen und wie sie sich entfalten kann. In der Oberstufe ist es durchaus möglich, die Religionsstunde mit einer zehnminütigen Meditationsübung – sei es Bild, Wort, Musik, Schweigemeditation – zu beginnen. Außerdem sollte darauf abgezielt werden, existentielle Zugänge offenzulegen, bei manchen Themen erst einmal den "Kirchenmüll" wegzuräumen, also Störungen inhaltlicher Natur zu bearbeiten, um dann um so deutlicher die Verheißungen und Provokationen, die in vielen Lehrplanthemen enthalten sind, zu "begreifen" – sie zu "erspüren", zu "fühlen" und sich von ihnen "verändern" zu lassen.

So betrachtet geht es im evangelischen wie im katholischen Religionsunterricht nicht um alles und nichts, sondern es geht um Gott, und wenn es um Gott geht, dann geht es um Beziehung. Wenn es um Gott-lernen geht, geht es auf jeden Fall um Beziehungslernen: zweifelndes, zustimmendes, ablehnendes, klagendes, lobpreisendes, di-

---

[3] Vgl. Fußnote 1

stanziertes, vertrauendes In-Beziehung-sein, was Beziehungssuche und Beziehungsdistanz mit einschließt (Beile 1998).

Dies ist m. E. kein Rückschritt zur Katechese in der Schule. Es geht nicht um eine Restauration von früheren angeblich noch guten Zeiten. Vielmehr geht es um eine Innovation von Lehr- und Lernprozessen, wie sie in vielen alternativen pädagogischen Ansätzen selbstverständlich geworden ist. Innerhalb der katholischen Religionspädagogik werden allerdings vorwiegend Modelle aus den letzten 20 Jahren propagiert und realisiert: Wissen, Leistung, vorwiegend abfragbare Lernebenen. Dies hat auch mit dem Selbstverständnis von Religionslehrerinnen und Religionslehrern, die bei der Umsetzung solcher innovativer Ansätze sich selbst als Person erheblich authentischer, angreifbarer und in ihrer eigenen Gottesbeziehung befragt in den Kommunikationsprozeß im Religionsunterricht einbringen müßten, zu tun. Wie bei Deutschlehrerinnen und Deutschlehrern, bei denen keine Liebe und Begeisterung für Literatur und Theater zum Vorschein kommt, so ist es auch bei Religionslehrerinnen und Religionslehrern, wenn in ihrer Person nicht auch Liebe und Begeisterung für die Glaubenserfahrungen der Bibel, für Gott und Jesus Christus wahrnehmbar wird.

In der katholischen Religionspädagogik ist eine meines Erachtens unselige und keineswegs aufgearbeitete Gemengelage aus den siebziger Jahren präsent, wo es um die Rivalität und Abgrenzung von schulischem Religionsunterricht und Katechese in der Gemeinde ging und der Religionsunterricht aus verschiedenen Gründen auf die kognitive Lernebene reduziert wurde und man ihm meditative, existentielle Lernebenen absprach. Dies ist eine für heute untaugliche Abwägung, zumindest hat sich die schulpädagogische Entwicklung und vor allem die alternativpädagogische Provokation schon längst weiterprofiliert. Wer auf dem Stand dieser Diskussion verbleibt, verliert m. E. den Anschluß an die Zukunft des Religionsunterrichts. Der Hinweis, daß der Religionsunterricht kein kirchlicher Unterricht in der Schule sei, ist richtig, aber zugleich banal. Damit wird noch nicht definiert, welche Lehr- und Lernqualitäten im schulischen Religionsunterricht anzustreben und realisierbar sind. Auch der Vorbehalt, daß der Religionsunterricht nicht die Aufgabe habe, die Schülerinnen und Schüler zur Glaubenspraxis der Gemeinde hinzuführen, kommt derzeit bildungspolitisch in Argumentationsnot. Sportlehrer sehen es sehr wohl als ihre Aufgabe an, den Sportunterricht auf Sportvereine, und sportliche Aktivitäten außerhalb der Schule zu öffnen, wo sie Bewegung, Hochschätzung und Achtung vor dem eigenen Leib über die Schulzeit hinaus realisieren können. Dasselbe gilt für Musiklehrer, die sich in der Regel freuen, wenn ihre Schülerinnen und Schüler in ein Orchester gehen, ein Instrument lernen, sich für Konzerte und Opern interessieren und entweder im Kontext der Schule oder privat solche besuchen. Es ist verständlich, warum solche Vorbehalte im Blick auf den katholischen Religionsunterricht zustandegekommen sind. Je mehr die katholische Kirche überzogene Ansprüche an die Religionslehrerinnen und Religionslehrer formuliert, all das an Glaubensentwicklung und Glaubenspraxis zu kompensieren, was die Gemeinden und die kirchliche Jugendarbeit nicht leisten, entstehen verständlicherweise solche Abwehrreaktionen.

Den Schülerinnen und Schülern, die diese Begegnungsräume zwischen Religionsunterricht und kirchlicher Jugendarbeit bräuchten, ist damit jedoch nicht gedient. Ihnen werden Lernmöglichkeiten und Lernorte der Gottesbeziehung schlichtweg vorenthalten.

Die Gottesbeziehung zu erschließen bzw. sich selbst zu erschließen ist ein progressives Anliegen. Gott als Beziehungsthema öffentlicher Bildung hat Zukunft, wenn die Gottesbeziehung nicht domestiziert und kognitiv gebremst, sondern alle menschlichen Wahrnehmungsmöglichkeiten betreffend gelehrt und gelernt wird. Bezugspunkte sind dabei für mich alternativpädagogische Ansätze, die in den nächsten Jahren eine große Herausforderung an den Religionsunterricht stellen werden.

Literatur

G. ADAM/F. SCHWEITZER (Hg.), Ethisch erziehen in der Schule, Göttingen 1996.
ALLENSBACH, Institut für Demoskopie, Weitergabe des Glaubens. Einflüsse auf die Tradierungschancen des Glaubens in der Familie, Allensbach 1989 (unveröffentlichter Forschungsbericht).
U. BECKER/CHR. TH. SCHEILKE, Aneignung und Vermittlung. Beiträge zu Theorie und Praxis einer religionspädagogischen Hermeneutik. Für Klaus Goßmann zum 65. Geburtstag, Gütersloh 1995.
H. BEILE, Religiöse Emotionen und religiöses Urteil, Ostfildern 1998.
D. BENNER, Hauptströmungen der Erziehungswissenschaft. Eine Systematik traditioneller und moderner Theorien, München 1973.
G. BIEMER/D. BENNER, Curriculare Strategie, in: Pädagogische Rundschau 27 (1973), 798-822.
G. BIEMER/A. BIESINGER, Theologie im Religionsunterricht, München 1976.
A. BIESINGER/J. HÄNLE (Hg.), Gott mehr als Ethik. Der Streit um LER und Religionsunterricht, Freiburg i. Br. ²1998.
A. BIESINGER/CHR. SCHMITT, Gottesbeziehung, Hoffnungsversuche für Schule und Gemeinde, Freiburg i. Br. 1998.
A. BIESINGER (Hg.), Meditation im Religionsunterricht. Theoretische und schulpraktische Perspektiven, Düsseldorf 1981.
R. EHMANN/T. FITZNER/G. FÜRST/R. ISAK/W. STARK (Hg.), Religionsunterricht der Zukunft. Aspekte eines notwendigen Wandels, Freiburg i. Br. 1998.
J. B. HIRSCHER, Katechetik. Oder: der Beruf des Seelsorgers, die ihm anvertraute Jugend im Christentum zu unterrichten und zu erziehen, nach seinem ganzen Umfange dargestellt, Tübingen 1831.
A. HOLLERBACH, Der Religionsunterricht als ordentliches Lehrfach an den öffentlichen und freien Schulen in der Bundesrepublik Deutschland, in: A. BIESINGER/J. HÄNLE (Hg.), Gott mehr als Ethik. Der Streit um LER und Religionsunterricht, Freiburg i. Br. ²1998, 133-146.
KIRCHENAMT DER EKD (Hg.) Identität und Verständigung. Standort und Perspektiven des Religionsunterrichts in der Pluralität. Eine Denkschrift, Gütersloh 1994.
W. KLAFKI, Die bildungstheoretische Didaktik, in: Westermanns Pädagogische Beiträge 32 (1980), 32-37.

D. MIETH, Welcher Gott für welche Moral?, in: A. BIESINGER/J. HÄNLE (Hg.), Gott mehr als Ethik. Der Streit um LER und Religionsunterricht, Freiburg i. Br. ²1998, 48-61.
J. MOLTMANN, Der gekreuzigte Gott. München 1972.
K.E. NIPKOW, Hermeneutisch-didaktische Pluralität. Zwischenüberlegungen zu einem künftigen Programm, in: U. Becker/Chr. Th. Scheilke, Aneignung und Vermittlung. Beiträge zu Theorie und Praxis einer religionspädagogischen Hermeneutik. Für Klaus Goßmann zum 65. Geburtstag, Gütersloh 1995, 85-93.
K.E. NIPKOW, Erwachsen werden ohne Gott? Gotteserfahrung im Lebenslauf, München 1987.
K.E. NIPKOW, Religionsunterricht im Pluralismus. Ein identitätsbewußtes Fach auf dem Weg zu mehrseitiger Kooperation und Verständigung, in: R. EHMANN/T. FITZNER/G. FÜRST/R. ISAK/W. STARK (Hg.), Religionsunterricht der Zukunft. Aspekte eines notwendigen Wandels, Freiburg i. Br. 1998, 38-56.
R. PUZA, Das in Brandenburg eingeführte Unterrichtsfach "Lebensgestaltung – Ethik – Religionskunde" und der konfessionelle Religionsunterricht, in: A. BIESINGER/J. HÄNLE, JOACHIM (Hg.), Gott mehr als Ethik. Der Streit um LER und Religionsunterricht, Freiburg i. Br. ²1998, 147-163.
M. SCHEIDLER, Ökumenisches Lernen im Religionsunterricht, in: A. BIESINGER/J. HÄNLE (Hg.), Gott mehr als Ethik. Der Streit um LER und Religionsunterricht, Freiburg i. Br. ²1998a, 89-104.
M. SCHEIDLER, Didaktik ökumenischen Lernens – am Beispiel des Religionsunterricht in der Sekundarstufe I, Göttingen1998b (i. Ersch.).
R. SCHUSTER (Hg.), Was sie glauben: Texte von Jugendlichen, Stuttgart 1984.
F. SCHWEITZER, Die Suche nach eigenem Glauben. Einführung in die Religionspädagogik des Jugendalters, Gütersloh 1996.
F. SCHWEITZER/K.E. NIPKOW/G. FAUST-SIEHL/B. KRUPKA, Religionsunterricht und Entwicklungspsychologie. Elementarisierung in der Praxis, Gütersloh 1995.
SEKRETARIAT DER DEUTSCHEN BISCHOFSKONFERENZ (Hg.), Die Deutschen Bischöfe (56): Die bildende Kraft des Religionsunterrichts Zur Konfessionalität des katholischen Religionsunterrichts, Bonn 1996.

Autorinnen und Autoren

Bayer, Oswald, Prof. Dr. theol., Professor für Systematische Theologie an der Evangelisch-Theologischen Fakultät der Universität Tübingen.
Ausgew. Veröff.: Schöpfung als Anrede. Zu einer Hermeneutik der Schöpfung (^{2}1990), Autorität und Kritik. Zu Hermeneutik und Wissenschaftstheorie (1991); Leibliches Wort. Reformation und Neuzeit im Konflikt (1992); Theologie (Handbuch Systematischer Theologie, Bd. 1, 1994); Freiheit als Antwort. Zur theologischen Ethik (1995).

Behler, Gabriele, Ministerin für Schule und Weiterbildung des Landes Nordrhein-Westfalen und stellvertretende Landesvorsitzende der SPD.

Biesinger, Albert, Prof. Dr. theol. habil., Dipl. Päd., Professor für Religionspädagogik, Kerygmatik und Kirchliche Erwachsenenbildung an der Katholisch-Theologischen Fakultät der Universität Tübingen.
Ausgew. Veröff.: Kinder nicht um Gott betrügen, Freiburg ^{5}1995; Gott in die Familie, München 1996; Gott – mehr als Ethik (Hg. mit J. Hänle), Freiburg ^{2}1998.

Birthler, Marianne, Ministerin für Bildung, Jugend und Sport des Landes Brandenburg a.D., Bündnis 90/Die Grünen Landesverband Brandenburg.
Ausgew. Veröff.: Das neue Brandenburger Unterrichtsfach LER, in: Ethik und Unterricht 3/1992, Heft 2; Schule in Brandenburg, in: Pädagogik und Schule in Ost und West 40/1992, Heft 3; Zukunft der Demokratie, in: epd-Dokumentation 1997, Heft 28.

Drehsen, Volker, Prof. Dr. theol., Professor für Praktische Thelogie I, Direktor der Evangelischen Predigeranstalt und des Instituts für Praktische Theologie der Universität Tübingen.
Ausgew. Veröff.: Wie religionsfähig ist die Volkskirche? Sozialisationstheoretische Erkundungen neuzeitlicher Christentumspraxis, Gütersloh 1994; Vom Weltbildwandel zur Weltanschauungsanalyse. Krisenwahrnehmung und Krisenbewältigung um 1900, Berlin 1996 (Hg. mit Walter Sparn); Der 'ganze Mensch'. Perspektiven lebensgeschichtlicher Individualität, Berlin/New York 1997 (Hg.).

Enderlein, Hinrich, Dr. h.c., Geschäftsführer, Wissenschaftsminister a.D., F.D.P. Landesvorsitzender Brandenburg.

Engelhardt, Klaus, Dr. theol., Prof. em. für Evangelische Theologie/Religionspädagogik, Bischof i.R. der Evangelischen Landeskirche in Baden, 1991-1997 Vorsitzender des Rates der Evangelischen Kirche in Deutschland.
Ausgew. Veröff.: Fremde Heimat Kirche, Gütersloh 1997 (Mitherausgeber); Schule und Bildung aus evangelischer Sicht, in: Ehmann, Kl. u.a. (Hg.), Religionsunterricht der Zukunft, Freiburg u.a. 1998.

Härle, Wilfried, Prof. Dr., Universitätsprofessor für Systematische Theologie (Ethik) an der Ruprecht-Karls-Universität Heidelberg
Ausgew. Veröff.: Sein und Gnade. Die Ontologie in Karl Barths Kirchlicher Dogmatik, Berlin/New York 1975; Dogmatik, Berlin/New York 1995; Theologenlexikon (zus. mit H. Wagner), München ²1994.

Hermes, Christian, Studium der Katholischen Theologie und der Philosophie in Tübingen und Paris, 1995 Assistent am Lehrstuhl für Phil. Grundfragen der Theologie an der Katholisch-Theologischen Fakultät der Universität Tübingen, 1997 Theologischer Mitarbeiter des Bischofs von Rottenburg-Stuttgart.

Herms, Eilert, Prof. Dr., Professor für Systematische Theologie an der Universität Tübingen, Leiter des Instituts für Christliche Gesellschaftslehre der Evangelisch-Theologischen Fakultät.
Ausgew. Veröff.: Erfahrbare Kirche. Beiträge zur Ekklesiologie, Tübingen 1990; Gesellschaft gestalten. Beiträge zur evangelischen Sozialethik, Tübingen 1991; Kirche für die Welt. Lage und Aufgabe der evangelischen Kirche im vereinigten Deutschland, Tübingen 1995.

Hull, John M., Prof., BEd (Melbourne), MA (Cantab), PhD (Birmingham), Dr. theol. h.c., Professor für Religionspädagogik an der Erziehungswissenschaftlichen Fakultät der Universität von Birmingham.
Ausgew. Veröff.: Utopian Whispers: Moral, Religions and Spiritual Values in Schools, London 1998. Ins Deutsche übertragen wurden seine Werke: Im Dunkeln Sehen. Erfahrungen eines Blinden, München 1995; Wie Kinder über Gott reden, Gütersloh 1997.

Kasper, Walter, Dr. theol. habil, Dr. h.c. mult., Bischof der Diözese Rottenburg-Stuttgart, Vorsitzender der Kommission für Weltkirchliche Aufgaben der Deutschen Bischofskonferenz und Stellvertretender Vorsitzender der Glaubenskommission der Deutschen Bischofskonferenz, 1994 Kopräsident der Gemeinsamen römisch-katholischen evangelisch-lutherischen Kommission des Päpstlichen Rates zur Förderung der Einheit der Christen, 1998 Mitglied der römischen Kongregation für die Glaubenslehre.
Ausgew. Veröff.: Das Absolute in der Geschichte. Philosophie und Theologie der Geschichte in der Spätphilosophie Schellings, Mainz 1965; Jesus der Christus, Mainz ¹¹1992; Der Gott Jesu Christi, Mainz ³1995.

Leschinsky, Achim, Prof. Dr.; seit 1992 als Professor für Schulpädagogik und Schultheorie an der Humboldt-Universität zu Berlin tätig.
Ausgew. Veröff.: Leschinsky, A./Roeder, P.M.: Schule im historischen Prozeß. Zum Wechselverhältnis von institutioneller Erziehung und gesellschaftlicher Entwicklung. Frankfurt/Main, Berlin und Wien ²1983; Leschinsky, A. u.a.: Vorleben oder Nachdenken? Bericht der wissenschaftlichen Begleitung über den Modellversuch zum Lernbereich "Lebensgestaltung – Ethik – Religion". Frankfurt am Main 1996; Leschinsky, A. (Hg.): Die Institutionalisierung von Lehren und Lernen. Beiträge zur Theorie der Schule. In: Zeitschrift für Pädagogik, Beiheft 34. Weinheim 1996.

Loewenich, Hermann von, Dr. h.c., Landesbischof der Evangelisch-Lutherischen Kirche in Bayern.
Ausgew. Veröff.: Fremde Heimat Kirche, Gütersloh 1997 (Mitherausgeber).

Nordhofen, Eckhard, Dr., Leiter der Zentralstelle Bildung der Deutschen Bischofskonferenz, Mitherausgeber der Zeitschrift für Didaktik der Philosophie und Ethik.
Ausgew. Veröff.: Der Engel der Bestreitung – Über das Verhältnis von Kunst und negative Theologie, Würzburg 1993; Das Bereichsdenken im kritischen Nationalismus. Zur finitistischen Tradition der Popperschule, Freiburg/München 1976.

Oelkers, Jürgen, Dr., Prof. für Pädagogik an der Universität Bern.
Ausgew. Veröff.: Reformpädagogik. Eine kritische Dogmengeschichte, Weinheim u.a. 1989; Die große Aspiration. Zur Herausbildung der Erziehungswissenschaft im 19. Jh., Darmstadt 1989; Schulreform und Schulkritik, Würzburg 1995.

Osmer, Richard R., Prof. Dr., Professor für Christian Education am Princeton Theological Seminary
Ausgew. Veröff.: A Teachable Spirit: Recovering the Teaching Office in the Church, Louisville 1990; Teaching for Faith: A Guide for Teachers of Adult Classes, Louisville 1992; Confirmation: Presbyterian Practices in Ecumenical Perspective, Louisville 1996

Preul, Reiner, Dr. theol., Professor für Praktische Theologie an der Theologischen Fakultät Kiel.
Ausgew. Veröff.: Religion – Bildung – Sozialisation. Studien zur Grundlegung einer religionspädagogischen Bildungstheorie, Gütersloh 1980; Luther und die Praktische Theologie. Beiträge zum kirchlichen Handeln in der Gegenwart, Marburg 1989; Kirchentheorie. Wesen, Gestalt und Funktion der Evangelischen Kirche, Berlin/New York 1997.

Richter, Ingo, Prof. Dr. jur., Direktor des Deutschen Jugendinstituts München, Hon.Prof. an der Universität Tübingen, Herausgeber von Recht der Jugend und des Bildungswesens (RdJB).
Ausgew. Veröff.: Bildungsverfassungsrecht – Studien zum Verfassungswandel im Bildungswesen, Stuttgart ^{2}1973; Kommentar zum Grundgesetz (zus. mit Denninger u.a.), Neuwied ^{2}1989; Pluralism and Education, Current World Trends in Policy, Law and Administration (zus. mit P. M. Roeder, H.-P. Füssel), Berlin 1993.

Scheilke, Christoph Th., Dr. rer. soc., Direktor des Comenius-Instituts, Evangelische Arbeitsstätte für Erziehungswissenschaft Münster, Lehrbeauftragter am Institut für Evangelische Theologie und ihre Didaktik der Universität Münster.
Ausgew. Veröff.: Auf dem Weg zur Interkulturellen Schule. Fallstudien zur Situation interkulturellen und interreligiösen Lernens (mit G. Doyé, D. Fischer, P. Schreiner), Münster 1996; Das Gymnasium, Alltag, Reform, Geschichte, Theorie (Hg. mit E. Liebau und W. Mack), Weinheim/München 1997; Religionsunterricht in schwieriger Zeit. Ein Lesebuch zu aktuellen Kontroversen (Hg.), Münster 1997.

Schweitzer, Friedrich, Prof. Dr., Prof. für Praktische Theologie/Religionspädagogik an der Universität Tübingen
Ausgew. Veröff.: Lebensgeschichte und Religion. Religiöse Entwicklung und Erziehung im Kindes- und Jugendalter, Gütersloh ^{3}1994; Religionsunterricht und Entwicklungspsychologie. Elementarisierung in der Praxis, Gütersloh ^{2}1997 (gem. m. K.E. Nipkow u.a.); Die Suche nach eigenem Glauben. Einführung in die Religionspädagogik des Jugendalters, Gütersloh ^{2}1998.

Tenorth, Heinz-Elmar, Prof. Dr. phil., Professor für Allgemeine und Historische Pädagogik an der Humboldt-Universität zu Berlin.
Ausgew. Veröff.: Geschichte der Erziehung, Weinheim u.a. 1988; "Alle alles zu lehren". Möglichkeiten und Perspektiven allgemeiner Bildung, Darmstadt 1994; Theorie der Schule (mit J. Diederich), Berlin 1997.

Zehetmair, Hans, Bayrischer Staatsminister für Unterricht, Kultur, Wissenschaft und Kunst a.D.
Ausgew. Veröff.: Wissen und Wohlwollen. Ziele von Schule und Bildung. Starnberg-Percha ²1992; Ethik in der Schule. Grundlagen ethischer Bildung und Erziehung (mit H. Huber und H. Zöpfl), München 1993; Mut machen und Zukunftsperspektiven vermitteln. Über den Religionsunterricht im Bildungsauftrag der Schule, in: Profil 1998, Heft 9.

Veröffentlichungen des Comenius-Instituts im Waxmann Verlag

Dietlind Fischer, Peter Schreiner, Götz Doyé, Christoph Th. Scheilke
Auf dem Weg zur interkulturellen Schule
Fallstudien zur Situation interkulturellen und interreligiösen Lernens

Münster/New York/München/Berlin, 1996, 180 Seiten, br., 38,00 DM
ISBN 3-89325-394-7

Peter Schreiner, Hans Spinder (Hrsg.)
Identitätsbildung im pluralen Europa
Perspektiven für Schule und Religionsunterricht

Münster/New York/München/Berlin, 1997, 220 Seiten, br., 38,00 DM
ISBN 3-89325-536-2

Gisela Führing (Hrsg.)
Lernen in weltweitem Horizont
Schulische Erfahrungen in Ostdeutschland. Bilanz der Fachstelle für entwicklungsbezogene Pädagogik des Comenius-Instituts

Münster/New York/München/Berlin, 1998,
Schriften der Arbeitsstelle „Eine Welt/Dritte Welt-Initiativen", Bd. 6, 210 Seiten, br., 38,00 DM
ISBN 3-89325-670-9

Roland Degen, Inge Hansen (Hrsg.)
Lernort Kirchenraum
Erfahrungen – Einsichten – Anregungen

Münster/New York/München/Berlin, 1998, 304 Seiten, br., zahlr. Abb., 38,00 DM
ISBN 3-89325-601-6

Waxmann Verlag GmbH
Münster · New York · München · Berlin
http://www.waxmann.com